石家庄统计年鉴

SHIJIAZHUANG STATISTICAL YEARBOOK

石家庄市统计局
国家统计局石家庄调查队 编

2018

图书在版编目（CIP）数据

石家庄统计年鉴. 2018 / 石家庄市统计局，国家统计局石家庄调查队编. -- 北京：中国统计出版社，2018.12

ISBN 978-7-5037-8708-9

Ⅰ. ①石… Ⅱ. ①石… ②国… Ⅲ. ①统计资料－石家庄－2018－年鉴 Ⅳ. ① C832.221-54

中国版本图书馆 CIP 数据核字（2018）第 226352 号

石家庄统计年鉴—2018

作　　者 / 石家庄市统计局　国家统计局石家庄调查队

责任编辑 / 陈越月

装帧设计 / 任思雨

出版发行 / 中国统计出版社

地　　址 / 北京市丰台区西三环南路甲 6 号　邮政编码 / 100073

电　　话 / 邮购（010）63376909　书店（010）68783171

网　　址 / http://csp.stats.gov.cn

印　　刷 / 石家庄市晟华印刷有限公司

经　　销 / 新华书店

开　　本 / 890mm × 1240mm　1/16

字　　数 /900 千字

印　　张 / 35.125

版　　别 / 2018 年 12 月第 1 版

版　　次 / 2018 年 12 月第 1 次印刷

定　　价 / 300.00 元

如有印装差错，由本社发行部调换。

《石家庄统计年鉴——2018》

编辑部

编辑说明

一、《石家庄统计年鉴—2018》是一部大型统计信息资料工具书，是《石家庄统计年鉴》创刊出版以来的第22卷。本书系统收录了石家庄市2017年经济、社会各方面的统计数据，以及1995年来分县区主要统计数据，是一部全面反映石家庄经济和社会发展情况的资料性年刊。随着国家统计方法制度的改革，本刊在指标口径和范围上做了相应的调整，但尽量在版本内容、指标体系等方面与前几年保持连贯性。

二、本年鉴内容包括：综合、从业人员和工资总额、固定资产投资及建筑业、能源消费、财政、金融、物价、居民生活、城市公用设施、农村经济、工业交通邮电、贸易外经旅游、教育科技文化、体育卫生民政和附录等14部分内容。

三、本年鉴中使用的度量衡单位均采用国际统一标准计量单位。

四、2013年辛集市列为河北省直管县。本年鉴按照行政区划标准划分，除居民生活、环保和建设局数据部分外，其余部分均含辛集市。

五、2014年石家庄进行了区划调整。本年鉴中市区范围除人行、交通数据外其他均为新调整口径。

六、全市2016年GDP为含研发支出数据，以前年度数据不含研发支出。

《石家庄统计年鉴》多年来承蒙社会各界的厚爱，对此我们深表感谢，欢迎广大读者继续使用《石家庄统计年鉴》，同时欢迎对我们的编辑内容及版式提出宝贵意见，以利于我们进一步提高《石家庄统计年鉴》的编辑水平，更好地为社会各界服务。

《石家庄统计年鉴》编辑部

2018年12月

一、全市生产总值（亿元）

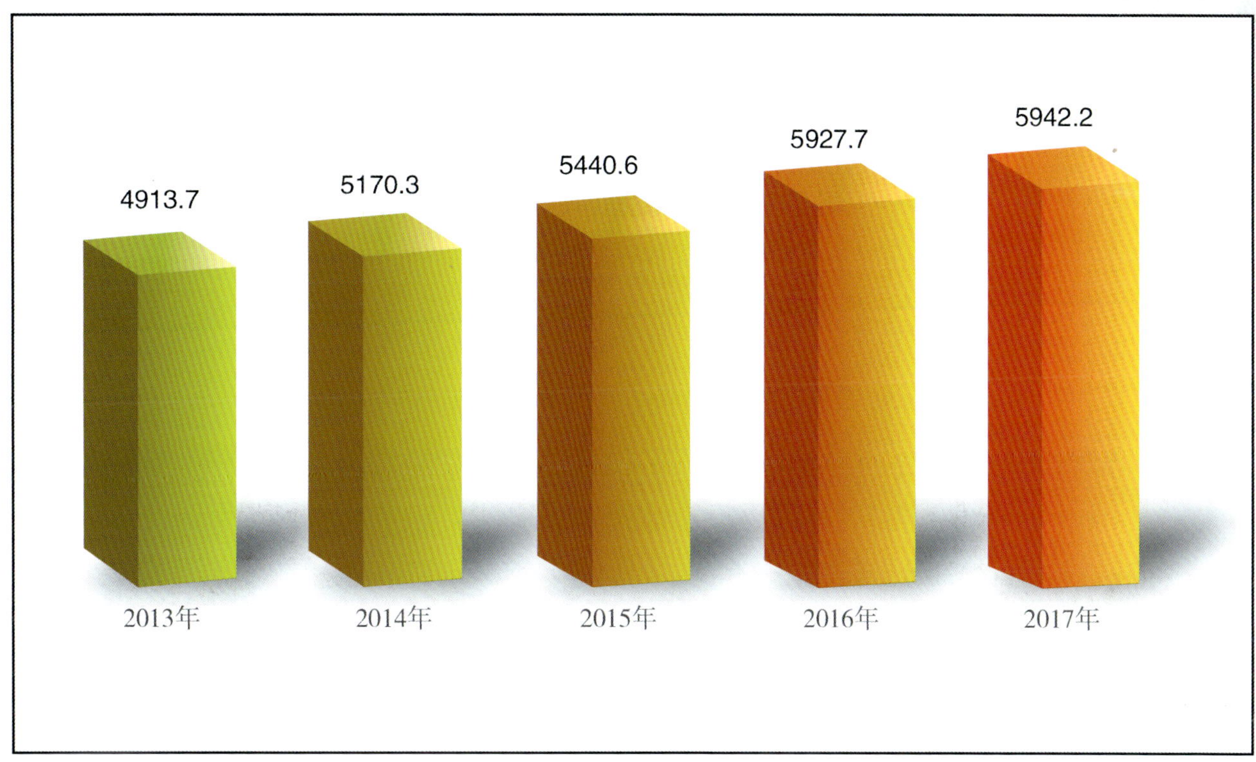

二、全市生产总值增长速度（%）

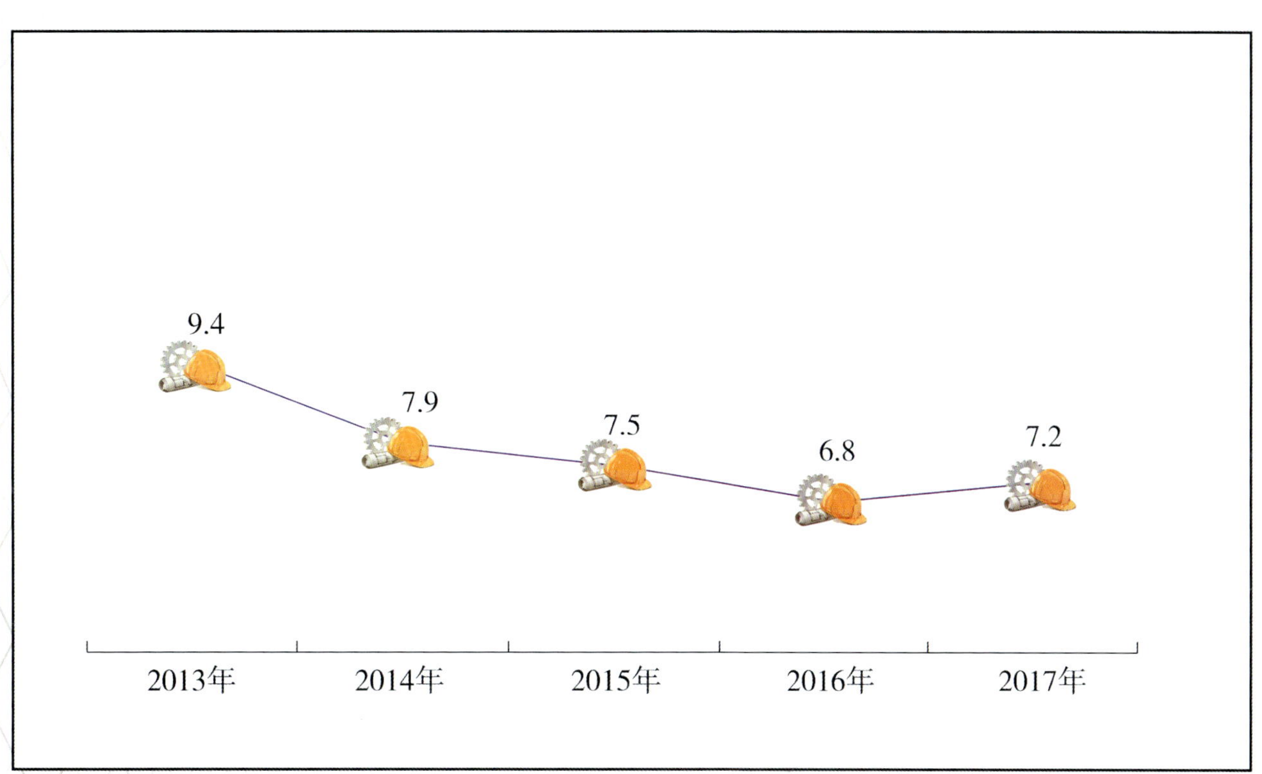

三、2017年三次产业构成

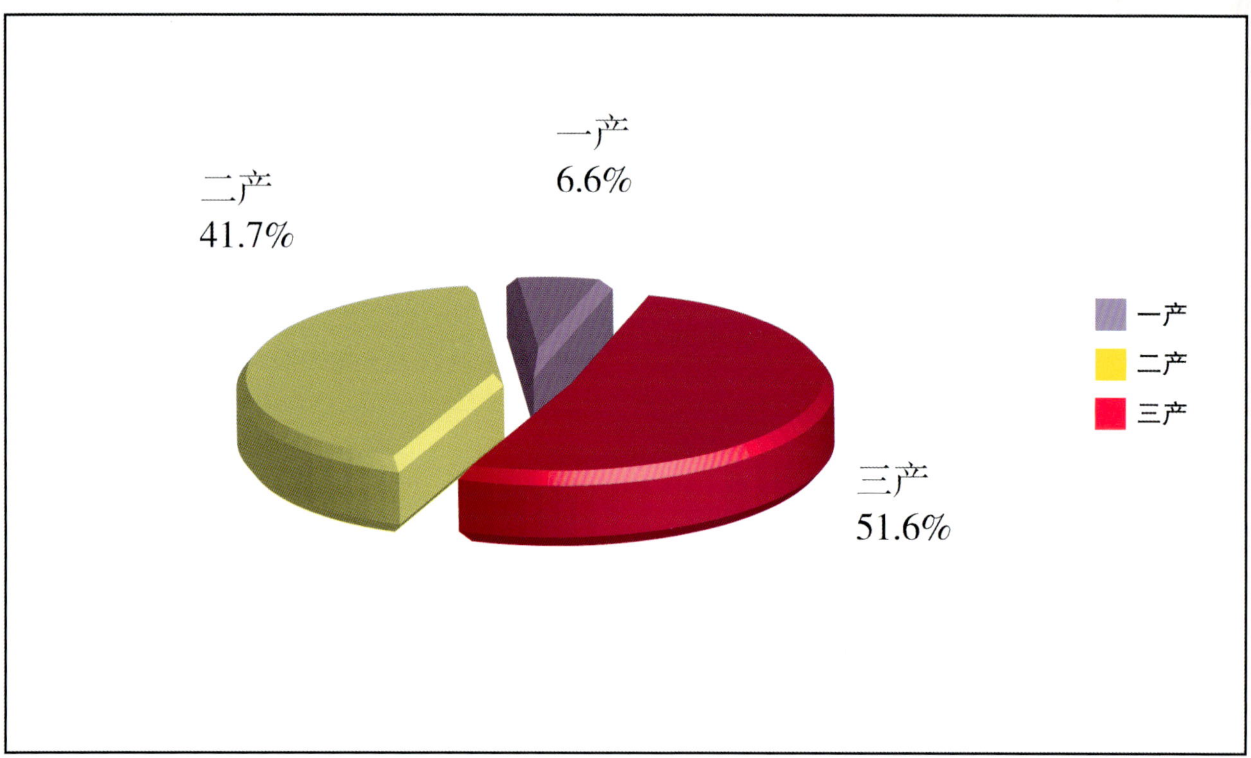

四、2016年三次产业构成

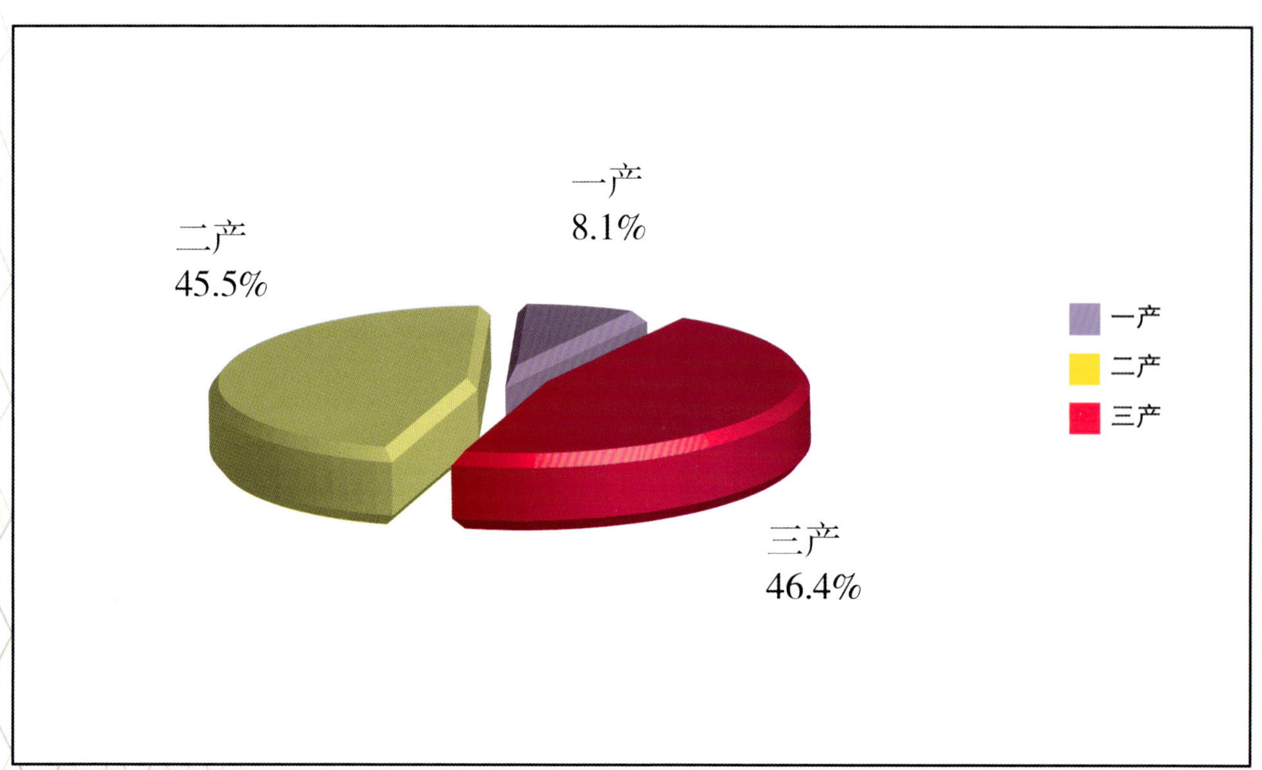

五、财政收入（亿元）

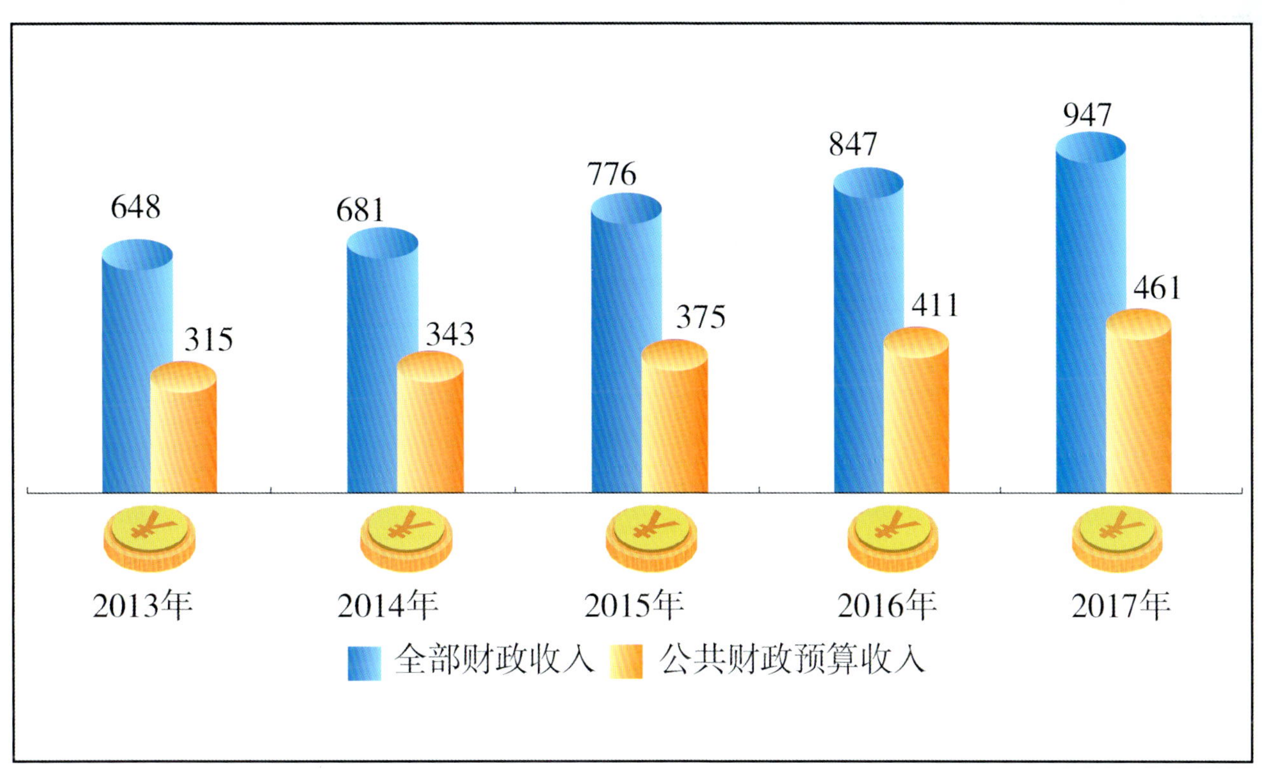

六、财政收入增长速度（%）

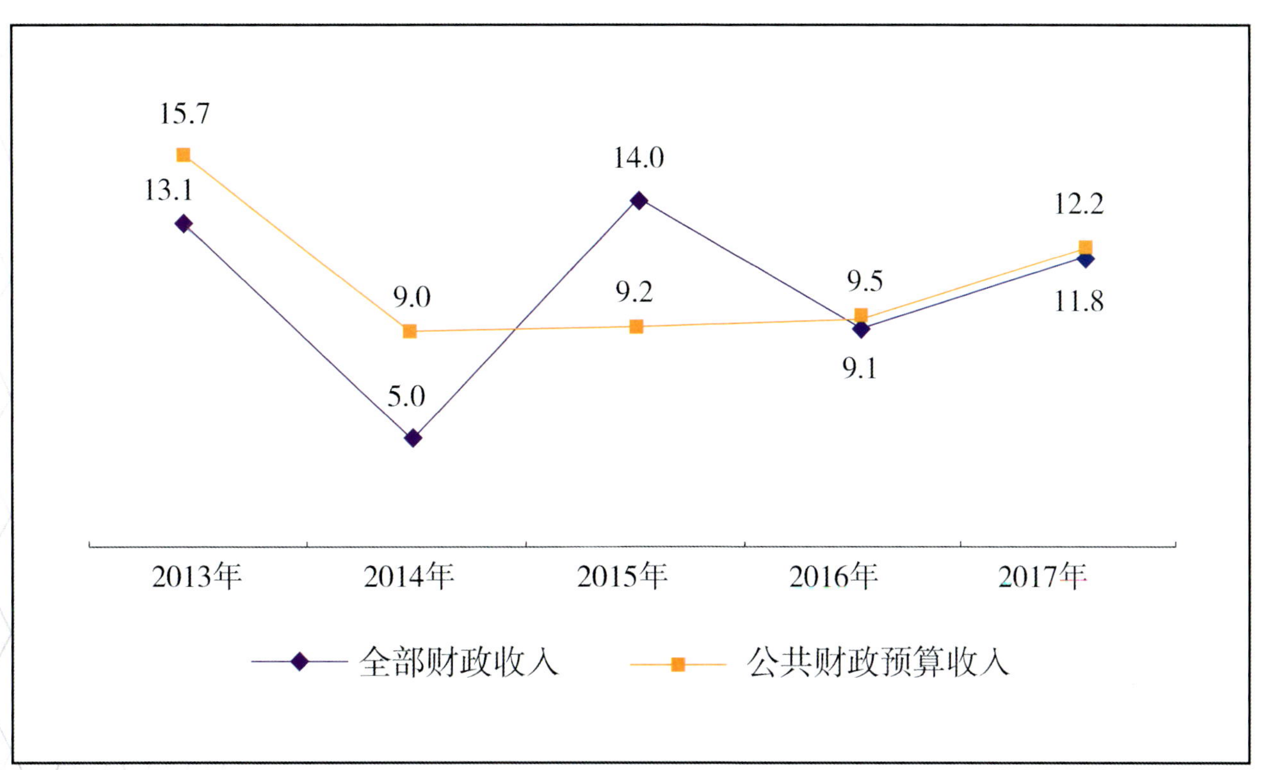

七、2017年农林牧渔各业构成（按总产值计算）

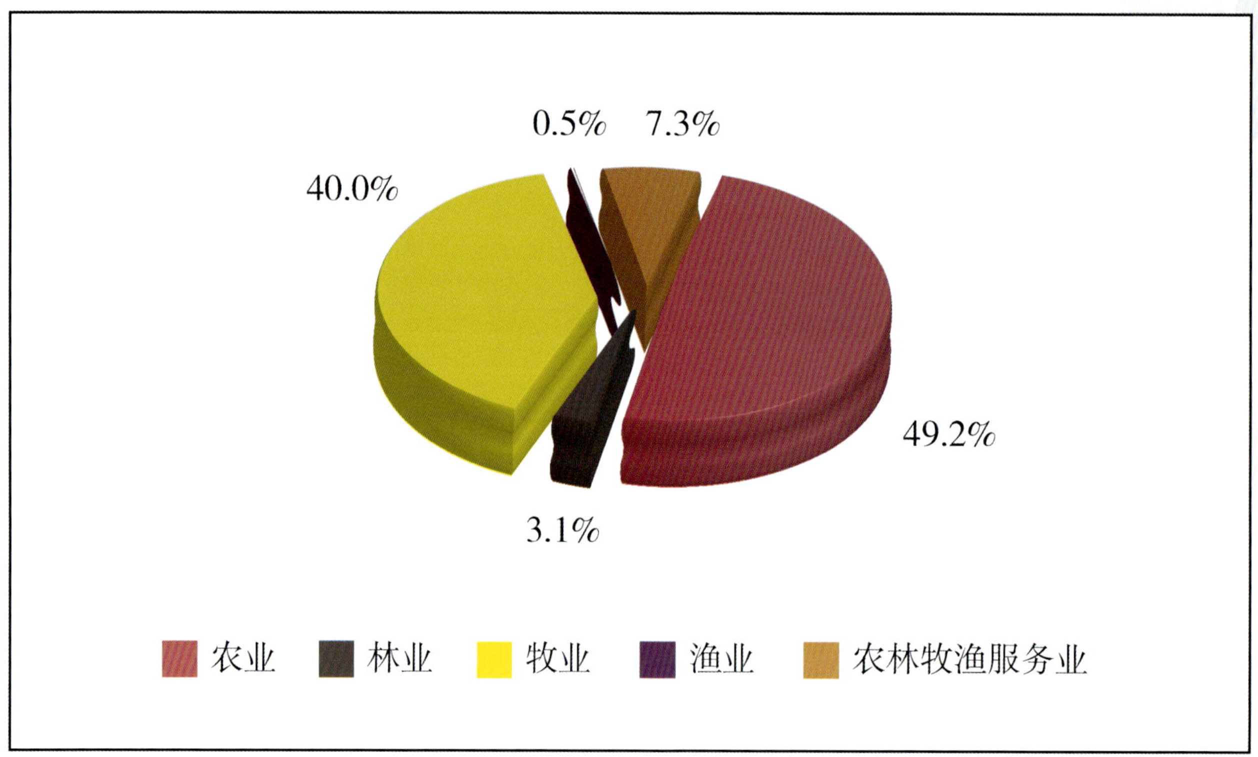

八、2016年农林牧渔各业构成（按总产值计算）

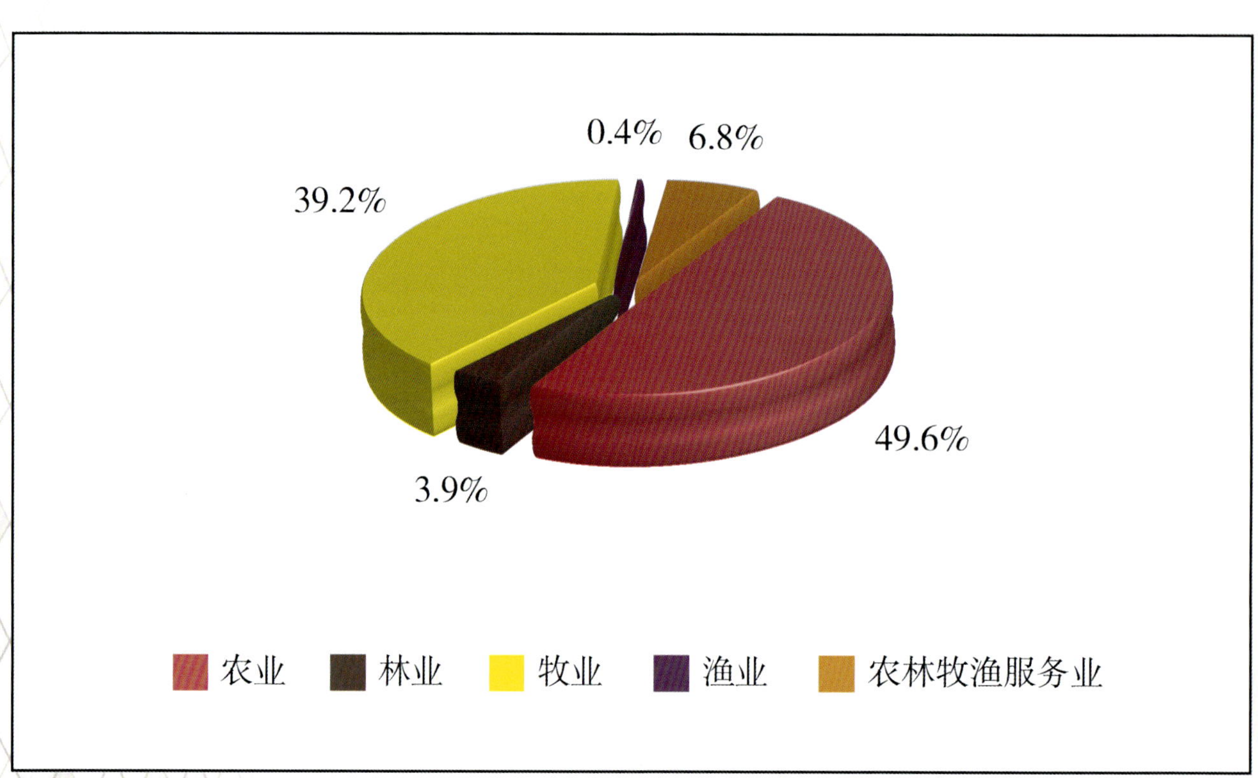

九、2017年规模以上工业企业行业构成（按总产值计算）

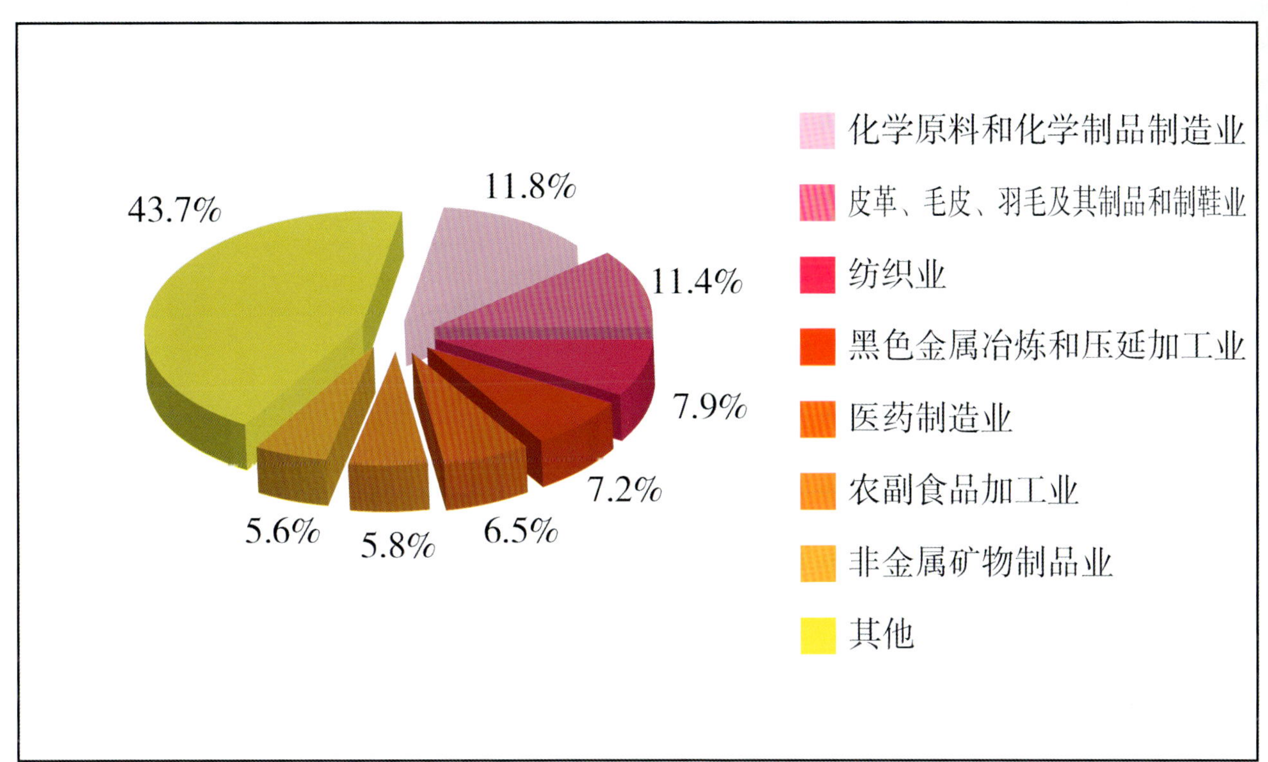

十、2016年规模以上工业企业行业构成（按总产值计算）

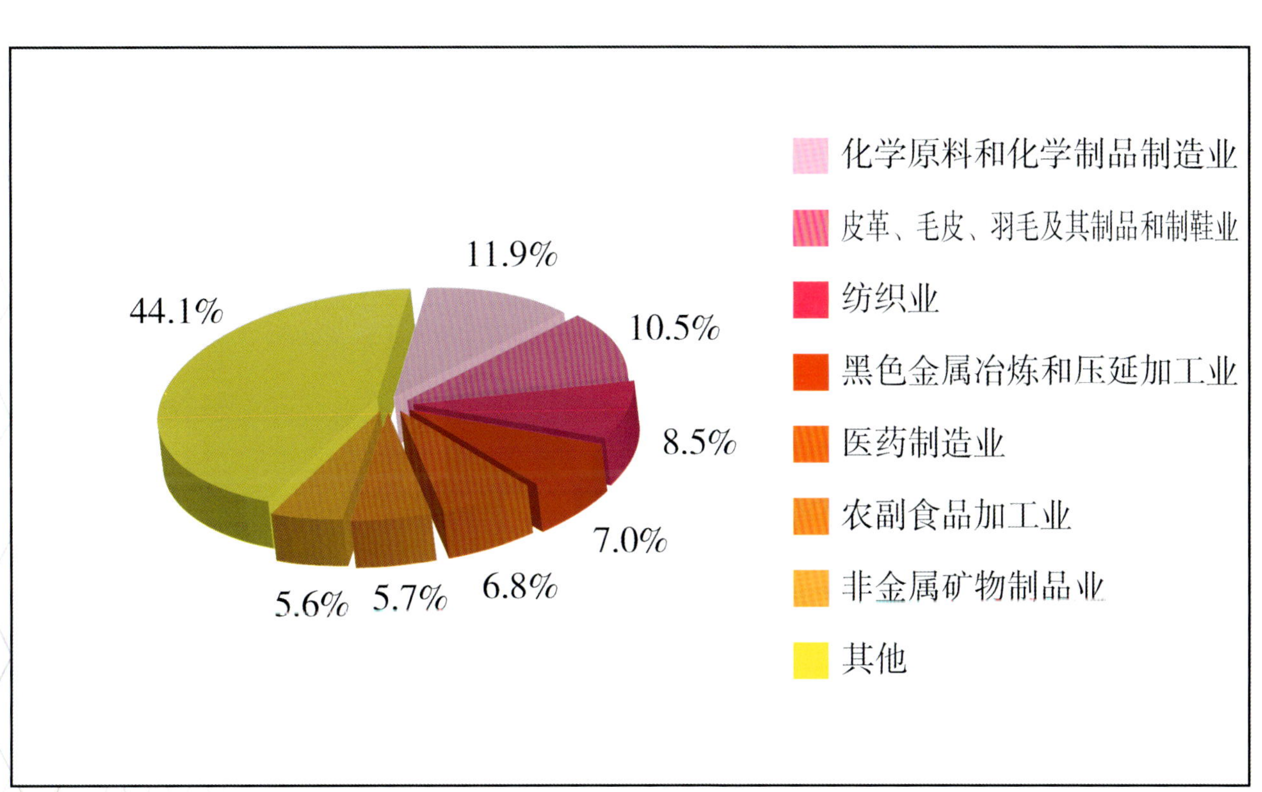

十一、社会消费品零售总额（亿元）

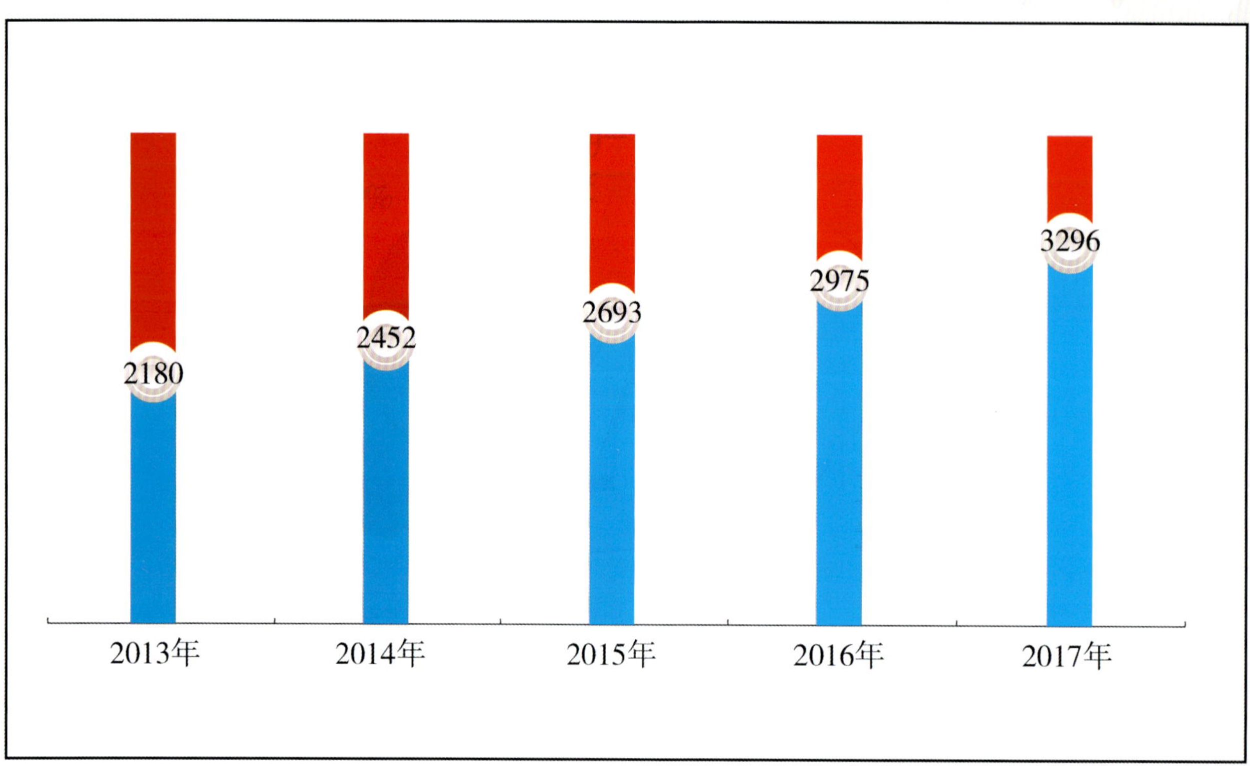

十二、全社会固定资产投资与固定资产投资（亿元）

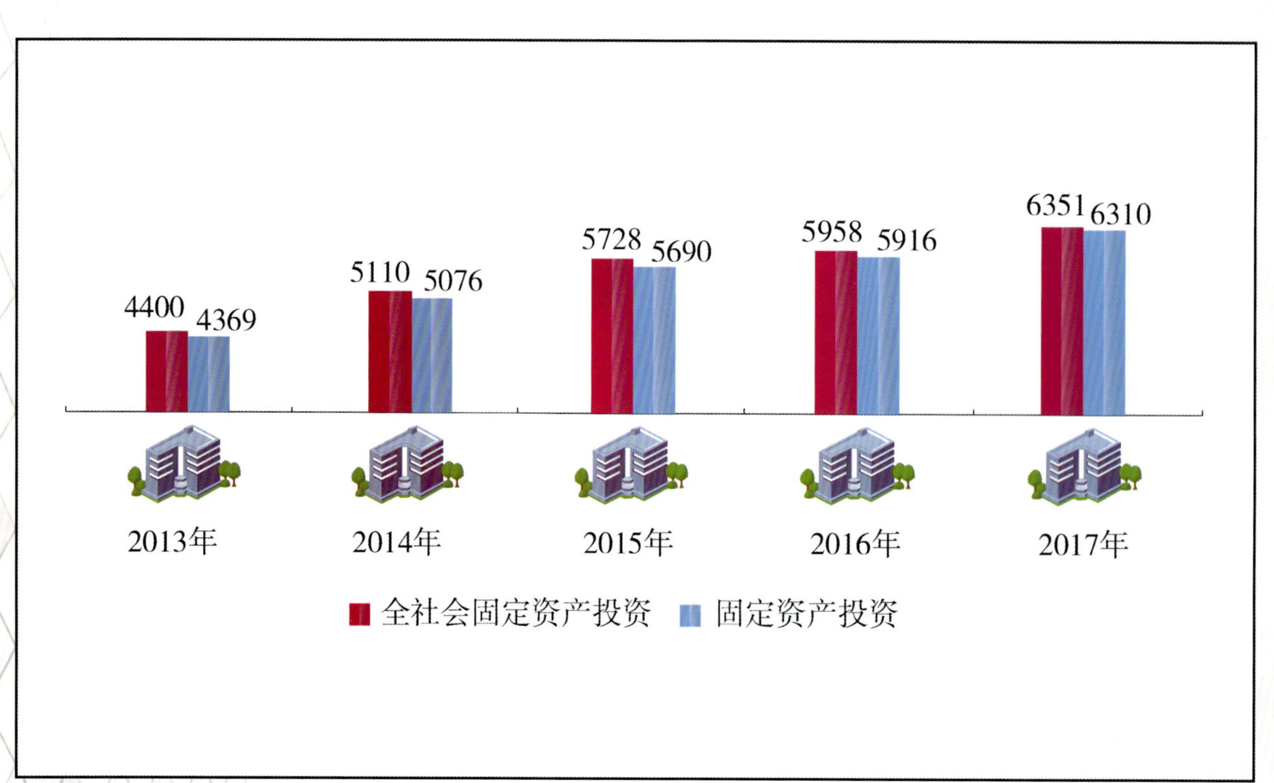

十三、实际利用外资（亿美元）

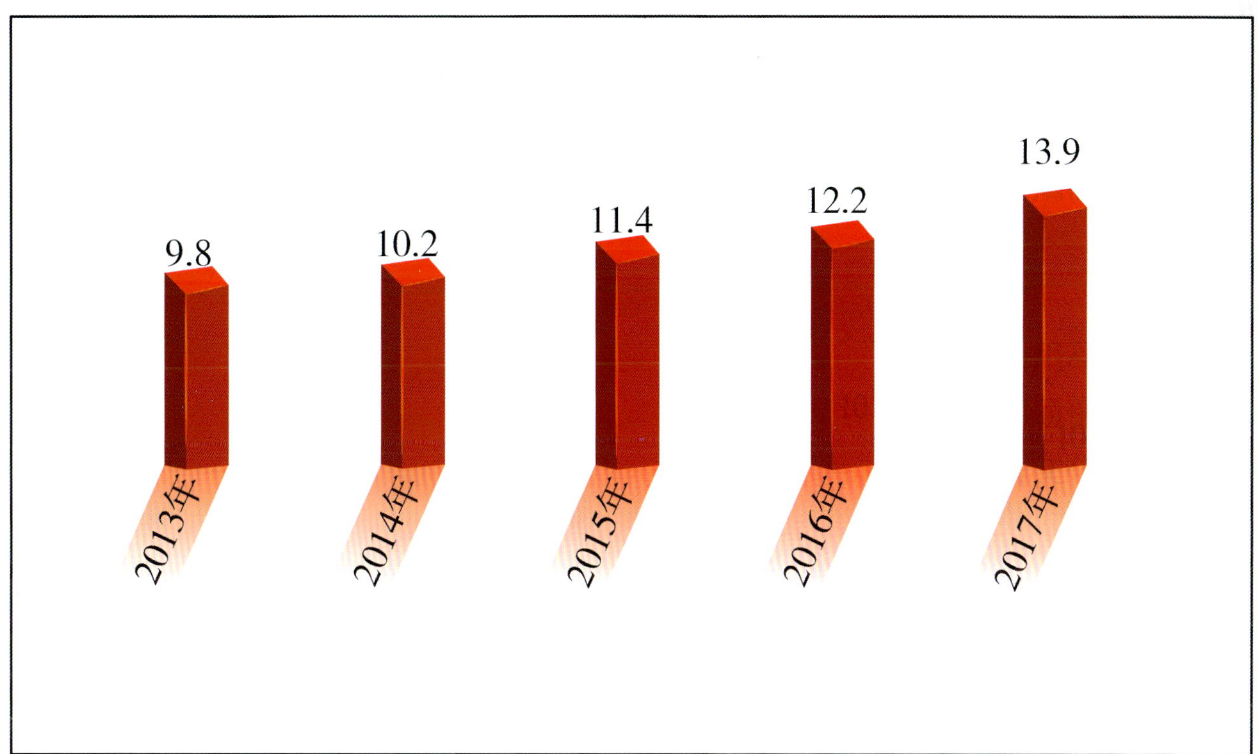

十四、进出口总值与出口总值（亿美元）

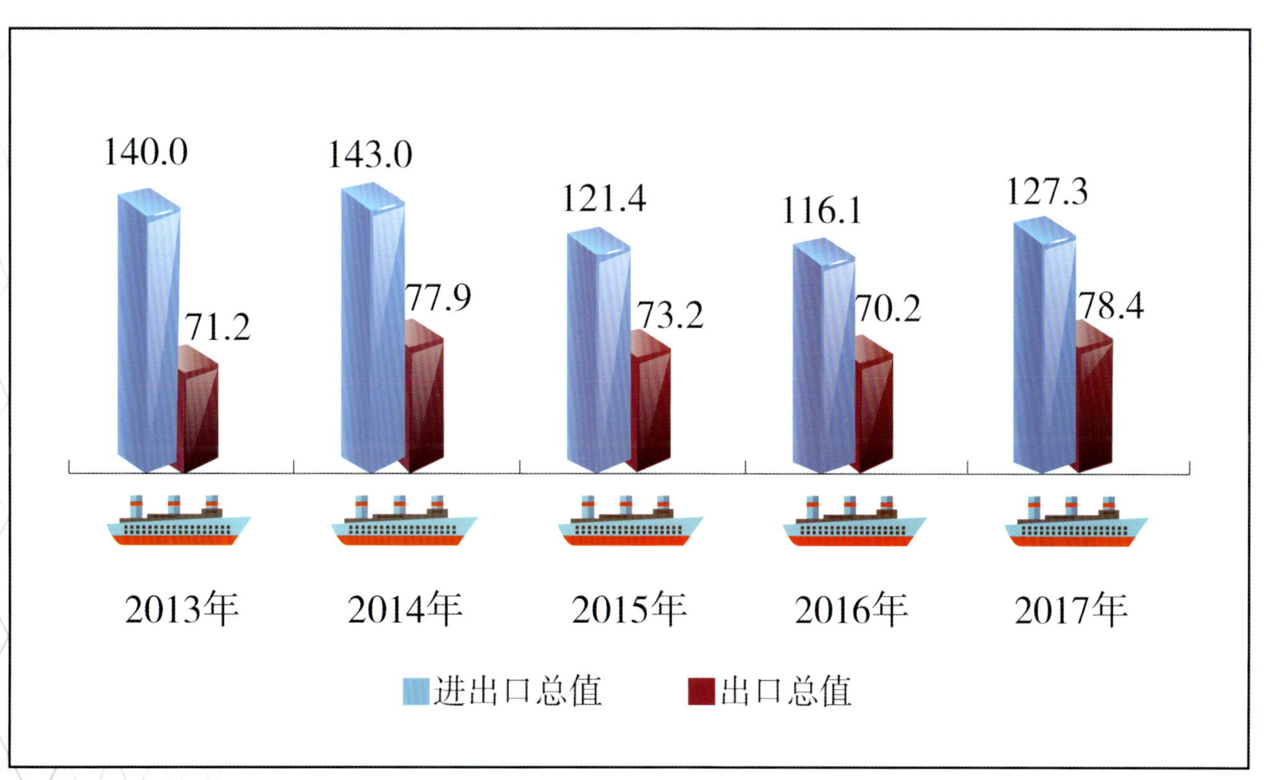

十五、城镇居民与农村居民人均可支配收入（元）

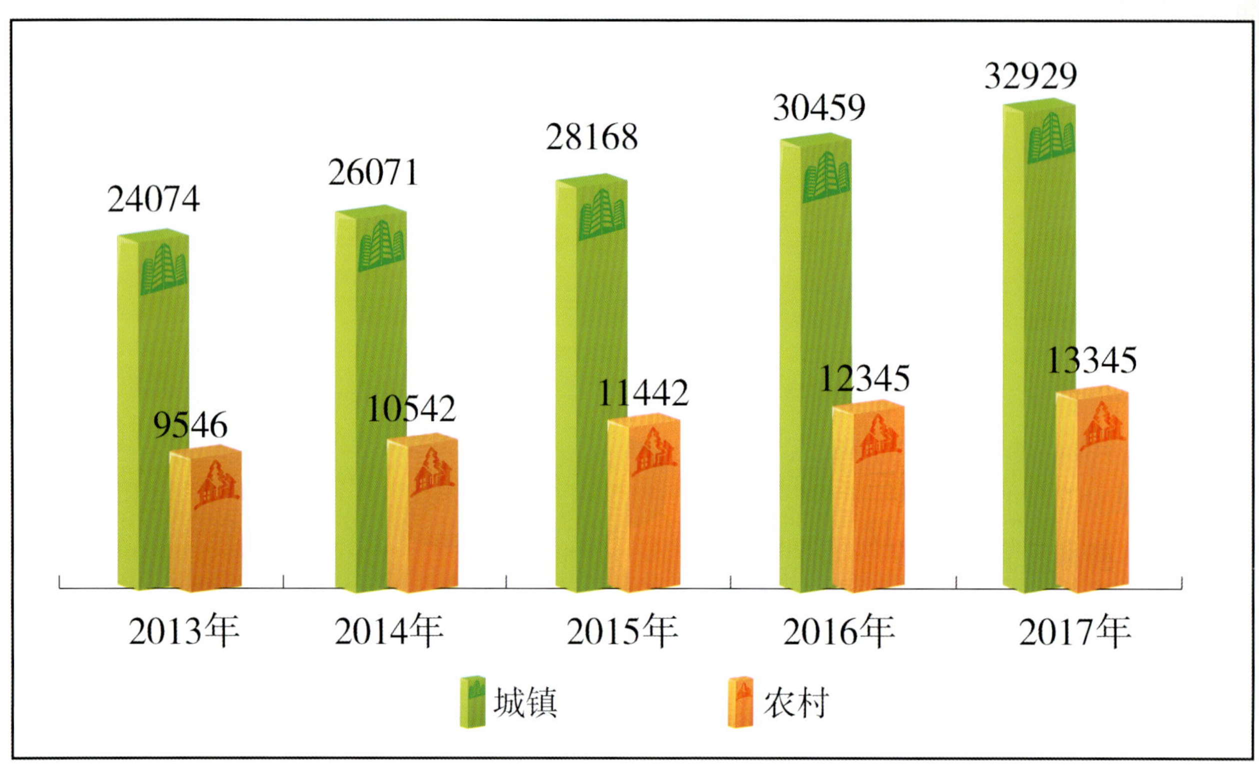

十六、城镇居民与农村居民人均消费支出（元）

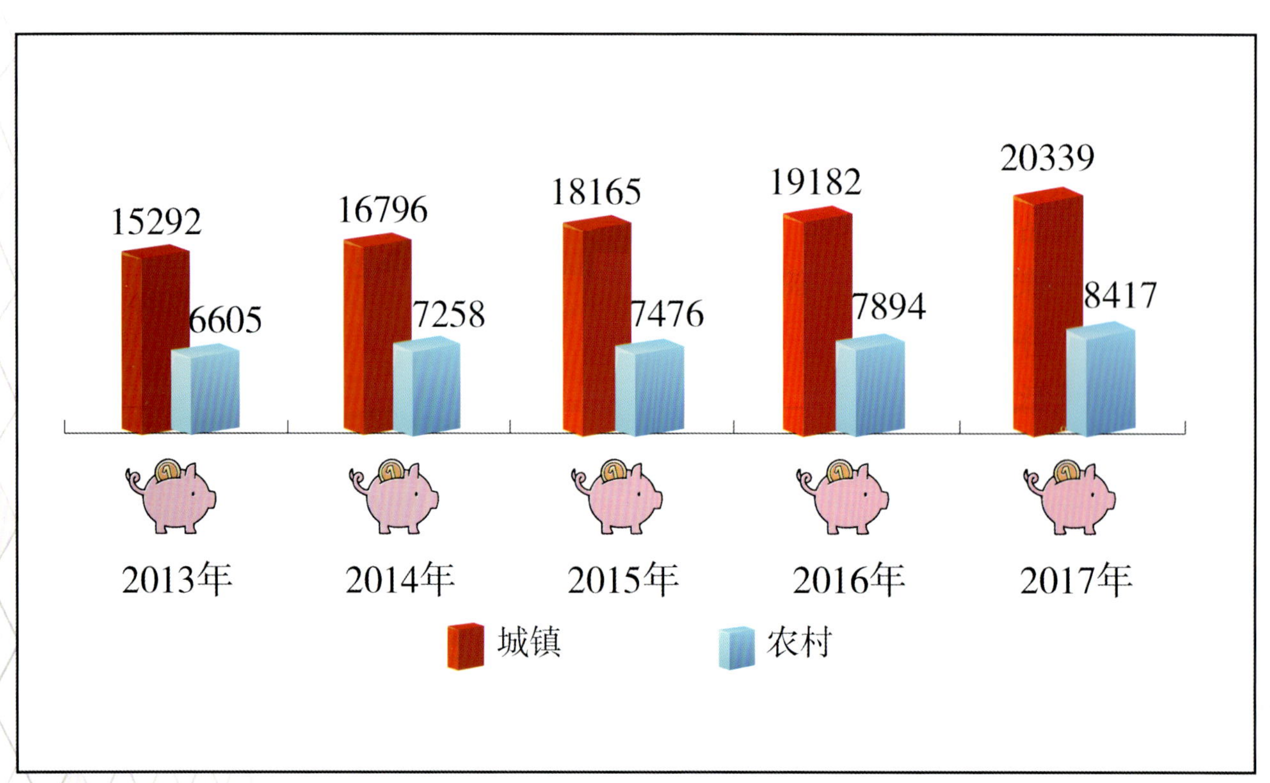

十七、2017年城镇居民消费支出构成

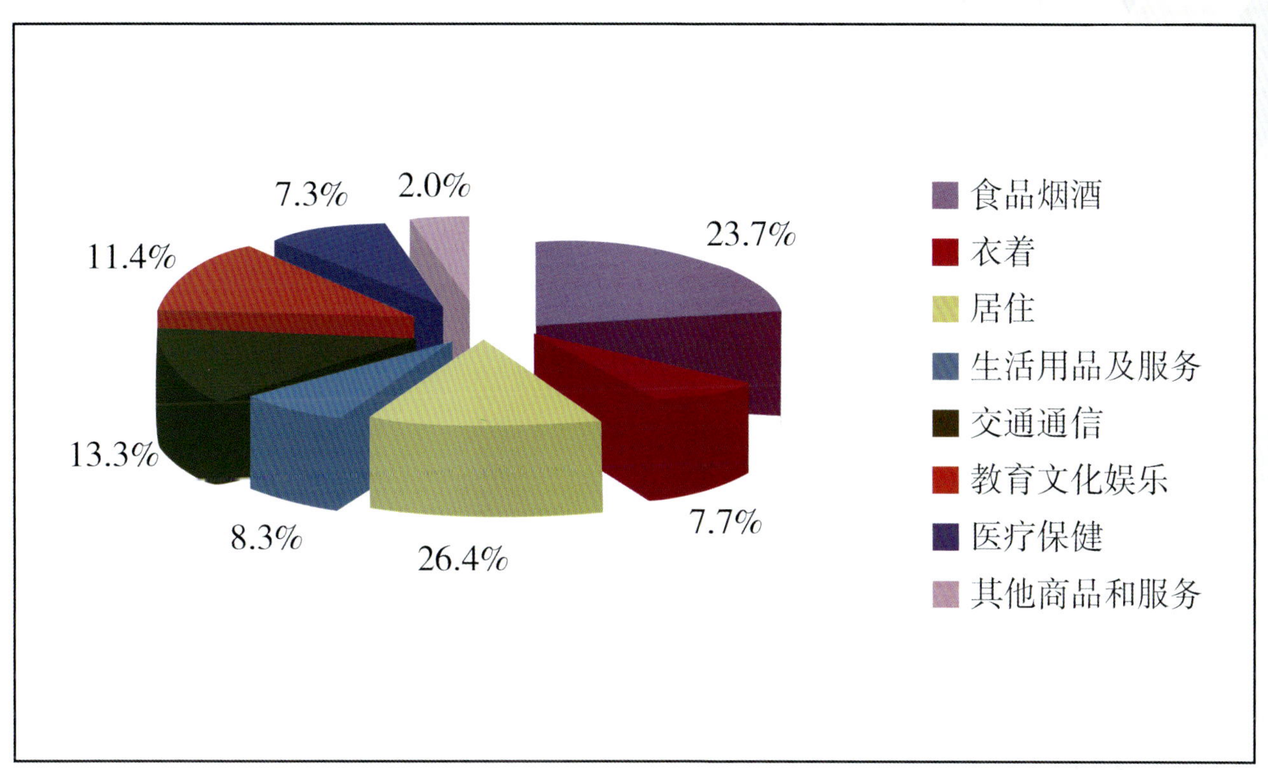

十八、2016年城镇居民消费支出构成

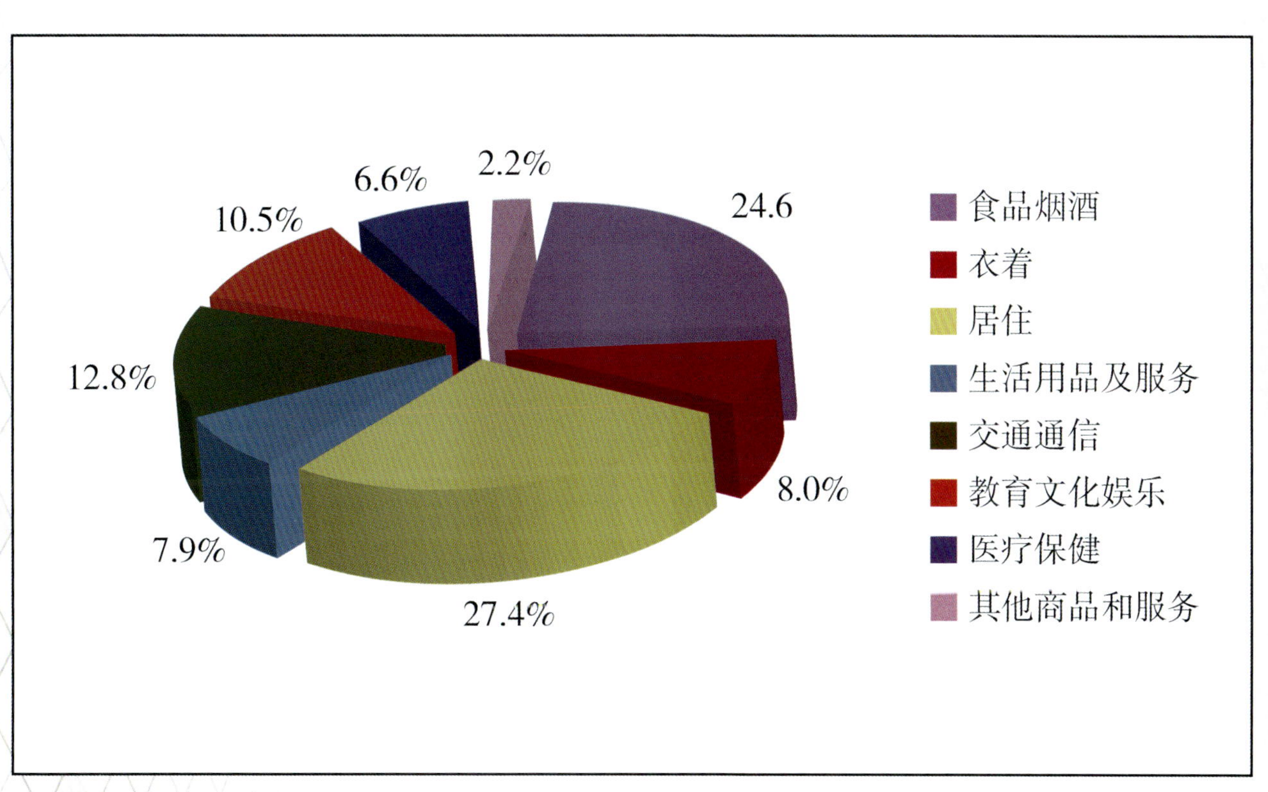

十九、2017年农村居民消费支出构成

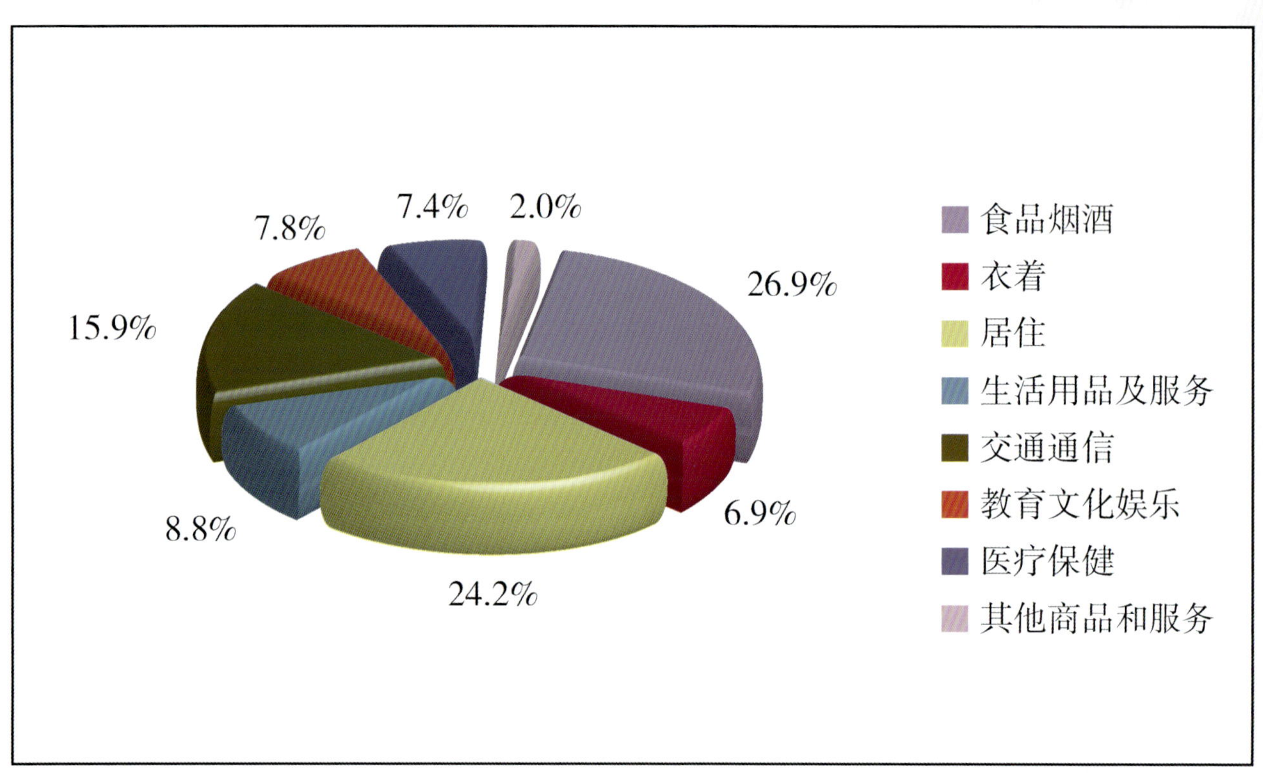

二十、2016年农村居民消费支出构成

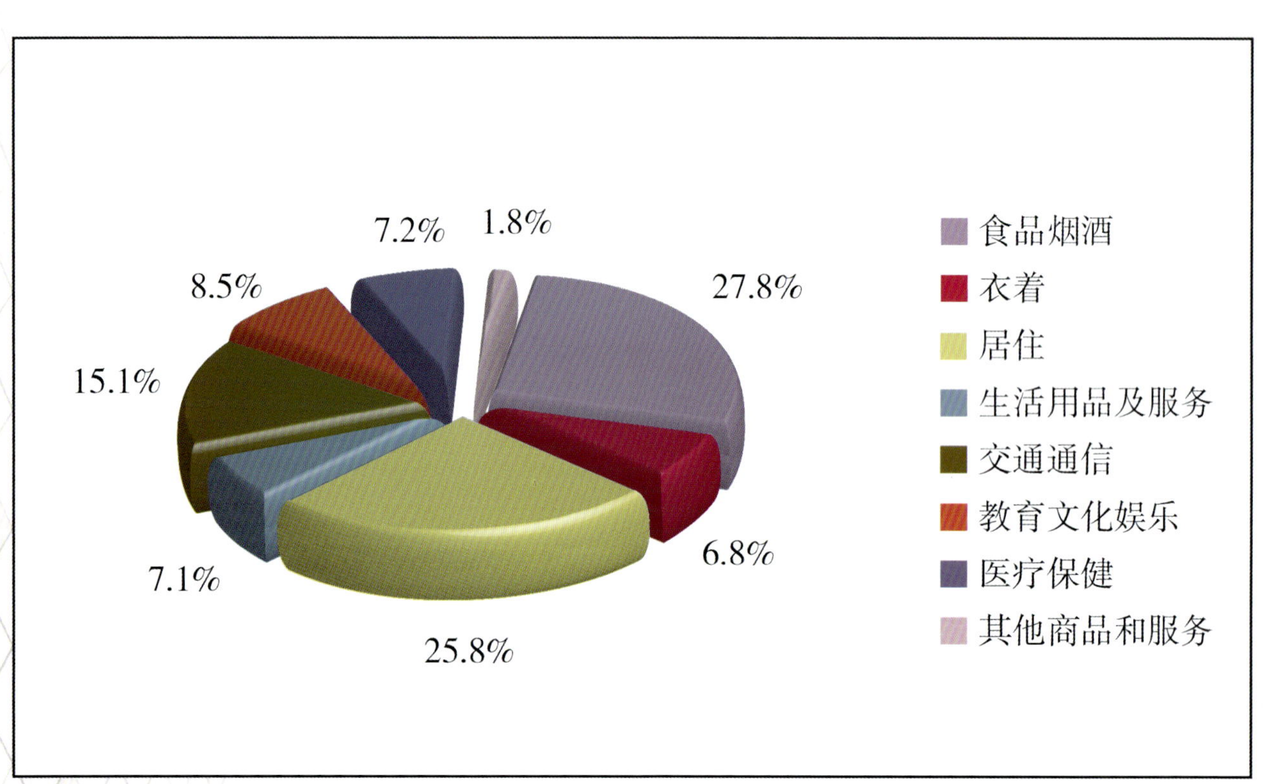

二十一、全市居民消费价格指数（%）

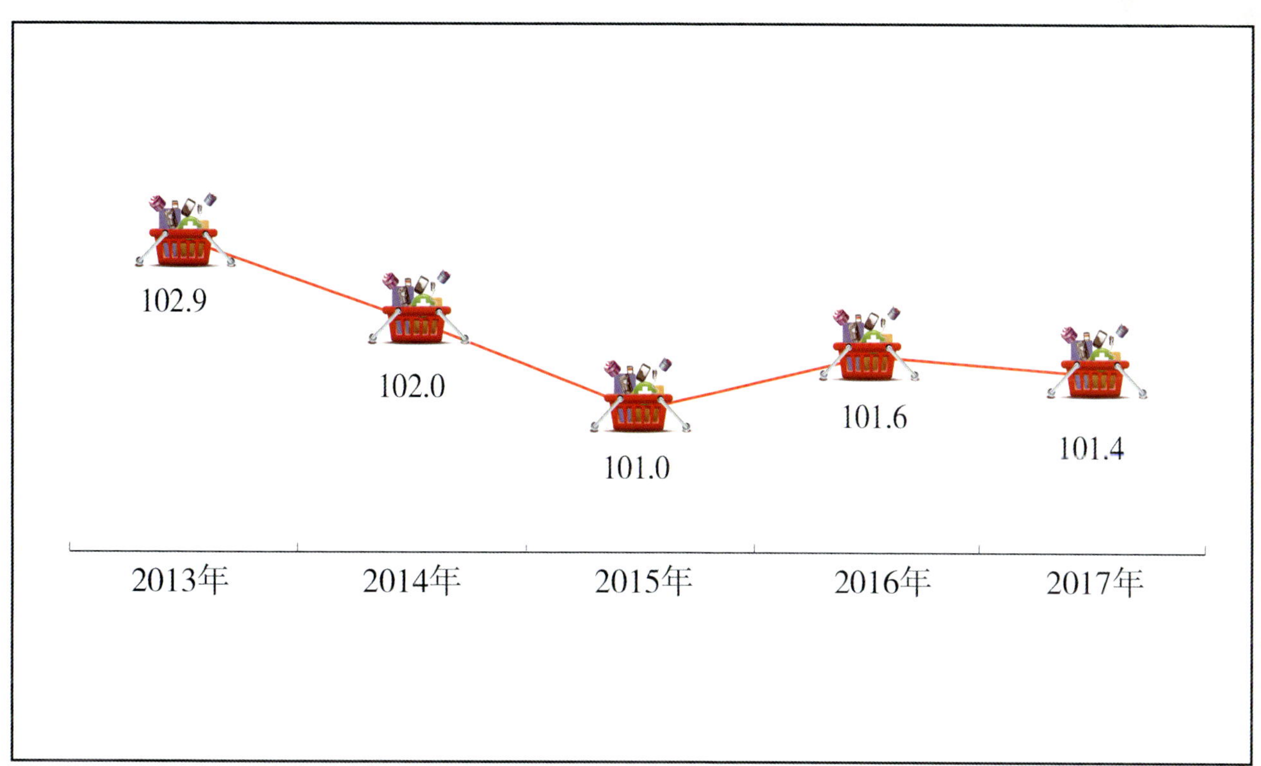

二十二、全市在岗职工平均工资（元）

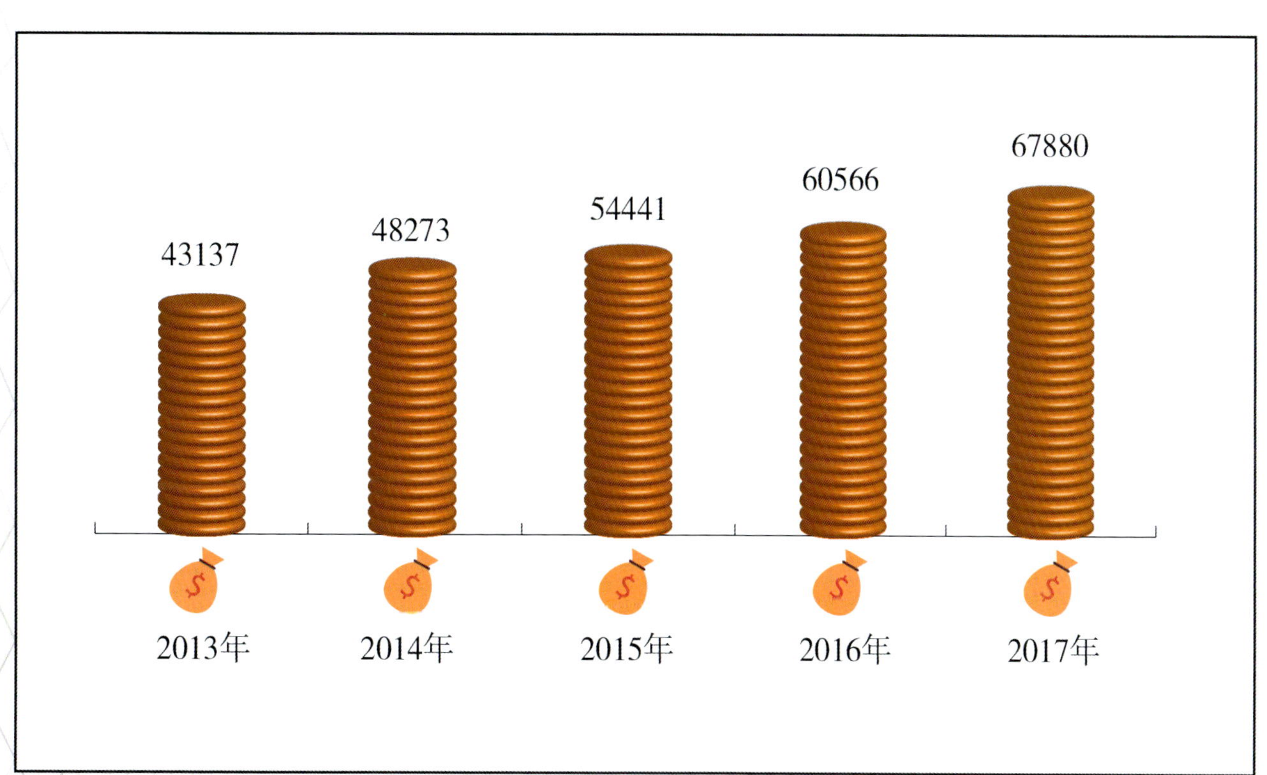

目 录

四、能源消费

五、财政金融

六、物价

七、居民生活

八、城市公用设施

九、农村经济

十、工业交通邮政

十一、贸易外经旅游

十二、教育科技文化

十三、体育卫生民政

附录 1995—2017 年分县（市、区）主要经济指标

石家庄市 2017 年
国民经济和社会发展统计公报

石　家　庄　市　统　计　局
国家统计局石家庄调查队

2018 年 3 月 30 日

2017 年，在市委、市政府的坚强领导下，全市各级各部门认真学习贯彻党的十九大精神，以习近平新时代中国特色社会主义思想为指导，坚持稳中求进工作总基调，贯彻新发展理念，以供给侧结构性改革为主线，围绕建设现代省会、经济强市总目标，统筹推进稳增长、促改革、调结构、惠民生、防风险等各项工作，全市经济稳中有进，稳中向好，经济社会保持了平稳健康发展。

一、综　合

初步核算，全年全市生产总值 6460.9 亿元，按可比价格计算，比上年增长 7.3%。分产业看，第一产业增加值 480.5 亿元，比上年增长 2.4%，占生产总值的比重为 7.4%；第二产业增加值 2913.9 亿元，增长 3.7%，占生产总值的比重为 45.1%；第三产业增加值 3066.4 亿元，增长 11.6%，占生产总值的比重为 47.5%。人均生产总值 59645 元，增长 6.5%。

图 1　2012 年 -2017 年生产总值（亿元）

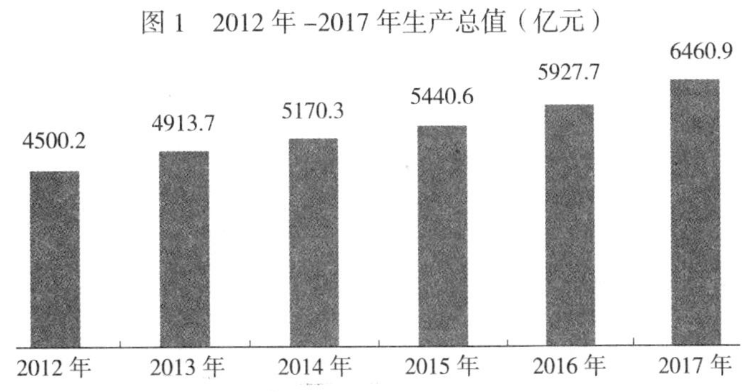

图 2　2012 年 -2017 年三次产业增加值占生产总值比重（%）

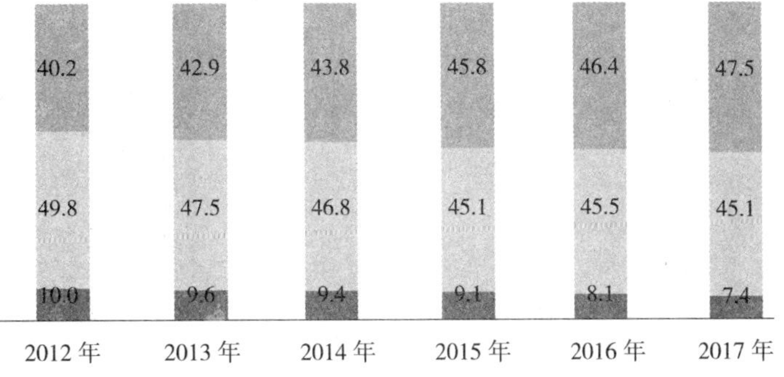

年末常住人口1087.99万人，比上年末增加9.53万人。全年出生人口14.52万人，人口出生率为13.40‰，比上年提高0.78个千分点；死亡人口6.03万人，死亡率为5.57‰，比上年下降0.73个千分点；人口自然增长率为7.83‰，比上年提高1.51个千分点。常住人口城镇化率为61.64%，比上年提高1.68个百分点。户籍人口城镇化率为45.8%，比上年末提高0.2个百分点。

全年民营经济增加值4318.7亿元，比上年增长7.2%，占全市生产总值的比重为66.8%。民营经济实缴税金540.2亿元，增长12.9%，占全部财政收入的比重为57.0%，比上年提高0.6个百分点。民营经济出口总值68.2亿美元，增长9.8%。

全年居民消费价格比上年上涨1.4%。其中，食品烟酒价格下降1.2%，衣着上涨1.2%，居住上涨2.8%，生活用品及服务下降0.4%，交通和通信上涨1.7%，教育文化和娱乐上涨1.5%，医疗保健上涨7.4%，其他用品和服务上涨2.5%。全年工业生产者出厂价格比上年上涨8.1%，工业生产者购进价格比上年上涨8.2%。

图3　2012年-2017年居民消费价格指数（%）

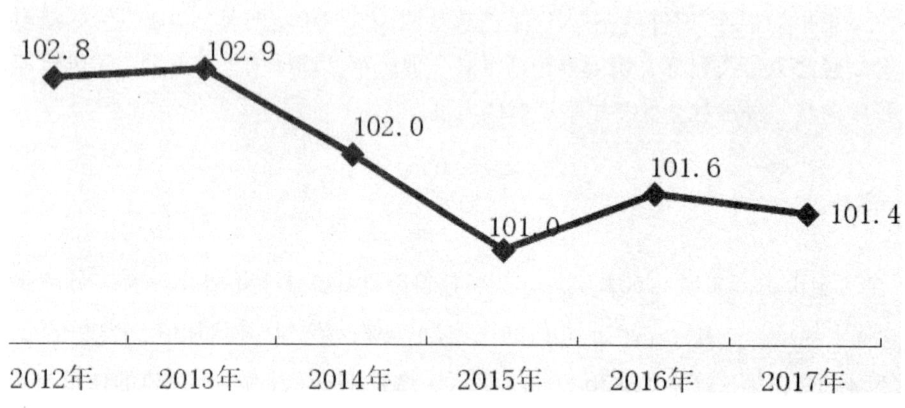

全年全市城镇新增就业18.7万人，失业人员再就业4.4万人，困难人员实现再就业1.7万人。年末城镇登记失业率为3.33%，比上年回落0.1个百分点。

二、农　业

全年粮食播种面积73.1万公顷，比上年减少0.6万公顷，下降0.8%。粮食总产量500.9万吨，增长1.0%。其中，夏粮产量260.0万吨，增长1.4%；秋粮产量240.9万吨，增长0.6%。

图4　2012年-2017年粮食总产量（万吨）

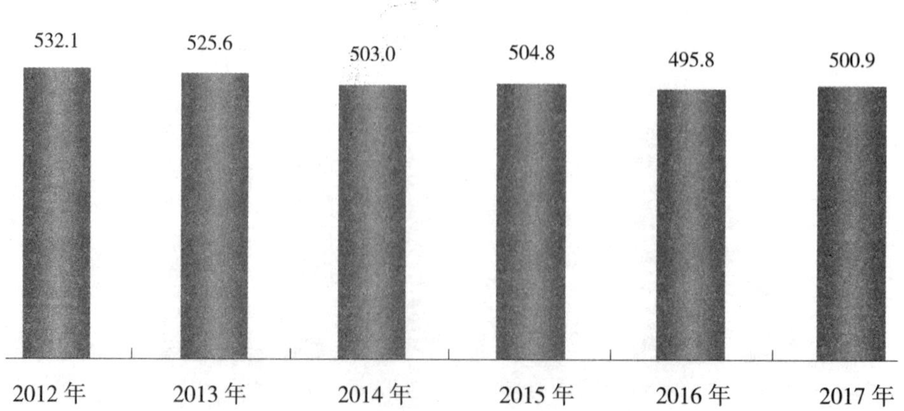

全年蔬菜播种面积 16.1 万公顷，比上年下降 0.5%；总产量 1322.9 万吨，增长 0.1%。其中，设施蔬菜播种面积 7.3 万公顷，产量 592.5 万吨。

全年肉类总产量 78.6 万吨，比上年增长 1.5%。其中，猪肉产量 46.2 万吨，增长 1.1%；牛肉产量 9.3 万吨，增长 4.7%；羊肉产量 2.2 万吨，增长 0.1%；禽肉产量 19.8 万吨，增长 1.4%。年末生猪存栏 346.0 万头，下降 0.5%；生猪出栏 61.1 万头，增长 0.4%。禽蛋产量 114.5 万吨，增长 2.0%。奶类产量 115.0 万吨，下降 1.9%。

表 1 2017 年主要农产品产量及其增长速度

产品名称	单位	2017 年	比上年增长（%）
粮食	万吨	500.9	1.0
油料	万吨	21.0	0.8
棉花	万吨	0.4	-25.2
蔬菜	万吨	1322.9	0.1
#设施蔬菜	万吨	592.5	-1.8
园林水果	万吨	283	1.0
肉类总产量	万吨	78.6	1.5
#猪肉	万吨	46.2	1.1
禽蛋	万吨	114.5	2.0
奶类	万吨	115.0	-1.9
#牛奶	万吨	114.7	-1.9
水产品	万吨	3.1	-1.2

全年畜牧业、蔬菜、果品三大优势产业产值 665.2 亿元，占农林牧渔业总产值比重为 75.5%，比上年回落 1.0 个百分点。

全年农业产业化经营率 67.5%，比上年提高 0.7 个百分点。

农业机械总动力 1300.4 万千瓦（不包括农业运输车），比上年增长 1.5%。实际机耕面积 54.3 万公顷，占农作物播种面积的比重达 54.3%，比上年提高 3.5 个百分点；当年机械播种面积 72.8 万公顷，占 72.9%，提高 2.2 个百分点；机械收获面积 70.5 万公顷，占 70.6%，提高 4.4 个百分点。农村用电量 77.7 亿千瓦小时，下降 1.4%。

三、工业和建筑业

全年全市规模以上工业增加值 2355.8 亿元，同比增长 3.6%。从经济类型看，国有企业增长 3.0%，集体企业增长 1.8%，股份制企业增长 3.2%，外商及港澳台商企业增长 11.0%。从三大门类看，采矿业增加值同比下降 58.6%，制造业增长 4.8%，电力、热力、燃气及水生产和供应业增长 4.3%。

图 5　2012 年 -2017 年规模以上工业增加值（亿元）

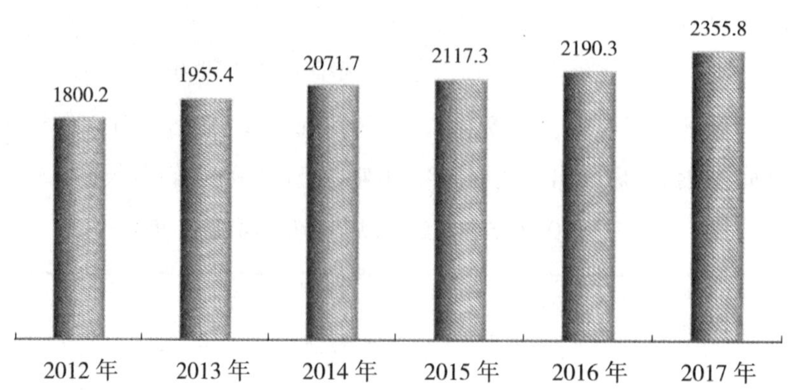

分轻重工业看，全年轻工业增加值 1131.3 亿元，比上年增长 8.7%；重工业增加值 1224.6 亿元，下降 1.1%。

分行业看，全年七大主导产业增加值 2045.9 亿元，比上年增长 4.0%。其中，装备制造业增长 11.5%，纺织服装业增长 5.7%，食品工业增长 10.7%，钢铁工业下降 3.9%，建材工业下降 2.0%，医药工业增长 5.4%，石化工业下降 4.6%。六大高耗能行业增加值 788.0 亿元，下降 5.7%，低于规模以上工业增加值增速 9.3 个百分点。高新技术产业增加值 458.2 亿元，增长 14.1%，高于规模以上工业增加值增速 10.5 个百分点。其中，电子信息、高端装备制造和新材料三个领域增加值分别增长 18.8%、23.9% 和 3.1%。

表 2　2017 年主要工业产品产量及增长速度

产品名称	单 位	产 量	比上年增长（%）
粗钢	万吨	1396.2	-4.3
水泥	万吨	2080.7	-1.3
生铁	万吨	1389.1	-5.8
钢材	万吨	1380.0	-4.0
焦炭	万吨	302.9	11.99
发电量	亿千瓦小时	463.4	-0.14
纱	万吨	86.7	3.6
布	亿米	43.5	9.8
服装	万件	19790	6.8
化学纤维	万吨	9.0	91.7
乳制品	万吨	117.0	9.6
饮料	万吨	154.0	2.9
饮料酒	万升	31821.8	14.4
饲料	万吨	614.5	6.0
卷烟	亿支	220.5	1.8
机制纸及纸板	万吨	72.3	5.5
人造板	万立方米	146.9	-0.1

产品名称	单 位	产 量	比上年增长（%）
化学药品原药	万吨	14.7	-11.9
中成药	吨	1.6	-19.1
变压器	万千伏安	45.3	25.1
新能源汽车	辆	2116	5.5
改装汽车	辆	15228	85.4
城市轨道汽车	辆	30	-37.5
程控交换机	万线	16.1	19.3
集成电路	万块	460	-88.9
平板玻璃	万重量箱	1099.7	6.5
交流电动机	万千瓦	330.3	12.1
房间空气调节器	万台	464.0	54.6
医疗仪器设备及器械制造	台	1340	70.9

全年规模以上工业利润 867.6 亿元，比上年增长 8.2%。规模以上工业企业主营业务利润率 8.4%，每百元主营业务收入中的成本为 83.6 元，资产负债率为 47.7%。

全社会建筑业增加值 328.3 亿元，比上年增长 14.8%。资质等级以上建筑业企业房屋施工面积 6777.6 万平方米，下降 4.0%；房屋竣工面积 1493.8 万平方米，增长 0.5%。

四、固定资产投资

全年全社会固定资产投资 6353.2 亿元，比上年增长 6.6%。其中，固定资产投资（不含农户）6310.1 亿元，增长 6.7%。

图 6　2012 年 -2017 年全社会固定资产投资（亿元）

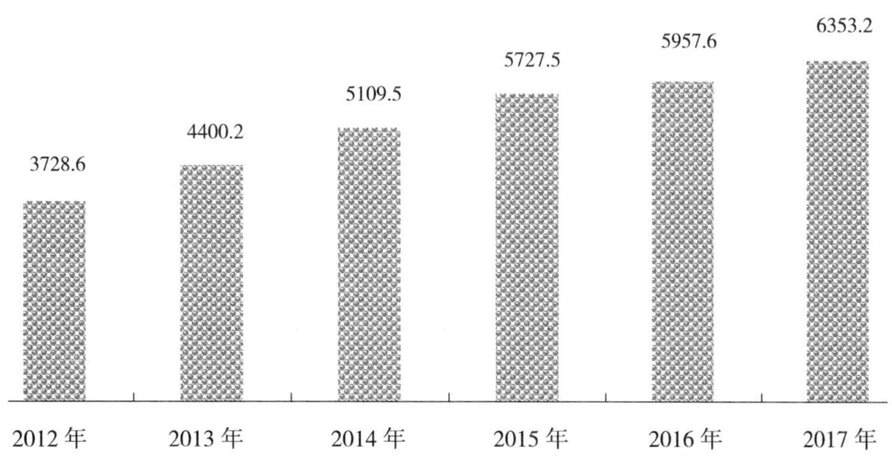

在固定资产投资中，第一产业投资 312.0 亿元，增长 13.0%；第二产业投资 2563.6 亿元，下降 3.8%；第三产业投资 3434.6 亿元，增长 15.4%。城市基础设施投资 1352.9 亿元，比上年增长 21.3%，占固定资产投资的比重为 21.4%。民间固定资产投资 4919.8 亿元，比上年增长 9.9%，占固定资产投资的比重为 78.0%。高新技术产业投资 679.7 亿元，比上年增长 0.3%，占固定资产投资的比重为 10.8%。六大高耗能行业投资 730.1 亿元，比上年增长 1.7%，占固定资产投资的比重为 11.6%。

表 3　2017 年分行业固定资产投资及增长速度

行　　业	绝对值(亿元)	比上年增长(%)
总　　计	6310.1	6.7
农、林、牧、渔业	312.0	13.0
采矿业	25.3	55.9
制造业	2294.1	−6.7
电力、热力、燃气及水的生产和供应业	244.3	30.2
建筑业	0.0	
批发和零售业	164.0	8.8
交通运输、仓储和邮政业	435.1	24.0
住宿和餐饮业	39.3	72.4
信息传输、软件和信息技术服务业	34.8	19.1
金融业	39.0	−36.5
房地产业	1504.8	12.2
租赁和商务服务业	153.6	5.5
科学研究和技术服务业	110.7	66.9
水利、环境和公共设施管理业	663.1	24.6
居民服务、修理和其他服务业	32.6	4.4
教育	70.8	4.6
卫生和社会工作	69.5	77.8
文化、体育和娱乐业	74.9	−3.1
公共管理、社会保障和社会组织	42.3	−29.3

房地产开发投资 1243.6 亿元，比上年增长 20.0%。其中，商品住宅投资 890.9 亿元，增长 31.0%；办公楼投资 112.9 亿元，增长 4.9%；商业营业用房投资 142.2 亿元，比上年增长 2.0%。房屋新开工面积 1601.3 万平方米，增长 41.7%，其中住宅新开工面积增长 70.5%。商品房销售面积 1091.9 万平方米，增长 27.6%，其中住宅销售面积增长 24.5%。商品房销售额 1073.2 亿元，增长 57.0%，其中住宅销售额增长 64.2%。

五、国内贸易

全年社会消费品零售总额 3296.0 亿元，比上年增长 10.8%。按经营地统计，城镇消费品零售额 2777.7 亿元，增长 10.8%；乡村消费品零售额 518.3 亿元，增长 10.4%。

图 7　2012 年 –2017 年社会消费品零售总额（亿元）

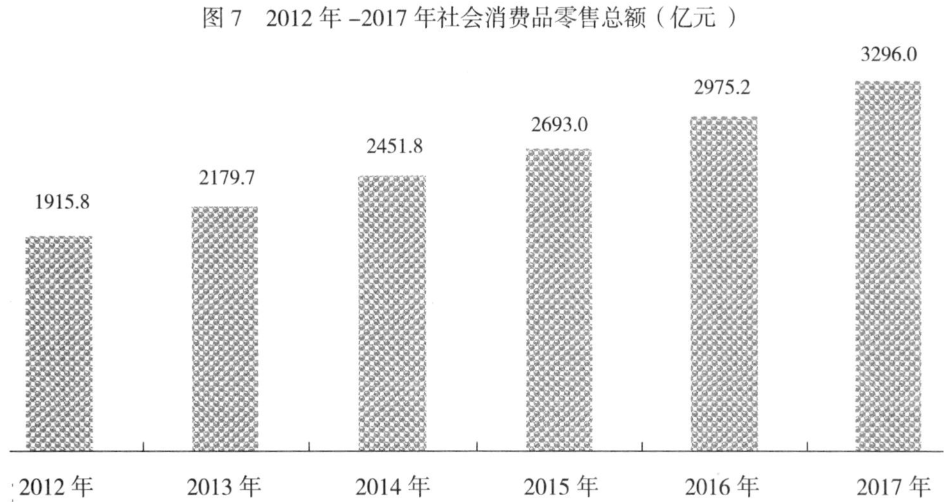

在限额以上批发和零售企业（单位）商品零售额中，粮油食品类增长 11.1%；饮料类增长 16.3%；烟酒类增长 24.3%；服装鞋帽针纺织品类增长 5.5%；化妆品类增长 14.6%；金银珠宝类增长 6.1%；日用品类增长 9.2%；家用电器及音像器材类增长 7.0%；中西药品类增长 17.5%；建筑及装潢材料类增长 10.2%；石油及制品类增长 23.6%；汽车类增长 5.1%。

六、对外经济

全年进出口总值862.2亿元，比上年增长12.3%。其中，出口总值531.2亿元，增长14.8%；进口总值331.0亿元，增长 8.6%。

全年实际利用外资 13.9 亿美元，比上年增长 14.2%。其中，外商直接投资 12.9 亿美元，增长 9.9%。

图 8　2012 年 –2017 年实际利用外资（亿美元）

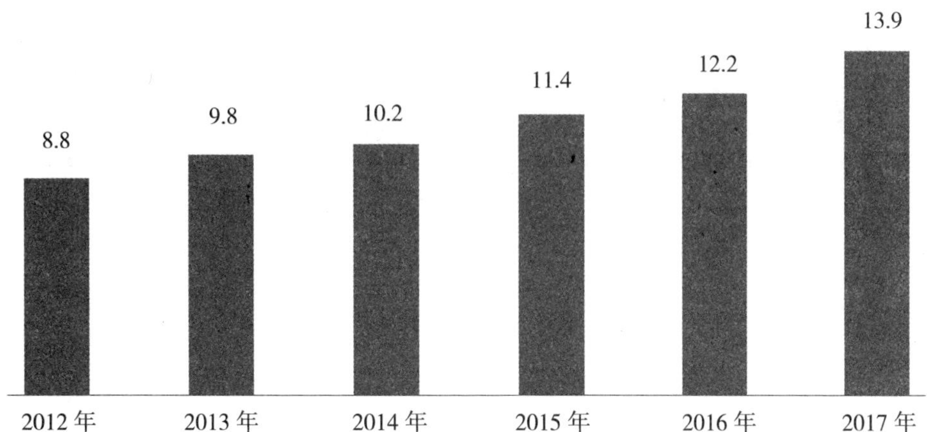

七、交通、邮电和旅游

全年货物运输总量为 4.6 亿吨，比上年增长 12.6%。货物运输周转量为 2158.3 亿吨公里，增长 9.1%。旅客运输总量为 0.4 亿人次，下降 16.4%。旅客运输周转量为 27.5 亿人公里，下降 19.1%。

全市年末民用汽车保有量 256.0 万辆，比上年末增长 13.7%，其中私人汽车保有量 227.8 万辆，增长

12.4%。民用轿车保有量 230.2 万辆，增长 13.2%，其中私人轿车 217.1 万辆，增长 12.6%。

年末市区公共汽车营运线路 226 条，比上年增加 1 条；营运线路长度 3822 公里，增加 115 公里；营运车辆 5730 辆，增加 848 辆；客运总量 4.2 亿人次，减少 1.26 亿人次。

全年邮政行业业务收入（不包括邮政储蓄银行直接营业收入）完成 50.92 亿元，同比增长 27.76%；业务总量完成 80.48 亿元，同比增长 37.5%。邮政函件业务完成 1980.67 万件，同比下降 17.18%; 包裹业务完成 42.99 万件，同比增长 6.02%; 报纸业务计完成 12213.45 万份，同比下降 5.89%; 杂志业务累计完成 484.22 万份，同比下降 14.48%; 汇兑业务累计完成 15.57 万笔，同比增长 10.11%。全市快递服务企业业务量累计完成 35959.45 万件，同比增长 30.09%；业务收入累计完成 39.55 亿元，同比增长 29.56%。

全年电信业务总量 201.42 亿元，比上年增长 84.67%。电信业务收入 86.98 亿元，增长 0.3%。年末互联网宽带接入用户数 318.0 万户，增加 30.8 万户。移动电话用户数 1265.4 万户，增加 94.9 万户；固定电话用户数 131.5 万户，减少 5.7 万户。

全年接待国际游客 20.5 万人次，比上年增长 6.3%; 旅游创汇收入 9460.1 万美元，增长 39.6%。接待国内游客 9216.4 万人次，增长 20.8%；旅游收入 988.1 亿元，增长 32.5%。旅游总收入 994.4 亿元，增长 32.5%。

八、财政、金融

全年全部财政收入 947.3 亿元，比上年增长 11.8%。其中，一般公共预算收入 460.9 亿元，增长 12.2%。

图 9　2012 年 –2017 年财政收入（亿元）

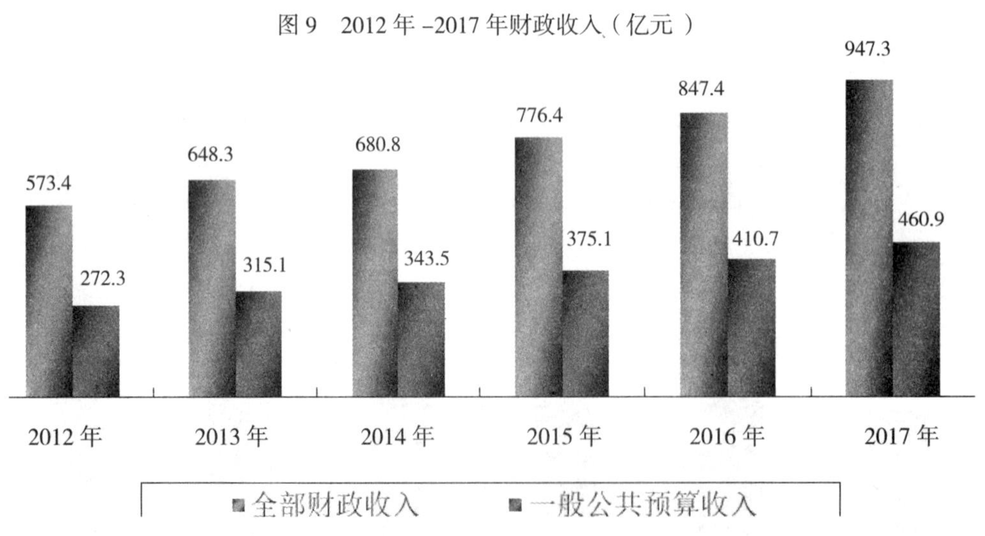

全年一般公共预算支出 806.7 亿元，比上年增长 8.1%。其中，一般公共服务支出 83.7 亿元，增长 16.3%；公共安全支 50.6 亿元，增长 6.3%；教育支出 167.7 亿元，增长 5.3%；科学技术支出 10.1 亿元，下降 17.7%；社会保障和就业支出 88.1 亿元，增长 21.2%；医疗卫生支出 78.0 亿元，增长 7.6%；节能环保支出 59.7 亿元，增长 34.9%；城乡社区事务支出 63.2 亿元，与全年持平；农林水事务支出 75.6 亿元，增长 2.2%。

年末全市金融机构（人民币）各项存款余额 11703.0 亿元，比年初增加 625.1 亿元。其中，住户存款余额 5641.6 亿元，增加 293.3 亿元。金融机构（人民币）各项贷款余额 8925.0 亿元，增加 1749.1 亿元。

全年保险公司原保险保费收入 395.5 亿元，比上年增长 14.6%。其中，财产险业务原保险保费收入 105.8 亿元，寿险业务原保险保费收入 235.7 亿元，健康险和意外伤害险业务原保险保费收入 54.0 亿元。

九、教育、科学技术和文化体育

年末普通高等学校 49 所，招生 14.9 万人，在校生 47.6 万人，毕业生 12.4 万人。研究生招生 0.6 万人，在校生 1.5 万人，毕业生 0.4 万人。普通本专科招生 14.3 万人，在校生 46.1 万人，毕业生 12.0 万人。

普通中学 411 所，招生 18.4 万人，在校生 51.5 万人，毕业生 16.0 万人。中等职业学校 143 所，招生 6.8 万人，在校生 17.7 万人，毕业生 4.5 万人。技工学校 40 所，招生 0.6 万人，在校生 1.3 万人，毕业生 0.5 万人。小学 1418 所，招生 15.8 万人，在校生 84.4 万人，毕业生 12.2 万人。特殊教育学校 24 所，招生 399 人，在校生 2156 人，毕业生 274 人。幼儿园 1596 所，在园人数 31.5 万人。九年义务教育巩固率为 98.53%，高中阶段毛入学率为 94.0%。

全年新增专利申请 12966 件，新增专利授权 7501 件，有效发明专利 5781 件，万人发明专利拥有量 5.3 件。

年末全市共有产品检测实验室 335 个，市级及以上检测中心 52 个。全年完成强制性产品认证企业 519 个。法定计量技术机构 16 个，全年强制检定计量器具 65.8 万台 (件)。制定、修订省级地方标准 36 项，其中新制定 36 项。

年末全市共有艺术表演团体 20 个，艺术表演场馆 14 个，文化馆 24 个，博物馆 9 个，公共图书馆 25 个，公共图书馆图书总藏量 3750.2 千册。广播电视台 19 个。广播节目综合人口覆盖率 99.42%, 电视节目综合人口覆盖率 99.39%。

全年在省级以上比赛中共获金牌 246 枚，银牌 251 枚，铜牌 200 枚。

十、卫生和社会服务

年末全市共有医疗卫生机构（含诊所）7334 个。其中，医院 235 个，疾病预防控制中心（防疫站）24 个，妇幼保健院（所、站）25 个，社区卫生服务中心（站）189 个，村卫生室 4003 个，乡镇卫生院 222 个。卫生机构实有床位 57642 张。其中，医院拥有床位 46036 张，乡镇卫生院 8230 张。拥有卫生技术人员 7.67 万人。其中，执业医师 2.89 万人，注册护士 3.03 万人。

年末全市各类提供住宿的收留抚养类机构 186 个，床位 29838 张。其中，农村养老服务机构 90 个，床位 16860 张。各类社区服务机构 3846 个，其中，社区服务中心 154 个，社区服务站 141 个。

十一、资源和环境

全年完成造林面积 5.0 万公顷。其中，人工造林 2.9 万公顷。森林覆盖率为 39.5%。

全年市区二级以上优良天气 151 天。

全市规模以上单位工业增加值能耗同比下降 8.44%。

十二、人民生活和社会保障

全年居民人均可支配收入 24651 元，比上年增长 8.8%。按常住地分，城镇居民人均可支配收入 32929 元，增长 8.1%；农村居民人均可支配收入 13345 元，增长 8.1%。居民人均消费支出 15299 元，增长 6.9%。按常住地分，城镇居民人均消费支出 20339 元，增长 6.0%；农村居民人均消费支出 8417 元，增长 6.6%。恩格尔系数为 24.4%，回落 0.9 个百分点。其中，城镇为 23.7%，农村为 26.9%。

年末全市城乡居民参加养老保险人数 406.3 万人，比上年末增加 2.6 万人。城镇职工参加基本养老保险人数 238.5 万人，比上年末增加 9.1 万人，其中在岗职工参保人数为 179.2 万人，离退休人员参保人数为 59.3 万人。参加基本医疗保险人数 926.9 万人，比上年末增加 16.4 万人。其中参加城镇职工基本医疗保险人数 149.2 万人，比上年末增加 3.5 万人；参加城乡居民基本医疗保险人数 777.7 万人，比上年末增加 12.9 万人。参加失业保险的人数 93.9 万人，增加 1.9 万人。参加工伤保险的人数 155.3 万人，增加 3.5 万人。其中参加工伤保险农民工 45.2 万人，增加 0.3 万人。生育保险人数为 145.3 万人，增加 4.4 万人。

年末享受居民最低生活保障 12.96 万人。其中，城镇居民 1.84 万人，农村居民 11.12 万人。

注释：

1. 本公报中部分数据为快报数据。

2. 全市生产总值、各产业增加值绝对值按现行价格计算，增长速度按不变价格计算。

3. 部分数据合计数或相对数由于单位取舍不同而产生的计算误差，均未作机械调整。

4. 根据 2016 年国家统计局研发支出核算方法，修订了全市生产总值有关历史数据。公报中所有涉及地区生产总值相关数据均为修订后数据。

5. 公报中部分数据来源于相关部门，保费数据取自相关部门官方网站。原保险保费收入是指保险企业确认的原保险合同保费收入。

6. 本公报中石家庄市指标数据为含辛集市口径，其中价格、质监、体育、城市交通、环境、户籍人口城镇化率、居民生活、社会服务等指标数据为不含辛集市数据。

一、综　合

行政组织机构及土地面积

1—1　　（2017 年）

行政单位	镇政府（个）	乡政府（个）	街道办事处（个）	居民委员会（个）	村民委员会（个）	土地面积（平方公里）
石家庄市	**127**	**89**	**60**	**667**	**4353**	**15848**
市　区	35	8	57	545	689	2240
# 长安区	4		12	147	8	
桥西区			17	126	15	
新华区			15	97	13	
裕华区	2		11	96	5	
矿区	2	1	2	38		
藁城区	12	1		6	239	
鹿泉区	9	3		22	208	
栾城区	5	3		6	173	
高新区				7	28	
循环化工园区	1					
井陉县	10	7			318	1381
正定县	3	5	2	34	154	470
行唐县	4	11		8	322	1025
灵寿县	6	9		3	279	1546
高邑县	4	1		5	107	211
深泽县	3	3		3	125	286
赞皇县	4	7		8	212	1210
无极县	6	5		4	213	524
平山县	12	11		7	717	2951
元氏县	8	7		4	208	849
赵　县	7	4		9	281	714
晋州市	9	1		10	224	716
新乐市	8	3	1	10	160	625
辛集市	8	7		17	344	1100

注：1. 行政区划数据取自民政部门。

2. 土地面积沿用 1986 年以来统计年鉴历史数据。

全市常住人口基本情况

1—2　　（2017 年）　　计量单位：人

行政单位	年末常住人口	年平均人口
石家庄市	**10879900**	**10832250**
#长安区	818820	814816
桥西区	839754	838499
新华区	695000	692934
裕华区	555354	554309
矿　区	99866	99618
藁城区	774350	770744
鹿泉区	460435	458453
栾城区	354107	353592
高新区	235061	213676
循环化工园区	69452	60443
井陉县	317830	317789
正定县	495156	494646
行唐县	419779	419653
灵寿县	343083	342986
高邑县	192351	192280
深泽县	255068	256595
赞皇县	253435	253221
无极县	520787	520475
平山县	448986	448920
元氏县	434667	434371
赵　县	591261	591204
晋州市	554595	554311
新乐市	514103	513717
辛集市	636600	635000

注：全市人口出生率为 13.40‰、死亡率为 5.57‰、自然增长率为 7.83‰。

地区生产总值构成项目

1—3　　（2017 年）　　计量单位：万元

行业名称	增加值	劳动者报酬	生产税净额	固定资产折旧	营业盈余
地区生产总值	**59422284**	**25345739**	**8257375**	**7134384**	**18684786**
农、林、牧、渔业	4175796	3774599		243426	157771
农业	2403295	2160129		138941	104225
林业	146158	137043		8659	456
畜牧业	1381598	1250807		81785	49006
渔业	15242	14334		903	5
农、林、牧、渔服务业	229503	212286		13138	4079
工业	21604081	6104316	4372336	2473334	8654095
采矿业	443140	270267	9228	9484	154161
# 开采辅助活动					
制造业	18067788	5645996	4251230	2231822	5938740
# 金属制品、机械和设备修理业	95026	68153	1696	19434	5743
电力、燃气及水的生产和供应业	3093153	188053	111878	232028	2561194
建筑业	3285647	1640013	705886	189471	750277
房屋建筑业	1814954	969668	408403	65560	371323
土木工程建筑业	952352	393424	221043	99919	237966
建筑安装业	328429	177346	45907	15080	90096
建筑装饰和其他建筑业	189912	99575	30533	8912	50892
批发和零售业	5953694	2908956	1294762	264346	1485630
批发业	2724479	1564460	556713	59365	543941
零售业	3229215	1344496	738049	204981	941689
交通运输、仓储和邮政业	5239046	1832923	428866	402812	2574445
铁路运输业	340461	99936	92486	54343	93696
道路运输业	4094051	1300410	282790	299494	2211357
水上运输业					
航空运输业	168410	54891	21893	11789	79837

1—3 续表 1　　（2017 年）　　计量单位：万元

行业名称	增加值	劳动者报酬	生产税净额	固定资产折旧	营业盈余
管道运输业					
装卸搬运和运输代理业	360870	197431	20547	13012	129880
仓储业	116164	67890	4128	14686	29460
邮政业	159090	112365	7022	9488	30215
住宿和餐饮业	1067199	755178	66387	186974	58660
住宿业	204703	159333	13146	48888	-16664
餐饮业	862496	595845	53241	138086	75324
信息传输、软件和信息技术服务业	1265170	340065	172414	348192	404499
电信、广播电视和卫星传输服务	897962	188141	134287	327012	248522
互联网和相关服务	39801	23671	6005	3135	6990
软件和信息技术服务业	327407	128253	32122	18045	148987
金融业	5058379	1685586	536863	469618	2366312
货币金融服务	4381787	1169632	482156	357494	2372505
资本市场服务	284338	135659	19614	1849	127216
保险业	213114	348817	7272	86670	-229645
其他金融业	179140	31478	27821	23605	96236
房地产业	2586473	144495	196785	1718486	526707
房地产开发经营	654604	96883	161080	21780	374861
物业管理	144230	14734	21701	1808	105987
房地产中介服务	61832	6739	12431	669	41993
自有房地产经营活动	1719695	25527		1694168	
其他房地产业	6112	612	1573	61	3866
租赁和商务服务业	1034932	683029	181878	77492	92533
租赁业	309539	51476	144816	6784	106463
商务服务业	725393	631553	37062	70708	-13930
科学研究和技术服务业	875662	573608	100988	83486	117580

1—3 续表 2　　（2017 年）　　计量单位：万元

行业名称	增加值	劳动者报酬	生产税净额	固定资产折旧	营业盈余
研究和试验发展	167127	75846	23712	13689	53880
专业技术服务业	501167	348345	68677	43884	40261
科技推广和应用服务业	207368	149417	8599	25913	23439
水利、环境和公共设施管理业	235519	126711	10213	58085	40510
水利管理业	84437	46845	605	48193	-11206
生态保护和环境治理业	10657	10266	37	423	-69
公共设施管理业	140425	69600	9571	9469	51785
居民服务、修理和其他服务业	1315959	395359	106212	33884	780504
居民服务业	709651	208660	49619	18941	432431
机动车、电子产品和日用产品修理业	309872	95609	24038	8292	181933
其他服务业	296436	91090	32555	6651	166140
教育	1547018	1374305	3170	139536	30007
卫生和社会工作	1515234	1002467	13083	133908	365776
卫生	1447337	898871	12896	129081	406489
社会工作	67897	103596	187	4827	-40713
文化、体育和娱乐业	573890	451483	65833	139095	-82521
新闻和出版业	112708	57903	12400	5992	36413
广播、电视、电影和影视录音制作业	277487	280738	45060	107546	-155857
文化艺术业	122046	99310	4187	8966	9583
体育	11251	7092	155	4600	-596
娱乐业	50398	6440	4031	11991	27936
公共管理、社会保障和社会组织	2088585	1552646	1699	172239	362001
第一产业	3946293	3562313		230288	153692
第二产业	24794702	7676176	5076526	2643371	9398629
第三产业	30681289	14107250	3180849	4260725	9132465

说明：以上行业是根据《国民经济行业分类》（GB/T 4754—2011）划分的，三次产业划分执行新规定，即第一产业是指农、林、牧、渔业（不含农、林、牧、渔服务业）第二产业是指采矿业（不含开采辅助活动），制造业（不含金属制品、机械和设备修理业），电力、燃气及水生产和供应业，建筑业；第三产业即服务业，是指除第一产业、第二产业以外的其他行业。

总产出、地区生产总值

1—4　　（2017 年）　　计量单位：万元、%

行业名称	总产出		地区生产总值	
	绝对值	发展速度（以上年为 100）	绝对值	发展速度（以上年为 100）
总　计	**169719315**	**107.3**	**59422284**	**107.2**
农、林、牧、渔业	6345669	102.7	4175796	102.5
农业	3123391	100.3	2403295	101.2
林业	194900	70.9	146158	71.6
畜牧业	2535731	108.4	1381598	108.4
渔业	29601	102.7	15242	102.2
农、林、牧、渔服务业	462046	105.5	229503	105.4
工业	90864369	105.1	21604081	103.2
采矿业	594077	99.8	443140	100.9
# 开采辅助活动				
制造业	85371747	105.4	18067788	103.4
# 金属制品、机械和设备修理业	259339	104.3	95026	103.1
电力、燃气及水的生产和供应业	4898545	102.3	3093153	101.8
建筑业	17084170	108.5	3285647	106.8
房屋建筑业	9600833	104.7	1814954	104.0
土木工程建筑业	5134423	117.6	952352	114.3
建筑安装业	1681044	107.4	328429	106.1
建筑装饰和其他建筑业	667870	104.1	189912	103.6
批发和零售业	8622244	108.4	5953694	107.8
批发业	4393698	108.0	2724479	107.5
零售业	4228546	108.8	3229215	108.0
交通运输、仓储和邮政业	12202942	106.8	5239046	107.5
铁路运输业	543536	115.7	340461	115.7
道路运输业	8987846	105.5	4094051	106.6
水上运输业				
航空运输业	304828	116.0	168410	112.2
管道运输业				

总产出、地区生产总值

1—4 续表 1　　　　（2017 年）　　　　计量单位：万元、%

行业名称	总产出		地区生产总值	
	绝对值	发展速度（以上年为 100）	绝对值	发展速度（以上年为 100）
装卸搬运和运输代理业	837462	106.9	360870	107.0
仓储业	1075156	106.9	116164	104.6
邮政业	454114	116.4	159090	115.3
住宿和餐饮业	2393102	111.1	1067199	110.9
住宿业	458050	109.9	204703	108.7
餐饮业	1935052	111.3	862496	111.5
信息传输、软件和信息技术服务业	2888090	116.0	1265170	117.8
电信、广播电视和卫星传输服务	1746741	107.3	897962	116.2
互联网和相关服务	88818	140.5	39801	138.0
软件和信息技术服务业	1052531	132.2	327407	121.0
金融业	8224558	117.1	5058379	117.6
货币金融服务	6658971	117.4	4381787	117.8
资本市场服务	369195	117.4	284338	116.6
保险业	966725	114.2	213114	115.4
其他金融业	229667	117.5	179140	116.0
房地产业	3758520	107.1	2586473	107.2
房地产开发经营	1462947	107.7	654604	110.7
物业管理	312723	111.8	144230	113.4
房地产中介服务	139349	112.4	61832	117.9
自有房地产经营活动	1833231	105.5	1719695	105.0
其他房地产业	10270	110.0	6112	112.1
租赁和商务服务业	2200068	128.4	1034932	125.5
租赁业	467567	119.6	309539	117.0
商务服务业	1732501	131.0	725393	129.2
科学研究和技术服务业	1877837	108.6	875662	113.6
研究和试验发展	307726	103.4	167127	115.4

总产出、地区生产总值

1—4 续表 2 （2017 年） 计量单位：万元、%

行业名称	总产出		地区生产总值	
	绝对值	发展速度（以上年为 100）	绝对值	发展速度（以上年为 100）
专业技术服务业	1209307	108.7	501167	113.4
科技推广和应用服务业	360804	112.5	207368	113.1
水利、环境和公共设施管理业	305685	111.6	235519	109.1
水利管理业	106905	106.7	84437	106.0
生态保护和环境治理业	14745	120.3	10657	118.7
公共设施管理业	184035	113.8	140425	110.2
居民服务、修理和其他服务业	3057417	131.4	1315959	126.3
居民服务业	1390263	147.7	709651	134.9
机动车、电子产品和日用产品修理业	725195	107.2	309872	107.2
其他服务业	941959	126.6	296436	126.3
教育	2113878	110.3	1547018	111.1
卫生和社会工作	3491339	118.3	1515234	110.9
卫生	3393787	118.7	1447337	111.1
社会工作	97552	105.2	67897	105.8
文化、体育和娱乐业	1218819	113.5	573890	113.5
新闻和出版业	310092	112.8	112708	119.8
广播、电视、电影和影视录音制作业	652188	110.2	277487	107.0
文化艺术业	158087	119.8	122046	122.8
体育	14266	115.3	11251	105.3
娱乐业	84186	138.2	50398	128.4
公共管理、社会保障和社会组织	3070608	109.7	2088585	107.0
第一产业	5883623	102.5	3946293	102.3
第二产业	107689200	105.5	24794702	103.6
第三产业	56146492	112.0	30681289	111.3

注：以上行业是根据《国民经济行业分类》（GB/T 4754—2011）划分的，三次产业划分执行新规定，即第一产业是指农、林、牧、渔业（不含农、林、牧、渔服务业）第二产业是指采矿业（不含开采辅助活动），制造业（不含金属制品、机械和设备修理业），电力、燃气及水生产和供应业，建筑业；第三产业即服务业，是指除第一产业、第二产业以外的其他行业。

分县（市、区）地区生产总值

1—5 （2017 年） 计量单位：万元、%

行政单位	地区生产总值	发展速度（以上年为 100）	第一产业		第二产业	
			绝对值	发展速度（以上年为 100）	绝对值	发展速度（以上年为 100）
石家庄市	**59422284**	**107.2**	**3946293**	**102.3**	**24794702**	**103.6**
市 区	33962728	107.9	738467	100.0	13203847	102.5
井 陉 县	1569795	101.2	111533	99.5	592678	89.7
正 定 县	2970319	106.8	337855	101.4	998217	104.0
行 唐 县	1179591	102.8	289425	102.2	410478	97.5
灵 寿 县	1000223	106.2	243383	103.8	365911	103.0
高 邑 县	865889	106.1	112071	103.7	471312	104.1
深 泽 县	1041540	107.2	125238	104.3	587162	106.4
赞 皇 县	889038	105.2	148185	110.3	418472	100.0
无 极 县	2032302	107.6	254729	100.8	1013255	106.8
平 山 县	2386065	103.4	139231	102.9	1439621	98.9
元 氏 县	1913632	107.6	169739	104.1	972252	106.3
赵 县	2175119	106.9	217235	101.6	1304836	106.2
晋 州 市	3051278	108.2	305421	102.4	1613359	107.2
新 乐 市	2170743	108.0	298265	104.6	1108698	106.8
辛 集 市	4562022	107.2	455516	102.8	2642604	104.5

分县（市）地区生产总值

1—5 续表　　（2017 年）　　计量单位：万元、%

行政单位	工业增加值		第三产业		人均地区生产总值（元）	
	绝对值	发展速度（以上年为 100）	绝对值	发展速度（以上年为 100）	绝对值	发展速度（以上年为 100）
石家庄市	**21604081**	**103.2**	**30681289**	**111.3**	**54857**	**106.4**
市　区	11096227	102.1	20020414	111.8	69924	105.9
井陉县	499301	86.6	865584	110.4	49396	101.2
正定县	854580	103.3	1634247	109.5	60189	106.4
行唐县	375020	96.9	479688	109.5	28106	102.7
灵寿县	325576	102.6	390929	110.7	29161	106.1
高邑县	407714	104.0	282506	110.8	45005	105.9
深泽县	495816	106.3	329140	110.1	42065	107.4
赞皇县	366108	99.7	322381	111.4	35112	105.0
无极县	953241	107.0	764318	111.2	39045	107.3
平山县	1354358	98.4	807213	110.9	53154	103.3
元氏县	900957	106.8	771641	109.9	44093	107.5
赵　县	1246104	106.4	653048	110.7	36792	106.9
晋州市	1540369	107.2	1132498	111.1	55047	108.0
新乐市	1005224	106.8	763780	111.1	42257	107.9
辛集市	2503536	104.6	1463902	114.2	71843	106.7

注：人均 GDP 按常住平均人口计算，市区口径为区划调整后的新口径。

历年地区生产总值指数

1—6　（上年 =100）　计量单位 :%

年份	地区生产总值	第一产业	第二产业	第三产业
1953	122.8	98.7	194.9	101.2
1954	109.1	95.3	128.5	98.8
1955	115.9	120.6	120.6	104.9
1956	103.1	90.6	107.4	108.2
1957	108.3	116.2	106.9	104.3
1958	152.2	112.8	209.0	108.6
1959	123.9	95.8	138.3	113.7
1960	83.2	88.6	79.7	90.7
1961	70.4	86.2	63.4	77.4
1962	86.4	102.1	79.1	89.0
1963	95.5	73.7	102.1	106.8
1964	119.4	138.4	115.7	111.6
1965	125.5	128.2	130.3	111.5
1966	111.9	104.2	114.6	114.0
1967	98.8	97.4	92.3	118.0
1968	120.3	113.3	129.1	108.0
1969	111.5	99.7	116.0	111.3
1970	103.2	113.1	100.5	101.4
1971	104.3	102.3	103.8	107.7
1972	98.7	101.7	95.7	103.6
1973	109.7	111.4	111.5	103.7
1974	108.5	115.5	106.5	106.0
1975	108.0	100.2	108.1	116.9
1976	104.8	99.1	107.0	105.2
1977	109.9	97.0	109.7	122.9
1978	104.7	121.6	100.4	101.5
1979	106.7	101.5	105.0	115.4

历年地区生产总值指数

1—6 续表 （上年 =100） 计量单位 :%

年份	地区生产总值	第一产业	第二产业	第三产业
1980	108.2	103.5	103.2	121.9
1981	104.1	106.0	104.8	100.8
1982	111.6	109.0	115.4	106.9
1983	118.9	128.6	107.0	133.7
1984	111.5	114.0	113.1	106.1
1985	106.8	102.6	112.0	101.9
1986	109.7	106.2	109.3	114.7
1987	113.5	103.3	124.7	102.9
1988	115.5	106.4	123.2	107.3
1989	100.8	105.0	102.0	92.9
1990	104.5	107.0	101.7	109.7
1991	109.8	103.5	110.2	116.6
1992	119.0	104.5	125.1	123.3
1993	120.5	105.7	131.7	112.5
1994	114.6	107.4	117.6	114.2
1995	121.8	110.1	125.8	122.3
1996	114.8	107.9	116.1	116.7
1997	114.9	110.9	115.3	116.6
1998	112.8	104.8	114.1	115.1
1999	109.8	103.7	111.0	110.6
2000	109.8	104.2	110.4	111.3
2001	108.5	103.4	108.5	110.2
2002	109.2	103.4	110.3	109.9
2003	111.1	104.1	114.4	109.6
2004	113.3	105.5	116.5	112.1
2005	113.8	104.3	118.3	110.9
2006	113.4	100.9	115.6	114.6
2007	113.2	102.2	115.7	113.1
2008	111.0	103.9	110.8	112.9
2009	111.1	100.2	111.0	113.8
2010	112.2	102.7	113.1	113.1
2011	112.0	104.3	113.6	112.1
2012	110.4	103.6	112.0	110.0
2013	109.4	102.7	109.8	110.5
2014	107.9	102.6	107.1	109.9
2015	107.5	102.3	105.8	110.5
2016	106.8	100.9	104.4	110.4
2017	107.2	102.3	103.6	111.3

二、单位从业人员和工资总额

全市单位从业人员和工资总额

2—1 （2017 年） 计量单位：人、千元、个、元

行业名称	年末单位从业人员	#女 性	1.在岗职工	2.劳务派遣人员	3.其他从业人员
总　　计	**916116**	**390100**	**830237**	**42931**	**42948**
一、按企业、事业、机关分组					
（一）企业	542083	208140	488700	26299	27084
（二）事业	271876	150801	247269	13309	11298
（三）机关	98954	29359	91329	3323	4302
（四）民间非营利组织	2338	1486	2074		264
（五）其他	865	314	865		
二、按国民经济行业分组					
（一）农、林、牧、渔业	1868	584	1866	2	
（二）采矿业					
（三）制造业	193854	78866	179462	11444	2948
（四）电力、热力、燃气及水生产和供应业	22899	6578	21937	352	610
（五）建筑业	63113	10238	47895	4766	10452
（六）批发和零售业	48971	28544	47034	737	1200
（七）交通运输、仓储和邮政业	64559	19198	60772	2576	1211
（八）住宿和餐饮业	10738	5631	10166	196	376
（九）信息传输、软件和信息技术服务业	26236	12366	23357	829	2050
（十）金融业	53452	28214	43470	2698	7284
（十一）房地产业	17335	6269	14631	2226	478
（十二）租赁和商务服务业	31686	7558	31100	407	179
（十三）科学研究、技术服务业	35730	11008	31200	3932	598
（十四）水利、环境和公共设施管理业	22162	8479	14849	1665	5648
（十五）居民服务、修理和其他服务业	2458	887	2380	9	69
（十六）教育	132261	84558	127116	2046	3099
（十七）卫生和社会工作	62394	41143	58542	1823	2029
（十八）文化、体育和娱乐业	14229	6112	10671	3270	288
（十九）公共管理、社会保障和社会组织	112171	33867	103789	3953	4429

2—1 续表 1　　（2017 年）　　计量单位：人、千元、个、元

行业名称	单位从业人员平均人数	在岗职工	劳务派遣人员	其他从业人员
总　计	**911062**	**829290**	**41146**	**40626**
一、按企业、事业、机关分组				
（一）企业	539304	489042	24880	25382
（二）事业	270424	246534	13119	10771
（三）机关	98225	90819	3147	4259
（四）民间非营利组织	2235	2021		214
（五）其他	874	874		
二、按国民经济行业分组				
（一）农、林、牧、渔业	1868	1866	2	
（二）采矿业				
（三）制造业	193061	179114	11162	2785
（四）电力、热力、燃气及水生产和供应业	22667	21968	162	537
（五）建筑业	62527	48160	3789	10578
（六）批发和零售业	48575	46485	788	1302
（七）交通运输、仓储和邮政业	64461	61034	2391	1036
（八）住宿和餐饮业	10707	9976	195	536
（九）信息传输、软件和信息技术服务业	26025	25066	853	106
（十）金融业	53247	43413	2572	7262
（十一）房地产业	17865	14659	2480	726
（十二）租赁和商务服务业	31174	30613	367	194
（十三）科学研究、技术服务业	35292	30803	3872	617
（十四）水利、环境和公共设施管理业	21721	14821	1650	5250
（十五）居民服务、修理和其他服务业	2417	2336	9	72
（十六）教育	132064	127017	2046	3001
（十七）卫生和社会工作	61804	58044	1814	1946
（十八）文化、体育和娱乐业	14248	10706	3251	291
（十九）公共管理、社会保障和社会组织	111339	103209	3743	4387

2—1 续表 2　　（2017 年）　　计量单位：人、千元、个、元

行业名称	单位从业人员工资总额	在岗职工工资总额	劳务派遣人员工资总额	其他从业人员工资总额	单位数
总　计	**60596934**	**57187534**	**1897356**	**1512044**	**8415**
一、按企业、事业、机关分组					
（一）企业	32984231	30857178	1080704	1046349	2331
（二）事业	20496312	19409979	727969	358364	4181
（三）机关	6948546	6760449	88683	99414	1863
（四）民间非营利组织	108281	100364		7917	30
（五）其他	59564	59564			10
二、按国民经济行业分组					
（一）农、林、牧、渔业	83069	83055	14		87
（二）采矿业					
（三）制造业	9389234	8826977	459698	102559	395
（四）电力、热力、燃气及水生产和供应业	1706004	1683878	5291	16835	116
（五）建筑业	3562279	2874982	131639	555658	101
（六）批发和零售业	2265607	2191907	39295	34405	535
（七）交通运输、仓储和邮政业	4656420	4517891	100887	37642	202
（八）住宿和餐饮业	447897	417519	10744	19634	78
（九）信息传输、软件和信息技术服务业	2413919	2365600	41193	7126	89
（十）金融业	5668523	5283573	159531	225419	403
（十一）房地产业	888910	783255	86553	19102	196
（十二）租赁和商务服务业	1393783	1362650	23138	7995	181
（十三）科学研究、技术服务业	3321108	3000106	298799	22203	363
（十四）水利、环境和公共设施管理业	1019953	800111	52677	167165	212
（十五）居民服务、修理和其他服务业	104624	102888	216	1520	54
（十六）教育	10099627	9938973	54394	106260	2443
（十七）卫生和社会工作	4728438	4583403	68948	76087	476
（十八）文化、体育和娱乐业	1077477	806453	259865	11159	234
（十九）公共管理、社会保障和社会组织	7770062	7564313	104474	101275	2250

2—1 续表 3　　（2017 年）　　计量单位：人、千元、个、元

行业名称	单位从业人员平均工资	在岗职工平均工资	劳务派遣人员平均工资	其他从业人员工资
总　计	**66512**	**68960**	**46113**	**37219**
一、按企业、事业、机关分组				
（一）企业	61161	63097	43437	41224
（二）事业	75793	78731	55490	33271
（三）机关	70741	74439	28180	23342
（四）民间非营利组织	48448	49661		36995
（五）其他	68151	68151		
二、按国民经济行业分组				
（一）农、林、牧、渔业	44469	44510	7000	
（二）采矿业				
（三）制造业	48634	49281	41184	36825
（四）电力、热力、燃气及水生产和供应业	75264	76651	32660	31350
（五）建筑业	56972	59696	34742	52530
（六）批发和零售业	46641	47153	49867	26425
（七）交通运输、仓储和邮政业	72236	74023	42194	36334
（八）住宿和餐饮业	41832	41852	55097	36631
（九）信息传输、软件和信息技术服务业	92754	94375	48292	67226
（十）金融业	106457	121705	62026	31041
（十一）房地产业	49757	53432	34900	26311
（十二）租赁和商务服务业	44710	44512	63046	41211
（十三）科学研究、技术服务业	94104	97397	77169	35985
（十四）水利、环境和公共设施管理业	46957	53985	31925	31841
（十五）居民服务、修理和其他服务业	43287	44045	24000	21111
（十六）教育	76475	78249	26586	35408
（十七）卫生和社会工作	76507	78964	38009	39099
（十八）文化、体育和娱乐业	75623	75327	79934	38347
（十九）公共管理、社会保障和社会组织	69787	73291	27912	23085

2—1 续表 4　　（2017 年）　　计量单位：人、千元、个、元

行业名称	在岗职工（含劳务派遣）			
	期末人数	平均人数	工资总额	平均工资
总　　计	**873168**	**870436**	**59084890**	**67880**
一、按企业、事业、机关分组				
（一）企业	514999	513922	31937882	62145
（二）事业	260578	259653	20137948	77557
（三）机关	94652	93966	6849132	72889
（四）民间非营利组织	2074	2021	100364	49661
（五）其他	865	874	59564	68151
二、按国民经济行业分组				
（一）农、林、牧、渔业	1868	1868	83069	44469
（二）采矿业				
（三）制造业	190906	190276	9286675	48806
（四）电力、热力、燃气及水生产和供应业	22289	22130	1689169	76329
（五）建筑业	52661	51949	3006621	57876
（六）批发和零售业	47771	47273	2231202	47198
（七）交通运输、仓储和邮政业	63348	63425	4618778	72823
（八）住宿和餐饮业	10362	10171	428263	42106
（九）信息传输、软件和信息技术服务业	24186	25919	2406793	92858
（十）金融业	46168	45985	5443104	118367
（十一）房地产业	16857	17139	869808	50750
（十二）租赁和商务服务业	31507	30980	1385788	44732
（十三）科学研究、技术服务业	35132	34675	3298905	95138
（十四）水利、环境和公共设施管理业	16514	16471	852788	51775
（十五）居民服务、修理和其他服务业	2389	2345	103104	43968
（十六）教育	129162	129063	9993367	77430
（十七）卫生和社会工作	60365	59858	4652351	77723
（十八）文化、体育和娱乐业	13941	13957	1066318	76400
（十九）公共管理、社会保障和社会组织	107742	106952	7668787	71703

全市国有单位从业人员和工资总额

2—2　　（2017 年）　　计量单位：人、千元、个、元

行业名称	年末单位从业人员	# 女 性	1. 在岗职工	2. 劳务派遣人员	3. 其他从业人员
总　　计	**480173**	**210011**	**443639**	**19353**	**17181**
一、按隶属关系分组					
1. 中央	65735	17291	60776	3963	996
2. 地方	414438	192720	382863	15390	16185
二、按企业、事业、机关分组					
（一）企业	118465	35543	113006	3170	2289
1. 中央	46631	11834	43915	2201	515
2. 地方	71834	23709	69091	969	1774
（二）事业	262382	144880	238932	12860	10590
1. 中央	14880	3925	12958	1683	239
2. 地方	247502	140955	225974	11177	10351
（三）机关	98900	29346	91275	3323	4302
1. 中央	4224	1532	3903	79	242
2. 地方	94676	27814	87372	3244	4060
（四）民间非营利组织	415	238	415		
1. 中央					
2. 地方	415	238	415		
（五）其他	11	4	11		
1. 中央					
2. 地方	11	4	11		
三、按国民经济行业分组					
（一）农、林、牧、渔业	1683	539	1681	2	
（二）采矿业					
（三）制造业	11240	3502	11015	186	39
（四）电力、热力、燃气及水生产和供应业	10695	2700	10546	18	131
（五）建筑业	10782	2410	9466	321	995
（六）批发和零售业	9856	6327	9695	44	117
（七）交通运输、仓储和邮政业	50579	14377	47838	2130	611
（八）住宿和餐饮业	4611	2409	4284	91	236
（九）信息传输、软件和信息技术服务业	3546	1507	3106	390	50
（十）金融业	3375	1365	3176	186	13
（十一）房地产业	1189	419	1188		1
（十二）租赁和商务服务业	18561	1917	18445	8	108
（十三）科学研究、技术服务业	27512	8333	23458	3676	378
（十四）水利、环境和公共设施管理业	19705	7602	12711	1650	5344
（十五）居民服务、修理和其他服务业	1175	362	1131	9	35
（十六）教育	127137	81403	122397	2044	2696
（十七）卫生和社会工作	55943	36553	52725	1465	1753
（十八）文化、体育和娱乐业	10491	4436	7066	3180	245
（十九）公共管理、社会保障和社会组织	112093	33850	103711	3953	4429

2—2 续表 1 （2017 年） 计量单位：人、千元、个、元

行业名称	单位从业人员平均人数	在岗职工	劳务派遣人员	其他从业人员
总　　计	**478726**	**442979**	**19138**	**16609**
一、按隶属关系分组				
1. 中央	66323	61279	4058	986
2. 地方	412403	381700	15080	15623
二、按企业、事业、机关分组				
（一）企业	119073	113458	3321	2294
1. 中央	47397	44507	2385	505
2. 地方	71676	68951	936	1789
（二）事业	261056	238330	12670	10056
1. 中央	14711	12878	1594	239
2. 地方	246345	225452	11076	9817
（三）机关	98171	90765	3147	4259
1. 中央	4215	3894	79	242
2. 地方	93956	86871	3068	4017
（四）民间非营利组织	415	415		
1. 中央				
2. 地方	415	415		
（五）其他	11	11		
1. 中央				
2. 地方	11	11		
三、按国民经济行业分组				
（一）农、林、牧、渔业	1683	1681	2	
（二）采矿业				
（三）制造业	11260	11038	188	34
（四）电力、热力、燃气及水生产和供应业	10609	10541	17	51
（五）建筑业	11231	9617	603	1011
（六）批发和零售业	9859	9700	44	115
（七）交通运输、仓储和邮政业	51074	48490	1979	605
（八）住宿和餐饮业	4651	4254	95	302
（九）信息传输、软件和信息技术服务业	3537	3094	393	50
（十）金融业	3368	3170	185	13
（十一）房地产业	1201	1200		1
（十二）租赁和商务服务业	18234	18117	8	109
（十三）科学研究、技术服务业	27322	23327	3599	396
（十四）水利、环境和公共设施管理业	19275	12696	1635	4944
（十五）居民服务、修理和其他服务业	1174	1130	9	35
（十六）教育	127033	122374	2020	2639
（十七）卫生和社会工作	55472	52347	1456	1669
（十八）文化、体育和娱乐业	10482	7072	3162	248
（十九）公共管理、社会保障和社会组织	111261	103131	3743	4387

2—2 续表 2　　（2017 年）　　计量单位：人、千元、个、元

行业名称	单位从业人员工资总额	在岗职工工资总额	劳务派遣人员工资总额	其他从业人员工资总额	单位数
总　　计	**34250680**	**32755608**	**970332**	**524740**	**6486**
一、按隶属关系分组					
1. 中央	6044446	5730662	284447	29337	159
2. 地方	28206234	27024946	685885	495403	6327
二、按企业、事业、机关分组					
（一）企业	7293975	7039135	170965	83875	580
1. 中央	3929226	3786921	121784	20521	89
2. 地方	3364749	3252214	49181	63354	491
（二）事业	19973073	18920938	710684	341451	4037
1. 中央	1805175	1640592	161152	3431	37
2. 地方	18167898	17280346	549532	338020	4000
（三）机关	6946490	6758393	88683	99414	1860
1. 中央	310045	303149	1511	5385	33
2. 地方	6636445	6455244	87172	94029	1827
（四）民间非营利组织	36881	36881			7
1. 中央					
2. 地方	36881	36881			7
（五）其他	261	261			2
1. 中央					
2. 地方	261	261			2
三、按国民经济行业分组					
（一）农、林、牧、渔业	78222	78208	14		82
（二）采矿业					
（三）制造业	619597	610229	8139	1229	32
（四）电力、热力、燃气及水生产和供应业	696032	694005	301	1726	91
（五）建筑业	705504	620195	49142	36167	20
（六）批发和零售业	345983	340224	3960	1799	175
（七）交通运输、仓储和邮政业	3679175	3577651	79840	21684	125
（八）住宿和餐饮业	179499	160322	6404	12773	37
（九）信息传输、软件和信息技术服务业	239420	223330	14148	1942	26
（十）金融业	498729	491743	6588	398	46
（十一）房地产业	59395	59383		12	31
（十二）租赁和商务服务业	597908	594885	282	2741	78
（十三）科学研究、技术服务业	2731729	2442101	279397	10231	294
（十四）水利、环境和公共设施管理业	949324	736943	52244	160137	194
（十五）居民服务、修理和其他服务业	59263	58459	216	588	34
（十六）教育	9841927	9693058	53698	95171	2391
（十七）卫生和社会工作	4381871	4258801	54899	68171	394
（十八）文化、体育和娱乐业	820927	555645	256586	8696	191
（十九）公共管理、社会保障和社会组织	7766175	7560426	104474	101275	2245

2—2 续表 3 （2017 年） 计量单位：人、千元、个、元

行业名称	单位从业人员平均工资	在岗职工平均工资	劳务派遣人员平均工资	其他从业人员平均工资
总计	**71545**	**73944**	**50702**	**31594**
一、按隶属关系分组				
1. 中央	91136	93518	70095	29754
2. 地方	68395	70802	45483	31710
二、按企业、事业、机关分组				
（一）企业	61256	62042	51480	36563
1. 中央	82900	85086	51062	40636
2. 地方	46944	47167	52544	35413
（二）事业	76509	79390	56092	33955
1. 中央	122709	127395	101099	14356
2. 地方	73750	76648	49615	34432
（三）机关	70759	74460	28180	23342
1. 中央	73558	77850	19127	22252
2. 地方	70634	74308	28413	23408
（四）民间非营利组织	88870	88870		
1. 中央				
2. 地方	88870	88870		
（五）其他	23727	23727		
1. 中央				
2. 地方	23727	23727		
三、按国民经济行业分组				
（一）农、林、牧、渔业	46478	46525	7000	
（二）采矿业				
（三）制造业	55026	55284	43293	36147
（四）电力、热力、燃气及水生产和供应业	65608	65839	17706	33843
（五）建筑业	62818	64489	81496	35773
（六）批发和零售业	35093	35075	90000	15643
（七）交通运输、仓储和邮政业	72036	73781	40344	35841
（八）住宿和餐饮业	38594	37687	67411	42295
（九）信息传输、软件和信息技术服务业	67690	72182	36000	38840
（十）金融业	148079	155124	35611	30615
（十一）房地产业	49455	49486		12000
（十二）租赁和商务服务业	32791	32836	35250	25147
（十三）科学研究、技术服务业	99983	104690	77632	25836
（十四）水利、环境和公共设施管理业	49252	58045	31954	32390
（十五）居民服务、修理和其他服务业	50480	51734	24000	16800
（十六）教育	77475	79208	26583	36063
（十七）卫生和社会工作	78992	81357	37705	40845
（十八）文化、体育和娱乐业	78318	78570	81147	35065
（十九）公共管理、社会保障和社会组织	69801	73309	27912	23085

2—2 续表 4　　　　（2017 年）　　　　计量单位：人、千元、个、元

行业名称	在岗职工（含劳务派遣）			
	期末人数	平均人数	工资总额	平均工资
总　　计	**462992**	**462117**	**33725940**	**72981**
一、按隶属关系分组				
1. 中央	64739	65337	6015109	92063
2. 地方	398253	396780	27710831	69839
二、按企业、事业、机关分组				
（一）企业	116176	116779	7210100	61741
1. 中央	46116	46892	3908705	83355
2. 地方	70060	69887	3301395	47239
（二）事业	251792	251000	19631622	78214
1. 中央	14641	14472	1801744	124499
2. 地方	237151	236528	17829878	75382
（三）机关	94598	93912	6847076	72909
1. 中央	3982	3973	304660	76683
2. 地方	90616	89939	6542416	72743
（四）民间非营利组织	415	415	36881	88870
1. 中央				
2. 地方	415	415	36881	88870
（五）其他	11	11	261	23727
1. 中央				
2. 地方	11	11	261	23727
三、按国民经济行业分组				
（一）农、林、牧、渔业	1683	1683	78222	46478
（二）采矿业				
（三）制造业	11201	11226	618368	55084
（四）电力、热力、燃气及水生产和供应业	10564	10558	694306	65761
（五）建筑业	9787	10220	669337	65493
（六）批发和零售业	9739	9744	344184	35323
（七）交通运输、仓储和邮政业	49968	50469	3657491	72470
（八）住宿和餐饮业	4375	4349	166726	38337
（九）信息传输、软件和信息技术服务业	3496	3487	237478	68104
（十）金融业	3362	3355	498331	148534
（十一）房地产业	1188	1200	59383	49486
（十二）租赁和商务服务业	18453	18125	595167	32837
（十三）科学研究、技术服务业	27134	26926	2721498	101073
（十四）水利、环境和公共设施管理业	14361	14331	789187	55069
（十五）居民服务、修理和其他服务业	1140	1139	58675	51514
（十六）教育	124441	124394	9746756	78354
（十七）卫生和社会工作	54190	53803	4313700	80176
（十八）文化、体育和娱乐业	10246	10234	812231	79366
（十九）公共管理、社会保障和社会组织	107664	106874	7664900	71719

全市城镇集体单位从业人员和工资总额

2—3　　（2017 年）　　计量单位：人、千元、个、元

行业名称	年末单位从业人员	#女　性	1. 在岗职工	2. 劳务派遣人员	3. 其他从业人员
总　　计	**22326**	**9528**	**20879**	**975**	**472**
一、按企业、事业、机关分组					
（一）企业	17538	6728	16702	617	219
（二）事业	4487	2712	3876	358	253
（三）机关	54	13	54		
（四）其他	247	75	247		
二、按国民经济行业分组					
（一）农、林、牧、渔业	185	45	185		
（二）采矿业					
（三）制造业	2842	871	2815	9	18
（四）电力、热力、燃气及水生产和供应业					
（五）建筑业	1069	63	1055	14	
（六）批发和零售业	4349	1992	4280	5	64
（七）交通运输、仓储和邮政业	1349	370	1256	47	46
（八）住宿和餐饮业	308	163	274		34
（九）信息传输、软件和信息技术服务业	128	39	128		
（十）金融业	4585	1998	3988	542	55
（十一）房地产业	550	289	550		
（十二）租赁和商务服务业	2113	796	2113		
（十三）科学研究、技术服务业	63	26	63		
（十四）水利、环境和公共设施管理业	163	46	163		
（十五）居民服务、修理和其他服务业	253	89	253		
（十六）教育	957	719	957		
（十七）卫生和社会工作	2946	1809	2334	358	254
（十八）文化、体育和娱乐业	388	196	387		1
（十九）公共管理、社会保障和社会组织	78	17	78		

2—3 续表 1 （2017 年） 量单位：人、千元、个、元

行业名称	单位从业人员平均人数	# 在岗职工	劳务派遣人　员	其他从业人员
总　　计	**22010**	**20673**	**855**	**482**
一、按企业、事业、机关分组				
（一）企业	17224	16496	497	231
（二）事业	4476	3867	358	251
（三）机关	54	54		
（四）其他	256	256		
二、按国民经济行业分组				
（一）农、林、牧、渔业	185	185		
（二）采矿业				
（三）制造业	2853	2826	9	18
（四）电力、热力、燃气及水生产和供应业				
（五）建筑业	1024	1010	14	
（六）批发和零售业	4131	4062	5	64
（七）交通运输、仓储和邮政业	1349	1262	43	44
（八）住宿和餐饮业	309	275		34
（九）信息传输、软件和信息技术服务业	125	125		
（十）金融业	4509	4026	426	57
（十一）房地产业	534	524		10
（十二）租赁和商务服务业	2132	2132		
（十三）科学研究、技术服务业	63	63		
（十四）水利、环境和公共设施管理业	163	163		
（十五）居民服务、修理和其他服务业	256	256		
（十六）教育	957	957		
（十七）卫生和社会工作	2952	2340	358	254
（十八）文化、体育和娱乐业	390	389		1
（十九）公共管理、社会保障和社会组织	78	78		

2—3 续表 2 （2017 年） 量单位：人、千元、个、元

行业名称	单位从业人员工资总额	在岗职工工资总额	劳务派遣人员工资总额	其他从业人员工资总额	单位数
总　计	**983268**	**930835**	**38216**	**14217**	**502**
一、按企业、事业、机关分组					
（一）企业	768718	736791	24167	7760	381
（二）事业	204199	183693	14049	6457	117
（三）机关	2056	2056			3
（四）其他	8295	8295			1
二、按国民经济行业分组					
（一）农、林、牧、渔业	4847	4847			5
（二）采矿业					
（三）制造业	92005	91435	138	432	36
（四）电力、热力、燃气及水生产和供应业					
（五）建筑业	21316	20914	402		5
（六）批发和零售业	123074	121993	75	1006	171
（七）交通运输、仓储和邮政业	50482	47873	1327	1282	12
（八）住宿和餐饮业	8952	7684		1268	6
（九）信息传输、软件和信息技术服务业	4381	4381			3
（十）金融业	384139	359265	22225	2649	108
（十一）房地产业	13160	12560		600	7
（十二）租赁和商务服务业	62655	62655			28
（十三）科学研究、技术服务业	2296	2296			3
（十四）水利、环境和公共设施管理业	4027	4027			6
（十五）居民服务、修理和其他服务业	7386	7386			12
（十六）教育	45962	45962			12
（十七）卫生和社会工作	140860	119867	14049	6944	73
（十八）文化、体育和娱乐业	13839	13803		36	10
（十九）公共管理、社会保障和社会组织	3887	3887			5

2—3 续表 3　　（2017 年）　　量单位：人、千元、个、元

行业名称	单位从业人员平均工资	在岗职工平均工资	劳务派遣人员平均工资	其他从业人员平均工资
总　计	**44674**	**45027**	**44697**	**29496**
一、按企业、事业、机关分组				
（一）企业	44631	44665	48626	33593
（二）事业	45621	47503	39243	25725
（三）机关	38074	38074		
（四）其他	32402	32402		
二、按国民经济行业分组				
（一）农、林、牧、渔业	26200	26200		
（二）采矿业				
（三）制造业	32249	32355	15333	24000
（四）电力、热力、燃气及水生产和供应业				
（五）建筑业	20816	20707	28714	
（六）批发和零售业	29793	30033	15000	15719
（七）交通运输、仓储和邮政业	37422	37934	30860	29136
（八）住宿和餐饮业	28971	27942		37294
（九）信息传输、软件和信息技术服务业	35048	35048		
（十）金融业	85194	89236	52171	46474
（十一）房地产业	24644	23969		60000
（十二）租赁和商务服务业	29388	29388		
（十三）科学研究、技术服务业	36444	36444		
（十四）水利、环境和公共设施管理业	24706	24706		
（十五）居民服务、修理和其他服务业	28852	28852		
（十六）教育	48027	48027		
（十七）卫生和社会工作	47717	51225	39243	27339
（十八）文化、体育和娱乐业	35485	35483		36000
（十九）公共管理、社会保障和社会组织	49833	49833		

2—3 续表 4 （2017 年） 量单位：人、千元、个、元

行业名称	在岗职工（含劳务派遣）			
	期末人数	平均人数	工资总额	平均工资
总　计	**21854**	**21528**	**969051**	**45014**
一、按企业、事业、机关分组				
（一）企业	17319	16993	760958	44781
（二）事业	4234	4225	197742	46803
（三）机关	54	54	2056	38074
（四）其他	247	256	8295	32402
二、按国民经济行业分组				
（一）农、林、牧、渔业	185	185	4847	26200
（二）采矿业				
（三）制造业	2824	2835	91573	32301
（四）电力、热力、燃气及水生产和供应业				
（五）建筑业	1069	1024	21316	20816
（六）批发和零售业	4285	4067	122068	30014
（七）交通运输、仓储和邮政业	1303	1305	49200	37701
（八）住宿和餐饮业	274	275	7684	27942
（九）信息传输、软件和信息技术服务业	128	125	4381	35048
（十）金融业	4530	4452	381490	85690
（十一）房地产业	550	524	12560	23969
（十二）租赁和商务服务业	2113	2132	62655	29388
（十三）科学研究、技术服务业	63	63	2296	36444
（十四）水利、环境和公共设施管理业	163	163	4027	24706
（十五）居民服务、修理和其他服务业	253	256	7386	28852
（十六）教育	957	957	45962	48027
（十七）卫生和社会工作	2692	2698	133916	49635
（十八）文化、体育和娱乐业	387	389	13803	35483
（十九）公共管理、社会保障和社会组织	78	78	3887	49833

全市城镇其他单位从业人员和工资总额

2—4 （2017 年） 计量单位：人、千元、个、元

行业名称	年末单位从业人员	#女 性	1.在岗职工	2.劳务派遣人员	3.其他从业人员
总　　计	**413617**	**170561**	**365719**	**22603**	**25295**
一、按经济注册类型分组					
（一）内资	326171	127817	286721	15155	24295
1. 股份合作	3016	1311	2702	281	33
2. 联营					
3. 有限责任公司	215713	72767	188876	12427	14410
4. 股份有限公司	98694	48362	86931	2351	9412
5. 其他	8748	5377	8212	96	440
（二）港澳台投资经济	49205	24972	42623	6204	378
（三）外商投资	38241	17772	36375	1244	622
二、按国民经济行业分组					
（一）农、林、牧、渔业					
（二）采矿业					
（三）制造业	179772	74493	165632	11249	2891
（四）电力、热力、燃气及水生产和供应业	12204	3878	11391	334	479
（五）建筑业	51262	7765	37374	4431	9457
（六）批发和零售业	34766	20225	33059	688	1019
（七）交通运输、仓储和邮政业	12631	4451	11678	399	554
（八）住宿和餐饮业	5819	3059	5608	105	106
（九）信息传输、软件和信息技术服务业	22562	10820	20123	439	2000
（十）金融业	45492	24851	36306	1970	7216
（十一）房地产业	15596	5561	12893	2226	477
（十二）租赁和商务服务业	11012	4845	10542	399	71
（十三）科学研究、技术服务业	8155	2649	7679	256	220
（十四）水利、环境和公共设施管理业	2294	831	1975	15	304
（十五）居民服务、修理和其他服务业	1030	436	996		34
（十六）教育	4167	2436	3762	2	403
（十七）卫生和社会工作	3505	2781	3483		22
（十八）文化、体育和娱乐业	3350	1480	3218	90	42
（十九）公共管理、社会保障和社会组织					

2—4 续表 1　　（2017 年）　　计量单位：人、千元、个、元

行业名称	单位从业人员平均人数	在岗职工	劳务派遣人员	其他从业人员
总　计	**410326**	**365638**	**21153**	**23535**
一、按经济注册类型分组				
（一）内资	323620	287370	13727	22523
1. 股份合作	2954	2696	222	36
2. 联营				
3. 有限责任公司	213414	188068	11023	14323
4. 股份有限公司	98793	88644	2386	7763
5. 其他	8459	7962	96	401
（二）港澳台投资经济	48796	42318	6111	367
（三）外商投资	37910	35950	1315	645
二、按国民经济行业分组				
（一）农、林、牧、渔业				
（二）采矿业				
（三）制造业	178948	165250	10965	2733
（四）电力、热力、燃气及水生产和供应业	12058	11427	145	486
（五）建筑业	50272	37533	3172	9567
（六）批发和零售业	34585	32723	739	1123
（七）交通运输、仓储和邮政业	12038	11282	369	387
（八）住宿和餐饮业	5747	5447	100	200
（九）信息传输、软件和信息技术服务业	22363	21847	460	56
（十）金融业	45370	36217	1961	7192
（十一）房地产业	16130	12935	2480	715
（十二）租赁和商务服务业	10808	10364	359	85
（十三）科学研究、技术服务业	7907	7413	273	221
（十四）水利、环境和公共设施管理业	2283	1962	15	306
（十五）居民服务、修理和其他服务业	987	950		37
（十六）教育	4074	3686	26	362
（十七）卫生和社会工作	3380	3357		23
（十八）文化、体育和娱乐业	3376	3245	89	42
（十九）公共管理、社会保障和社会组织				

2—4 续表 2　　（2017 年）　　计量单位：人、千元、个、元

行业名称	单位从业人员工资总额	在岗职工	劳务派遣人员	其他从业人员	单位数
总　计	**25362986**	**23501091**	**888808**	**973087**	**1427**
一、按经济注册类型分组					
（一）内资	20675382	19127865	601745	945772	1285
1. 股份合作	230698	211818	17841	1039	22
2. 联营					
3. 有限责任公司	12511478	11410537	414252	686689	945
4. 股份有限公司	7436861	7025007	166353	245501	249
5. 其他	496345	480503	3299	12543	69
（二）港澳台投资经济	2404348	2165183	228232	10933	62
（三）外商投资	2283256	2208043	58831	16382	80
二、按国民经济行业分组					
（一）农、林、牧、渔业					
（二）采矿业					
（三）制造业	8677632	8125313	451421	100898	327
（四）电力、热力、燃气及水生产和供应业	1009972	989873	4990	15109	25
（五）建筑业	2835459	2233873	82095	519491	76
（六）批发和零售业	1796550	1729690	35260	31600	189
（七）交通运输、仓储和邮政业	926763	892367	19720	14676	65
（八）住宿和餐饮业	259446	249513	4340	5593	35
（九）信息传输、软件和信息技术服务业	2170118	2137889	27045	5184	60
（十）金融业	4785655	4432565	130718	222372	249
（十一）房地产业	816355	711312	86553	18490	158
（十二）租赁和商务服务业	733220	705110	22856	5254	75
（十三）科学研究、技术服务业	587083	555709	19402	11972	66
（十四）水利、环境和公共设施管理业	66602	59141	433	7028	12
（十五）居民服务、修理和其他服务业	37975	37043		932	8
（十六）教育	211738	199953	696	11089	40
（十七）卫生和社会工作	205707	204735		972	9
（十八）文化、体育和娱乐业	242711	237005	3279	2427	33
（十九）公共管理、社会保障和社会组织					

2—4 续表 3　　（2017 年）　　计量单位：人、千元、个、元

行业名称	单位从业人员平均工资	在岗职工平均工资	劳务派遣人员平均工资	其他从业人员平均工资
总　计	**61812**	**64274**	**42018**	**41346**
一、按经济注册类型分组				
（一）内资	63888	66562	43837	41991
1. 股份合作	78097	78568	80365	28861
2. 联营				
3. 有限责任公司	58625	60672	37581	47943
4. 股份有限公司	75277	79250	69720	31625
5. 其他	58677	60350	34365	31279
（二）港澳台投资经济	49273	51165	37348	29790
（三）外商投资	60228	61420	44738	25398
二、按国民经济行业分组				
（一）农、林、牧、渔业				
（二）采矿业				
（三）制造业	48492	49170	41169	36918
（四）电力、热力、燃气及水生产和供应业	83759	86626	34414	31088
（五）建筑业	56402	59518	25881	54300
（六）批发和零售业	51946	52859	47713	28139
（七）交通运输、仓储和邮政业	76986	79097	53442	37922
（八）住宿和餐饮业	45145	45807	43400	27965
（九）信息传输、软件和信息技术服务业	97041	97857	58793	92571
（十）金融业	105481	122389	66659	30919
（十一）房地产业	50611	54991	34900	25860
（十二）租赁和商务服务业	67840	68035	63666	61812
（十三）科学研究、技术服务业	74249	74964	71070	54172
（十四）水利、环境和公共设施管理业	29173	30143	28867	22967
（十五）居民服务、修理和其他服务业	38475	38993		25189
（十六）教育	51973	54247	26769	30633
（十七）卫生和社会工作	60860	60987		42261
（十八）文化、体育和娱乐业	71893	73037	36843	57786
（十九）公共管理、社会保障和社会组织				

2—4 续表 4　　（2017 年）　　计量单位：人、千元、个、元

行业名称	在岗职工（含劳务派遣）			
	期末人数	平均人数	工资总额	平均工资
总　　计	**388322**	**386791**	**24389899**	**63057**
一、按经济注册类型分组				
（一）内资	301876	301097	19729610	65526
1. 股份合作	2983	2918	229659	78704
2. 联营				
3. 有限责任公司	201303	199091	11824789	59394
4. 股份有限公司	89282	91030	7191360	79000
5. 其他	8308	8058	483802	60040
（二）港澳台投资经济	48827	48429	2393415	49421
（三）外商投资	37619	37265	2266874	60831
二、按国民经济行业分组				
（一）农、林、牧、渔业				
（二）采矿业				
（三）制造业	176881	176215	8576734	48672
（四）电力、热力、燃气及水生产和供应业	11725	11572	994863	85972
（五）建筑业	41805	40705	2315968	56896
（六）批发和零售业	33747	33462	1764950	52745
（七）交通运输、仓储和邮政业	12077	11651	912087	78284
（八）住宿和餐饮业	5713	5547	253853	45764
（九）信息传输、软件和信息技术服务业	20562	22307	2164934	97052
（十）金融业	38276	38178	4563283	119527
（十一）房地产业	15119	15415	797865	51759
（十二）租赁和商务服务业	10941	10723	727966	67888
（十三）科学研究、技术服务业	7935	7686	575111	74826
（十四）水利、环境和公共设施管理业	1990	1977	59574	30134
（十五）居民服务、修理和其他服务业	996	950	37043	38993
（十六）教育	3764	3712	200649	54054
（十七）卫生和社会工作	3483	3357	204735	60987
（十八）文化、体育和娱乐业	3308	3334	240284	72071
（十九）公共管理、社会保障和社会组织				

市区单位从业人员和工资总额

2—5　　　　（2017 年）　　　　计量单位：人、千元、个、元

行业名称	年末单位从业人员	# 女 性	1. 在岗职工	2. 劳务派遣人员	3. 其他从业人员
总　计	**661444**	**270787**	**590981**	**39229**	**31234**
一、按企业、事业、机关分组					
（一）企业	438678	162516	394243	24627	19808
（二）事业	166198	89859	145665	12066	8467
（三）机关	53406	16617	48175	2536	2695
（四）民间非营利组织	2297	1481	2033		264
（五）其他	865	314	865		
二、按国民经济行业分组					
（一）农、林、牧、渔业	591	184	589	2	
（二）采矿业					
（三）制造业	142489	51277	128607	11226	2656
（四）电力、热力、燃气及水生产和供应业	18399	5501	17488	346	565
（五）建筑业	51891	9282	41209	4682	6000
（六）批发和零售业	41681	24541	40265	717	699
（七）交通运输、仓储和邮政业	51428	14520	48829	1843	756
（八）住宿和餐饮业	9354	4822	8903	196	255
（九）信息传输、软件和信息技术服务业	24909	11937	22064	829	2016
（十）金融业	43302	23557	35168	2022	6112
（十一）房地产业	16151	5816	13540	2226	385
（十二）租赁和商务服务业	29892	7129	29358	404	130
（十三）科学研究、技术服务业	33424	10190	29052	3798	574
（十四）水利、环境和公共设施管理业	13247	5271	7422	1662	4163
（十五）居民服务、修理和其他服务业	968	417	929		39
（十六）教育	69090	44147	65257	1423	2410
（十七）卫生和社会工作	40973	27586	38046	1453	1474
（十八）文化、体育和娱乐业	11867	5140	8363	3259	245
（十九）公共管理、社会保障和社会组织	61788	19470	55892	3141	2755

2—5 续表 1　　　　（2017 年）　　　　计量单位：人、千元、个、元

行业名称	单位从业人员平均人数	在岗职工	劳务派遣人　员	其他从业人　员
总　计	**658824**	**592026**	**37617**	**29181**
一、按企业、事业、机关分组				
（一）企业	437260	395922	23353	17985
（二）事业	165316	145146	11890	8280
（三）机关	53180	48104	2374	2702
（四）民间非营利组织	2194	1980		214
（五）其他	874	874		
二、按国民经济行业分组				
（一）农、林、牧、渔业	590	588	2	
（二）采矿业				
（三）制造业	142149	128634	11006	2509
（四）电力、热力、燃气及水生产和供应业	18142	17493	156	493
（五）建筑业	51340	41682	3658	6000
（六）批发和零售业	41557	40058	775	724
（七）交通运输、仓储和邮政业	51848	49494	1687	667
（八）住宿和餐饮业	9303	8742	195	366
（九）信息传输、软件和信息技术服务业	24710	23785	853	72
（十）金融业	43218	35075	2025	6118
（十一）房地产业	16674	13575	2471	628
（十二）租赁和商务服务业	29350	28839	362	149
（十三）科学研究、技术服务业	32983	28656	3735	592
（十四）水利、环境和公共设施管理业	13197	7446	1647	4104
（十五）居民服务、修理和其他服务业	972	930		42
（十六）教育	68895	65190	1400	2305
（十七）卫生和社会工作	40504	37643	1460	1401
（十八）文化、体育和娱乐业	11899	8411	3240	248
（十九）公共管理、社会保障和社会组织	61493	55785	2945	2763

2—5 续表 2　　（2017 年）　　计量单位：人、千元、个、元

行业名称	单位从业人员工资总额	在岗职工工资总额	劳务派遣人员工资总额	其他从业人员工资总额	单位数
总　计	**47202917**	**44272432**	**1777215**	**1153270**	**3946**
一、按企业、事业、机关分组					
（一）企业	28228486	26415551	1010229	802706	1483
（二）事业	14349199	13373779	695979	279441	1597
（三）机关	4458406	4324193	71007	63206	827
（四）民间非营利组织	107262	99345		7917	29
（五）其他	59564	59564			10
二、按国民经济行业分组					
（一）农、林、牧、渔业	35053	35039	14		10
（二）采矿业					
（三）制造业	7501335	6956103	452540	92692	272
（四）电力、热力、燃气及水生产和供应业	1281570	1260548	5039	15983	89
（五）建筑业	3204192	2683814	128414	391964	71
（六）批发和零售业	2047944	1989751	38820	19373	268
（七）交通运输、仓储和邮政业	3674977	3578245	70785	25947	98
（八）住宿和餐饮业	406218	383871	10744	11603	58
（九）信息传输、软件和信息技术服务业	2343297	2296453	41193	5651	66
（十）金融业	4935969	4608321	130311	197337	194
（十一）房地产业	841028	737044	86403	17581	163
（十二）租赁和商务服务业	1310571	1280720	22984	6867	143
（十三）科学研究、技术服务业	3168851	2854515	292835	21501	258
（十四）水利、环境和公共设施管理业	700244	513790	52619	133835	77
（十五）居民服务、修理和其他服务业	53809	52742		1067	25
（十六）教育	6136186	6017597	41457	77132	795
（十七）卫生和社会工作	3584485	3466681	57594	60210	169
（十八）文化、体育和娱乐业	958552	688360	259655	10537	136
（十九）公共管理、社会保障和社会组织	5018636	4868838	85808	63990	1054

2—5 续表 3　　（2017 年）　　计量单位：人、千元、个、元

行业名称	单位从业人员平均工资	在岗职工工资总额	劳务派遣人员平均工资	其他从业人员平均工资
总　计	**71647**	**74781**	**47245**	**39521**
一、按企业、事业、机关分组				
（一）企业	64558	66719	43259	44632
（二）事业	86799	92140	58535	33749
（三）机关	83836	89893	29910	23392
（四）民间非营利组织	48889	50174		36995
（五）其他	68151	68151		
二、按国民经济行业分组				
（一）农、林、牧、渔业	59412	59590	7000	
（二）采矿业				
（三）制造业	52771	54077	41118	36944
（四）电力、热力、燃气及水生产和供应业	70641	72060	32301	32420
（五）建筑业	62411	64388	35105	65327
（六）批发和零售业	49280	49672	50090	26758
（七）交通运输、仓储和邮政业	70880	72297	41959	38901
（八）住宿和餐饮业	43665	43911	55097	31702
（九）信息传输、软件和信息技术服务业	94832	96550	48292	78486
（十）金融业	114211	131385	64351	32255
（十一）房地产业	50439	54294	34967	27995
（十二）租赁和商务服务业	44653	44409	63492	46087
（十三）科学研究、技术服务业	96075	99613	78403	36319
（十四）水利、环境和公共设施管理业	53061	69002	31948	32611
（十五）居民服务、修理和其他服务业	55359	56712		25405
（十六）教育	89066	92309	29612	33463
（十七）卫生和社会工作	88497	92094	39448	42976
（十八）文化、体育和娱乐业	80557	81840	80140	42488
（十九）公共管理、社会保障和社会组织	81613	87279	29137	23160

2—5 续表 4 （2017 年） 计量单位：人、千元、个、元

行业名称	在岗职工（含劳务派遣）			
	期末人数	平均人数	工资总额	平均工资
总　计	**630210**	**629643**	**46049647**	**73136**
一、按企业、事业、机关分组				
（一）企业	418870	419275	27425780	65412
（二）事业	157731	157036	14069758	89596
（三）机关	50711	50478	4395200	87072
（四）民间非营利组织	2033	1980	99345	50174
（五）其他	865	874	59564	68151
二、按国民经济行业分组				
（一）农、林、牧、渔业	591	590	35053	59412
（二）采矿业				
（三）制造业	139833	139640	7408643	53055
（四）电力、热力、燃气及水生产和供应业	17834	17649	1265587	71709
（五）建筑业	45891	45340	2812228	62025
（六）批发和零售业	40982	40833	2028571	49680
（七）交通运输、仓储和邮政业	50672	51181	3649030	71297
（八）住宿和餐饮业	9099	8937	394615	44155
（九）信息传输、软件和信息技术服务业	22893	24638	2337646	94880
（十）金融业	37190	37100	4738632	127726
（十一）房地产业	15766	16046	823447	51318
（十二）租赁和商务服务业	29762	29201	1303704	44646
（十三）科学研究、技术服务业	32850	32391	3147350	97167
（十四）水利、环境和公共设施管理业	9084	9093	566409	62291
（十五）居民服务、修理和其他服务业	929	930	52742	56712
（十六）教育	66680	66590	6059054	90990
（十七）卫生和社会工作	39499	39103	3524275	90128
（十八）文化、体育和娱乐业	11622	11651	948015	81368
（十九）公共管理、社会保障和社会组织	59033	58730	4954646	84363

市区国有单位从业人员和工资总额

2—6　　(2017 年)　　计量单位：人、千元、个、元

行业名称	年末单位从业人员	#女 性	1. 在岗职工	2. 劳务派遣人员	3. 其他从业人员
总　计	**315837**	**132293**	**286736**	**16943**	**12158**
一、按隶属关系分组					
1. 中央	57582	14640	53434	3487	661
2. 地方	258255	117653	233302	13456	11497
二、按企业、事业、机关分组					
（一）企业	102670	29977	98274	2765	1631
1. 中央	40974	9974	38736	1922	316
2. 地方	61696	20003	59538	843	1315
（二）事业	159376	85462	139902	11642	7832
1. 中央	14071	3640	12303	1565	203
2. 地方	145305	81822	127599	10077	7629
（三）机关	53406	16617	48175	2536	2695
1. 中央	2537	1026	2395		142
2. 地方	50869	15591	45780	2536	2553
（四）民间非营利组织	374	233	374		
1. 中央					
2. 地方	374	233	374		
（五）其他	11	4	11		
1. 中央					
2. 地方	11	4	11		
三、按国民经济行业分组					
（一）农、林、牧、渔业	580	182	578	2	
（二）采矿业					
（三）制造业	7782	2430	7557	186	39
（四）电力、热力、燃气及水生产和供应业	8947	2302	8841	16	90
（五）建筑业	9887	2177	8583	321	983
（六）批发和零售业	7623	5374	7581	42	
（七）交通运输、仓储和邮政业	43821	12154	41766	1684	371
（八）住宿和餐饮业	3856	1997	3650	91	115
（九）信息传输、软件和信息技术服务业	2651	1212	2245	390	16
（十）金融业	2468	1064	2321	141	6
（十一）房地产业	799	275	799		
（十二）租赁和商务服务业	17417	1727	17335	8	74
（十三）科学研究、技术服务业	25398	7571	21474	3560	364
（十四）水利、环境和公共设施管理业	12558	5110	7046	1649	3863
（十五）居民服务、修理和其他服务业	436	127	431		5
（十六）教育	65506	41786	62075	1423	2008
（十七）卫生和社会工作	36065	23821	33679	1120	1266
（十八）文化、体育和娱乐业	8255	3514	4883	3169	203
（十九）公共管理、社会保障和社会组织	61788	19470	55892	3141	2755

2—6 续表 1　　（2017 年）　　计量单位：人、千元、个、元

行业名称	单位从业人员平均人数	在岗职工	劳务派遣人员	其他从业人员
总　　计	**315446**	**286755**	**16754**	**11937**
一、按隶属关系分组				
1. 中央	58139	53903	3579	657
2. 地方	257307	232852	13175	11280
二、按企业、事业、机关分组				
（一）企业	103284	98772	2914	1598
1. 中央	41702	39286	2104	312
2. 地方	61582	59486	810	1286
（二）事业	158597	139494	11466	7637
1. 中央	13897	12219	1475	203
2. 地方	144700	127275	9991	7434
（三）机关	53180	48104	2374	2702
1. 中央	2540	2398		142
2. 地方	50640	45706	2374	2560
（四）民间非营利组织	374	374		
1. 中央				
2. 地方	374	374		
（五）其他	11	11		
1. 中央				
2. 地方	11	11		
三、按国民经济行业分组				
（一）农、林、牧、渔业	579	577	2	
（二）采矿业				
（三）制造业	7834	7612	188	34
（四）电力、热力、燃气及水生产和供应业	8829	8804	15	10
（五）建筑业	10319	8717	603	999
（六）批发和零售业	7642	7600	42	
（七）交通运输、仓储和邮政业	44367	42465	1531	371
（八）住宿和餐饮业	3850	3623	95	132
（九）信息传输、软件和信息技术服务业	2647	2238	393	16
（十）金融业	2460	2314	140	6
（十一）房地产业	809	809		
（十二）租赁和商务服务业	17091	17008	8	75
（十三）科学研究、技术服务业	25208	21347	3480	381
（十四）水利、环境和公共设施管理业	12508	7070	1634	3804
（十五）居民服务、修理和其他服务业	438	433		5
（十六）教育	65399	62055	1400	1944
（十七）卫生和社会工作	35714	33396	1127	1191
（十八）文化、体育和娱乐业	8259	4902	3151	206
（十九）公共管理、社会保障和社会组织	61493	55785	2945	2763

2—6 续表 2　　（2017 年）　　计量单位：人、千元、个、元

行业名称	单位从业人员工资总额	在岗职工工资总额	劳务派遣人员工资总额	其他从业人员工资总额	单位数
总　计	**24874073**	**23580389**	**905880**	**387804**	**2650**
一、按隶属关系分组					
1. 中央	5577553	5289847	267888	19818	82
2. 地方	19296520	18290542	637992	367986	2568
二、按企业、事业、机关分组					
（一）企业	6444429	6229049	155423	59957	304
1. 中央	3622311	3494933	112198	15180	47
2. 地方	2822118	2734116	43225	44777	257
（二）事业	13935115	12991024	679450	264641	1511
1. 中央	1739136	1580980	155690	2466	20
2. 地方	12195979	11410044	523760	262175	1491
（三）机关	4458406	4324193	71007	63206	827
1. 中央	216106	213934		2172	15
2. 地方	4242300	4110259	71007	61034	812
（四）民间非营利组织	35862	35862			6
1. 中央					
2. 地方	35862	35862			6
（五）其他	261	261			2
1. 中央					
2. 地方	261	261			2
三、按国民经济行业分组					
（一）农、林、牧、渔业	34393	34379	14		9
（二）采矿业					
（三）制造业	463788	454420	8139	1229	25
（四）电力、热力、燃气及水生产和供应业	597582	596354	251	977	73
（五）建筑业	674257	590264	49142	34851	13
（六）批发和零售业	279003	275074	3929		48
（七）交通运输、仓储和邮政业	3192042	3113955	64074	14013	46
（八）住宿和餐饮业	154853	143707	6404	4742	23
（九）信息传输、软件和信息技术服务业	191534	176919	14148	467	11
（十）金融业	432078	426431	5440	207	16
（十一）房地产业	41828	41828			19
（十二）租赁和商务服务业	562378	560260	282	1836	50
（十三）科学研究、技术服务业	2584646	2300991	273886	9769	195
（十四）水利、环境和公共设施管理业	665478	486125	52229	127124	72
（十五）居民服务、修理和其他服务业	27936	27801		135	16
（十六）教育	5939086	5831547	41457	66082	760
（十七）卫生和社会工作	3308351	3209778	44301	54272	120
（十八）文化、体育和娱乐业	706204	441718	256376	8110	100
（十九）公共管理、社会保障和社会组织	5018636	4868838	85808	63990	1054

2—6 续表 3 （2017 年） 计量单位：人、千元、个、元

行业名称	单位从业人员平均工资	在岗职工平均工资	劳务派遣人员平均工资	其他从业人员平均工资
总　　计	**78854**	**82232**	**54069**	**32488**
一、按隶属关系分组				
1. 中央	95935	98136	74850	30164
2. 地方	74994	78550	48424	32623
二、按企业、事业、机关分组				
（一）企业	62395	63065	53337	37520
1. 中央	86862	88961	53326	48654
2. 地方	45827	45962	53364	34819
（二）事业	87865	93130	59258	34652
1. 中央	125145	129387	105553	12148
2. 地方	84285	89649	52423	35267
（三）机关	83836	89893	29910	23392
1. 中央	85081	89214		15296
2. 地方	83774	89928	29910	23841
（四）民间非营利组织	95888	95888		
1. 中央				
2. 地方	95888	95888		
（五）其他	23727	23727		
1. 中央				
2. 地方	23727	23727		
三、按国民经济行业分组				
（一）农、林、牧、渔业	59401	59582	7000	
（二）采矿业				
（三）制造业	59202	59698	43293	36147
（四）电力、热力、燃气及水生产和供应业	67684	67737	16733	97700
（五）建筑业	65341	67714	81496	34886
（六）批发和零售业	36509	36194	93548	
（七）交通运输、仓储和邮政业	71946	73330	41851	37771
（八）住宿和餐饮业	40222	39665	67411	35924
（九）信息传输、软件和信息技术服务业	72359	79052	36000	29188
（十）金融业	175641	184283	38857	34500
（十一）房地产业	51703	51703		
（十二）租赁和商务服务业	32905	32941	35250	24480
（十三）科学研究、技术服务业	102533	107790	78703	25640
（十四）水利、环境和公共设施管理业	53204	68759	31964	33419
（十五）居民服务、修理和其他服务业	63781	64206		27000
（十六）教育	90813	93974	29612	33993
（十七）卫生和社会工作	92635	96113	39309	45568
（十八）文化、体育和娱乐业	85507	90110	81363	39369
（十九）公共管理、社会保障和社会组织	81613	87279	29137	23160

2—6 续表 4　　（2017 年）　　计量单位：人、千元、个、元

行业名称	在岗职工（含劳务派遣）			
	期末人数	平均人数	工资总额	平均工资
总　计	**303679**	**303509**	**24486269**	**80677**
一、按隶属关系分组				
1. 中央	56921	57482	5557735	96687
2. 地方	246758	246027	18928534	76937
二、按企业、事业、机关分组				
（一）企业	101039	101686	6384472	62786
1. 中央	40658	41390	3607131	87150
2. 地方	60381	60296	2777341	46062
（二）事业	151544	150960	13670474	90557
1. 中央	13868	13694	1736670	126820
2. 地方	137676	137266	11933804	86939
（三）机关	50711	50478	4395200	87072
1. 中央	2395	2398	213934	89214
2. 地方	48316	48080	4181266	86965
（四）民间非营利组织	374	374	35862	95888
1. 中央				
2. 地方	374	374	35862	95888
（五）其他	11	11	261	23727
1. 中央				
2. 地方	11	11	261	23727
三、按国民经济行业分组				
（一）农、林、牧、渔业	580	579	34393	59401
（二）采矿业				
（三）制造业	7743	7800	462559	59302
（四）电力、热力、燃气及水生产和供应业	8857	8819	596605	67650
（五）建筑业	8904	9320	639406	68606
（六）批发和零售业	7623	7642	279003	36509
（七）交通运输、仓储和邮政业	43450	43996	3178029	72234
（八）住宿和餐饮业	3741	3718	150111	40374
（九）信息传输、软件和信息技术服务业	2635	2631	191067	72621
（十）金融业	2462	2454	431871	175987
（十一）房地产业	799	809	41828	51703
（十二）租赁和商务服务业	17343	17016	560542	32942
（十三）科学研究、技术服务业	25034	24827	2574877	103713
（十四）水利、环境和公共设施管理业	8695	8704	538354	61851
（十五）居民服务、修理和其他服务业	431	433	27801	64206
（十六）教育	63498	63455	5873004	92554
（十七）卫生和社会工作	34799	34523	3254079	94258
（十八）文化、体育和娱乐业	8052	8053	698094	86687
（十九）公共管理、社会保障和社会组织	59033	58730	4954646	84363

市区城镇集体单位从业人员和工资总额

2—7 （2017 年） 计量单位：人、千元、个、元

行业名称	年末单位从业人员	#女 性	1.在岗职工	2.劳务派遣人员	3.其他从业人员
总　　计	**10223**	**4552**	**9523**	**461**	**239**
一、按企业、事业、机关分组					
（一）企业	7857	3087	7670	128	59
（二）事业	2119	1390	1606	333	180
（三）其他	247	75	247		
二、按国民经济行业分组					
（一）农、林、牧、渔业	11	2	11		
（二）采矿业					
（三）制造业	1743	589	1719	9	15
（四）电力、热力、燃气及水生产和供应业					
（五）建筑业					
（六）批发和零售业	2045	744	2045		
（七）交通运输、仓储和邮政业	98	22	92	2	4
（八）住宿和餐饮业	171	92	137		34
（九）信息传输、软件和信息技术服务业	75	30	75		
（十）金融业	1260	538	1143	117	
（十一）房地产业	550	289	550		
（十二）租赁和商务服务业	1986	762	1986		
（十三）科学研究、技术服务业	28	15	28		
（十四）水利、环境和公共设施管理业	53	15	53		
（十五）居民服务、修理和其他服务业	108	46	108		
（十六）教育	328	233	328		
（十七）卫生和社会工作	1494	1027	975	333	186
（十八）文化、体育和娱乐业	273	148	273		
（十九）公共管理、社会保障和社会组织					

2—7 续表 1　　　　（2017 年）　　　　计量单位：人、千元、个、元

行业名称	单位从业人员平均人数	# 在岗职工	劳务派遣人　员	其他从业人　员
总　计	**10262**	**9592**	**420**	**250**
一、按企业、事业、机关分组				
（一）企业	7900	7742	87	71
（二）事业	2106	1594	333	179
（三）其他	256	256		
二、按国民经济行业分组				
（一）农、林、牧、渔业	11	11		
（二）采矿业				
（三）制造业	1776	1752	9	15
（四）电力、热力、燃气及水生产和供应业				
（五）建筑业				
（六）批发和零售业	2064	2064		
（七）交通运输、仓储和邮政业	98	92	2	4
（八）住宿和餐饮业	174	140		34
（九）信息传输、软件和信息技术服务业	75	75		
（十）金融业	1229	1153	76	
（十一）房地产业	534	524		10
（十二）租赁和商务服务业	2005	2005		
（十三）科学研究、技术服务业	28	28		
（十四）水利、环境和公共设施管理业	53	53		
（十五）居民服务、修理和其他服务业	112	112		
（十六）教育	327	327		
（十七）卫生和社会工作	1501	981	333	187
（十八）文化、体育和娱乐业	275	275		
（十九）公共管理、社会保障和社会组织				

2—7 续表 2 （2017 年） 计量单位：人、千元、个、元

行业名称	单位从业人员工资总额	在岗职工工资总额	劳务派遣人员工资总额	其他从业人员工资总额	单位数
总　计	**435355**	**410960**	**17149**	**7246**	**186**
一、按企业、事业、机关分组					
（一）企业	320102	313344	3856	2902	121
（二）事业	106958	89321	13293	4344	64
（三）其他	8295	8295			1
二、按国民经济行业分组					
（一）农、林、牧、渔业	660	660			1
（二）采矿业					
（三）制造业	59105	58575	138	392	25
（四）电力、热力、燃气及水生产和供应业					
（五）建筑业					
（六）批发和零售业	70719	70719			59
（七）交通运输、仓储和邮政业	3402	3371	11	20	4
（八）住宿和餐饮业	5891	4623		1268	4
（九）信息传输、软件和信息技术服务业	2218	2218			2
（十）金融业	108383	104676	3707		3
（十一）房地产业	13160	12560		600	7
（十二）租赁和商务服务业	56060	56060			22
（十三）科学研究、技术服务业	1521	1521			1
（十四）水利、环境和公共设施管理业	2957	2957			1
（十五）居民服务、修理和其他服务业	3289	3289			7
（十六）教育	23644	23644			3
（十七）卫生和社会工作	73486	55227	13293	4966	42
（十八）文化、体育和娱乐业	10860	10860			5
（十九）公共管理、社会保障和社会组织					

2—7 续表 3　　（2017 年）　　计量单位：人、千元、个、元

行业名称	单位从业人员平均工资	在岗职工平均工资	劳务派遣人员平均工资	其他从业人员平均工资
总　　计	**42424**	**42844**	**40831**	**28984**
一、按企业、事业、机关分组				
（一）企业	40519	40473	44322	40873
（二）事业	50787	56036	39919	24268
（三）其他	32402	32402		
二、按国民经济行业分组				
（一）农、林、牧、渔业	60000	60000		
（二）采矿业				
（三）制造业	33280	33433	15333	26133
（四）电力、热力、燃气及水生产和供应业				
（五）建筑业				
（六）批发和零售业	34263	34263		
（七）交通运输、仓储和邮政业	34714	36641	5500	5000
（八）住宿和餐饮业	33856	33021		37294
（九）信息传输、软件和信息技术服务业	29573	29573		
（十）金融业	88188	90786	48776	
（十一）房地产业	24644	23969		60000
（十二）租赁和商务服务业	27960	27960		
（十三）科学研究、技术服务业	54321	54321		
（十四）水利、环境和公共设施管理业	55792	55792		
（十五）居民服务、修理和其他服务业	29366	29366		
（十六）教育	72306	72306		
（十七）卫生和社会工作	48958	56297	39919	26556
（十八）文化、体育和娱乐业	39491	39491		
（十九）公共管理、社会保障和社会组织				

2—7 续表 4　　（2017 年）　　计量单位：人、千元、个、元

行业名称	在岗职工（含劳务派遣）			
	期末人数	平均人数	工资总额	平均工资
总　计	**9984**	**10012**	**428109**	**42760**
一、按企业、事业、机关分组				
（一）企业	7798	7829	317200	40516
（二）事业	1939	1927	102614	53251
（三）其他	247	256	8295	32402
二、按国民经济行业分组				
（一）农、林、牧、渔业	11	11	660	60000
（二）采矿业				
（三）制造业	1728	1761	58713	33341
（四）电力、热力、燃气及水生产和供应业				
（五）建筑业				
（六）批发和零售业	2045	2064	70719	34263
（七）交通运输、仓储和邮政业	94	94	3382	35979
（八）住宿和餐饮业	137	140	4623	33021
（九）信息传输、软件和信息技术服务业	75	75	2218	29573
（十）金融业	1260	1229	108383	88188
（十一）房地产业	550	524	12560	23969
（十二）租赁和商务服务业	1986	2005	56060	27960
（十三）科学研究、技术服务业	28	28	1521	54321
（十四）水利、环境和公共设施管理业	53	53	2957	55792
（十五）居民服务、修理和其他服务业	108	112	3289	29366
（十六）教育	328	327	23644	72306
（十七）卫生和社会工作	1308	1314	68520	52146
（十八）文化、体育和娱乐业	273	275	10860	39491
（十九）公共管理、社会保障和社会组织				

市区城镇其他单位从业人员和工资总额

2—8　　（2017 年）　　计量单位：人、千元、个、元

行业名称	年末单位从业人员	#女 性	1.在岗职工	2.劳务派遣人员	3.其他从业人员
总　计	**335384**	**133942**	**294722**	**21825**	**18837**
一、按经济注册类型分组					
（一）内资	272691	107469	240381	14382	17928
1.股份合作	1808	757	1652	130	26
2.联营					
3.有限责任公司	175651	57757	154529	11886	9236
4.股份有限公司	87100	43771	76572	2288	8240
5.其他	8132	5184	7628	78	426
（二）港澳台投资经济	34600	14650	28038	6204	358
（三）外商投资	28093	11823	26303	1239	551
二、按国民经济行业分组					
（一）农、林、牧、渔业					
（二）采矿业					
（三）制造业	132964	48258	119331	11031	2602
（四）电力、热力、燃气及水生产和供应业	9452	3199	8647	330	475
（五）建筑业	42004	7105	32626	4361	5017
（六）批发和零售业	32013	18423	30639	675	699
（七）交通运输、仓储和邮政业	7509	2344	6971	157	381
（八）住宿和餐饮业	5327	2733	5116	105	106
（九）信息传输、软件和信息技术服务业	22183	10695	19744	439	2000
（十）金融业	39574	21955	31704	1764	6106
（十一）房地产业	14802	5252	12191	2226	385
（十二）租赁和商务服务业	10489	4640	10037	396	56
（十三）科学研究、技术服务业	7998	2604	7550	238	210
（十四）水利、环境和公共设施管理业	636	146	323	13	300
（十五）居民服务、修理和其他服务业	424	244	390		34
（十六）教育	3256	2128	2854		402
（十七）卫生和社会工作	3414	2738	3392		22
（十八）文化、体育和娱乐业	3339	1478	3207	90	42
（十九）公共管理、社会保障和社会组织					

2—8 续表 1 （2017 年） 计量单位：人、千元、个、元

行业名称	单位从业人员平均人数	在岗职工	劳务派遣人员	其他从业人员
总　计	**333116**	**295679**	**20443**	**16994**
一、按经济注册类型分组				
（一）内资	271032	241954	13022	16056
1. 股份合作	1814	1659	125	30
2. 联营				
3. 有限责任公司	174215	154450	10543	9222
4. 股份有限公司	87134	78439	2276	6419
5. 其他	7869	7406	78	385
（二）港澳台投资经济	34324	27849	6111	364
（三）外商投资	27760	25876	1310	574
二、按国民经济行业分组				
（一）农、林、牧、渔业				
（二）采矿业				
（三）制造业	132539	119270	10809	2460
（四）电力、热力、燃气及水生产和供应业	9313	8689	141	483
（五）建筑业	41021	32965	3055	5001
（六）批发和零售业	31851	30394	733	724
（七）交通运输、仓储和邮政业	7383	6937	154	292
（八）住宿和餐饮业	5279	4979	100	200
（九）信息传输、软件和信息技术服务业	21988	21472	460	56
（十）金融业	39529	31608	1809	6112
（十一）房地产业	15331	12242	2471	618
（十二）租赁和商务服务业	10254	9826	354	74
（十三）科学研究、技术服务业	7747	7281	255	211
（十四）水利、环境和公共设施管理业	636	323	13	300
（十五）居民服务、修理和其他服务业	422	385		37
（十六）教育	3169	2808		361
（十七）卫生和社会工作	3289	3266		23
（十八）文化、体育和娱乐业	3365	3234	89	42
（十九）公共管理、社会保障和社会组织				

2—8 续表 2　　（2017 年）　　计量单位：人、千元、个、元

行业名称	单位从业人员工资总额	在岗职工工资总额	劳务派遣人员工资总额	其他从业人员工资总额	单位数
总　计	**21893489**	**20281083**	**854186**	**758220**	**1110**
一、按经济注册类型分组					
（一）内资	18188559	16888136	567293	733130	1011
1. 股份合作	147515	137095	10121	299	10
2. 联营					
3. 有限责任公司	10642729	9744291	391016	507422	787
4. 股份有限公司	6929141	6552408	163310	213423	155
5. 其他	469174	454342	2846	11986	59
（二）港澳台投资经济	1852476	1613370	228232	10874	40
（三）外商投资	1852454	1779577	58661	14216	59
二、按国民经济行业分组					
（一）农、林、牧、渔业					
（二）采矿业					
（三）制造业	6978442	6443108	444263	91071	222
（四）电力、热力、燃气及水生产和供应业	683988	664194	4788	15006	16
（五）建筑业	2529935	2093550	79272	357113	58
（六）批发和零售业	1698222	1643958	34891	19373	161
（七）交通运输、仓储和邮政业	479533	460919	6700	11914	48
（八）住宿和餐饮业	245474	235541	4340	5593	31
（九）信息传输、软件和信息技术服务业	2149545	2117316	27045	5184	53
（十）金融业	4395508	4077214	121164	197130	175
（十一）房地产业	786040	682656	86403	16981	137
（十二）租赁和商务服务业	692133	664400	22702	5031	71
（十三）科学研究、技术服务业	582684	552003	18949	11732	62
（十四）水利、环境和公共设施管理业	31809	24708	390	6711	4
（十五）居民服务、修理和其他服务业	22584	21652		932	2
（十六）教育	173456	162406		11050	32
（十七）卫生和社会工作	202648	201676		972	7
（十八）文化、体育和娱乐业	241488	235782	3279	2427	31
（十九）公共管理、社会保障和社会组织					

2—8 续表 3 （2017 年） 计量单位：人、千元、个、元

行业名称	单位从业人员平均工资	#在岗职工平均工资	劳务派遣人员平均工资	其他从业人员平均工资
总　计	**65723**	**68592**	**41784**	**44617**
一、按经济注册类型分组				
（一）内资	67109	69799	43564	45661
1. 股份合作	81320	82637	80968	9967
2. 联营				
3. 有限责任公司	61090	63090	37088	55023
4. 股份有限公司	79523	83535	71753	33249
5. 其他	59623	61348	36487	31132
（二）港澳台投资经济	53970	57933	37348	29874
（三）外商投资	66731	68773	44779	24767
二、按国民经济行业分组				
（一）农、林、牧、渔业				
（二）采矿业				
（三）制造业	52652	54021	41101	37021
（四）电力、热力、燃气及水生产和供应业	73444	76441	33957	31068
（五）建筑业	61674	63508	25948	71408
（六）批发和零售业	53318	54088	47600	26758
（七）交通运输、仓储和邮政业	64951	66444	43506	40801
（八）住宿和餐饮业	46500	47307	43400	27965
（九）信息传输、软件和信息技术服务业	97760	98608	58793	92571
（十）金融业	111197	128993	66978	32253
（十一）房地产业	51271	55763	34967	27477
（十二）租赁和商务服务业	67499	67617	64130	67986
（十三）科学研究、技术服务业	75214	75814	74310	55602
（十四）水利、环境和公共设施管理业	50014	76495	30000	22370
（十五）居民服务、修理和其他服务业	53517	56239		25189
（十六）教育	54735	57837		30609
（十七）卫生和社会工作	61614	61750		42261
（十八）文化、体育和娱乐业	71765	72907	36843	57786
（十九）公共管理、社会保障和社会组织				

2—8 续表 4　　　　（2017 年）　　　　计量单位：人、千元、个、元

行业名称	在岗职工（含劳务派遣）			
	期末人数	平均人数	工资总额	平均工资
总　计	**316547**	**316122**	**21135269**	**66858**
一、按经济注册类型分组				
（一）内资	254763	254976	17455429	68459
1. 股份合作	1782	1784	147216	82520
2. 联营				
3. 有限责任公司	166415	164993	10135307	61429
4. 股份有限公司	78860	80715	6715718	83203
5. 其他	7706	7484	457188	61089
（二）港澳台投资经济	34242	33960	1841602	54229
（三）外商投资	27542	27186	1838238	67617
二、按国民经济行业分组				
（一）农、林、牧、渔业				
（二）采矿业				
（三）制造业	130362	130079	6887371	52948
（四）电力、热力、燃气及水生产和供应业	8977	8830	668982	75762
（五）建筑业	36987	36020	2172822	60323
（六）批发和零售业	31314	31127	1678849	53935
（七）交通运输、仓储和邮政业	7128	7091	467619	65945
（八）住宿和餐饮业	5221	5079	239881	47230
（九）信息传输、软件和信息技术服务业	20183	21932	2144361	97773
（十）金融业	33468	33417	4198378	125636
（十一）房地产业	14417	14713	769059	52271
（十二）租赁和商务服务业	10433	10180	687102	67495
（十三）科学研究、技术服务业	7788	7536	570952	75763
（十四）水利、环境和公共设施管理业	336	336	25098	74696
（十五）居民服务、修理和其他服务业	390	385	21652	56239
（十六）教育	2854	2808	162406	57837
（十七）卫生和社会工作	3392	3266	201676	61750
（十八）文化、体育和娱乐业	3297	3323	239061	71941
（十九）公共管理、社会保障和社会组织				

分县（市、区）单位从业人员和工资总额

2—9 （2017 年） 计量单位：人、千元、个、元

行政单位	年末单位从业人员	# 在岗职工（含劳务派遣）	单位从业人员年平均人数	# 在岗职工（含劳务派遣）	单位从业人员工资总额	# 在岗职工（含劳务派遣）
石家庄市	**916116**	**873168**	**911062**	**870436**	**60596934**	**59084890**
市　区	661444	630210	658824	629643	47202917	46049647
# 长安区	155190	151737	154927	153334	10836148	10782966
桥西区	158579	146778	158136	146465	12459037	12058643
新华区	78433	72410	77629	71641	5842402	5485586
裕华区	73482	68335	73522	68301	5316563	5155922
矿区	7326	6335	7394	6325	403067	362945
藁城区	32263	31564	32192	31483	2452989	2421283
鹿泉区	52184	50090	51674	49837	3244030	3185710
栾城区	28034	27879	28027	27868	1846890	1842398
高新区	67743	67287	66899	66392	4250851	4223629
循环化工园区	8210	7795	8424	7997	550940	530565
井陉县	19318	18352	18787	17901	1036116	1012784
正定县	37094	30184	36193	29595	2477483	2254466
行唐县	12388	12328	12375	12315	691040	688447
灵寿县	14159	14089	14171	14101	654013	652587
高邑县	10069	9471	10034	9436	471567	461609
深泽县	7862	7648	7831	7627	405077	400721
赞皇县	14919	14919	14728	14728	638515	638515
无极县	15084	14216	14997	14128	715098	699057
平山县	19910	19752	19685	19495	1168850	1160211
元氏县	14867	14634	14721	14488	588483	581116
赵　县	17098	16990	17114	17006	931799	928351
晋州市	16188	16014	16215	15938	705001	696254
新乐市	16492	15407	16558	15473	910870	869732
辛集市	39224	38954	38829	38562	2000105	1991393

2—9 续表 1　　（2017 年）　　计量单位：人、千元、个、元

行政单位	单位数	单位从业人员平均工资	# 在岗职工平均工资（含劳务派遣）
石家庄市	**8415**	**66512**	**67880**
市　区	3946	71647	73136
# 长安区	561	69944	70323
桥西区	973	78787	82331
新华区	547	75261	76570
裕华区	342	72313	75488
矿　区	116	54513	57383
藁城区	436	76199	76908
鹿泉区	459	62779	63923
栾城区	282	65897	66112
高新区	198	63541	63617
循环化工园区	32	65401	66346
井陉县	314	55151	56577
正定县	477	68452	76177
行唐县	261	55842	55903
灵寿县	295	46152	46279
高邑县	247	46997	48920
深泽县	205	51727	52540
赞皇县	272	43354	43354
无极县	380	47683	49480
平山县	347	59378	59513
元氏县	176	39976	40110
赵　县	316	54447	54590
晋州市	387	43478	43685
新乐市	313	55011	56210
辛集市	479	51511	51641

三、固定资产投资　建筑业

分县（市、区）全社会固定资产投资

3—1　　　　（2017 年）　　　　计量单位：万元

行政单位	全社会固定资产投资	一、固定资产投资			二、农村个人
		合计	建设项目投资	房地产开发	
石家庄市	**63509474**	**63101434**	**50665104**	**12436330**	**408040**
# 长安区	4792092	4792092	1179113	3612979	
桥西区	4985983	4985983	2996165	1989818	
新华区	3510586	3510586	2455592	1054994	
裕华区	4142104	4142104	1428828	2713276	
矿区	848868	848868	848868		
藁城区	3325000	3309000	3142472	166528	16000
鹿泉区	4034153	4018153	3463722	554431	16000
栾城区	2678939	2671939	2412505	259434	7000
高新区	3033050	2912907	2545539	367368	2000
循环化工园区	993962	993962	942711	51251	
井陉县	1909783	1869783	1856586	13197	40000
正定县	3335117	3300117	2818643	481474	35000
行唐县	1884210	1869210	1829367	39843	15000
灵寿县	1435889	1430889	1430889		5000
高邑县	1030480	1020480	991029	29451	10000
深泽县	1072423	1064423	1040225	24198	8000
赞皇县	1874898	1829898	1811834	18064	45000
无极县	1706658	1674658	1563618	111040	32000
平山县	2720976	2671976	2451093	220883	49000
元氏县	2637079	2620079	2422986	197093	17000
赵　县	2061509	2030509	2015590	14919	31000
晋州市	3496087	3470087	3391144	78943	26000
新乐市	3033050	2987050	2863514	123536	46000
辛集市	2549762	2541722	2228122	313610	8040

全市建设项目投资情况

3—2　　（2017 年）　　计量单位：万元

项目名称	建设项目投资
本年完成投资	**50665104**
# 住宅	387555
1. 建筑工程	24340613
2. 安装工程	6466126
3. 设备工器具购置	12405110
4. 其他费用	7453255
本年新增固定资产	35732925
本年施工房屋面积（平方米）	710801.34
# 住宅（平方米）	48.87
本年竣工房屋面积（平方米）	501609.95
# 住宅（平方米）	37.889
施工项目个数（个）	4403
# 本年新开工（个）	3024
本年投产项目个数（个）	3237
本年资金来源合计	48085475
1. 上年末结余资金	1505692
2. 本年资金来源小计	48085475
(1) 国家预算内资金	3674049
(2) 国内贷款	4554597
(3) 债券	66156
(4) 利用外资	110228
# 外商直接投资	
(5) 自筹资金	37375095
# 企事业单位自有资金	
(6) 其他资金来源	2305350
本年各项应付款合计	1406738
# 工程款	215543

3—2 续表 1　（2017 年）　计量单位：万元

项目名称	建设项目投资
总计中按登记注册类型分：	
内资企业	49194673
国有企业	9010945
集体企业	445515
股份合作企业	83738
联营企业	63424
国有联营企业	57868
集体联营企业	
有限责任公司	7801751
股份有限公司	1847881
私营企业	24739927
其他企业	2954606
港、澳、台商投资企业	642356
合资经营企业（港或澳、台资）	466889
港、澳、台商独资经营企业	175467
港、澳、台商投资股份有限公司	
其他港、澳、台商投资企业	
外商投资企业	658429
中外合资经营企业	497691
外资企业	160738
个体经营	169646
个体户	137725
个人合伙	31921

3—2 续表 2　　（2017 年）　　计量单位：万元

项目名称	建设项目投资
总计中按隶属关系分：	
中央	424162
地方	50240942
省	1559909
市	3758624
县（县级市）	7126176
其他	37796233
总计中按建设性质分：	
新建	24849333
扩建	9288907
改建和技术改造	14826632
单纯建造生活设施	222008
迁建	806494
恢复	177996
单纯购置	493734
总计中按控股情况分：	
国有控股	12903975
集体控股	1036941
私人控股	27280190
港澳台商控股	195467
外商控股	160738
总计中按建设状态分：	
在建	20963503
全部投产	29417493
全部停缓建	284108
总计中按开发区级别式分：	
国务院批准的	3235369
省批准的	4328855
省以下批准的	4373894
不属于开发区的项目	38726986

3—2 续表 3　（2017 年）　计量单位：万元

项目名称	建设项目投资
总计中按行业分：	
农、林、牧、渔业	3119624
农业	2148415
林业	170495
畜牧业	461646
渔业	15500
农、林、牧、渔服务业	323568
采矿业	253185
煤炭开采和洗选业	70889
黑色金属矿采选业	43983
有色金属矿采选业	
非金属矿采选业	130313
制造业	22940547
农副食品加工业	1050617
食品制造业	807552
酒、饮料和精制茶制造业	426717
纺织业	1809072
纺织服装、服饰业	289024
皮革、毛皮、羽毛及其制品和制鞋业	783495
木材加工和木、竹、藤、棕、草制品业	270644
家具制造业	683271
造纸和纸制品业	475090
印刷和记录媒介复制业	244996
文教、工美、体育和娱乐用品制造业	384901
石油加工、炼焦和核燃料加工业	252506
化学原料和化学制品制造业	2742072
医药制造业	1590763
化学纤维制造业	465899
橡胶和塑料制品业	736763
非金属矿物制品业	1961892
黑色金属冶炼和压延加工业	610582
有色金属冶炼和压延加工业	104275
金属制品业	1257988
通用设备制造业	1348004

3—2 续表 4　　（2017 年）　　计量单位：万元

项目名称	建设项目投资
专用设备制造业	1430407
汽车制造业	421369
铁路、船舶、航空航天和其他运输设备制造业	299826
电气机械和器材制造业	1506997
计算机、通信和其他电子设备制造业	676414
仪器仪表制造业	103107
其他制造业	120833
废弃资源综合利用业	85471
金属制品、机械和设备修理业	0
电力、热力、燃气及水生产和供应业	2442569
电力、热力生产和供应业	1664083
燃气生产和供应业	436602
水的生产和供应业	341884
批发和零售业	1640044
交通运输、仓储和邮政业	4351105
住宿和餐饮业	392962
信息传输、软件和信息技术服务业	347879
金融业	390223
房地产业	2611787
租赁和商务服务业	1535827
科学研究和技术服务业	1106897
水利、环境和公共设施管理业	6630754
水利管理业	268313
生态保护和环境治理业	91081
公共设施管理业	6271360
居民服务、修理和其他服务业	326485
教育	708221
卫生和社会工作	695338
文化、体育和娱乐业	749049
公共管理、社会保障和社会组织	422608

全市房地产开发企业投资完成情况

3—3　　　　（2017 年）　　　　计量单位：个、万元、平方米

指标名称	数值	指标名称	数值
企业个数	428		
计划总投资	48360456	2. 本年资金来源小计	13504473
自开始建设累计完成投资	32407040	(1) 国内贷款	1318656
本年完成投资	12436330	# 银行贷款	
# 配套工程投资		非银行金融机构贷款	
按构成分		(2) 利用外资	500
建筑工程	8613134	# 外商直接投资	
安装工程	1644698	(3) 自筹资金	9860225
设备工器具购置	647280	# 自有资金	
其他费用	1531218	股东投入资金	
# 旧建筑物购置费	36916	借入资金	
土地购置费	828169	(4) 其他资金来源	2325092
按工程用途分		# 定金及预收款	
商品住宅	8928769	个人按揭贷款	
#90 平方米以下	3534704	二、本年各项应付款合计	2540549
144 平方米以上	1765612	# 工程款	589027
别墅、高档公寓	131126	三、土地部分	
办公楼	1118965	待开发土地面积	401182
商业营业用房	1414430	本年购置土地面积	1334364
其他	974166	本年土地成交价款	544669
本年新增固定资产	3157375	# 拆迁补偿费	97784
一、本年资金来源合计		土地使用权出让金	
1. 上年末结余资金	3336602	契税	

全市房地产开发企业分组完成情况

3—4　　（2017 年）　　计量单位：个、万元

指标名称	个数	完成额
合 计	428	**12436330**
按登记注册类型分		
内资	422	11784239
国有	1	500
有限责任公司	126	4982951
国有独资公司	1	35488
其他有限责任公司	125	5006153
股份有限公司	21	
私营	274	6800788
其他		
港澳台商投资	1	141920
与港澳台商合资经营		
与港澳台商合作经营		
港澳台商独资	1	141920
港澳台商投资股份有限公司		
外商投资	5	223431
中外合资经营	1	25441
中外合作经营		
外资企业	4	197990
外商投资股份有限公司		
按控股情况分		
国有控股	15	303406
集体控股	3	9500
私人控股	383	10894213
港澳台商控股	1	141920

3—4 续表　（2017 年）　计量单位：个、万元

指标名称	个数	完成额
外商控股	4	197990
其他	22	889301
按隶属关系分		
中央	2	24917
地方	426	11870387
省（自治区、直辖市）	13	567857
地（区、市、州、盟）	25	721403
县（区、市、旗）		
其他	388	10773507
按资质等级分		
一级	6	70626
二级	27	1159968
三级	45	1069563
四级	91	1974080
暂定	245	7957836
其他	14	204257
按企业营业状况分		
营业	404	12217226
停业（歇业）	18	86177
筹建	1	857
当年关闭		
当年破产		
其他	5	132070

分县（市、区）房地产开发完成情况

3—5　　（2017 年）　　计量单位：个、万元、平方米

行政单位	本年完成投资	商品住宅	其中：90 平方米以下	其中：144 平方米以上	其中：别墅、高档公寓	办公楼	商业营业用房	其他	本年新增固定资产
石家庄市	**12436330**	**8928769**	**3534704**	**1765612**	**131126**	**1118965**	**1414430**	**974166**	**3157375**
# 长安区	3612979	2951556	1462668	599553		176400	379339	105684	1322770
桥西区	1989818	1284026	643268	209925	4800	387610	208775	109407	245379
新华区	1054994	780609	354560	221438		30270	41793	202322	139078
裕华区	2713276	1850202	417661	464556	11000	210082	378815	274177	399835
矿区									
藁城区	166528	74290	13550	2400		270	90708	1260	30100
鹿泉区	554431	411513	138297	175101	101326	51551	48367	43000	291023
栾城区	259434	220699	128089	6023		6882	25571	6282	122406
高新区	367368	239118	115789	15078	12000	41295	52673	34282	32993
循环化工园区	51251	44619		4109				6632	
井 陉 县	13197	12694	7743	39				503	999
正 定 县	481474	184179	49400	30217		177442	94224	25629	28310
行 唐 县	39843	39143	22860	1061			300	400	33248
灵 寿 县									
高 邑 县	29451	29451							19
深 泽 县	24198	22987	592	30			790	421	11320
赞 皇 县	18064	15924	550			595	1105	440	14672
无 极 县	111040	37741	4753			19071	38625	15603	107830
平 山 县	220883	96234	51651	3000		800	2930	120919	71600
元 氏 县	197093	189453	1500				3360	4280	2000
赵　县	14919	12989	7304	2925			1930		1780
晋 州 市	78943	77833	18234	2377	2000	300	809	1	1970
新 乐 市	123536	101410	1000	27243		4475	10700	6951	103690
辛 集 市	313610	252099	95235	537	0	11922	33616	15973	196353

3—5 续表 1　　（2017 年）　　计量单位：个、万元、平方米

行政单位	本年资金来源小计	自筹资金	本年购置土地面积	本年土地成交价款	其中：拆迁补偿费	土地使用权出让金	契税
石家庄市	**13504099**	**9859965**	**1334364**	**544669**	**97784**		
#长安区	3560548	2958180					
桥西区	2318414	1720449	404414	140294	85371		
新华区	1107203	717557	343609	153340	1500		
裕华区	2979994	1861876	213379	184900	6634		
矿区							
藁城区	99000	99000					
鹿泉区	796869	653000					
栾城区	195093	31664					
高新区	373864	357614	19234	2000			
循环化工园区	37000		49757	14927			
井陉县	33431	6682					
正定县	746072	570575					
行唐县	30390	24971	26882	2602			
灵寿县							
高邑县	45330	24377	35511	14000	112		
深泽县	17706	10774	9822	1507	220		
赞皇县	16133	14683					
无极县	111145	48600					
平山县	230146	186052	80000	12375	3375		
元氏县	289166	288166	33350	2000	500		
赵　县	12439	10609	3000	300			
晋州市	68997	62697					
新乐市	169926	84355	22443	4454			
辛集市	265233	128084	92963	11970	72		

3—5 续表 2　　　　（2017 年）　　　　计量单位：个、万元、平方米

行政单位	房屋施工面积	住宅				办公楼	商业营业用房	其他房屋
			90 平米以下住房	144 平米以上住房	别墅、高档公寓			
石家庄市	**45229353**	**32863696**	**12115781**	**5227788**	**1054515**	**3507899**	**5767150**	**3090608**
# 长安区	11641059	8957391	4512695	1419443		588331	1405885	689452
桥西区	6778199	3854590	2023600	429416	2800	1572652	1235590	115367
新华区	4928844	3827257	1588966	535039		160434	446867	494286
裕华区	4903241	3102704	679325	679912	17500	494129	607985	698423
矿区								
藁城区	593684	343345	22373	11965		1444	190763	58132
鹿泉区	3605666	2979199	959249	1329569	1020415	215746	209638	201083
栾城区	802659	697683	283162	19080		11874	58103	34999
高新区	2069073	1796182	986708	168263	1800	13349	99271	160271
循环化工园区	110000	100000		12100				10000
井 陉 县	340172	305261	118928	2773			16406	18505
正 定 县	780670	411937	70905	75681		227390	61838	79505
行 唐 县	188380	187383	31376	3214			987	10
灵 寿 县								
高 邑 县	51765	51765						
深 泽 县	291688	269764	36697	39430			12279	9645
赞 皇 县	320528	226278	30100	15500		9875	52481	31894
无 极 县	1238803	224428	12844			108000	864741	41634
平 山 县	750671	700371	168490	226881		4500	16602	29198
元 氏 县	1215658	1027204	9101				24478	163976
赵　县	46537	26500	12400	1000			20037	
晋 州 市	964597	826622	156231	69362	12000	5518	69198	63259
新 乐 市	805274	672318	1610	110137		30260	79870	22826
辛 集 市	2802185	2275514	411021	79023		64397	294131	168143

3—5 续表 3　　　　（2017 年）　　　　计量单位：个、万元、平方米

行政单位	房屋竣工面积	住宅				办公楼	商业营业用房	其他房屋
			90 平米以下住房	144 平米以上住房	别墅、高档公寓			
石家庄市	**4591707**	**3945342**	**1709236**	**701646**	**235263**	**117580**	**393185**	**135600**
# 长安区	989905	778581	518651	259930		85000	103617	22707
桥西区	182874	163500	104766	1762			3000	16374
新华区	126453	115309	35000	9652		1044	9900	200
裕华区	502407	481122	389349			1276	11750	8259
矿区								
藁城区	115046						115046	
鹿泉区	466871	451474	158959	249551	235263		7037	8360
栾城区	317488	316488	121271	3964				1000
高新区	49886	49886	49886					
循环化工园区								
井陉县								
正定县								
行唐县	40325	40325	1000	500				
灵寿县								
高邑县								
深泽县	62320	46476		2600			6199	9645
赞皇县	84395	76520	5000				1875	6000
无极县	151034	145495	12538				4741	798
平山县								
元氏县	28931	22806					4004	2121
赵　县								
晋州市	7577						7577	
新乐市	634993	508453		109337		30260	76586	19694
辛集市	831202	748907	312816	64350			41853	40442

3—5 续表 4　　　　（2017 年）　　　　计量单位：套

行政单位	商品住宅竣工套数			
		90 平米以下住房	144 平米以上住房	别墅、高档公寓
石家庄市	**38154**	**22279**	**4013**	**1352**
# 长安区	7768	6442	1326	
桥西区	1724	1206	11	
新华区	584	408	66	
裕华区	5216	4452		
矿区				
藁城区				
鹿泉区	5732	4002	1450	1352
栾城区	2419	1499	25	
高新区	571	571		
循环化工园区				
井 陉 县				
正 定 县				
行 唐 县	363	20	3	
灵 寿 县				
高 邑 县				
深 泽 县	702		15	
赞 皇 县	590	59		
无 极 县	1343	141		
平 山 县				
元 氏 县	181			
赵　县				
晋 州 市				
新 乐 市	3881		688	
辛 集 市	7080	3479	429	

3—5 续表 5　　　（2017 年）　　　计量单位：个、万元、平方米

行政单位	商品房销售面积	住宅				办公楼	商业营业用房	其他房屋
			90 平米以下住房	144 平米以上住房	别墅、高档公寓			
石家庄市	**10919162**	**8776467**	**2876215**	**1514715**	**284284**	**760624**	**1142487**	**239584**
# 长安区	2500206	1945849	848607	421712		143000	382727	28630
桥西区	1938862	1164021	631190	327494	10000	554541	207300	13000
新华区	735523	723376	303064	76973		1094	10853	200
裕华区	1763238	1343408	148852	271500		20100	287630	112100
矿区								
藁城区	222561	85637	2703	6461			132011	4913
鹿泉区	776315	741744	301566	285577	233784		5135	29436
栾城区	55124	54124	25275	533				1000
高新区	447942	351442	336927	1160	40500		60000	36500
循环化工园区								
井 陉 县	75843	75843	7153	815				
正 定 县	289237	253831	1600	10880		30783	4623	
行 唐 县	33229	33229						
灵 寿 县								
高 邑 县	23864	23864						
深 泽 县	107113	106431	2929			100	528	54
赞 皇 县	110710	100915	6640	1305			3795	6000
无 极 县	148495	142949	12090				4748	798
平 山 县	25500	25500	25500					
元 氏 县	477060	477060						
赵　县	14500						14500	
晋 州 市	79011	71682	13172				7329	
新 乐 市	449029	448455	5558	90501				574
辛 集 市	645800	607107	203389	19804		11006	21308	6379

3—5 续表 6　　（2017 年）　　计量单位：个、万元、平方米

行政单位	商品房销售额					商品房平均销售价格（元/平方米）	
		住宅	办公楼	商业营业用房	其他房屋		住宅
石家庄市	**10732131**	**8216435**	**956831**	**1306116**	**252749**	**9829**	**9362**
# 长安区	3455186	2710169	185922	511830	47265	13820	13928
桥西区	2227598	1309973	732157	180468	5000	11489	11254
新华区	348409	346483	320	1556	50	4737	4790
裕华区	2566276	1970222	10068	424614	161372	14554	14666
矿区							
藁城区	167957	55482		110965	1510	7547	6479
鹿泉区	567949	552890		2703	12356	7316	7454
栾城区	34272	33644			628	6217	6216
高新区	359917	296517		43000	20400	8035	8437
循环化工园区							
井陉县	32351	32351				4266	4266
正定县	131643	101838	23499	6306		4551	4012
行唐县	13033	13033				3922	3922
灵寿县							
高邑县	7177	7177				3007	3007
深泽县	33445	33186	38	205	16	3122	3118
赞皇县	32113	29818		1195	1100	2901	2955
无极县	59663	57907		1548	208	4018	4051
平山县	6615	6615				2594	2594
元氏县	240705	240705				5046	5046
赵　县	4500			4500		3103	
晋州市	24463	22493		1970		3096	3138
新乐市	135205	134631			574	3011	3002
辛集市	283654	261301	4827	15256	2270	4392	4304

全市建筑业企业生产情况

3—6　　　　（2017 年）　　　　单位：个、千元

指标名称	企业个数		合同情况		承包工程完成情况	
	企业个数	亏损企业	签订合同额	本年新签合同额	直接从建设单位承揽工程完成的产值	自行完成施工产值
合　　计	**328**	**38**	**258018728**	**147718000**	**118921392**	**117973076**
其中：国有及国有控股	31	6	194054204	106515944	79722241	79721315
按登记注册类型分						
内资企业	327	38	257661127	147360399	118563791	117615475
国有企业	10	2	25472187	16710442	9942808	9942808
集体企业	3	1	391293	336573	654017	445905
有限责任公司	103	13	206908157	116413394	90491694	89774354
国有独资公司	8		96619521	40604479	40100453	40100453
其他有限责任公司	95	13	110288636	75808915	50391241	49673901
股份有限公司	9		2502450	1480148	1763268	1763268
私营企业	202	22	22387040	12419842	15712004	15689140
私营有限责任公司	198	21	22067100	12177614	15447824	15424960
私营股份有限公司	4	1	319940	242228	264180	264180
港、澳、台商投资企业	1		357601	357601	357601	357601
合资经营企业	1		357601	357601	357601	357601
按行业分						
房屋建筑业	147	15	134945284	63922421	63331718	63006060
土木工程建筑业	67	8	94968285	62033608	41386455	40768597
建筑安装业	58	10	23404123	17549661	10975455	10973455
建筑装饰和其他建筑业	56	5	4701036	4212310	3227764	3224964
按资质等级分						
施工总承包	210	24	249261358	141174653	112749596	111804080
特级	4	1	71355695	38533706	40634827	40634827
一级	48	10	160256661	92155035	60684655	60029219
二级	87	5	13114559	8094019	8121011	8075794
三级及以下	71	8	4534443	2391893	3309103	3064240
专业承包	118	14	8757370	6543347	6171796	6168996
一级	33	3	5278379	4257988	3520632	3520632
二级	42	5	1376482	1034586	1053446	1050646
三级及以下	43	6	2102509	1250773	1597718	1597718

3—6 续表 1　　（2017 年）　　单位：个、千元

指标名称	建筑业总产值					
	建筑业总产值	其中：装饰装修产值	其中：在外省完成的产值	按构成分：1. 建筑工程产值	2. 安装工程产值	3. 其他建筑业产值
合　计	**123922288**	**5063904**	**51431640**	**96058760**	**21130445**	**6733083**
其中：国有及国有控股	84594497	2817228	42639754	67353119	14762842	2478536
按登记注册类型分						
内资企业	123564687	4706303	51431640	95701159	21130445	6733083
国有企业	9942808		2776002	6739177	2288971	914660
集体企业	529780			521849	7931	
有限责任公司	95543445	3219618	46309980	74185188	16846445	4511812
国有独资公司	40508974	1988754	19975611	34918986	5126763	463225
其他有限责任公司	55034471	1230864	26334369	39266202	11719682	4048587
股份有限公司	1763268	232980		1710063	53205	
私营企业	15785386	1253705	2345658	12544882	1933893	1306611
私营有限责任公司	15520446	1177065	2285658	12287542	1933693	1299211
私营股份有限公司	264940	76640	60000	257340	200	7400
港、澳、台商投资企业	357601	357601		357601		
合资经营企业	357601	357601		357601		
按行业分						
房屋建筑业	64648754	2482370	20772185	56199075	5931038	2518641
土木工程建筑业	43278118	127763	22210531	33741981	6404684	3131453
建筑安装业	12661903	612897	8043459	3635700	8428034	598169
建筑装饰和其他建筑业	3333513	1840874	405465	2482004	366689	484820
按资质等级分						
施工总承包	117620700	3217047	50051065	91819433	19648046	6153221
特级	41455059	1328786	18026813	35958934	4625371	870754
一级	64905208	1699463	31615441	45508456	14364889	5031863
二级	8087409	145530	225574	7591083	404234	92092
三级及以下	3173024	43268	183237	2760960	253552	158512
专业承包	6301588	1846857	1380575	4239327	1482399	579862
一级	3603692	1543548	687685	2361606	736647	505439
二级	1100178	271032	143476	757948	286417	55813
三级及以下	1597718	32277	549414	1119773	459335	18610

3—6 续表 2　　　（2017 年）　　　单位：个、千元

指标名称	竣工产值	房屋建筑施工面积		施工机械设备		
		房屋建筑施工面积	其中：本年新开工	自有施工机械设备（净值）	自有施工机械设备（总台数）	自有施工机械设备（总功率）
合　计	**62000912**	**67776500**	**18965599**	**2291591**	**124289**	**1070054**
其中：国有及国有控股	30439232	35394845	10074511	977975	30621	387020
按登记注册类型分						
内资企业	61643311	67776500	18965599	2291323	123739	1069254
国有企业	2884559	1885208	925890	162374	7208	103623
集体企业	174052	290578	261481	8150	504	40140
有限责任公司	39639202	52507558	13404544	1270179	64278	544932
国有独资公司	12087944	28274643	6828833	373749	11294	137541
其他有限责任公司	27551258	24232915	6575711	896430	52984	407391
股份有限公司	609383	1355990	274999	25145	490	1682
私营企业	18336115	11737166	4098685	825475	51259	378877
私营有限责任公司	18192267	11557883	3921673	820288	51226	376307
私营股份有限公司	143848	179283	177012	5187	33	2570
港、澳、台商投资企业	357601			268	550	800
合资经营企业	357601			268	550	800
按行业分						
房屋建筑业	38882234	63241697	16998682	978530	66623	576339
土木工程建筑业	16201705	1596156	477022	1103013	19473	384504
建筑安装业	4887760	2921327	1482685	109293	5993	45028
建筑装饰和其他建筑业	2029213	17320	7210	100755	32200	64183
按资质等级分						
施工总承包	58809855	66857295	18794634	2134678	90559	973608
特级	12336537	22265013	5820596	87941	10328	60223
一级	41042275	35537406	8392207	1156718	50954	533442
二级	4107303	7018727	3351173	691805	24296	262567
三级及以下	1323740	2036149	1230658	198214	4981	117376
专业承包	3191057	919205	170965	156913	33730	96446
一级	1844698	731350	8400	31172	1543	22736
二级	657809	97000	91500	84455	30893	50713
三级及以下	688550	90855	71065	41286	1294	22997

3—6 续表 3　　（2017 年）　　单位：个、千元

指标名称	从业人员情况			
	计算建筑业劳动生产率的平均人数	年末从业人员数合计	其中：工程技术人员	其中：现场施工人员
合　计	**144536**	**141929**	**39009**	**81802**
其中：国有及国有控股	41405	42762	16930	18846
按登记注册类型分				
内资企业	144168	141558	39009	81731
国有企业	9237	8965	2906	4054
集体企业	1608	1356	212	366
有限责任公司	73676	73746	23033	42282
国有独资公司	13520	13981	4941	9129
其他有限责任公司	60156	59765	18092	33153
股份有限公司	2877	2643	632	1417
私营企业	56770	54848	12226	33612
私营有限责任公司	56169	54344	12036	33386
私营股份有限公司	601	504	190	226
港、澳、台商投资企业	368	371		71
合资经营企业	368	371		71
按行业分				
房屋建筑业	94685	91221	20882	59039
土木工程建筑业	32277	33138	12874	14747
建筑安装业	10408	10614	3507	3868
建筑装饰和其他建筑业	7166	6956	1746	4148
按资质等级分				
施工总承包	130577	128054	35351	73878
特级	12524	13587	6712	6774
一级	67782	64820	19902	36686
二级	34382	33512	6629	19095
三级及以下	15889	16135	2108	11323
专业承包	13959	13875	3658	7924
一级	5890	5907	1439	3160
二级	3612	3466	1227	2118
三级及以下	4457	4502	992	2646

全市建筑业企业财务状况

3—7　　　　（2017 年）　　　　计量单位：千元

指标名称	固定资产原价	在建工程	资产合计	流动负债合计	流动资产合计	固定资产合计	非流动负债合计	负债合计
合　计	**86766375**	**7008160**	**11645809**	**233861**	**100886052**	**72844016**	**2616435**	**77571934**
其中：国有及国有控股企业	51755092	2730564	6287046	52807	59323058	47675408	2234752	50750467
按登记注册类型分组								
内资企业	86603645	6997554	11612046	233861	100701089	72725980	2616435	77453898
国有企业	6447166	796838	1323738	6500	9310326	8316089	485622	8801711
集体企业	150726	64447	10342		347245	12970		191241
有限责任公司	63180484	4034080	7236886	125804	71049504	54719024	2048401	57761879
股份有限公司	1513815	64057	87246	9379	1660973	1114678	42581	1162760
私营企业	15311454	2038132	2953834	92178	18333041	8563219	39831	9536307
其他企业								
港、澳、台商投资企业	162730	10606	33763		184963	118036		118036
按国民经济行业分组								
房屋建筑业	41584170	2883894	4122621	62602	46360451	34742748	270104	36679697
土木工程建筑业	35511468	3232921	6264979	91709	43246998	32024189	2020328	34089478
建筑安装业	6484526	580464	863957	21737	7473140	4491299	310267	4807213
建筑装饰和其他建筑业	3186211	310881	394252	57813	3805463	1585780	15736	1995546
按企业资质等级分组								
施工总承包	79772495	6496677	10793493	175212	92986056	69629293	2566697	73885781
特级	23439386	561459	1186050	17127	25934290	21174009	1278601	22452610
一级	47097994	3347344	7025409	76833	54260086	43511640	955768	45328089
二级	6571722	1851831	1902358	69773	9145202	3779588	135014	4147211
三级及以下	2663393	736043	679676	11479	3646478	1164056	197314	1957871
专业承包	6993880	511483	852316	58649	7899996	3214723	49738	3686153
一级	3647372	233536	281342	57420	4191574	1848563	40854	2249417
二级	1213450	128924	207354	1214	1397398	668561	862	704919
三级及以下	2133058	149023	363620	15	2311024	697599	8022	731817

3—7 续表 1　　（2017 年）　　计量单位：千元

指标名称	所有者权益合计	其中：实收资本	国家资本	集体资本	法人资本	个人资本	港澳台资本
合　计	**23314118**	**14374387**	**4207172**	**866408**	**3920198**	**5349576**	**31033**
其中：国有及国有控股企业	8572591	5605203	4131683	28250	1415908	29362	
按登记注册类型分组							
内资企业	23247191	14338302	4207172	861356	3920198	5349576	
国有企业	508615	744305	674305		70000		
集体企业	156004	16000		6000	10000		
有限责任公司	13287625	7919873	3511412	638516	2257922	1512023	
股份有限公司	498213	296477		136700	131050	28727	
私营企业	8796734	5361647	21455	80140	1451226	3808826	
其他企业							
港、澳、台商投资企业	66927	36085		5052			31033
按国民经济行业分组							
房屋建筑业	9680754	6876667	1589622	448008	976739	3862298	
土木工程建筑业	9157520	5327102	2318490	364298	2118390	525924	
建筑安装业	2665927	1201007	288605	49050	331346	532006	
建筑装饰和其他建筑业	1809917	969611	10455	5052	493723	429348	31033
按企业资质等级分组							
施工总承包	19100275	12169154	4177107	841356	2820915	4329776	
特级	3481680	2234772	2223772		11000		
一级	8931997	5855100	1698887	438628	1791524	1926061	
二级	4997991	2922890	181013	278378	593193	1870306	
三级及以下	1688607	1156392	73435	124350	425198	533409	
专业承包	4213843	2205233	30065	25052	1099283	1019800	31033
一级	1942157	886303	5150	5052	467223	377845	31033
二级	692479	388717	21455		88450	278812	
三级及以下	1579207	930213	3460	20000	543610	363143	

3—7 续表 2　　（2017 年）　　计量单位：千元

指标名称	营业收入	主营业务收入	营业成本	主营业务成本	营业税金及附加	主营业务营业税金及附加	其他业务利润	管理费用
合　计	**100204558**	**98953568**	**93271371**	**91869449**	**727583**	**667555**	**136827**	**3669368**
其中：国有及国有控股企业	62063726	61665368	58147291	57906770	261932	251345	121282	2409520
按登记注册类型分组								
内资企业	99840532	98589542	92945677	91543755	725121	665093	136827	3650124
国有企业	9319851	9122984	8722314	8618358	48681	44817	77868	472589
集体企业	428172	428172	395045	285045	18233	16233		3959
有限责任公司	71706115	71318469	67038709	66727795	402494	356454	49778	2620652
股份有限公司	1057057	959964	950905	862890	5995	5536	897	40618
私营企业	17329337	16759953	15838704	15049667	249718	242053	8284	512306
其他企业								
港、澳、台商投资企业	364026	364026	325694	325694	2462	2462		19244
按国民经济行业分组								
房屋建筑业	47083491	46878385	44881327	44593430	486809	465224	5002	1038820
土木工程建筑业	39172132	38775699	35975660	35718826	184061	147739	118499	1997831
建筑安装业	10272992	10136455	9142032	8771333	31075	29600	9813	472525
建筑装饰和其他建筑业	3675943	3163029	3272352	2785860	25638	24992	3513	160192
按企业资质等级分组								
施工总承包	93283680	92555218	87203929	86318354	678505	620405	134163	3326615
特级	27367497	27364663	25872818	25871171	129879	129844	1158	933464
一级	54707784	54262505	51581730	51102209	303233	265625	127269	1983868
二级	7889064	7714531	6828154	6692265	176270	159552	1925	270802
三级及以下	3319335	3213519	2921227	2652709	69123	65384	3811	138481
专业承包	6920878	6398350	6067442	5551095	49078	47150	2664	342753
一级	3864779	3369584	3399190	2927200	25977	25870	2337	170504
二级	1395985	1379494	1235666	1221223	11714	11182	82	84625
三级及以下	1660114	1649272	1432586	1402672	11387	10098	245	87624

3—7 续表 3　　（2017 年）　　计量单位：千元

指标名称	财务费用	利息收入	利息支出	营业利润	利润总额	应交所得税	应付职工薪酬（本年贷方累计发生额）
合　计	**450684**	**56125**	**274338**	**1787369**	**1817757**	**369985**	**4946903**
其中：国有及国有控股企业	359276	51317	241902	610117	647771	83793	2539090
按登记注册类型分组							
内资企业	450800	56125	274338	1770627	1805320	368119	4922781
国有企业	86002	5052	87608	-22738	-12351	15386	549902
集体企业	750			5145	5145	660	7434
有限责任公司	284663	46054	164922	1076918	1094599	199879	2763729
股份有限公司	1854	512	33	38814	40480	10446	44674
私营企业	77531	4507	21775	672488	677447	141748	1557042
其他企业							
港、澳、台商投资企业	-116			16742	12437	1866	24122
按国民经济行业分组							
房屋建筑业	154558	24051	37123	517591	521449	125866	2386449
土木工程建筑业	259210	17750	202712	664882	689487	159006	1861460
建筑安装业	26613	14379	30570	421083	427386	44029	464873
建筑装饰和其他建筑业	10303	-55	3933	183813	179435	41084	234121
按企业资质等级分组							
施工总承包	432282	55531	269198	1398474	1432023	288266	4471745
特级	130208	3671	69548	251547	251083	36558	997877
一级	236122	46536	177677	591280	632376	102664	2008740
二级	44149	3707	11025	422876	419000	128159	1111111
三级及以下	21803	1617	10948	132771	129564	20885	354017
专业承包	18402	594	5140	388895	385734	81719	475158
一级	11466	136	4531	233719	230145	54946	220868
二级	1663	56	431	43006	43612	9903	91278
三级及以下	5273	402	178	112170	111977	16870	163012

全市建筑业企业房屋建筑竣工面积情况

3—8　　　　（2017 年）　　　　计量单位：平方米

指标名称	房屋竣工面积	住宅房屋	商业及服务用房屋	商厦房屋（批发和零售用房）	宾馆用房屋（住宿用房）	餐饮用房屋（餐饮用房）	商务会展用房屋	其他商业及服务用房屋（居民服务业用房）
合　　计	**14937532**	**9969157**	**890242**	**325729**	**1200**			**563313**
其中：国有及国有控股	5365359	2229444	530776					530776
按登记注册类型分								
内资企业	14937532	9969157	890242	325729	1200			563313
国有企业	426828	252834	104651					104651
集体企业	133685	123550						
有限责任公司	10370601	6288928	695998	239569				456429
国有独资公司	3253308	1553625	399252					399252
其他有限责任公司	7117293	4735303	296746	239569				57177
股份有限公司	350825	224639						
私营企业	3655593	3079206	89593	86160	1200			2233
私营有限责任公司	3492783	2917285	89593	86160	1200			2233
私营股份有限公司	162810	161921						
港、澳、台商投资企业								
合资经营企业								
按行业分								
房屋建筑业	13649256	9307854	889742	325729	1200			562813
土木工程建筑业	607163	242470	500					500
建筑安装业	666680	404400						
建筑装饰和其他建筑业	14433	14433						
按资质等级分								
施工总承包	14441052	9532957	890242	325729	1200			563313
特级	4075679	1659992	426125					426125
一级	7391216	5283771	459096	324729				134367
二级	2281696	1998383	3733	1000				2733
三级及以下	692461	590811	1288		1200			88
专业承包	496480	436200						
一级	404400	404400						
二级	12000	12000						
三级及以下	80080	19800						

3—8 续表 1　　（2017 年）　　计量单位：平方米

指标名称	办公用房屋	科研、教育、医疗用房屋	科学研究用房屋	教育用房屋	医疗用房屋（卫生医疗用房）
合　计	**283846**	**996704**	**256983**	**547080**	**192641**
其中：国有及国有控股	31372	596249	183611	319164	93474
按登记注册类型分					
内资企业	283846	996704	256983	547080	192641
国有企业		7501		7501	
集体企业		10135		10135	
有限责任公司	164731	805210	198111	470012	137087
国有独资公司	10686	374669	80829	277103	16737
其他有限责任公司	154045	430541	117282	192909	120350
股份有限公司	3500	51529	42410	9119	
私营企业	115615	122329	16462	50313	55554
私营有限责任公司	115615	121573	16462	49557	55554
私营股份有限公司		756		756	
港、澳、台商投资企业					
合资经营企业					
按行业分					
房屋建筑业	253776	856704	186983	537080	132641
土木工程建筑业	30000	10000		10000	
建筑安装业	70	130000	70000		60000
建筑装饰和其他建筑业					
按资质等级分					
施工总承包	283776	996704	256983	547080	192641
特级	31372	325465	93621	198370	33474
一级	211148	572131	162264	265998	143869
二级	32083	71033		60813	10220
三级及以下	9173	28075	1098	21899	5078
专业承包	70				
一级					
二级					
三级及以下	70				

3—8 续表 2　　（2017 年）　　计量单位：平方米

指标名称	文化、体育和娱乐用房	厂房及建筑物	厂房	仓库	其他未列明的房屋建筑物
合　　计	**188092**	**1916305**	**1776220**	**30473**	**662713**
其中：国有及国有控股	129886	1608121	1581364		239511
按登记注册类型分					
内资企业	188092	1916305	1776220	30473	662713
国有企业		61842	61842		
集体企业					
有限责任公司	131065	1729788	1622498	16087	538794
国有独资公司	127420	701022	695465		86634
其他有限责任公司	3645	1028766	927033	16087	452160
股份有限公司		744	744		70413
私营企业	57027	123931	91136	14386	53506
私营有限责任公司	57027	123931	91136	14386	53373
私营股份有限公司					133
港、澳、台商投资企业					
合资经营企业					
按行业分					
房屋建筑业	188092	1618379	1551461	30473	504236
土木工程建筑业		205716	164759		118477
建筑安装业		92210	60000		40000
建筑装饰和其他建筑业					
按资质等级分					
施工总承包	188092	1878095	1750220	30473	640713
特级	129886	1459522	1459522		43317
一级	55427	291635	215082	16087	501921
二级	2600	98575	66853	13740	61549
三级及以下	179	28363	8763	646	33926
专业承包		38210	26000		22000
一级					
二级					
三级及以下		38210	26000		22000

全市建筑业企业房屋建筑竣工造价情况

3—9　　　　（2017 年）　　　　计量单位：千元

指标名称	房屋竣工价值	住宅房屋	商业及服务用房屋	商厦房屋（批发和零售用房）	宾馆用房屋（住宿用房）	其他商业及服务用房屋
合　计	**26661350**	**13100909**	**2207590**	**563873**	**1320**	**1642397**
其中：国有及国有控股	14242684	3388219	1579879			1579879
按登记注册类型分						
内资企业	26661350	13100909	2207590	563873	1320	1642397
国有企业	390573	129819	42709			42709
集体企业	173500	162432				
有限责任公司	21149011	8812214	1977994	380757		1597237
国有独资公司	9576255	2455910	1380250			1380250
其他有限责任公司	11572756	6356304	597744	380757		216987
股份有限公司	430287	263295				
私营企业	4517979	3733149	186887	183116	1320	2451
私营有限责任公司	4454365	3669783	186887	183116	1320	2451
私营股份有限公司	63614	63366				
港、澳、台商投资企业						
合资经营企业						
按行业分						
房屋建筑业	24811802	12412077	2201936	563873	1320	1636743
土木工程建筑业	1544928	593812	5654			5654
建筑安装业	294300	84700				
建筑装饰和其他建筑业	10320	10320				
按资质等级分						
施工总承包	26524850	12992009	2207590	563873	1320	1642397
特级	11051860	2496250	1537170			1537170
一级	11717175	7263367	659731	562873		96858
二级	3042914	2647563	9105	1000		8105
三级及以下	712901	584829	1584		1320	264
专业承包	136500	108900				
一级	84700	84700				
二级	4200	4200				
三级及以下	47600	20000				

3—9 续表 1　　　　（2017 年）　　　　计量单位：千元

指标名称	办公用房屋	科研、教育、医疗用房屋	科学研究用房屋	教育用房屋	医疗用房屋（卫生医疗用房）
合　计	**793558**	**2314879**	**599244**	1343369	**372266**
其中：国有及国有控股	231720	1685917	475584	958115	252218
按登记注册类型分					
内资企业	793558	2314879	599244	1343369	372266
国有企业		5849		5849	
集体企业		11068		11068	
有限责任公司	607142	2081927	503438	1237520	340969
国有独资公司	105860	1154394	265412	777873	111109
其他有限责任公司	501282	927533	238026	459647	229860
股份有限公司	4550	89637	78406	11231	
私营企业	181866	126398	17400	77701	31297
私营有限责任公司	181866	126198	17400	77501	31297
私营股份有限公司		200		200	
港、澳、台商投资企业					
合资经营企业					
按行业分					
房屋建筑业	749506	2219637	539244	1338127	342266
土木工程建筑业	44000	5242		5242	
建筑安装业	52	90000	60000		30000
建筑装饰和其他建筑业					
按资质等级分					
施工总承包	793506	2314879	599244	1343369	372266
特级	231720	1245918	359934	663766	222218
一级	488793	932351	237261	570625	124465
二级	61018	104166		88900	15266
三级及以下	11975	32444	2049	20078	10317
专业承包	52				
一级					
二级					
三级及以下	52				

3—9 续表 2　　　　（2017 年）　　　　计量单位：千元

指标名称	文化、体育和娱乐用房	厂房及建筑物	厂房	仓库	其他未列明的房屋建筑物
合　　计	**593996**	**4798137**	**4628412**	**35055**	**2817226**
其中：国有及国有控股	511240	4311059	4298318		2534650
按登记注册类型分					
内资企业	593996	4798137	4628412	35055	2817226
国有企业		212196	212196		
集体企业					
有限责任公司	513275	4445290	4320377	16322	2694847
国有独资公司	507720	2005241	2003561		1966880
其他有限责任公司	5555	2440049	2316816	16322	727967
股份有限公司		552	552		72253
私营企业	80721	140099	95287	18733	50126
私营有限责任公司	80721	140099	95287	18733	50078
私营股份有限公司					48
港、澳、台商投资企业					
合资经营企业					
按行业分					
房屋建筑业	593996	4352239	4267462	35055	2247356
土木工程建筑业		386350	320950		509870
建筑安装业		59548	40000		60000
建筑装饰和其他建筑业					
按资质等级分					
施工总承包	593996	4783589	4623412	35055	2804226
特级	511240	4046122	4046122		983440
一级	79801	556337	453975	16322	1720473
二级	2420	130404	97025	17660	70578
三级及以下	535	50726	26290	1073	29735
专业承包		14548	5000		13000
一级					
二级					
三级及以下		14548	5000		13000

分县（市、区）建筑业企业主要指标情况

3—10　　（2017 年）　　计量单位：个、千元

行政单位	企业个数	签订的建筑合同额	建筑业总产值	装饰装修产　值	在外省完成的产值	竣工产值
石家庄市	**328**	**258018728**	**123922288**	**5063904**	**51431640**	**62000912**
市　区	232	245467353	116113028	4871650	51319269	58126451
#长安区	39	68000967	25878372	610981	12844312	6764736
桥西区	43	52494555	29722604	1598639	7980822	23146632
新华区	45	75177688	39446880	2261659	20010833	15629123
裕华区	21	23443144	9512183	310777	3151776	2522738
矿　区	2	15317	47067			
藁城区	4	1000098	256810			95848
鹿泉区	37	19636965	8071924	78184	6341420	7988175
栾城区	12	1113180	532590	10600		327999
高新区	26	3715487	2116660	810	990106	1337918
循环化工园区	3	869952	527938			313282
井陉县	9	341794	354452	46688	31892	300007
正定县	11	3173068	1678484			724745
行唐县	1	195080	163560	56800		34970
灵寿县	3	391293	529780			174052
高邑县	3	220497	161664			120262
深泽县	7	868537	581614			496889
赞皇县	8	1161702	504232	38226		1685
无极县	4	387422	355263			224753
平山县	8	612462	361796		78011	56710
元氏县	3	278233	314233			191000
赵　县	6	777870	464717			336488
晋州市	18	2873417	1390394	50540		681759
新乐市	4	643150	620000			204000
辛集市	11	626850	329071		2468	327141

3—10 续表 1　　（2017 年）　　计量单位：个、千元、人

行政单位	计算建筑业劳动生产率的平均人数	年末从业人员数（合计）	房屋建筑竣工价值	所有者权益合计	其中：实收资本	营业收入
石家庄市	**144536**	**141929**	**26661350**	**23314118**	**14374387**	**100204558**
市　区	99975	96767	23509523	19931941	12189261	92317650
# 长安区	23421	22193	3484257	2578510	2297069	21533295
桥西区	24646	24022	7056776	6889910	4062010	22382578
新华区	20238	20926	10982692	4407037	2473411	29371487
裕华区	12366	11535	578469	2240150	1071873	8236496
矿　区	240	237		16319	12859	64372
藁城区	2061	1804	7216	177527	121199	316836
鹿泉区	7011	6966	564070	1436733	1045614	6289100
栾城区	3065	3063	160331	234054	147080	525969
高新区	3882	3883	452830	1501317	797546	3073292
循环化工园区	3045	2138	222882	450384	160600	524225
井陉县	1372	1257	175572	260833	133846	348314
正定县	7568	7152	632283	654620	427240	2117660
行唐县	210	200	34970	92960	36000	163560
灵寿县	1608	1356	173500	156004	16000	428172
高邑县	1235	1265	120262	75128	62045	161664
深泽县	6148	6767	417491	306194	256880	601668
赞皇县	3786	3768		156685	117960	472677
无极县	2705	2593	180772	111141	55200	330237
平山县	1853	3713	56360	160817	57500	426564
元氏县	1350	1276	172200	92471	37605	158005
赵　县	2049	1575	336488	228785	198079	424848
晋州市	10747	10872	398778	59980	56900	138144
新乐市	1800	1540	138110	436064	368657	753189
辛集市	2130	1828	315041	590495	361214	1362206

3—10 续表 2　　（2017 年）　　计量单位：千元

行政单位	营业成本	营业税金及附加	管理费用	财务费用	营业利润	利润总额
石家庄市	**93271371**	**727583**	**3669368**	**450684**	**1787369**	**1817757**
市　区	86290522	578561	3461811	410387	1435770	1465294
#长安区	20256366	106457	891276	75195	162452	185240
桥西区	20479249	134298	1153536	122527	459144	459867
新华区	27964022	134622	627351	71017	379437	379921
裕华区	7642005	54881	303252	50688	164062	173191
矿　区	54977	82	9448	540	-394	40
藁城区	285457	10703	6227	79	13585	12035
鹿泉区	5747140	32081	283966	75671	106518	106651
栾城区	444320	37742	18889	120	19936	19965
高新区	2987990	57431	151570	11502	69114	66468
循环化工园区	428996	10264	16296	3048	61916	61916
井陉县	297587	7199	27240	284	15620	15687
正定县	1956332	17520	34693	5058	97470	97398
行唐县	0	20445	930	510	9814	9814
灵寿县	395045	18233	3959	750	5145	5145
高邑县	153874	2558	2218	935	1731	1731
深泽县	525937	14219	20621	3458	33903	33621
赞皇县	417497	8273	8217	11302	18421	18421
无极县	307286	5321	4932	823	19127	19125
平山县	348584	11769	11890	623	53679	53644
元氏县	142374	2655	6669	933	5034	4714
赵　县	376096	5950	7072	2066	30558	29634
晋州市	114277	5786	5832	3140	5354	7324
新乐市	691002	17325	9821	2251	31354	31333
辛集市	1254958	11769	63463	8164	24389	24872

四、能源消费

全市规模以上工业企业能源购进、消费及库存

4—1 （2017 年）

能源名称	计量单位	年初库存	购进量		消费量			年末库存
			实物量	其中：购自省外	合 计	1. 工业生产消费	2. 非工业生产消费	
能源合计	**吨标准煤**				**47885109**	**47766627**	**118481**	
焦炉煤气	万立方米		34521		40562	40562		
高炉煤气	万立方米				2188946	2188946		
转炉煤气	万立方米				177933	177933		
发生炉煤气	万立方米		8352		8352	8352		
天然气	万立方米	13	57298		57356	56877	479	7
液化天然气	吨		20701		20660	20559	101	40
原油	吨	567498	4670878	4519126	4770317	4770317		468059
汽油	吨	31392	95647	39311	95470	85974	9497	19025
煤油	吨	6344	1399	1090	1469	1469	1	5034
柴油	吨	53251	69196	127	69775	61598	8177	21431
燃料油	吨	140	23469		23469	23469		140
液化石油气	吨		596		629	598	31	
炼厂干气	吨				186812	186812		
石脑油	吨		397		397	397		
润滑油	吨	36	30377		30299	30297	2	115
石蜡	吨		89	89	89	89		
石油焦	吨		1600		1600	1600		
石油沥青	吨	210	1260		1300	1300		170
其它石油制品	吨		113374	79522	676228	676228		
热力	百万千焦		23496607		27830199	27551247	278952	
电力	万千瓦时		2618338		3212188	3189203	22985	
煤矸石（用于燃料）	吨		1256	1256	1256	1256		
城市生活垃圾(用于燃料)	吨		368947		368947	368947		
生物燃料	吨标准煤	370	304787	414	293514	293373	141	1
余热余压	百万千焦		1468808		6543329	6465239	78090	
工业废料(用于燃料)	吨				9815	9815		
其他燃料	吨标准煤	22	1827		1811	1811		26

注：全市规模以上能耗数据包含辛集市。

市区规模以上工业企业能源购进、消费及库存

4—2　　（2017 年）

能源名称	计量单位	年初库存	购进量		消费量			年末库存
			实物量	其中：购自省外	合 计	1. 工业生产消费	2. 非工业生产消费	
能源合计	**吨标准煤**				**23502113**	**23459079**	**43034**	
焦炉煤气	万立方米		23407		29448	29448		
高炉煤气	万立方米				255817	255817		
转炉煤气	万立方米				16307	16307		
天然气	万立方米		18708		18707	18342	365	5
液化天然气	吨		503		499	486	13	
原油	吨	567498	4670811	4519126	4770250	4770250		468059
汽油	吨	30498	12051	10	11714	5994	5720	17950
煤油	吨	6344	1119	1090	1190	1189	1	5034
柴油	吨	50362	9622	10	9867	8216	1651	18825
燃料油	吨	140						140
液化石油气	吨		164		197	195	2	
炼厂干气	吨				186812	186812		
润滑油	吨	36	111		33	31	2	115
石油焦	吨		1600		1600	1600		
其它石油制品	吨		107876	79522	670730	670730		
热力	百万千焦		17055231		21615828	21384425	231403	
电力	万千瓦时		1149661		1324169	1310454	13714	
城市生活垃圾（用于燃料）	吨		368947		368947	368947		
生物燃料	吨标准煤	267	28174	414	28713	28713		1
余热余压	百万千焦		888516		4911196	4911196		
其他燃料	吨标准煤	20	888		875	875		24

全市规模以上工业企业综合能源消费量

4—3 （2017 年）

行业名称	综合能源消费量（吨标准煤）	
	本年	去年同期
总　　计	**25525553**	**26884923**
煤炭开采和洗选业	25870	172853
黑色金属矿采选业	6304	20281
非金属矿采选业	2118	2478
农副食品加工业	320284	352826
食品制造业	152748	166929
酒、饮料和精制茶制造业	72468	75208
烟草制品业	7045	6760
纺织业	447172	517944
纺织服装、服饰业	102262	104473
皮革、毛皮、羽毛及其制品和制鞋业	236913	207065
木材加工和木、竹、藤、棕、草制品业	159804	189452
家具制造业	35685	57708
造纸和纸制品业	146041	140511
印刷和记录媒介复制业	50658	49876
文教、工美、体育和娱乐用品制造业	15659	17338
石油加工、炼焦和核燃料加工业	1375029	1607655
化学原料和化学制品制造业	3089379	3620357
医药制造业	697810	704973
化学纤维制造业	191343	168436
橡胶和塑料制品业	258749	261389
非金属矿物制品业	2156999	2165452
黑色金属冶炼和压延加工业	7049360	7263772
有色金属冶炼和压延加工业	18066	18474
金属制品业	192906	203959
通用设备制造业	116367	147369
专用设备制造业	137160	144101
汽车制造业	48117	51791
铁路、船舶、航空航天和其他运输设备制造业	21256	20703
电气机械和器材制造业	87906	88418
计算机、通信和其他电子设备制造业	36352	39778
仪器仪表制造业	3354	3314
其他制造业	6410	20001
废弃资源综合利用业	4815	6355
金属制品、机械和设备修理业	3599	4143
电力、热力生产和供应业	8234961	8246869
燃气生产和供应业	699	612
水的生产和供应业	13890	15298

注：全市规模以上能耗数据包含辛集市。

全市行业用电分类情况

4—4　　（2017 年）　　计量单位：万千瓦时

指标名称	全 市	# 市 区
全社会用电总计	**4681026**	**2416759**
A、全行业用电合计	4013131	2083659
第一产业	133783	27220
第二产业	2921768	1355846
第三产业	957579	700592
B、城乡居民生活用电合计	667895	333100
城镇居民	270688	226647
乡村居民	397206	106452
全行业用电分类	4013131	2083659
一、农、林、牧、渔业	133783	27220
1. 农业	14979	3456
2. 林业	728	421
3. 畜牧业	16167	3907
4. 渔业	309	223
5. 农、林、牧、渔服务业	101600	19213
其中：排灌	96551	17535
二、工业	2860549	1322537
轻工业	756377	298452
重工业	2104176	1024089
（一）采矿业	35961	10696
1. 煤炭开采和洗选业	13724	9576
2. 石油和天然气开采业	4911	794
3. 黑色金属矿采选业	3398	
4. 有色金属矿采选业	2470	7
5. 非金属矿采选业	8154	261
6. 其他采矿业	3302	56
（二）制造业	2131504	778815
1. 食品、饮料和烟草制造业	96195	42947
其中：农副食品加工业	59943	19288
2. 纺织业	198273	32181
3. 服装鞋帽、皮革羽绒及其制品业	45341	8494
4. 木材加工及制品和家具制品业	40489	18839
其中：轻工业	10406	2725

4—4 续表 1 （2017 年） 计量单位：万千瓦时

指标名称	全 市	# 市 区
5. 造纸及纸制品业	53476	8862
6. 印刷业和记录媒介的复制	6923	4035
7. 文体用品制造业	222	148
8. 石油加工、炼焦及核燃料加工业	75304	55240
9. 化学原料及化学制品制造业	427479	99122
其中：轻工业	14120	4505
其中：氯碱	27193	27193
电石		
黄磷		
其中：肥料制造	158035	19806
10. 医药制造业	162969	142980
11. 化学纤维制造业	27568	18358
12. 橡胶和塑料制品业	81860	22448
其中：轻工业	25402	7333
13. 非金属矿物制品业	295024	75721
其中：轻工业	72091	1476
其中：水泥制造	83940	62977
14. 黑色金属冶炼及压延加工业	319051	104056
其中：铁合金冶炼	3212	1817
15. 有色金属冶炼及压延加工业	17274	8267
其中：铝冶炼	2723	2615
16. 金属制品业	152864	57171
其中：轻工业	4936	1863
17. 通用及专用设备制造业	50588	26062
其中：轻工业	808	802
18. 交通运输、电气、电子设备制造业	62582	48000
其中：轻工业	13318	9463
其中：交通运输设备制造业	11187	8261
19. 工艺品及其他制造业	15447	4978
20. 废弃资源和废旧材料回收加工业	2581	912
（三）电力、燃气及水的生产和供应业	693087	533029
1. 电力、热力的生产和供应业	647945	503829
其中：电厂生产全部耗用电量	394265	376158

4—4 续表 2　　（2017 年）　　计量单位：万千瓦时

指标名称	全 市	# 市 区
线路损失电量	239040	114283
抽水蓄能抽水耗用电量	1974	1832
2. 燃气生产和供应业	6416	2864
3. 水的生产和供应业	38726	26336
其中：轻工业	8890	7310
三、建筑业	61218	33308
四、交通运输、仓储和邮政业	193443	170405
1. 交通运输业	168202	158722
其中：城市公共交通	17895	17183
管道运输业	27526	27474
电气化铁路	74232	74039
2. 仓储业	23479	10354
3. 邮政业	1759	1326
五、信息传输、计算机服务和软件业	45401	30466
1. 电信和其他信息传输服务业	43886	29352
2. 计算机服务和软件业	1514	1113
六、商业、住宿和餐饮业	272381	164631
1. 批发和零售业	234834	137409
2. 住宿和餐饮业	37547	27222
七、金融、房地产、商务及居民服务业	215649	177340
1. 金融业	12918	10198
2. 房地产业	110525	101173
3. 租赁和商务服务业、居民服务和其它服务业	92207	65970
八、公共事业及管理组织	230707	157752
1. 科学研究、技术服务和地质勘查业	11897	10689
其中：地质勘查业	473	440
2. 水利、环境和公共设施管理业	48212	25354
其中：水利管理业	13998	5079
其中：公共照明业	30912	19242
3. 教育、文化、体育和娱乐业	85107	59371
其中：教育	71304	47638
4. 卫生、社会保障和社会福利业	39195	28533
5. 公共管理和社会组织、国际组织	46295	33804

分县（市、区）用电情况

4—5　　（2017 年）　　计量单位：万千瓦时

行政单位	2009 年	2010 年	2011 年	2012 年	2013 年
石家庄市	**3404834**	**3835366**	**4132762**	**4355525.0**	**4485240.0**
市　区	1270267	1316611	1387842	1412249	1463933
藁城区	222530	263335	286905	298640	312761
鹿泉区	255410	278379	271930	289282	282133
栾城区	107413	118557	132874	137601	135814
井陉县	47727	93754	107666	103326	97617
正定县	155718	182648	195842	207867	210870
行唐县	36337	46003	50135	47218	51788
灵寿县	83262	90719	104491	118538	146412
高邑县	67192	78420	91400	94981	99450
深泽县	49014	55656	60933	60597	61532
赞皇县	53910	72672	80274	77551	91923
无极县	70039	86889	99095	104441	109495
平山县	226256	268878	304127	380828	384507
元氏县	120923	137451	146479	157845	163234
赵　县	98862	123154	139105	142643	136028
晋州市	220207	238508	255629	248267	250357
新乐市	88362	94954	111089	138541	135817
辛集市	231405	288778	306946	335110	351571

分县（市、区）用电情况

4—5　　（2017 年）　　计量单位：万千瓦时

行政单位	2014 年	2015 年	2016 年	2017 年
石家庄市	**4496414**	**4431195**	**4521861**	**4681026**
市　区	2196894	2193131	2278894	2416759
井 陉 县	102878	103700	109319	99455
正 定 县	222725	226105	241685	230335
行 唐 县	60057	60301	65371	74269
灵 寿 县	151570	150757	137314	138343
高 邑 县	117942	113029	116082	102012
深 泽 县	68629	71527	72648	67766
赞 皇 县	114171	105724	115235	109673
无 极 县	117293	124671	134976	130123
平 山 县	346443	296056	259443	278469
元 氏 县	156436	151259	157669	173915
赵　县	149624	158177	161687	171666
晋 州 市	260742	254879	250715	270210
新 乐 市	145948	147962	151541	153512
辛 集 市	285062	273915	269281	264519

五、财政　金融

财政收入情况

5—1　　　　（2017 年）　　　　计量单位：万元

行政单位	全部财政收入	# 公共财政预算收入	# 增值税	营业税
石家庄市	**9473470**	**4608886**	**1153369**	**1645**
市　区	475143	735422	16955	
# 长安区	1208497	486104	150317	1375
桥西区	1629247	630011	182499	361
新华区	686699	272165	86924	28
裕华区	755591	310061	110338	-146
矿　区	60715	31252	14098	7
藁城区	685349	244306	61583	-34
鹿泉区	414154	230078	62285	86
栾城区	209961	117618	32388	43
高新区	637502	298047	99020	654
循环化工园区	827789	121396	62128	-1
井陉县	118738	62702	23654	-67
正定县	344948	222061	34986	-182
行唐县	72075	46464	8334	-48
灵寿县	60216	40861	8339	-36
高邑县	62463	48012	6737	
深泽县	58188	42307	6217	422
赞皇县	65129	35030	11753	33
无极县	100426	60270	15049	-104
平山县	244886	123173	49886	
元氏县	144476	76180	22143	-66
赵　县	95369	59359	13298	-118
晋州市	129349	91150	14755	46
新乐市	118715	78677	15992	4
辛集市	267845	146180	43691	-612

5—1 续表　　（2017 年）　　计量单位：万元

行政单位	公共财政预算收入中：				
	企业所得税	个人所得税	城市维护建设税	耕地占用税	契税
石家庄市	**295265**	**146290**	**260497**	**115407**	**376945**
市　区	354	281	6419		261455
#长安区	46729	26531	31167	144	
桥西区	88266	35231	50763	700	
新华区	17333	26344	18881		
裕华区	33122	18020	21658		
矿　区	538	320	2801	1776	1986
藁城区	12467	3802	26884	4742	9765
鹿泉区	13153	5540	12499	5905	19827
栾城区	6936	1654	6275	9436	8512
高新区	26009	12565	21899	1897	
循环化工园区	1270	902	24632	115	407
井陉县	2068	1117	3409	2391	2688
正定县	12470	3188	5248	7519	33187
行唐县	2253	436	588	12198	840
灵寿县	673	338	853	2410	936
高邑县	303	259	902	11553	1470
深泽县	728	231	619	6632	599
赞皇县	1649	299	867	4258	1275
无极县	2775	452	1558	12296	2905
平山县	5485	2585	6330	735	2349
元氏县	5749	1689	3081	2769	4220
赵　县	2218	680	2103	6998	1312
晋州市	2109	747	2714	12755	2961
新乐市	2002	887	2078	6830	4614
辛集市	8606	2192	6269	1348	15637

财政支出情况

5—2 （2017 年） 计量单位：万元

行政单位	财政支出	#一般公共服务	公共安全	教 育	科学技术
石家庄市	**8067284**	**836938**	**505753**	**1676709**	**100610**
市　区	2113382	142939	256752	245077	25558
#长安区	305929	34616	9076	128076	2104
桥西区	369561	84409	6738	115674	1886
新华区	249992	81354	10227	81378	1795
裕华区	164906	32137	4691	65552	2840
矿　区	79200	13886	5279	15648	657
藁城区	485338	42013	18999	111209	3856
鹿泉区	404908	33264	22844	96910	12070
栾城区	229409	18811	10091	64165	3329
高新区	256841	32040	9501	19417	17153
循环化工园区	136176	5885	4952	5252	1713
井 陉 县	182483	14221	9488	41882	1002
正 定 县	347875	34187	15937	77536	1685
行 唐 县	250288	20094	7518	52949	6206
灵 寿 县	204137	12330	8932	39800	828
高 邑 县	137341	12386	5987	28160	730
深 泽 县	134307	10284	5528	24955	1295
赞 皇 县	166418	14335	8710	34128	565
无 极 县	224242	28574	10453	48623	1287
平 山 县	320390	26596	10919	70489	672
元 氏 县	190675	20537	9575	55998	835
赵　县	227121	17506	10190	52952	592
晋 州 市	250814	29463	13688	62693	2809
新 乐 市	228992	21535	11301	47175	4948
辛 集 市	406559	53536	18377	91011	4195

5—2 续表　　　　（2017 年）　　　　计量单位：万元

行政单位	财政支出中:				
	文化体育与传媒	社会保障和就业	医疗卫生	城乡社区事务	农林水事务
石家庄市	**100814**	**880658**	**780088**	**631656**	**755964**
市　区	46079	169219	197761	258998	67449
#长安区	759	36586	22002	49338	5186
桥西区	1180	43329	20003	33120	1029
新华区	891	22927	10303	22654	1876
裕华区	830	12473	15543	18943	1110
矿　区	1100	5546	3485	10889	5744
藁城区	21	31299	3276	26028	396
鹿泉区	2757	29157	29525	20159	71205
栾城区	2729	24895	23507	2911	23623
高新区	1087	9172	6459	44071	3602
循环化工园区	21	31299	3276	26028	396
井陉县	1938	18731	20600	7349	36245
正定县	11608	34608	30898	18406	32815
行唐县	2450	30470	32445	5502	69685
灵寿县	2245	30790	26960	3365	49535
高邑县	577	18408	17738	11353	16927
深泽县	768	18953	19314	8460	25041
赞皇县	1310	16901	19373	5528	38390
无极县	1898	37357	37224	6768	16329
平山县	5119	44108	20339	15078	62851
元氏县	1136	16604	22067	6127	37529
赵　县	3181	31222	44170	4849	38934
晋州市	2444	30579	31000	7207	29114
新乐市	2224	29906	35227	13442	33050
辛集市	3837	79596	42866	12914	43406

全市金融机构本外币信贷收支情况

5—3　　　　（2017 年）　　　　计量单位：万元

指标名称	本年余额	比年初	
		本年	去年
一、各项存款	118089377	5798638	13553386
（一）境内存款	118045312	5778127	13552190
1. 住户存款	56851263	2874467	4985718
（1）活期存款	18777008	704845	2740521
（2）定期及其他存款	38074255	2169622	2245197
2. 非金融企业存款	36391331	3791176	4050587
（1）活期存款	13180576	856218	2979730
（2）定期及其他存款	23210754	2934959	1070857
3. 广义政府存款	21712728	344818	3531809
（1）财政性存款	1346267	-689676	714805
（2）机关团体存款	20366461	1034493	2817004
4. 非银行业金融机构存款	3089990	-1232334	984075
（二）境外存款	44065	20512	1196
二、金融债券	250000	200000	50000
其中：境外发行			
三、卖出回购资产	423633	146481	108337
四、借款及非银行业金融机构拆入	165972	99537	64591
五、联行往来（净）			
六、应付及暂收款	2458534	175737	5103
七、各项准备	2093788	394096	268794
八、所有者权益	5047002	1986546	410624
其中：实收资本	2481895	874873	348031
九、其他	549622	1708932	7755960
资金运用总计	**129077928**	**10509969**	**22216795**

5—3 续表　　　　（2017 年）　　　　计量单位：万元

指标名称	本年余额	比年初	
		本年	去年
一、各项贷款	90200145	17832857	10511866
（一）境内贷款	90104722	17738147	10511417
1. 住户贷款	29200150	7181627	4882560
（1）短期贷款	5228066	782031	-401197
消费贷款	1786816	812708	-97432
经营贷款	3441250	-30677	-303766
（2）中长期贷款	23972085	6399597	5283758
消费贷款	21026358	5687617	5098185
经营贷款	2945727	711980	185573
2. 非金融企业及机关团体贷款	60904572	10556520	5628857
（1）短期贷款	20132960	4087510	-334122
（2）中长期贷款	31822681	5838830	3472428
（3）票据融资	4716840	-929592	1357094
（4）融资租赁	4091915	1614837	1179342
（5）各项垫款	140176	-55065	-45885
3. 非银行业金融机构贷款			
（二）境外贷款	95423	94710	449
二、债券投资	2384303	-1025155	1471141
其中：境外债券			
三、股权及其他投资	2259261	240714	-195460
四、买入返售资产		-16868	-360632
五、存放非银行业金融机构款项	51117	48417	2048
六、联行往来（净）	31779337	-7119524	10149683
其中：境内存放二级准备金	3536791	358386	1215877
七、金银占款			
八、外汇买卖			
九、应收及预付款	1535083	570768	520851
十、投资性房地产	5042	-67	-68
十一、固定资产	863640	-21173	117366
资金运用总计	**129077928**	**10509969**	**22216795**

全市金融机构人民币信贷收支情况

5—4　　　　（2017 年）　　　　计量单位：万元

指标名称	本年余额	比年初	
		本年	去年
一、各项存款	117029683	6250682	12777518
（一）境内存款	117012304	6250079	12776524
1. 住户存款	56416176	2932522	4792706
（1）活期存款	18542715	750483	2627240
（2）定期及其他存款	37873461	2182039	2165466
2. 非金融企业存款	35831133	3799529	3860118
（1）活期存款	12785590	921209	2679177
（2）定期及其他存款	23045543	2878320	1180940
3. 广义政府存款	21679548	674622	3209677
（1）财政性存款	1346267	-689676	714805
（2）机关团体存款	20333281	1364298	2494872
4. 非银行业金融机构存款	3085448	-1156594	914024
（二）境外存款	17378	603	993
二、金融债券	250000	200000	50000
其中：境外发行			
三、卖出回购资产	423633	146481	108337
四、借款及非银行业金融机构拆入	165431	99562	65000
五、联行往来（净）			
六、应付及暂收款	2452862	173511	3594
七、各项准备	2081765	394629	264699
八、所有者权益	5032812	1936466	448500
其中：实收资本	2477635	875136	347742
九、其他	516192	1812426	7644699
资金来源总计	**127952377**	**11013755**	**21362345**

5—4 续表 （2017 年） 计量单位：万元

指标名称	本年余额	比年初	
		本年	去年
一、各项贷款	89249839	17490940	10547856
（一）境内贷款	89186270	17428085	10547407
1. 住户贷款	29198708	7182091	4883590
（1）短期贷款	5226679	782441	-400242
消费贷款	1785430	813118	-96476
经营贷款	3441250	-30677	-303766
（2）中长期贷款	23972029	6399650	5283832
消费贷款	21026301	5687670	5098259
经营贷款	2945727	711980	185573
2. 非金融企业及机关团体贷款	59987563	10245994	5663817
（1）短期贷款	19963742	4008635	-291278
（2）中长期贷款	31074890	5601004	3440595
（3）票据融资	4716840	-929592	1357094
（4）融资租赁	4091915	1614837	1179342
（5）各项垫款	140176	-48890	-21936
3. 非银行业金融机构贷款			
（二）境外贷款	63569	62855	449
二、债券投资	2384303	-1025155	1471141
其中：境外债券			
三、股权及其他投资	2259262	240714	-195460
四、买入返售资产		-16868	-360632
五、存放非银行业金融机构款项	50506	48407	2098
六、联行往来（净）	31623787	-6267834	9268301
其中：境内存放二级准备金	3527085	369778	1200549
七、金银占款			
八、外汇买卖			
九、应收及预付款	1515999	564792	511743
十、投资性房地产	5042	-67	-68
十一、固定资产	863640	-21173	117366
资金运用总计	**127952377**	**11013755**	**21362345**

市区金融机构人民币信贷收支情况

5—5　　　　（2017 年）　　　　计量单位：万元

指标名称	本年余额	指 标 名 称	本年余额
一、各项存款	88079822	一、各项贷款	76364405
（一）境内存款	88064063	（一）境内贷款	76300844
1. 住户存款	34185661	1. 住户贷款	23660334
（1）活期存款	12310704	（1）短期贷款	3352643
（2）定期及其他存款	21874958	消费贷款	1495157
2. 非金融企业存款	33218583	经营贷款	1857486
（1）活期存款	10955431	（2）中长期贷款	20307691
（2）定期及其他存款	22263152	消费贷款	18203887
3. 广义政府存款	17583820	经营贷款	2103804
（1）财政性存款	855698	2. 非金融企业及机关团体贷款	52640510
（2）机关团体存款	16728122	（1）短期贷款	17192460
4. 非银行业金融机构存款	3075998	（2）中长期贷款	28499415
（二）境外存款	15760	（3）票据融资	2724297
二、金融债券	250000	（4）融资租赁	4091915
其中：境外发行		（5）各项垫款	132425
三、卖出回购资产	417639	3. 非银行业金融机构贷款	
四、借款及非银行业金融机构拆入	164562	（二）境外贷款	63561
五、联行往来（净）		二、债券投资	1015265
六、应付及暂收款	1847091	其中：境外债券	
七、各项准备	1637636	三、股权及其他投资	1345695
八、所有者权益	3979728	四、买入返售资产	
其中：实收资本	2021201	五、存放非银行业金融机构款项	50456
九、其他	3836252	六、联行往来（净）	19331208
		其中：境内存放二级准备金	3054265
		七、金银占款	
		八、外汇买卖	
		九、应收及预付款	1412556
		十、投资性房地产	5042
		十一、固定资产	688105
资金来源总计	**100212731**	**资金运用总计**	**100212731**

全市金融机构外汇信贷收支情况

5—6　　（2017 年）　　计量单位：万美元

指标名称	本年余额	比年初	
		本年	去年
一、各项存款	162177	-55747	104602
（一）境内存款	158092	-58854	104637
1. 住户存款	66586	-4503	24869
（1）活期存款	35856	-4497	14690
（2）定期及其他存款	30730	-6	10180
2. 非金融企业存款	85733	3774	23736
（1）活期存款	60449	-5859	41757
（2）定期及其他存款	25284	9633	-18021
3. 广义政府存款	5078	-47248	46035
（1）财政性存款			
（2）机关团体存款	5078	-47248	46035
4. 非银行业金融机构存款	695	-10878	9998
（二）境外存款	4084	3107	-36
二、金融债券			
其中：境外发行			
三、卖出回购资产			
四、借款及非银行业金融机构拆入	83	1	-69
五、联行往来（净）			
六、应付及暂收款	868	371	199
七、外汇买卖 1	1840	30	507
八、各项准备	2172	7345	-5483
九、所有者权益	652		
其中：实收资本	5116	-14622	15786
十、其他			
资金来源总计	**172255**	**-62621**	**115542**

5—6 续表　　（2017 年）　　计量单位：万美元

指标名称	本年余额	比年初	
		本年	去年
一、各项贷款	145436	57734	-11531
（一）境内贷款	140561	52859	-11531
1. 住户贷款	221	-54	-177
（1）短期贷款	212	-47	-165
消费贷款	212	-47	-165
经营贷款			
（2）中长期贷款	9	-7	-13
消费贷款	9	-7	-13
经营贷款			
2. 非金融企业及机关团体贷款	140340	52913	-11354
（1）短期贷款	25897	12874	-7487
（2）中长期贷款	114443	40929	-118
（3）票据融资			
（4）融资租赁			
（5）各项垫款		-890	-3749
3. 非银行业金融机构贷款			
（二）境外贷款	4875	4875	
二、债券投资			
其中：境外债券			
三、股权及其他投资			
四、买入返售资产			
五、存放非银行业金融机构款项	94	7	-14
六、联行往来（净）	23805	-121393	125813
其中：境内存放二级准备金	1485	-1556	2153
七、应收及预付款	2921	1031	1274
八、投资性房地产			
九、固定资产			
资金运用总计	**172255**	**-62621**	**115542**

分县（市、区）金融机构人民币信贷情况

5—7　　　　（2017 年）　　　　计量单位：万元

行政单位	各项存款	#境内存款	#住户存款	（一）活期存款	（二）定期及其他存款
石家庄市	**117029683**	**117012304**	**56416176**	**18542715**	**37873461**
市　区	88079822	88064063	34185661	12310704	21874958
井 陉 县	1623466	1623430	1237962	328825	909137
正 定 县	5024567	5024237	3254139	928932	2325207
行 唐 县	1730061	1730054	1329066	331773	997292
灵 寿 县	1365156	1365155	1069160	340413	728747
高 邑 县	810717	810700	663166	191710	471456
深 泽 县	1235802	1235802	1036393	218124	818268
赞 皇 县	1068860	1068827	734844	244940	489904
无 极 县	1960881	1960809	1644484	506376	1138108
平 山 县	2243018	2242988	1677793	445168	1232624
元 氏 县	1865704	1865561	1394497	363202	1031295
赵　县	1620594	1620587	1340761	363913	976847
晋 州 市	2634639	2634578	2261616	563408	1698208
新 乐 市	1806677	1806547	1436781	560765	876016
辛 集 市	3959718	3958968	3149854	844461	2305393

5—7 续表 1　　（2017 年）　　计量单位：万元

行政单位	各项存款中：境内存款中：# 非金融企业存款	活期存款	定期及其他存款	# 广义政府存款	# 非银行业金融机构存款
石家庄市	**35831133**	**12785590**	**23045543**	**21679548**	**3085448**
市　区	33218583	10955431	22263152	17583820	3075998
井陉县	136508	109739	26770	246955	2004
正定县	633621	466371	167250	1136420	57
行唐县	89301	66592	22709	311688	
灵寿县	133221	82288	50933	159774	3000
高邑县	71166	48347	22819	76277	91
深泽县	76684	54783	21901	122726	
赞皇县	90213	88149	2064	243771	
无极县	134060	99177	34883	182211	54
平山县	226584	167636	58948	338609	2
元氏县	272979	209399	63579	198086	
赵　县	103339	69855	33484	172252	4235
晋州市	155264	84442	70822	217695	3
新乐市	112672	52599	60073	257093	1
辛集市	376940	230783	146156	432172	3

5—7 续表 2　　（2017 年）　　计量单位：万元

行政单位	各项贷款	#境内贷款	#住户贷款	（一）短期贷款	（二）中长期贷款
石家庄市	**89249839**	**89186270**	**29198708**	**5226679**	**23972029**
市　区	76364405	76300844	23660334	3352643	20307691
井陉县	611389	611389	175922	57228	118693
正定县	2631730	2631730	1190640	540226	650414
行唐县	588028	588028	164596	57506	107090
灵寿县	533364	533364	243217	114026	129191
高邑县	318263	318263	93324	24431	68894
深泽县	433115	433115	167171	48431	118740
赞皇县	420598	420598	146285	53710	92576
无极县	632082	632082	198337	80499	117838
平山县	1113812	1113812	400200	101369	298831
元氏县	896472	896464	454290	111584	342706
赵　县	766022	766022	372140	124200	247940
晋州市	1153124	1153124	591860	207556	384304
新乐市	848199	848199	397341	88876	308466
辛集市	1939237	1939237	943051	264395	678656

5—7 续表 3　　（2017 年）　　计量单位：万元

行政单位	各项贷款中：境内贷款中：# 非金融企业及相关团体贷款	短期贷款	中长期贷款	票据融资	融资租赁
石家庄市	**59987563**	**19963742**	**31074890**	**4716840**	**4091915**
市　区	52640510	17192460	28499415	2724297	4091915
井 陉 县	435468	144174	125982	165312	
正 定 县	1441090	575984	699913	158383	
行 唐 县	423432	70478	122830	230125	
灵 寿 县	290147	128116	116970	45061	
高 邑 县	224938	81503	59528	83908	
深 泽 县	265945	103292	51226	111427	
赞 皇 县	274313	108902	125835	39576	
无 极 县	433745	147155	215425	71165	
平 山 县	713611	88467	288161	336983	
元 氏 县	442174	149791	99845	192538	
赵　县	393882	102376	89707	200857	
晋 州 市	561264	157074	279471	124719	
新 乐 市	450858	216179	87735	146944	
辛 集 市	996186	697792	212849	85545	

六、物 价

居民消费价格指数

6—1　　　　（2017 年）

类别及品名	主城区
	以上年同期价格为 100
居民消费价格总指数	**101.4**
一、食品烟酒	98.8
1. 食品	98.2
2. 茶及饮料	102.2
3. 烟酒	99.3
4. 在外餐饮	100.1
二、衣着	101.2
1. 服装	102.0
2. 服装材料	98.2
3. 其他衣着及配件	103.8
4. 衣着加工服务费	102.5
5. 鞋类	98.6
三、居住	102.8
1. 租赁房房租	103.5
2. 住房保养维修及管理	101.3
3. 水电燃料	100.8
4. 自有住房	103.6
四、生活用品及服务	99.6
1. 家具及室内装饰品	100.1
2. 家用器具	99.9
3. 家用纺织品	99.9
4. 家庭日用杂品	98.5
5. 个人护理用品	99.5

6—1 续表　　（2017 年）

类别及品名	主城区
	以上年同期价格为 100
6. 家庭服务	101.5
五、交通和通信	101.7
1. 交通	103.1
2. 通信	99.6
六、教育文化和娱乐	101.5
1. 教育	102.0
2. 文化娱乐	100.9
七、医疗保健	107.4
1. 药品及医疗器具	106.9
2. 医疗服务	107.9
八、其他用品和服务	102.5
1. 其他用品类	103.8
2. 其他服务类	101.3

商品零售价格指数

6—2　（2017 年）

类别及品名	主城区
	以上年同期价格为 100
商品零售价格指数	**100.9**
一、食品	98.6
1. 粮食	99.1
2. 薯类	95.0
3. 豆类	99.3
4. 食用油	96.8
5. 菜	91.1
6. 畜肉类	98.9
7. 禽肉类	102.2
8. 水产品	106.1
9. 蛋类	93.7
10. 奶类	98.5
11. 干鲜瓜果类	99.4
12. 糖果糕点类	102.8
13. 调味品	102.6
14. 其他食品类	98.4
15. 在外餐饮	100.1
二、饮料、烟酒	100.0
1. 茶及饮料	101.7
2. 烟草	100.0
3. 酒类	98.8
三、服装、鞋帽	101.2
1. 服装	101.9
2. 鞋帽袜	99.1
3. 其他衣着配件	103.6
四、纺织品	99.4
1. 服装材料	98.2
2. 床上用品	99.6
五、家用电器及音像器材	98.3
1. 家庭设备	99.9
2. 文娱用耐用消费品	93.6

6—2 续表　　（2017 年）

类别及品名	主城区
	以上年同期价格为 100
3. 专业音像器材	98.3
六、文化办公用品	99.3
七、日用品	100.5
1. 日用百货	98.3
2. 厨具餐具茶具	99.7
3. 清洗用品	100.1
4. 其他日用品	104.3
八、体育娱乐用品	99.1
1. 体育户外用品	100.2
2. 娱乐用品	98.8
九、交通、通信用品	100.4
1. 交通运输机械	100.7
2. 通信器材	99.6
十、家具	100.1
十一、化妆品	100.0
十二、金银饰品	102.5
十三、中西药品及医疗保健用品	107.3
1. 医疗卫生器具	98.9
2. 中药	102.5
3. 西药	107.7
4. 保健器具及用品	110.4
十四、书报杂志及电子出版物	111.6
1. 教材及参考书	101.8
2. 书报杂志	126.0
3. 计算机办公软件	114.5
十五、燃料	105.5
1. 煤炭及制品	100.0
2. 石油及制品	106.2
十六、建筑材料及五金电料	99.6
1. 建筑装璜材料	99.8
2. 五金水暖	99.2

工业生产者出厂价格指数

6—3

（2017 年）

类别及品名	以上年同期为 100	类别及品名	以上年同期为 100
总指数	**108.1**		
轻工业	100.9	工业部门	
以农产品为原料	100.2	冶金工业	133.3
以非农产品为原料	103.6	电力工业	101.6
重工业	112.4	煤炭及炼焦工业	113.1
采掘	138.0	石油工业	111.4
原材料	110.2	化学工业	108.8
加工	113.7	机械工业	100.5
生产资料	111.5	建筑材料工业	121.6
采掘	138.0	森林工业	100.3
原材料	109.4	食品工业	101.3
加工	112.3	纺织工业	101.9
生活资料	100.4	缝纫工业	100.0
食品	101.4	皮革工业	89.3
衣着	93.6	造纸工业	112.6
一般日用品	102.5	文教艺术用品工业	100.1
耐用消费品	104.1	其它工业	115.4

工业生产者购进价格指数

6—4

（2017 年）

行业名称	以上年同期为 100	行业名称	以上年同期为 100
总指数	**108.2**	（四）化工原料类	108.6
（一）燃料、动力类	122.5	（五）木材及纸浆类	102.8
（二）黑色金属材料类	107.5	（六）建筑材料及非金属类	104.4
# 钢材	109.9	（七）其它工业原材料及半成品类	104.1
其它	103.9	（八）农副产品类	99.2
（三）有色金属材料及电线类	111.2	（九）纺织原料类	102.3

城市房地产价格指数

6—5

（2017 年）

项　目	以上年同期为 100	项　目	以上年同期为 100
住宅销售价格指数			
一、新建住宅	111.8	二、二手住宅	108.0
# 商品住宅	112.1	（一）90 平方米以下	109.2
（一）90 平方米以下	110.2	（二）90 － 144 平方米	108.4
（二）90 － 144 平方米	112.3	（三）144 平方米以上	104.8
（三）144 平方米以上	112.8		

七、居民生活

城乡居民家庭收支情况

7—1　　（ 2017 年 ）

指标名称	单位	总计	城镇住户	农村住户
第一部分、可支配收入	元	24650.72	32928.56	13345.31
一、工资性收入	元	16062.11	20598.35	9866.77
（一）工资	元	15291.85	19635.63	9359.37
1. 按月发放的工资	元	14112.93	18343.28	8335.37
2. 补发工资	元	81.15	106.85	46.05
3. 不按月发放的奖金津贴过节费等	元	1097.77	1185.51	977.94
（二）实物福利	元	4.61	5.62	3.24
1. 从单位或雇主得到的实物产品折价	元	3.88	5.12	2.19
(1) 食品	元	3.45	4.72	1.72
①谷物薯类及豆类	元	1.59	2.44	0.43
②食用油（植物油）	元	1.19	1.30	1.03
③蔬菜及制品	元			
④肉禽蛋奶及制品	元	0.09	0.12	0.06
⑤水产品及制品	元			
⑥糖烟酒饮料类	元	0.08	0.10	0.05
⑦干鲜瓜果类	元	0.18	0.31	0.01
⑧其他类食品	元	0.32	0.45	0.15
(2) 衣着	元	0.20	0.02	0.44
(3) 居住	元			
(4) 家庭设备和日用品	元	0.09	0.14	0.02
(5) 交通通信工具及用品	元	0.09	0.16	
(6) 教育文化娱乐用品	元			
(7) 医疗保健用品	元			
(8) 其他用品	元	0.05	0.09	
2. 从单位或雇主得到的服务折价	元	0.73	0.50	1.05
(1) 免费或低价提供的工作餐	元	0.43	0.00	1.02

7—1 续表 1　　（2017 年）

指标名称	单位	总计	城镇住户	农村住户
(2) 免费或低价提供的住宿	元			
(3) 单位缴纳的水电费取暖费物业费等	元	0.16	0.28	
(4) 免费或低价提供的交通和通信服务	元	0.05	0.08	
(5) 单位缴纳的教育入学赞助费	元			
(6) 免费或低价提供的旅游服务	元			
(7) 其他服务	元	0.09	0.14	0.02
3. 单位或雇主实物福利报销所得	元			
（三）其他	元	765.64	957.09	504.17
1. 住房公积金	元	502.50	848.68	29.69
2. 辞退金	元	5.12	6.69	2.97
3. 自由职业劳动所得（如稿费翻译费）	元	25.60	35.33	12.31
4. 安家费	元			
5. 股票期权	元	2.56	3.28	1.56
6. 其他劳动所得	元	229.87	63.11	457.63
二、经营净收入	元	2498.62	2543.12	2437.86
（一）第一产业经营净收入	元	643.22	57.88	1442.66
1. 农业	元	582.10	53.72	1303.74
2. 林业	元	-2.33	0.68	-6.43
3. 牧业	元	64.10	3.55	146.79
4. 渔业	元	-0.65	-0.07	-1.44
（二）第二产业经营净收入	元	434.58	572.17	246.67
1. 采矿业	元	118.99	184.98	28.87
2. 制造业	元	235.79	302.79	144.29
3. 电力热力燃气及水生产和供应业	元	-0.92	-2.41	1.11
4. 建筑业	元	80.72	86.81	72.40
（三）第三产业经营净收入	元	1420.82	1913.07	748.53

7—1 续表 2　　（2017 年）

指标名称	单位	总计	城镇住户	农村住户
1. 批发和零售业	元	999.29	1409.80	438.62
2. 交通运输仓储和邮政业	元	149.70	144.58	156.68
3. 住宿和餐饮业	元	111.27	132.93	81.69
4. 房地产业	元	-1.45	-2.31	-0.29
5. 租赁和商务服务业	元	43.98	65.59	14.46
6. 居民服务修理和其他服务业	元	123.71	169.86	60.67
7. 其他	元	-8.82	-7.26	-10.96
8. 农林牧渔服务业	元	3.16	-0.13	7.66
三、财产净收入	元	1826.48	3033.34	178.22
（一）利息净收入	元	16.17	3.13	33.98
（二）红利收入	元	209.82	327.24	49.47
1. 集体分配的红利	元	87.46	147.11	5.99
2. 其他红利收入	元	122.37	180.12	43.48
（三）储蓄性保险净收益	元	2.64	4.57	
（四）转让承包土地经营权租金净收入	元	36.71	5.57	79.24
（五）出租房屋财产性收入	元	179.28	309.19	1.86
（六）出租机械专利版权等资产的收入	元	0.47	0.10	0.97
（七）其他财产净收入	元	40.29	60.49	12.70
（八）房屋虚拟租金	元	1341.10	2323.05	
四、转移净收入	元	4263.50	6753.76	862.45
（一）转移性收入	元	5352.49	8402.62	1186.80
1. 养老金或离退休金	元	4792.89	7789.07	700.88
（1）离退休金	元	4675.49	7707.15	535.03
（2）（城镇）居民社会养老保险	元	36.25	17.23	62.24
（3）新型农村养老保险	元	51.44	21.22	92.72

7—1 续表 3　　（2017 年）

指标名称	单位	总计	城镇住户	农村住户
（4）其他养老金	元	29.71	43.48	10.90
2. 社会救济和补助	元	32.93	18.46	52.69
（1）最低生活保障费	元	8.70	8.74	8.63
（2）五保户救助金	元	1.72	0.17	3.85
（3）扶贫款	元	6.99	0.04	16.48
（4）救灾款	元	0.35		0.82
（5）抚恤金	元	4.17	2.54	6.40
（6）其他社会救济收入	元			
3. 政策性生活补贴	元	133.81	222.44	12.77
（1）家电补贴	元	0.18		0.43
（2）能源补贴	元	8.78	7.41	10.65
（3）免费或低价提供的住宿（廉租房）	元			
（4）其他生活补贴	元	124.85	215.03	1.69
4. 报销医疗费	元	132.49	186.49	58.74
5. 家庭外出从业人员寄回带回收入	元	90.88	21.71	185.34
6. 赡养收入	元	95.81	110.25	76.10
7. 其他经常转移收入	元	27.03	5.39	56.58
（1）失业保险金	元	1.70	2.95	0.00
（2）经常性捐赠收入	元	20.57		48.66
（3）经常性赔偿收入	元	0.00		0.00
（4）其他转移性收入	元	4.75	2.43	7.93
8. 从政府和组织得到的实物产品和服务折价	元	28.04	38.04	14.38
（1）食品	元	20.30	31.76	4.66
①谷物薯类及豆类	元	19.12	31.30	2.48
②食用油（植物油）	元	1.11	0.45	2.02

7—1 续表 4 （2017 年）

指标名称	单位	总计	城镇住户	农村住户
③蔬菜及制品	元			0.01
④肉禽蛋奶及制品	元	0.01		0.03
⑤水产品及制品	元			
⑥糖烟酒饮料类	元	0.01	0.01	
⑦干鲜瓜果类	元	0.01		0.03
⑧其他类食品	元	0.04		0.10
（2）衣着	元	0.00	0.01	
（3）居住	元	0.22	0.24	0.19
（4）家庭设备和日用品	元	1.19	1.21	1.16
（5）交通通信工具及用品	元	2.14	2.43	1.75
（6）教育文化娱乐用品	元			
（7）医疗保健用品	元	0.07	0.12	
（8）其他用品	元	3.20	2.18	4.60
（9）其他服务折价（不含廉租房）	元	0.91	0.09	2.02
9. 现金政策性惠农补贴	元	18.61	10.77	29.33
（二）转移性支出	元	1088.99	1648.86	324.35
1. 个人所得税	元	21.68	37.20	0.49
2. 社会保障支出	元	959.76	1445.61	296.21
（1）个人缴纳的养老保险	元	599.25	970.35	92.42
（2）个人缴纳的医疗保险	元	302.85	378.58	199.43
（3）个人缴纳的失业保险	元	26.81	45.76	0.93
（4）其他社会保障支出	元	30.85	50.92	3.44
3. 外来从业人员寄给家人的支出	元	0.57	0.99	
4. 赡养支出	元	65.08	101.75	14.98
5. 其他转移性支出	元	41.90	63.30	12.66

7—1 续表 5　　（2017 年）

指标名称	单位	总计	城镇住户	农村住户
（1）经常性捐赠支出		5.51	6.59	4.05
（2）经常性赔偿支出	元			
（3）其他经常转移支出	元	36.39	56.72	8.62
第二部分、消费支出	元	15299.11	20338.54	8416.56
（一）食品烟酒	元	3734.72	4813.89	2260.86
1. 食品	元	2679.44	3436.22	1645.88
（1）谷物	元	405.31	448.77	345.96
（2）薯类	元	48.22	57.70	35.27
（3）豆类	元	43.83	56.46	26.59
（4）食用油	元	125.70	150.64	91.64
（5）蔬菜和食用菌	元	330.30	423.98	202.36
（6）肉类	元	537.33	682.03	339.71
（7）禽类	元	72.26	102.29	31.26
（8）水产品	元	112.78	168.75	36.34
（9）蛋类	元	103.75	121.64	79.33
（10）奶类	元	229.68	319.47	107.06
（11）干鲜瓜果类	元	328.23	457.32	151.93
（12）糖果糕点类	元	109.23	148.22	55.98
（13）其他食品	元	232.80	298.96	142.45
2. 烟酒	元	414.57	477.25	328.97
（1）烟草	元	190.24	209.85	163.47
（2）酒类	元	224.33	267.40	165.50
3. 饮料	元	114.04	153.31	60.40
4. 饮食服务	元	526.67	747.12	225.61
（1）食堂用餐	元	27.76	32.95	20.66

7—1 续表 6　　（2017 年）

指标名称	单位	总计	城镇住户	农村住户
（2）其他在外饮食	元	495.76	712.12	200.27
（3）食品加工服务费	元	3.16	2.05	4.68
（二）衣着	元	1148.04	1560.67	584.50
1. 衣类	元	861.24	1175.76	431.68
2. 鞋类	元	286.80	384.90	152.82
（三）居住	元	3962.43	5374.78	2033.51
1. 租赁房房租	元	135.68	220.83	19.40
2. 住房维修及管理	元	361.59	403.80	303.95
3. 水电燃料及其他	元	998.95	1167.88	768.22
4. 自有住房折算租金	元	2466.20	3582.27	941.94
（1）租赁公房房租	元	5.68	7.76	2.84
（2）租赁私房房租	元	130.00	213.07	16.56
5. 物业管理费	元	70.19	118.06	4.82
（四）生活用品及服务	元	1285.07	1681.24	744.01
1. 家具及室内装饰品	元	248.13	324.02	144.48
2. 家用器具	元	384.44	450.47	294.26
3. 家用纺织品	元	102.97	136.36	57.37
4. 家庭日用杂品	元	283.29	361.44	176.55
5. 个人用品	元	184.30	277.57	56.93
6. 家庭服务	元	81.94	131.38	14.42
其中：家政服务	元	51.69	88.19	1.84
（五）交通通信	元	2128.33	2705.76	1339.70
1. 交通	元	1511.94	1948.91	915.16
（1）交通工具	元	874.22	1076.89	597.43
（2）交通费	元	104.41	153.71	37.07
（3）交通工具用燃料	元	307.40	410.75	166.25

7—1 续表 7　　（2017 年）

指标名称	单位	总计	城镇住户	农村住户
（4）交通工具使用及维修	元	225.91	307.55	114.41
其中：车辆保险支出	元	61.78	87.92	26.08
2. 通信	元	616.39	756.85	424.55
（1）通信工具	元	226.43	279.05	154.58
（2）通信服务	元	389.95	477.81	269.97
（六）教育文化娱乐	元	1609.90	2308.65	655.57
1. 教育	元	906.94	1232.62	462.14
（1）学前教育	元	120.44	168.13	55.30
（2）小学教育	元	87.64	116.80	47.82
（3）初中教育	元	113.24	148.06	65.70
（4）高中教育	元	136.31	183.54	71.80
（5）中专职高教育	元	16.25	19.07	12.39
（6）大专及以上教育	元	379.43	539.88	160.29
（7）成人教育	元	53.63	57.14	48.85
2. 文化娱乐	元	702.96	1076.03	193.43
（1）文娱耐用消费品	元	117.24	163.84	53.60
（2）其他文娱用品	元	126.61	167.06	71.38
（3）文化娱乐服务	元	459.10	745.13	68.45
（七）医疗保健	元	1122.88	1486.15	626.74
1. 医疗器具及药品	元	501.99	700.89	230.34
2. 医疗服务	元	620.89	785.26	396.39
（1）门诊总费用	元	232.42	301.61	137.92
（2）住院总费用	元	388.47	483.65	258.48
（八）其他用品和服务	元	307.75	407.40	171.66
1. 其他用品	元	174.28	229.09	99.43
2. 其他服务	元	133.47	178.32	72.23
第三部分、现住房建筑面积	平方米	39.11	37.90	40.78

7—1 续表 8　　（2017 年）

指标名称	单位	总计	城镇住户	农村住户
期末拥有房屋面积	平方米	39.08	37.69	40.99
第四部分、家庭耐用品百户拥有量				
1. 家用汽车	辆	36.90	42.56	27.03
2. 摩托车	辆	26.25	8.29	57.57
3. 助力车	台	84.26	71.80	105.98
4. 洗衣机	台	97.29	100.02	92.53
5. 电冰箱（柜）	台	93.39	99.84	82.14
6. 微波炉	台	49.23	63.41	24.50
7. 彩色电视机	台	114.93	114.82	115.11
8. 其中：接入有线电视	台	71.79	86.44	46.25
9. 空调	台	128.77	157.29	79.06
10. 热水器	台	86.98	94.39	74.08
11. 其中：太阳能热水器	台	49.04	41.08	62.90
12. 消毒碗柜	台			
13. 洗碗机	台	1.19	1.43	0.76
14. 排油烟机	台	59.04	79.15	23.99
15. 固定电话	线	22.35	27.44	13.46
16. 移动电话	部	225.17	220.81	232.77
17. 其中：接入互联网	部	90.38	101.67	70.70
18. 计算机	台	64.85	78.73	40.67
19. 其中：接入互联网	台	51.98	64.48	30.20
20. 摄像机	台			
21. 照相机	台	25.82	37.69	5.13
22. 中高档乐器	架	2.55	3.55	0.80
23. 健身器材	台	5.91	8.06	2.16
24. 组合音响	套			

城镇居民家庭收支按相对收入等距5组分组汇总情况

7—2　　（2017年）

指标名称	单位	20% 城镇低收入户	20% 城镇中低收入户	20% 城镇中等收入户	20% 城镇中高收入户	20% 城镇高收入户
第一部分、可支配收入	元	14327.08	24738.51	32120.75	41849.24	65296.86
一、工资性收入	元	11669.47	19637.26	20274.68	26645.58	29711.92
（一）工资	元	11126.42	18992.78	19569.07	25365.11	27649.17
1. 按月发放的工资	元	10697.22	18456.76	19031.25	23692.96	23333.54
2. 补发工资	元	43.11	95.40	60.61	199.07	178.96
3. 不按月发放的奖金津贴过节费等	元	386.09	440.62	477.21	1473.08	4136.66
（二）实物福利	元	2.33	8.82	8.90	1.66	6.60
1. 从单位或雇主得到的实物产品折价	元	1.19	8.82	7.82	1.66	6.60
（1）食品	元	1.12	8.66	6.95	1.66	5.45
①谷物薯类及豆类	元	1.08	3.03	5.56	0.29	2.18
②食用油（植物油）	元	0.03	2.05	1.15	0.99	2.80
③蔬菜及制品	元					
④肉禽蛋奶及制品	元		0.42	0.12		
⑤水产品及制品	元					
⑥糖烟酒饮料类	元				0.14	0.47
⑦干鲜瓜果类	元		1.33	0.09		
⑧其他类食品	元		1.82	0.03	0.23	0.00
（2）衣着	元					0.10
（3）居住	元					
（4）家庭设备和日用品	元	0.05	0.16	0.09		0.51
（5）交通通信工具及用品	元			0.78		
（6）教育文化娱乐用品	元					
（7）医疗保健用品	元					
（8）其他用品	元	0.02		0.00		0.54
2. 从单位或雇主得到的服务折价	元	1.14		1.08		
（1）免费或低价提供的工作餐	元					

7—2 续表 1 （2017 年）

指标名称	单位	20% 城镇低收入户	20% 城镇中低收入户	20% 城镇中等收入户	20% 城镇中高收入户	20% 城镇高收入户
（2）免费或低价提供的住宿	元					
（3）单位缴纳的水电费取暖费物业费等	元	1.14				
（4）免费或低价提供的交通和通信服务	元			0.40		
（5）单位缴纳的教育入学赞助费	元					
（6）免费或低价提供的旅游服务	元					
（7）其他服务	元			0.68		
3. 单位或雇主实物福利报销所得	元					
（三）其他	元	540.71	635.66	696.72	1278.81	2056.16
1. 住房公积金	元	402.82	586.95	645.47	1221.99	1774.11
2. 辞退金	元			4.46		37.77
3. 自由职业劳动所得（如稿费翻译费）	元	21.89	20.74	0.78	13.54	148.54
4. 安家费	元					
5. 股票期权	元				18.41	
6. 其他劳动所得	元	115.99	27.97	46.01	24.88	95.74
二、经营净收入	元	810.76	918.73	1478.87	1410.47	10378.95
（一）第一产业经营净收入	元	181.09	39.44	24.76	-1.51	-0.92
1. 农业	元	169.65	40.12	16.72	-1.51	-0.12
2. 林业	元	-3.10	-0.27	8.09		-0.80
3. 牧业	元	14.83	-0.40	-0.05		
4. 渔业	元	-0.29				
（二）第二产业经营净收入	元	30.60	55.40	20.49	951.18	2468.76
1. 采矿业	元				540.16	577.95
2. 制造业	元	25.74	62.57	22.97	412.83	1332.55
3. 电力热力燃气及水生产和供应业	元	0.00	-7.17	-2.48	-1.81	
4. 建筑业	元	4.85				558.26
（三）第三产业经营净收入	元	599.07	823.90	1433.62	460.80	7911.11

7—2 续表 2 （2017 年）

指标名称	单位	20% 城镇低收入户	20% 城镇中低收入户	20% 城镇中等收入户	20% 城镇中高收入户	20% 城镇高收入户
1. 批发和零售业	元	444.98	301.58	1161.77	73.52	6436.99
2. 交通运输仓储和邮政业	元	155.12	6.96		80.40	590.18
3. 住宿和餐饮业	元	–0.81	293.76	29.62	–0.01	405.35
4. 房地产业	元		–10.43			
5. 租赁和商务服务业	元		–2.60		185.08	216.18
6. 居民服务修理和其他服务业	元	9.39	241.88	246.19	121.82	279.56
7. 其他	元	–8.96	–7.37	–3.95		–17.14
8. 农林牧渔服务业	元	–0.65	0.12			
三、财产净收入	元	1468.03	2279.10	2503.99	3498.83	6786.55
（一）利息净收入	元	–0.46	–8.19	63.56	–39.43	–4.33
（二）红利收入	元	121.78	190.90	233.30	166.73	1163.47
1. 集体分配的红利	元	120.38	190.90	187.83	166.73	50.72
2. 其他红利收入	元	1.40		45.47		1112.75
（三）储蓄性保险净收益	元	0.91			4.87	22.68
（四）转让承包土地经营权租金净收入	元	14.80		8.82	0.85	
（五）出租房屋财产性收入	元	99.53	329.47	200.99	422.39	626.51
（六）出租机械专利版权等资产的收入	元		0.45			
（七）其他财产净收入	元	3.72	–15.68	14.09	61.45	321.20
（八）房屋虚拟租金	元	1227.75	1782.15	1983.23	2881.96	4657.03
四、转移净收入	元	378.82	1903.42	7863.20	10294.36	18419.43
（一）转移性收入	元	1727.72	3420.98	9272.39	12206.21	20747.24
1. 养老金或离退休金	元	1321.88	2988.24	8144.15	11507.74	20311.67
（1）离退休金	元	1190.62	2906.66	8068.73	11463.19	20256.50
（2）（城镇）居民社会养老保险	元	0.44	39.63	4.74	9.07	37.68
（3）新型农村养老保险	元	49.36	19.16	18.55	0.43	6.67

7—2 续表 3 （2017 年）

指标名称	单位	20% 城镇低收入户	20% 城镇中低收入户	20% 城镇中等收入户	20% 城镇中高收入户	20% 城镇高收入户
（4）其他养老金	元	81.46	22.79	52.12	35.05	10.83
2. 社会救济和补助	元	31.74	38.84	9.98		0.31
（1）最低生活保障费	元	21.97	15.07			
（2）五保户救助金	元		0.75			
（3）扶贫款	元	0.16				
（4）救灾款	元					
（5）抚恤金	元	0.54	9.94	0.77		0.31
（6）其他社会救济收入	元					
3. 政策性生活补贴	元	87.56	176.51	368.00	480.41	14.79
（1）家电补贴	元					
（2）能源补贴	元	11.77	6.65	8.58	7.39	
（3）免费或低价提供的住宿（廉租房）	元					
（4）其他生活补贴	元	75.79	169.86	359.41	473.02	14.79
4. 报销医疗费	元	14.92	62.65	531.33	138.75	244.85
5. 家庭外出从业人员寄回带回收入	元	35.58	17.28	0.20		59.27
6. 赡养收入	元	92.08	101.08	186.26	58.56	113.27
7. 其他经常转移收入	元	1.54	18.72	2.56	1.96	
（1）失业保险金	元		13.34			
（2）经常性捐赠收入	元					
（3）经常性赔偿收入	元					
（4）其他转移性收入	元	1.54	5.38	2.56	1.96	
8. 从政府和组织得到的实物产品和服务折价	元	106.81	14.83	26.19	15.30	3.07
（1）食品	元	99.88	10.09	16.24	9.09	0.34
①谷物薯类及豆类	元	99.43	9.41	15.57	8.87	0.18
②食用油（植物油）	元	0.44	0.66	0.65	0.22	0.16

7—2 续表 4　　（2017 年）

指标名称	单位	20% 城镇低收入户	20% 城镇中低收入户	20% 城镇中等收入户	20% 城镇中高收入户	20% 城镇高收入户
③蔬菜及制品	元					
④肉禽蛋奶及制品	元					
⑤水产品及制品	元					
⑥糖烟酒饮料类	元	0.01	0.01	0.02		
⑦干鲜瓜果类	元					
⑧其他类食品	元					
（2）衣着	元	0.01	0.03			
（3）居住	元	0.10	0.10	0.91	0.07	
（4）家庭设备和日用品	元	0.65	1.61	0.72	1.77	1.52
（5）交通通信工具及用品	元	3.06		5.75	2.91	
（6）教育文化娱乐用品	元					
（7）医疗保健用品	元			0.60		
（8）其他用品	元	3.11	2.59	1.97	1.46	1.21
（9）其他服务折价（不含廉租房）	元		0.42			
9. 现金政策性惠农补贴	元	35.63	2.82	3.73	3.50	
（二）转移性支出	元	1348.90	1517.55	1409.19	1911.85	2327.80
1. 个人所得税	元	1.86	8.32	16.66	82.72	109.58
2. 社会保障支出	元	1276.05	1302.44	1191.18	1667.64	1999.27
（1）个人缴纳的养老保险	元	852.69	841.72	772.95	1160.40	1382.26
（2）个人缴纳的医疗保险	元	333.06	389.78	358.67	414.20	420.09
（3）个人缴纳的失业保险	元	36.31	37.57	23.95	54.17	91.50
（4）其他社会保障支出	元	53.98	33.37	35.60	38.86	105.42
3. 外来从业人员寄给家人的支出	元	0.24			0.21	5.85
4. 赡养支出	元	63.70	83.46	153.88	73.62	153.74
5. 其他转移性支出	元	7.05	123.34	47.47	87.65	59.37

7—2 续表 5　　（2017 年）

指标名称	单位	20% 城镇低收入户	20% 城镇中低收入户	20% 城镇中等收入户	20% 城镇中高收入户	20% 城镇高收入户
（1）经常性捐赠支出	元	0.45	3.29	2.48	12.53	19.65
（2）经常性赔偿支出	元					
（3）其他经常转移支出	元	6.60	120.05	45.00	75.12	39.71
第二部分、消费支出	元	13516.74	16677.13	19617.04	23730.14	33575.42
（一）食品烟酒	元	3057.29	4081.18	4951.72	5725.91	7450.61
1. 食品	元	2337.45	2992.87	3621.14	4089.69	4838.18
（1）谷物	元	420.84	400.73	479.48	443.29	529.13
（2）薯类	元	42.76	53.02	61.21	68.70	71.07
（3）豆类	元	34.04	48.06	63.30	67.40	82.88
（4）食用油	元	113.75	126.24	148.14	165.96	230.52
（5）蔬菜和食用菌	元	300.50	374.83	440.32	511.88	569.53
（6）肉类	元	417.49	596.52	739.65	871.64	934.22
（7）禽类	元	65.30	87.83	108.47	120.95	152.74
（8）水产品	元	71.92	121.91	190.66	241.31	278.75
（9）蛋类	元	89.79	106.88	133.41	136.82	161.01
（10）奶类	元	201.40	265.27	357.17	377.85	470.02
（11）干鲜瓜果类	元	289.36	402.46	478.77	542.98	678.47
（12）糖果糕点类	元	98.28	128.45	144.63	188.76	214.47
（13）其他食品	元	192.02	280.66	275.93	352.14	465.38
2. 烟酒	元	276.78	356.90	427.90	533.49	971.95
（1）烟草	元	128.12	146.11	176.20	227.99	455.99
（2）酒类	元	148.66	210.80	251.70	305.50	515.96
3. 饮料	元	88.04	123.95	146.86	195.08	260.38
4. 饮食服务	元	355.02	607.46	755.83	907.64	1380.10
（1）食堂用餐	元	27.24	41.71	27.11	45.90	22.10

7—2 续表 6　　（2017 年）

指标名称	单位	20% 城镇低收入户	20% 城镇中低收入户	20% 城镇中等收入户	20% 城镇中高收入户	20% 城镇高收入户
（2）其他在外饮食	元	325.96	563.47	725.47	860.53	1356.56
（3）食品加工服务费	元	1.83	2.28	3.25	1.22	1.44
（二）衣着	元	1000.90	1336.86	1331.17	1832.04	2767.15
1. 衣类	元	727.41	1006.34	993.47	1368.72	2154.31
2. 鞋类	元	273.49	330.52	337.70	463.32	612.85
（三）居住	元	3410.71	4533.62	4869.33	6306.11	9320.59
1. 租赁房房租	元	310.01	171.88	187.34	165.07	256.96
2. 住房维修及管理	元	197.80	386.16	411.30	383.43	773.87
3. 水电燃料及其他	元	882.04	1062.66	1168.46	1312.41	1609.82
4. 自有住房折算租金	元	2020.86	2912.92	3102.23	4445.19	6679.94
（1）租赁房房租中租赁公房房租	元	4.49	4.95			36.25
（2）租赁房房租中租赁私房房租	元	305.52	166.94	187.34	165.07	220.71
（3）住房维修及管理中物业管理费	元	44.44	74.86	61.63	139.67	347.32
5、物业管理费						
（四）生活用品及服务	元	868.57	1377.10	1619.49	1878.30	3276.61
1. 家具及室内装饰品	元	104.32	282.10	277.43	373.66	740.49
2. 家用器具	元	280.43	370.22	407.23	509.80	826.89
3. 家用纺织品	元	85.15	105.29	126.27	146.59	264.74
4. 家庭日用杂品	元	214.06	309.54	348.56	468.87	564.90
5. 个人用品	元	143.69	212.81	203.66	241.23	724.95
6. 家庭服务	元	40.92	97.13	256.34	138.16	154.64
其中：家政服务	元	2.62	75.81	213.68	77.56	91.58
（五）交通通信	元	2659.07	1807.38	1880.91	3326.31	4435.18
1. 交通	元	2196.92	1097.02	1116.42	2356.03	3396.29
（1）交通工具	元	1632.98	327.74	341.47	1279.40	1992.28
（2）交通费	元	72.70	130.25	118.31	216.76	290.67

7—2 续表 7 （2017 年）

指标名称	单位	20% 城镇低收入户	20% 城镇中低收入户	20% 城镇中等收入户	20% 城镇中高收入户	20% 城镇高收入户
（3）交通工具用燃料	元	244.65	390.67	426.84	491.67	591.26
（4）交通工具使用及维修	元	246.58	248.37	229.80	368.20	522.08
其中：车辆保险支出	元	83.17	68.51	62.19	72.05	175.72
2. 通信	元	462.15	710.36	764.50	970.28	1038.89
（1）通信工具	元	136.55	245.26	299.72	409.50	377.82
（2）通信服务	元	325.60	465.10	464.77	560.79	661.06
（六）教育文化娱乐	元	1803.98	2230.52	2243.83	2707.44	2852.74
1. 教育	元	1344.41	1390.56	1252.18	1090.22	965.21
（1）学前教育	元	157.88	167.08	211.36	211.38	79.21
（2）小学教育	元	99.18	156.42	167.86	103.79	36.20
（3）初中教育	元	159.52	149.94	100.75	261.90	56.46
（4）高中教育	元	210.86	194.73	243.70	191.68	35.35
（5）中专职高教育	元	32.97	29.34	6.66	3.93	15.80
（6）大专及以上教育	元	646.37	631.90	437.05	292.23	658.68
（7）成人教育	元	37.62	61.15	84.79	25.32	83.50
2. 文化娱乐	元	459.57	839.96	991.65	1617.22	1887.53
（1）文娱耐用消费品	元	111.18	151.65	150.42	186.26	257.50
（2）其他文娱用品	元	99.83	193.14	153.00	165.13	257.99
（3）文化娱乐服务	元	248.57	495.17	688.23	1265.84	1372.04
（七）医疗保健	元	526.92	977.23	2363.61	1492.32	2605.12
1. 医疗器具及药品	元	274.27	383.64	941.21	828.15	1381.19
2. 医疗服务	元	252.65	593.59	1422.40	664.17	1223.93
（1）门诊总费用	元	152.70	312.85	402.56	307.79	385.18
（2）住院总费用	元	99.96	280.74	1019.84	356.37	838.75
（八）其他用品和服务	元	189.30	333.25	356.98	461.71	867.42
1. 其他用品	元	92.80	148.22	218.76	256.69	546.03

7—2 续表 8 （2017 年）

指标名称	单位	20% 城镇低收入户	20% 城镇中低收入户	20% 城镇中等收入户	20% 城镇中高收入户	20% 城镇高收入户
2. 其他服务	元	96.50	185.04	138.22	205.03	321.39
3.20-30 平方米	户					
第三部分、现住房建筑面积	平方米	31.70	34.84	36.71	41.04	50.14
期末拥有房屋面积	平方米	30.75	34.79	35.08	43.18	50.03
第四部分、家庭耐用品百户拥有量						
1. 家用汽车	辆	0.11	0.15	0.14	0.17	0.20
2. 摩托车	辆	0.05	0.03	0.02	0.02	0.02
3. 助力车	台	0.26	0.27	0.24	0.26	0.26
4. 洗衣机	台	0.29	0.32	0.35	0.40	0.46
5. 电冰箱（柜）	台	0.28	0.33	0.36	0.40	0.47
6. 微波炉	台	0.15	0.19	0.21	0.27	0.36
7. 彩色电视机	台	0.34	0.36	0.40	0.47	0.53
8. 其中：接入有线电视	台	0.20	0.26	0.29	0.40	0.46
9. 空调	台	0.38	0.50	0.53	0.70	0.82
10. 热水器	台	0.26	0.29	0.34	0.41	0.44
11. 其中：太阳能热水器	台	0.12	0.15	0.15	0.17	0.14
12. 消毒碗柜	台					
13. 洗碗机	台			0.01	0.01	0.02
14. 排油烟机	台	0.19	0.26	0.29	0.34	0.37
15. 固定电话	线	0.05	0.09	0.10	0.11	0.16
16. 移动电话	部	0.67	0.77	0.78	0.90	0.88
17. 其中：接入互联网	部	0.30	0.35	0.32	0.46	0.42
18. 计算机	台	0.19	0.27	0.26	0.31	0.43
19. 其中：接入互联网	台	0.15	0.23	0.21	0.27	0.34
20. 摄像机	台					
21. 照相机	台	0.07	0.12	0.12	0.15	0.27
22. 中高档乐器	架	0.01	0.01	0.02	0.01	0.02
23. 健身器材	台	0.01	0.03	0.04	0.02	0.05
24. 组合音响	套					

农村居民家庭收支按相对收入等距 5 组分组汇总情况

7—3　　（ 2017 年 ）

指标名称	单位	20% 农村低收入户	20% 农村中低收入户	20% 农村中等收入户	20% 农村中高收入户	20% 农村高收入户
第一部分、可支配收入	元	4418.26	8677.18	12569.01	16347.84	26855.27
一、工资性收入	元	2754.21	6662.09	10447.55	12438.17	18220.68
（一）工资	元	2189.16	6145.50	9943.74	11964.22	17745.65
1. 按月发放的工资	元	2049.14	5547.73	8896.00	10772.31	15401.23
2. 补发工资	元	1.72	38.63	47.65	26.43	128.07
3. 不按月发放的奖金津贴过节费等	元	138.30	559.14	1000.09	1165.48	2216.35
（二）实物福利	元	0.93	1.14	2.82	2.10	10.45
1. 从单位或雇主得到的实物产品折价	元	0.93	1.14	2.13	2.07	5.19
（1）食品	元	0.93	1.14	2.04	1.97	2.65
①谷物薯类及豆类	元	0.22	0.56	0.34	0.30	0.81
②食用油（植物油）	元	0.72	0.53	0.91	1.30	1.84
③蔬菜及制品	元					
④肉禽蛋奶及制品	元			0.23	0.03	
⑤水产品及制品	元					
⑥糖烟酒饮料类	元		0.03	0.16	0.03	
⑦干鲜瓜果类	元			0.03	0.02	
⑧其他类食品	元		0.02	0.37	0.30	
（2）衣着	元			0.07		2.54
（3）居住	元					
（4）家庭设备和日用品	元			0.02	0.10	
（5）交通通信工具及用品	元					
（6）教育文化娱乐用品	元					
（7）医疗保健用品	元					
（8）其他用品	元					
2. 从单位或雇主得到的服务折价	元			0.69	0.03	5.27

7—3 续表 1　　（2017 年）

指标名称	单位	20% 农村低收入户	20% 农村中低收入户	20% 农村中等收入户	20% 农村中高收入户	20% 农村高收入户
（1）免费或低价提供的工作餐	元			0.58	0.03	5.27
（2）免费或低价提供的住宿	元					
（3）单位缴纳的水电费取暖费物业费等	元					
（4）免费或低价提供的交通和通信服务	元					
（5）单位缴纳的教育入学赞助费	元					
（6）免费或低价提供的旅游服务	元					
（7）其他服务	元			0.11		
3. 单位或雇主实物福利报销所得	元					
（三）其他	元	564.11	515.45	500.99	471.85	464.58
1. 住房公积金	元		13.89	15.72	19.96	113.57
2. 辞退金	元		0.36	6.29		9.08
3. 自由职业劳动所得（如稿费翻译费）	元		18.80	26.99		14.29
4. 安家费	元					
5. 股票期权	元	8.07				
6. 其他劳动所得	元	556.04	482.40	451.99	451.89	327.65
二、经营净收入	元	1088.74	1617.55	1563.77	2556.58	6002.82
（一）第一产业经营净收入	元	887.23	1060.35	903.27	1636.44	3020.81
1. 农业	元	801.08	907.61	832.93	1607.48	2617.49
2. 林业	元	7.55	1.75	–7.90	–37.50	6.81
3. 牧业	元	74.28	151.00	78.24	77.24	396.83
4. 渔业	元	4.31			–10.78	–0.31
（二）第二产业经营净收入	元	85.65	–1.04	165.42	323.92	756.86
1. 采矿业	元	0.00	0.00	–0.08	141.75	–1.54
2. 制造业	元	84.25	–1.04	123.85	139.09	430.78
3. 电力热力燃气及水生产和供应业	元			5.15		

7—3 续表 2　　（2017 年）

指标名称	单位	20% 农村低收入户	20% 农村中低收入户	20% 农村中等收入户	20% 农村中高收入户	20% 农村高收入户
4. 建筑业	元	1.39		36.50	43.08	327.62
（三）第三产业经营净收入	元	115.87	558.24	495.08	596.23	2225.15
1. 批发和零售业	元	161.33	300.68	229.75	99.50	1611.97
2. 交通运输仓储和邮政业	元	-9.22	127.75	107.11	270.29	308.72
3. 住宿和餐饮业	元	13.29	77.90	99.77	146.76	62.52
4. 房地产业	元					-1.71
5. 租赁和商务服务业	元		1.96	8.71		71.90
6. 居民服务修理和其他服务业	元	20.93	42.50	49.63	60.88	143.18
7. 其他	元	-89.02	0.31	-2.51	20.93	14.38
8. 农林牧渔服务业	元	18.55	7.14	2.62	-2.13	14.20
三、财产净收入	元	53.96	58.90	102.39	286.66	437.75
（一）利息净收入	元	12.55	7.51	13.65	61.34	85.02
（二）红利收入	元	4.60	9.83	1.27	65.13	194.04
1. 集体分配的红利	元	4.05	9.79	1.27	1.85	14.43
2. 其他红利收入	元	0.55	0.04		63.28	179.62
（三）储蓄性保险净收益	元					
（四）转让承包土地经营权租金净收入	元	23.79	37.79	64.28	142.24	138.04
（五）出租房屋财产性收入	元	0.00	0.12	0.88	7.99	
（六）出租机械专利版权等资产的收入	元	4.08	0.07		0.38	0.54
（七）其他财产净收入	元	8.95	3.59	22.31	9.59	20.11
（八）房屋虚拟租金	元					
四、转移净收入	元	521.35	338.64	455.29	1066.42	2194.01
（一）转移性收入	元	727.85	612.03	741.40	1410.27	2743.45
1. 养老金或离退休金	元	255.71	256.29	354.04	1048.32	1798.70
（1）离退休金	元	107.38	106.82	205.15	810.21	1658.11

7—3 续表 3　　（2017 年）

指标名称	单位	20% 农村低收入户	20% 农村中低收入户	20% 农村中等收入户	20% 农村中高收入户	20% 农村高收入户
（2）（城镇）居民社会养老保险	元	3.55	5.33	48.73	167.97	90.62
（3）新型农村养老保险	元	132.71	133.45	86.32	54.82	49.31
（4）其他养老金	元	12.07	10.69	13.85	15.32	0.66
2. 社会救济和补助	元	167.13	37.99	26.85	18.97	14.59
（1）最低生活保障费	元	38.62	5.32	0.08		
（2）五保户救助金	元	15.83	0.79	0.87		2.52
（3）扶贫款	元	57.80	2.94	2.95	13.72	7.17
（4）救灾款	元	1.64	1.05	0.26	0.00	1.33
（5）抚恤金	元	5.10	0.14	18.80	3.47	3.57
（6）其他社会救济收入	元					
3. 政策性生活补贴	元	5.99	1.02	12.96	15.38	32.09
（1）家电补贴	元	2.22				
（2）能源补贴	元			12.57	14.60	29.17
（3）免费或低价提供的住宿（廉租房）	元					
（4）其他生活补贴	元	3.77	1.02	0.39	0.78	2.92
4. 报销医疗费	元	25.10	76.84	39.00	54.51	104.59
5. 家庭外出从业人员寄回带回收入	元	130.49	115.96	215.35	157.60	331.87
6. 赡养收入	元	114.86	66.90	25.65	63.01	123.99
7. 其他经常转移收入	元	4.55	8.35	10.85	9.45	293.54
（1）失业保险金	元					
（2）经常性捐赠收入	元					287.89
（3）经常性赔偿收入	元					
（4）其他转移性收入	元	4.55	8.35	10.85	9.45	5.64
8. 从政府和组织得到的实物产品和服务折价	元	4.46	13.00	20.07	16.70	17.37

7—3 续表 4 （2017 年）

指标名称	单位	20% 农村低收入户	20% 农村中低收入户	20% 农村中等收入户	20% 农村中高收入户	20% 农村高收入户
（1）食品	元	0.73	3.77	2.68	9.53	6.88
①谷物薯类及豆类	元		2.10	0.59	6.15	3.79
②食用油（植物油）	元	0.73	1.52	1.97	3.15	2.80
③蔬菜及制品	元					0.04
④肉禽蛋奶及制品	元				0.13	
⑤水产品及制品	元					
⑥糖烟酒饮料类	元					
⑦干鲜瓜果类	元			0.12		
⑧其他类食品	元		0.15		0.10	0.25
（2）衣着	元					
（3）居住	元		0.15	0.11	0.42	0.27
（4）家庭设备和日用品	元	0.83	0.99	1.23	1.15	1.69
（5）交通通信工具及用品	元	0.91	2.44	1.99	0.85	2.59
（6）教育文化娱乐用品	元					
（7）医疗保健用品	元					
（8）其他用品	元	1.99	5.64	4.70	4.74	5.94
（9）其他服务折价（不含廉租房）	元			9.36		
9. 现金政策性惠农补贴	元	19.56	35.68	36.63	26.32	26.71
（二）转移性支出	元	206.50	273.40	286.11	343.84	549.44
1. 个人所得税	元	0.18	0.12	0.01	0.33	2.15
2. 社会保障支出	元	196.75	259.75	261.94	318.45	473.34
（1）个人缴纳的养老保险	元	33.46	57.06	68.70	91.37	236.61
（2）个人缴纳的医疗保险	元	162.55	201.61	180.07	225.27	232.20
（3）个人缴纳的失业保险	元	0.07	0.57	0.86	1.43	1.85
（4）其他社会保障支出	元	0.67	0.52	12.31	0.38	2.68
3. 外来从业人员寄给家人的支出	元					
4. 赡养支出	元	6.49	11.74	5.94	14.10	41.49

7—3 续表 5　　（2017 年）

指标名称	单位	20% 农村低收入户	20% 农村中低收入户	20% 农村中等收入户	20% 农村中高收入户	20% 农村高收入户
5. 其他转移性支出	元	3.08	1.78	18.23	10.96	32.46
（1）经常性捐赠支出	元			0.03	0.53	23.26
（2）经常性赔偿支出	元					
（3）其他经常转移支出	元	3.08	1.78	18.20	10.43	9.21
第二部分、消费支出	元	5767.62	7191.04	8337.36	9222.75	12131.33
（一）食品烟酒	元	1611.95	1850.42	2191.74	2498.03	3326.81
1. 食品	元	1207.90	1410.32	1616.96	1824.04	2267.76
（1）谷物	元	299.83	325.70	317.75	382.55	416.22
（2）薯类	元	31.66	31.44	30.77	37.75	47.02
（3）豆类	元	17.98	22.76	27.85	32.11	32.99
（4）食用油	元	66.38	72.59	90.48	98.84	137.58
（5）蔬菜和食用菌	元	132.37	164.26	209.49	231.98	285.87
（6）肉类	元	253.73	275.65	322.13	383.42	489.14
（7）禽类	元	22.61	25.06	30.38	37.85	42.18
（8）水产品	元	16.38	19.47	48.72	36.37	64.81
（9）蛋类	元	57.58	68.33	76.86	91.85	106.16
（10）奶类	元	55.57	90.09	103.26	113.33	184.87
（11）干鲜瓜果类	元	89.00	136.49	146.04	174.67	223.51
（12）糖果糕点类	元	31.59	45.26	74.19	57.47	72.42
（13）其他食品	元	133.23	133.22	139.05	145.86	164.98
2. 烟酒	元	246.77	242.96	287.89	353.94	554.95
（1）烟草	元	131.18	131.52	130.08	180.16	263.62
（2）酒类	元	115.58	111.44	157.81	173.78	291.34
3. 饮料	元	42.71	52.00	63.62	65.77	80.70
4. 饮食服务	元	114.57	145.14	223.27	254.27	423.41
（1）食堂用餐	元	28.29	12.18	27.76	12.69	23.34

7—3 续表 6 （2017 年）

指标名称	单位	20% 农村低收入户	20% 农村中低收入户	20% 农村中等收入户	20% 农村中高收入户	20% 农村高收入户
（2）其他在外饮食	元	80.60	128.91	191.23	236.42	395.80
（3）食品加工服务费	元	5.68	4.05	4.28	5.16	4.27
（二）衣着	元	423.62	509.97	569.12	623.15	836.31
1. 衣类	元	311.56	369.62	422.08	463.87	621.39
2. 鞋类	元	112.06	140.35	147.05	159.28	214.92
（三）居住	元	1520.36	1911.52	1963.16	2011.17	2893.65
1. 租赁房房租	元	9.18	15.25	19.52	22.67	32.24
2. 住房维修及管理	元	177.18	433.54	389.05	142.88	370.81
3. 水电燃料及其他	元	684.78	635.27	668.06	751.23	1182.18
4. 自有住房折算租金	元	649.22	827.46	886.52	1094.39	1308.41
（1）租赁公房房租	元	0.00	0.75	1.49		13.95
（2）租赁私房房租	元	9.18	14.50	18.03	22.67	18.29
（3）住房维修及管理中物业管理费		2.55	4.51	4.26	8.80	3.72
5. 物业管理费						
（四）生活用品及服务	元	402.52	576.86	747.44	796.02	1280.27
1. 家具及室内装饰品	元	88.94	84.41	126.71	163.15	284.64
2. 家用器具	元	130.61	217.26	306.00	308.35	547.56
3. 家用纺织品	元	28.41	51.77	54.68	55.30	103.62
4. 家庭日用杂品	元	124.66	160.52	171.15	193.59	242.58
5. 个人用品	元	23.48	52.45	68.26	62.48	79.65
6. 家庭服务	元	6.41	10.45	20.64	13.15	22.22
其中：家政服务	元	0.02	0.85	2.13	0.82	6.05
（五）交通通信	元	689.92	877.08	1389.17	1931.32	1890.06
1. 交通	元	459.33	505.28	950.07	1431.88	1286.06
（1）交通工具	元	286.47	252.10	652.17	1049.57	773.43
（2）交通费	元	29.01	31.35	37.44	34.68	56.00

7—3 续表 7　　（2017 年）

指标名称	单位	20%农村低收入户	20%农村中低收入户	20%农村中等收入户	20%农村中高收入户	20%农村高收入户
（3）交通工具用燃料	元	81.23	109.92	172.18	203.59	282.35
（4）交通工具使用及维修	元	62.62	111.91	88.27	144.05	174.27
其中：车辆保险支出	元	0.54	16.16	24.07	42.41	50.66
2. 通信	元	230.59	371.80	439.11	499.44	604.00
（1）通信工具	元	84.14	134.02	170.46	179.38	210.89
（2）通信服务	元	146.46	237.78	268.65	320.07	393.11
（六）教育文化娱乐	元	405.12	712.43	754.14	635.31	768.15
1. 教育	元	303.36	516.65	583.11	400.35	494.62
（1）学前教育	元	20.28	39.11	83.18	71.56	60.53
（2）小学教育	元	50.79	42.99	44.60	53.65	47.63
（3）初中教育	元	76.09	105.51	58.53	27.10	59.17
（4）高中教育	元	47.12	84.18	83.87	50.01	95.28
（5）中专职高教育	元	2.16	29.51	5.10	5.85	19.59
（6）大专及以上教育	元	40.37	158.01	254.84	182.14	152.75
（7）成人教育	元	66.55	57.34	52.99	10.05	59.68
2. 文化娱乐	元	101.75	195.79	171.02	234.96	273.52
（1）文娱耐用消费品	元	22.37	51.77	51.24	87.09	53.95
（2）其他文娱用品	元	42.47	77.15	69.02	71.41	100.10
（3）文化娱乐服务	元	36.91	66.87	50.76	76.47	119.47
（七）医疗保健	元	566.67	586.04	576.63	579.84	868.60
1. 医疗器具及药品	元	246.30	214.18	205.19	235.96	258.05
2. 医疗服务	元	320.37	371.86	371.43	343.88	610.55
（1）门诊总费用	元	138.19	124.10	145.28	129.81	155.65
（2）住院总费用	元	182.17	247.76	226.15	214.07	454.90

7—3 续表 8　　（2017 年）

指标名称	单位	20% 农村低收入户	20% 农村中低收入户	20% 农村中等收入户	20% 农村中高收入户	20% 农村高收入户
（八）其他用品和服务	元	147.47	166.72	145.96	147.89	267.48
1. 其他用品	元	102.05	108.46	78.46	78.32	137.44
2. 其他服务	元	45.42	58.27	67.49	69.57	130.04
3.20–30 平方米	户					
第三部分、现住房建筑面积	平方米	33.13	36.59	40.00	43.31	52.80
期末拥有房屋面积	平方米	33.01	36.51	40.23	44.08	53.03
第四部分、家庭耐用品百户拥有量						
1. 家用汽车	辆	0.05	0.05	0.08	0.10	0.11
2. 摩托车	辆	0.16	0.17	0.16	0.16	0.17
3. 助力车	台	0.21	0.25	0.31	0.33	0.39
4. 洗衣机	台	0.22	0.24	0.25	0.26	0.33
5. 电冰箱（柜）	台	0.18	0.21	0.23	0.25	0.30
6. 微波炉	台	0.05	0.05	0.06	0.08	0.11
7. 彩色电视机	台	0.30	0.30	0.31	0.32	0.39
8. 其中：接入有线电视	台	0.07	0.11	0.13	0.15	0.20
9. 空调	台	0.13	0.18	0.24	0.24	0.32
10. 热水器	台	0.14	0.19	0.20	0.23	0.28
11. 其中：太阳能热水器	台	0.12	0.17	0.17	0.20	0.22
12. 消毒碗柜	台					
13. 洗碗机	台					
14. 排油烟机	台	0.03	0.06	0.07	0.08	0.11
15. 固定电话	线	0.04	0.03	0.03	0.05	0.04
16. 移动电话	部	0.55	0.62	0.65	0.68	0.78
17. 其中：接入互联网	部	0.14	0.23	0.20	0.20	0.23
18. 计算机	台	0.05	0.09	0.13	0.14	0.16
19. 其中：接入互联网	台	0.03	0.07	0.10	0.11	0.13
20. 摄像机	台					
21. 照相机	台	0.01	0.01	0.01	0.01	0.03
22. 中高档乐器	架					0.01
23. 健身器材	台				0.01	0.02
24. 组合音响	套					

分县（市、区）城乡居民人均可支配收入及生活消费支出

7—4　　（2017 年）　　单位：元

单位名称	人均可支配收入	
	城镇	农村
石家庄市	**32929**	**13345**
# 长安区	36923	
桥西区	37656	
新华区	37105	
井陉矿区	29539	17254
裕华区	37939	
藁城区	32871	17626
鹿泉区	31674	17636
栾城区	29444	16088
井 陉 县	27410	12176
正 定 县	29506	17001
行 唐 县	27532	7626
灵 寿 县	27025	6904
高 邑 县	25444	12842
深 泽 县	26271	12351
赞 皇 县	25167	6417
无 极 县	26975	13984
平 山 县	28175	8165
元 氏 县	26197	13635
赵　县	28122	14169
晋 州 市	31181	17568
新 乐 市	26260	15569

注：2017 年全市居民人均生活消费支出为 15299 元。其中，城镇居民人均生活消费支出为 20339 元；农村人均生活消费支出为 8417 元。

八、城市公用设施

城市市政公用设施水平

8—1

（2017年）

指标名称	计量单位	2017年	指标名称	计量单位	2017年
人均日生活用水量	升	158.37	污水处理率	%	99.44
用水普及率	%	100.00	#污水处理厂集中处理率	%	99.44
燃气普及率	%	100.00	人均公园绿地面积	平方米	17.05
每万人拥有公交车辆	标台		建成区绿化覆盖率	%	44.42
人均城市道路面积	平方米	20.03	建成区绿地率	%	40.42
排水管道密度	公里/平方公里	8.12	生活垃圾无害化处理率	%	100.00

城市建设用地情况

8—2

（2017年）

指标名称	计量单位	2017年	指标名称	计量单位	2017年
建成区土地面积	平方公里	285.62	工业用地	平方公里	15.92
城市建设用地面积	平方公里	265.81	物流仓储用地	平方公里	5.09
#居住用地	平方公里	98.27	交通设施用地	平方公里	44.89
公共管理与服务	平方公里	26.2	公用设施用地	平方公里	13.55
商业服务业设施	平方公里	15.75	绿地	平方公里	46.14

注：8-1至8-10表均为市区数据。

城市供水情况

8—3　　（2017 年）

指标名称	计量单位	2017 年	指标名称	计量单位	2017 年
综合生产能力	万立方米 / 日	156.31	公共服务用水	万立方米	5997.74
#地下水	万立方米 / 日	51.31	居民家庭用水	万立方米	10393.43
供水管道长度	公里	1984.56	用水户数	户	378164
供水总量	万立方米	27678.69	#家庭用户	户	365193
#生产运营用水	万立方米	6236.95	用水人口	万人	283.97

城市节约用水情况

8—4　　（2017 年）

指标名称	计量单位	2017 年	指标名称	计量单位	2017 年
实际用水量	万立方米	24349	重复利用量	万立方米	20870
#工业	万立方米	22957	#工业	万立方米	20870
新水取水量	万立方米	3479	节约用水量	万立方米	700
#工业	万立方米	2087	#工业	万立方米	700

城市燃气情况

8—5　（2017 年）

指标名称	计量单位	2017 年	指标名称	计量单位	2017 年
一、人工煤气					
生产能力	万立方米 / 日	6	# 销售气量	万立方米	93547.74
储气能力	万立方米	2.5	# 居民家庭	万立方米	33559.89
供气管道长度	公里	12.04	用气户数	户	1608263
供气总量	万立方米	7902.7	# 家庭用户	户	1605661
# 销售气量	万立方米	7902.7	用气人口	万人	233.87
# 居民家庭	万立方米	896.1	三、液化石油气		
用气户数	户	15837	储气能力	吨	1658
# 家庭用户	户	14592	供气总量	吨	128033.67
用气人口	万人	3.75	# 销售气量	吨	127882.4
二、天然气			# 家庭用户	吨	105796
储气能力	万立方米	36.4	用气户数	户	479608
供气管道长度	公里	1903.18	# 家庭用户	户	458546
供气总量	万立方米	98777.06	用气人口	万人	46.35

城市集中供热情况

8—6　（2017 年）

指标名称	计量单位	2017 年	指标名称	计量单位	2017 年
一、蒸汽			供热能力	兆瓦	6250
供热能力	吨 / 小时	2824.00	供热总量	万吉焦	2087
供热总量	万吉焦	5325	三、供热面积		
管道总长度	公里	11558	住宅供热面积	万平方米	18537.6
二、热水					

城市公共汽车和出租汽车情况

8—7　　（2017 年）

指标名称	计量单位	2017 年	指标名称	计量单位	2017 年
一、公共汽车			运营线路长度	公里	1516.7
公共汽车数	辆	4637	公交专用车道长度	公里	18
# 天然气燃料车	辆	2747	客运总量	亿人次	
柴油车	辆	119	二、出租汽车		
标准运营车数	标台	6833.8	出租车数量	辆	
运营线路条数	条	115	客运总量	万人次	

城市市政设施情况

8—8　　（2017 年）

指标名称	计量单位	2017 年	指标名称	计量单位	2017 年
道路长度	公里	2155.24	污水排放量	万立方米	41355
道路面积	万平方米	5688.25	排水管道长度	公里	2320.01
# 人行道面积	万平方米	985.31	# 污水管道	公里	872.5
桥梁数	座	162	污水处理厂	座	9
# 立交桥	座	118	污水处理能力	万立方米 / 日	129
路灯盏数	千盏	111629	污水处理量	万立方米	41123
安装路灯的道路长度	公里	2501.13	干污泥处置量	吨	81001

城市园林绿化及风景名胜区情况

8—9

（2017 年）

指标名称	计量单位	2017 年	指标名称	计量单位	2017 年
绿化覆盖面积	公顷	14105.23	公园个数	个	97
#建成区	公顷	12687.16	公园面积	公顷	4583.74
绿地面积	公顷	12839.26	风景名胜区面积	平方公里	439
#建成区	公顷	11545.89	#可游览面积	平方公里	254
公园绿地面积	公顷	4840.44	游人量	万人次	915.2

注：目前仅有我市国家级风景名胜区数据

城市市容环境卫生情况

8—10

（2017 年）

指标名称	计量单位	2017 年	指标名称	计量单位	2017 年
道路清扫保洁面积	万平方米	4996	#卫生填埋	吨 / 日	500
#机械化	万平方米	3864	焚烧	吨 / 日	2000
生活垃圾清运量	万吨	102.14	无害化处理量	万吨	102.14
无害化处理厂（场）数	座	4	#卫生填埋	万吨	27.86
#卫生填埋	座	3			
焚烧	座	1	公厕数	座	464
无害化处理能力	吨 / 日	2500	市容环卫专用车辆总数	台	974

全市污染物排放及处理利用情况

8—11　　（2017 年）

指标名称	计量单位	2017 年
一、工业废水		
废水治理设施数	套	738
废水治理设施处理能力	万吨 / 日	56.63
工业废水处理量	万吨	7717.34
工业废水排放量	万吨	7470.24
# 排入污水处理厂的	万吨	7183.99
化学需氧量排放量	吨	11566.79
氨氮排放量	吨	1969.11
石油类排放量	吨	22.80
挥发酚排放量	千克	460.48
氰化物排放量	千克	2580.70
砷排放量	千克	0.12
铅排放量	千克	65.81
汞排放量	千克	0.01
总铬排放量	千克	527.73
六价铬排放量	千克	177.60
二、工业废气		
工业废气排放量	亿立方米	111447.41
废气治理设施数	套	5172
废气治理设施处理能力	万立方米 / 时	186063
脱硫设施数	套	387
脱硝设施数	套	236
除尘设施数	套	2050

8—11 续表 1　　（2017 年）

指标名称	计量单位	2017 年
二氧化硫排放量	吨	33252.30
氮氧化物排放量	吨	58643.03
烟（粉）尘排放量	吨	23289.19
砷排放量	千克	0.00
铅排放量	千克	30.32
镉排放量	千克	0.00
汞排放量	千克	0.00
总铬排放量	千克	10.40
六价铬排放量	千克	4.00
三、工业固体废物		
一般工业固体废物产生量	万吨	1588.37
一般工业固体废物综合利用量	万吨	1481.20
一般工业固体废物处置量	万吨	59.19
一般工业固体废物贮存量	万吨	81.91
一般工业固体废物倾倒丢弃量	万吨	0.00
危险废物产生量	万吨	11.45
危险废物综合利用量	万吨	3.55
危险废物处置量	万吨	8.18
四、机动车污染物排放情况		
氮氧化物排放量	万吨	
总颗粒物排放量	万吨	
一氧化碳排放量	万吨	
碳氢化合物排放量	万吨	

8—11 续表 2　　（2017 年）

指标名称	计量单位	2017 年
五、城镇生活污染物排放情况		
城镇生活污水排放量	万吨	34503.19
城镇生活化学需氧量产生量	吨	165378.54
城镇生活化学需氧量排放量	吨	54210.79
城镇生活氨氮产生量	吨	20334.57
城镇生活氨氮排放量	吨	7673.18
生活二氧化硫排放量	吨	26632.20
生活氮氧化物排放量	吨	4032.19
生活烟尘排放量	吨	13697.10
六、城镇污水处理情况		
污水处理厂设计能力	万吨 / 日	226.4497
污水处理量	万吨	62627.58
# 工业污水处理量	万吨	17955.862
再生水利用量	万吨	12541.623
化学需氧量去除量	吨	170176.71
氨氮去除量	吨	21707.66
总氮去除量	吨	24384.78
污泥产生量	万吨	18.54
污泥处置量	万吨	18.54
# 填埋处置量	万吨	7.26
七、危险废物（医疗废物）集中处置情况		
危险废物实际设计能力	吨 / 日	214.8
危险废物实际处置量	吨	18205.34
# 处置工业危险废物量	吨	17663.25
焚烧残渣安全填埋处置量	吨	0.15

九、农村经济

农村基础设施情况

9—1　　（2017 年）　　计量单位：个

行政单位	自来水受益村	通宽带村数	通公共交通村数
石家庄市	**4129**	**4315**	**4150**
# 长安区	8	8	8
桥西区	15	15	15
新华区	13	13	13
裕华区	5	5	5
矿　区			
藁城区	226	226	222
鹿泉区	208	208	194
栾城区	173	173	173
高新区	28	28	28
循环化工园区	13	13	13
井 陉 县	303	305	310
正 定 县	154	154	154
行 唐 县	251	318	322
灵 寿 县	249	260	279
高 邑 县	107	107	107
深 泽 县	125	125	125
赞 皇 县	147	212	212
无 极 县	213	213	213
平 山 县	692	715	600
元 氏 县	190	208	208
赵　县	281	281	281
晋 州 市	224	224	164
新 乐 市	160	160	160
辛 集 市	344	344	344

乡村人口与乡村从业人员情况

9—2　　（2017 年）　　计量单位：人

行政单位	一、乡村劳动力资源数	二、乡村从业人员					
		合计	（一）按性别分		（二）按国民经济行业分		
			1. 男	2. 女	1. 农林牧渔业从业人员	2. 工业从业人员	# 采矿业
石家庄市	**4150166**	**3777504**	**2037273**	**1740231**	**1388583**	**1084517**	**35574**
# 长安区	14444	10999	6336	4663	2128	2790	
桥西区	20734	18039	9556	8483	484	2417	
新华区	38038	34981	18219	16762	2349	10228	
裕华区	14633	13651	8224	5427	3183	4540	
矿　区	20934	19513	10390	9123	3677	10121	
藁城区	431602	392769	236144	156625	64612	141758	
鹿泉区	210143	177174	91813	85361	67257	39476	2350
栾城区	188793	174918	92396	82522	43686	52462	
高新区	43778	33473	17496	15977	12235	8823	6
循环化工园区	26347	23389	10374	13015	4548	8702	
井 陉 县	168290	145789	81639	64150	62291	37953	13306
正 定 县	253689	228695	125116	103579	68814	54146	1437
行 唐 县	188391	186978	95546	91432	77893	39285	3195
灵 寿 县	155689	149599	82185	67414	74581	30455	
高 邑 县	97238	95591	50012	45579	44842	22121	51
深 泽 县	134863	127843	67221	60622	46733	39886	661
赞 皇 县	138058	130121	71564	58557	47552	19873	2403
无 极 县	262966	249309	125041	124268	116019	78858	
平 山 县	275220	246100	143900	102200	157170	42769	10380
元 氏 县	295631	243233	131021	112212	159983	27025	1500
赵　　县	312370	290782	151960	138822	102108	90045	
晋 州 市	278193	260952	136850	124102	83640	116873	
新 乐 市	237483	224374	114722	109652	51144	85147	285
辛 集 市	342639	299232	159548	139684	91654	118764	

9—2 续表 1　　（2017 年）　　计量单位：人

行政单位	二、乡村从业人员（续）					
	（二）按国民经济行业分（续）					
	2. 工业从业人员（续）		3. 建筑业从业人员	4. 批发和零售业从业人员	5. 交通运输业、仓储业和邮电通讯业从业人员	6. 住宿和餐饮业从业人员
	制造业	电力、煤气及水的生产和供应业				
石家庄市	**1021377**	**27566**	**389631**	**274400**	**206082**	**120915**
#长安区	2197	593	1893	916	547	418
桥西区	2051	366	1828	2964	1027	2276
新华区	10228		2966	5574	2087	1237
裕华区	4525	15	1520	1540	650	310
矿　区	9811	310	1312	1095	1959	698
藁城区	138211	3547	54868	39338	33520	20917
鹿泉区	35660	1466	15227	16735	10637	11282
栾城区	51472	990	27542	17198	10479	5686
高新区	8384	433	3426	1688	848	1082
循环化工园区	8531	171	3495	2030	144	368
井陉县	24017	630	10147	7607	8670	3643
正定县	50277	2432	40345	15688	17270	10020
行唐县	34141	1949	21686	10361	12224	5835
灵寿县	29950	505	9148	6935	5891	7516
高邑县	21669	401	7045	5405	4118	3868
深泽县	38285	940	16049	8913	8136	1967
赞皇县	17010	460	9794	14996	14880	12207
无极县	77957	901	16812	18392	8551	1341
平山县	29679	2710	11780	12560	8105	980
元氏县	24719	806	22693	8863	823	6188
赵　县	88364	1681	31103	16100	19597	8235
晋州市	115585	1288	17758	17305	11459	3881
新乐市	81440	3422	25736	29504	14429	6019
辛集市	117214	1550	35458	12693	10031	4941

9—2 续表 2　　（2017 年）　　计量单位：人

行政单位	二、乡村从业人员（续）					
	（二）按国民经济行业分（续）					
	7. 信息传输、计算机服务和软件业从业人员	8. 金融业从业人员	9. 房地产业从业人员	10. 租赁和商务服务业从业人员	11. 科学研究、技术服务和地质勘查业从业人员	12. 水利、环境和公共设施管理业从业人员
石家庄市	**23221**	**15030**	**10836**	**41664**	**5747**	**9821**
# 长安区	31	32	910	345	50	101
桥西区	652	639	948	968	24	81
新华区	629	315	997	2110	32	2763
裕华区	50	40	8	80		20
矿　区	30	55		19		41
藁城区	3190	1395	3938	9418	399	737
鹿泉区	1118	636	281	1921	216	619
栾城区	792	157		2661		11
高新区	220	119	155	2400	59	100
循环化工园区	132	71	140			
井陉县	706	257	63	671	284	235
正定县	2042	649	268	3495	118	899
行唐县	641	991	138	1885	219	666
灵寿县	2365	509	58	310	34	950
高邑县	385	709	12	300	54	89
深泽县	664	419	46	436	61	80
赞皇县	1276	956	789	538	1771	173
无极县	128	1350	46	615		105
平山县	305	460	420	2860	1293	210
元氏县	4682	470	588	7502	163	369
赵　县	912	1557		470	473	489
晋州市	32	808		886	95	239
新乐市	837	1029	588	648	236	197
辛集市	1402	1407	443	1126	166	647

9—2 续表 3　（2017 年）　计量单位：人

行政单位	二、乡村从业人员（续）					
	（二）按国民经济行业分（续）					（三）按文化程度分
	13. 居民服务和其他服务业从业人员	14. 教育从业人员	15. 卫生、社会保障和社会福利业从业人员	16. 文化、体育和娱乐业从业人员	17. 公共管理和社会组织从业人员	1. 未上过学
石家庄市	**90225**	**36241**	**26176**	**23246**	**31169**	**39634**
# 长安区	363	142	155	37	141	
桥西区	2529	402	242	125	433	6
新华区	434	602	467		2191	85
裕华区	1310	160	70	80	90	
矿　区	15	410	55		26	
藁城区	6660	5037	1836	1819	3327	515
鹿泉区	6889	1412	1181	855	1432	643
栾城区	7282	3027	2325	693	917	
高新区	333	554	134	257	1040	
循环化工园区	2252	165	99	144	1099	23
井 陉 县	6253	1177	1175	2733	1924	3
正 定 县	4051	2791	3075	2471	2553	2594
行 唐 县	7885	2199	1968	881	2221	
灵 寿 县	5702	2234	1235	1097	579	3337
高 邑 县	5423	378	314	93	435	41
深 泽 县	1256	804	793	553	1047	306
赞 皇 县	597	691	939	1195	1894	2238
无 极 县	2968	110	330	2016	1668	8527
平 山 县	998	1690	2230	260	2010	13900
元 氏 县	615	1319	698	392	860	4853
赵　县	6782	3066	2765	4911	2169	1559
晋 州 市	3265	1331	1303	1175	902	166
新 乐 市	1932	4010	1839	587	492	94
辛 集 市	14431	2530	948	872	1719	744

9—2 续表 4　　（2017 年）　　计量单位：人

行政单位	二、乡村从业人员（续）（三）按文化程度分（续）			
	2. 小学文化程度从业人员	3. 初中文化程度从业人员	4. 高中（中专）文化程度从业人员	5. 大专及大专以上文化程度从业人员
石家庄市	**738966**	**1791148**	**1059344**	**148412**
# 长安区	1050	4311	3961	1677
桥西区	1070	5360	7517	4086
新华区	622	8290	16061	9923
裕华区	2512	5554	4973	612
矿　区		10000	5513	4000
藁城区	64180	194879	112458	20737
鹿泉区	26221	71760	62057	16493
栾城区	22971	79011	61393	11543
高新区	1492	13711	12624	5646
循环化工园区	2646	14425	5070	1225
井 陉 县	21841	64956	49239	9750
正 定 县	43006	107933	64290	10872
行 唐 县	29138	99185	56379	2276
灵 寿 县	36530	65325	42919	1488
高 邑 县	15552	38495	39436	2067
深 泽 县	32296	61499	31558	2184
赞 皇 县	24571	80506	22284	522
无 极 县	93682	96895	48541	1664
平 山 县	48950	113090	61500	8660
元 氏 县	63210	111080	57530	6560
赵　县	48945	166172	65468	8638
晋 州 市	61350	126359	72321	756
新 乐 市	29954	101608	81968	10750
辛 集 市	67177	150744	74284	6283

农业机械化情况

9—3　　（2017 年）　　单位：台、辆、公顷

行政单位	农用机械总动力（千瓦）			
	合计	1. 柴油发动机动力	2. 汽油发动机动力	3. 电动机动力
石家庄市	**13004289**	**7862271**	**138532**	**5003486**
# 长安区	19321	15876		3445
桥西区	3889	2467	246	1176
新华区	27501	16125	474	10902
裕华区	1061	162		899
矿　区	7100	4675	9	2416
藁城区	1512933	716493	30890	765550
鹿泉区	491009	259819	1824	229366
栾城区	576963	326109	2187	248667
高新区	43838	31605	3040	9193
循环化工园区				
井 陉 县	331664	228436	205	103023
正 定 县	831164	393539	6839	430786
行 唐 县	833392	451624	2172	379596
灵 寿 县	476442	373777	8037	94628
高 邑 县	458950	359502	33016	66432
深 泽 县	284866	207779		77087
赞 皇 县	515717	458243	7141	50333
无 极 县	639398	513270	1390	124738
平 山 县	594926	346315	9035	239576
元 氏 县	588280	487035	594	100651
赵　县	1034684	419317	3486	611881
晋 州 市	709080	435099	2302	271679
新 乐 市	1760120	1060995	5438	693687
辛 集 市	1261991	754009	20207	487775

9—3 续表 1　　（2017 年）　　单位：台、辆、公顷

行政单位	一、拖拉机及配套农具			
	大中型拖拉机（台）	小型拖拉机（台）	大中型拖拉机配套农具（台）	小型拖拉机配套农具（台）
石家庄市	**36101**	**154775**	**69183**	**140461**
# 长安区	59		55	60
桥西区	14	17	23	28
新华区	145	170	252	72
裕华区				
矿　区	67	119	54	37
藁城区	5075	3000	9000	4520
鹿泉区	1462	6500	3621	4200
栾城区	2222	4101	4586	11873
高新区	160		177	218
循环化工园区				
井 陉 县	668	22279	417	17771
正 定 县	2387	3708	4074	3785
行 唐 县	2554	2620	5098	5542
灵 寿 县	1691	8581	1601	5208
高 邑 县	870	8963	1247	6564
深 泽 县	1138	1100	4540	49
赞 皇 县	2638	17255	3183	18029
无 极 县	2010	9637	3036	2878
平 山 县	2067	9987	8790	5950
元 氏 县	2260	13073	5109	13138
赵 县	1413	6476	4222	14420
晋 州 市	1875	17329	3163	9865
新 乐 市	3233	4200	3300	5800
辛 集 市	2093	15660	3635	10454

9—3 续表 2 （2017 年） 单位：台、辆、公顷

行政单位	二、农用排灌机械			
	1. 农用排灌电动机（台）	2. 农用排灌柴油机（台）	3. 农用水泵（台）	4. 节水灌溉机械（套）
石家庄市	**218098**	**126381**	**197578**	**11388**
# 长安区	565		874	
桥西区	84		84	3
新华区	657		657	39
裕华区	70		87	3
矿　区	17		17	
藁城区	21750	850	21750	9100
鹿泉区	6506		5095	126
栾城区	12187	2612	8430	88
高新区	390			
循环化工园区				
井 陉 县	1982	642	2146	134
正 定 县	17438	6310	14279	132
行 唐 县	9824		10848	801
灵 寿 县	7580	9190	6053	15
高 邑 县	5986	1629	3664	
深 泽 县	3500		5470	24
赞 皇 县	3567	3942	7413	133
无 极 县	12780	12041	12780	
平 山 县	11273	5361	5325	348
元 氏 县	11119	6902	9351	124
赵　县	15798		17582	86
晋 州 市	12170	3082	11002	192
新 乐 市	42201	49840	31720	21
辛 集 市	20654	23980	22951	19

9—3 续表 3　　（2017 年）　　单位：台、辆、公顷

行政单位	三、收获机械		四、农业机械化项目水平（公顷）		
	联合收割机（台）	机动脱粒机（台）	（一）当年实际机耕地面积	（二）当年机械播种面积	（三）当年机械收获面积
石家庄市	**30242**	**23188**	**542633**	**728033**	**705486**
# 长安区	32		7337	7337	7337
桥西区	5		145	145	145
新华区	31	52	2130	2130	2130
裕华区			138	145	145
矿　区	12	8	120	231	231
藁城区	3170	1500	33519	68581	68884
鹿泉区	899	4707	24815	28875	28719
栾城区	1496	2910	23650	32463	32463
高新区	53		3600	4400	4400
循环化工园区					
井 陉 县	393	6147	14200	13600	10500
正 定 县	1895		34747	41943	40687
行 唐 县	2386		35149	45450	37937
灵 寿 县	1586	485	20850	26500	34831
高 邑 县	811		21599	21599	26112
深 泽 县	1378		12535	26166	26803
赞 皇 县	601	297	21000	34000	26128
无 极 县	1782		31090	47289	46289
平 山 县	763	4814	16120	22485	21490
元 氏 县	2617		34767	51191	49167
赵　县	2580		70849	72278	74565
晋 州 市	2146		39333	47000	46333
新 乐 市	2908	1262	49675	49675	45080
辛 集 市	2698	1006	45265	84550	75110

农业主要能源及物资消耗情况

9—4　　（2017 年）　　单位：台、辆、公顷

行政单位	一、农村用电量（万千瓦时）	二、农用化肥施用量（吨）				
		按实物量计算				
		合计	氮肥	磷肥	钾肥	复合肥
石家庄市	**776745**	**1657404**	**847494**	**434129**	**57363**	**318418**
# 长安区		2403	611	426	245	1121
桥西区	5035	151	42	2	12	95
新华区		141	40	13	24	64
裕华区	760	124	37	8	4	75
矿　区	16000	980	550	80	50	300
藁城区	97268	186728	86263	51852	8704	39909
鹿泉区	41601	38450	17969	8717	1972	9792
栾城区	16087	46918	20577	15708	1494	9139
高新区		4518	1518	1002	279	1719
循环化工园区		55155	2570	60	783	51742
井 陉 县	18193	34919	17078	8607	1227	8007
正 定 县	17956	155251	92028	37012	3697	22514
行 唐 县	38459	105145	83105	7937	862	13241
灵 寿 县	28387	57307	31055	14526	826	10900
高 邑 县	8827	28216	11844	4686	1230	10456
深 泽 县	27349	49725	21471	12172	1329	14753
赞 皇 县	61857	31517	13619	5647	2	12249
无 极 县	48705	111924	63472	35897	2988	9567
平 山 县	18100	68022	40250	20180	22	7570
元 氏 县	19422	121102	58535	39321	2280	20966
赵　县	48733	148771	68788	38482	12817	28684
晋 州 市	193856	106065	65070	22860	2450	15685
新 乐 市	33866	86543	50931	24768	5374	5470
辛 集 市	36284	217329	100071	84166	8692	24400

9—4 续表 1　　（2017 年）　　单位：吨

行政单位	二、农用化肥施用量（续）				
	按折纯法计算				
	合计	氮肥	磷肥	钾肥	复合肥
石家庄市	**471105**	**250304**	**74425**	**25267**	**121109**
# 长安区	1057	265	235	43	514
桥西区	28	13		2	13
新华区	64	12	5	12	35
裕华区	58	11	2	2	43
矿　区	290	160	20	4	106
藁城区	40875	21825	6802	3103	9145
鹿泉区	14793	6613	2199	1118	4863
栾城区	15480	7784	3237	653	3806
高新区	1603	524	231	207	641
循环化工园区	17240	510	28	275	16427
井 陉 县	11026	4695	1921	309	4101
正 定 县	42145	24280	6200	1885	9780
行 唐 县	25285	16989	1190	431	6675
灵 寿 县	10318	6221	1973	279	1845
高 邑 县	11383	4344	839	432	5768
深 泽 县	15847	6784	1654	583	6826
赞 皇 县	11212	3406	1694	1	6111
无 极 县	28923	18174	5575	1434	3740
平 山 县	14616	8050	4155	12	2399
元 氏 县	33825	17555	7856	1135	7279
赵　县	58132	30561	9326	6219	12026
晋 州 市	32849	19752	3260	1131	8706
新 乐 市	19535	12247	2733	2574	1981
辛 集 市	64521	39529	13290	3423	8279

9—4 续表 2　　（2017 年）　　单位：吨、公顷

行政单位	三、农用塑料薄膜使用情况			四、农用柴油消耗量	五、农药使用量
	塑料薄膜使用量	# 地膜使用量	地膜覆盖面积		
石家庄市	**7979**	**3158**	**49580**	**271594**	**12079**
# 长安区				625	139
桥西区	1	1	15	40	2
新华区	11	6	88	210	31
裕华区					
矿　区	1	0	5	19	12
藁城区	953	314	4518	29330	569
鹿泉区	503	59	979	7233	536
栾城区	108	54	776	7445	227
高新区	1	0	3		2
循环化工园区	176	34	486		24
井陉县	65	35	546	4600	140
正定县	810	271	3722	36734	497
行唐县	322	248	5238	27016	565
灵寿县	101	36	610	6819	135
高邑县	1100	150	2000	1400	264
深泽县	95	33	463	3116	254
赞皇县	375	147	1969	36596	381
无极县	474	128	2150	20916	590
平山县	162	154	2904	8675	212
元氏县	600	377	6520	5920	535
赵　县	263	94	1930	5913	2150
晋州市	165	48	653	19310	1015
新乐市	548	449	7018	18417	495
辛集市	1145	520	6987	31260	3304

农田水利建设情况

9—5　　（2017 年）　　单位：公顷、眼

行政单位	一、有效灌溉面积	二、旱涝保收面积	三、机电井年末达到数
石家庄市	**506557**	**405574**	**152039**
# 长安区	3970		1185
桥西区	230	210	108
新华区	2370		503
裕华区	1120	83	629
矿　区	1800	150	160
藁城区	55050	51470	18019
鹿泉区	23960	17760	4219
栾城区	21815	21815	8538
高新区			
循环化工园区	2842	1842	600
井 陉 县	10010	7953	679
正 定 县	29890	28128	11407
行 唐 县	24240	24240	11669
灵 寿 县	17770	9973	3057
高 邑 县	15410	15410	3208
深 泽 县	20640	20640	6674
赞 皇 县	22310	3700	3130
无 极 县	33440	33440	13313
平 山 县	19130	15330	2267
元 氏 县	20830	13750	3925
赵　　县	47570	47250	13934
晋 州 市	39730		12974
新 乐 市	32830	32830	14291
辛 集 市	59600	59600	17550

农业主要产品生产情况

9—6 （2017 年） 计量单位：公顷、公斤 / 公顷、吨

行政单位	一、粮食作物合计			（一）夏收粮食		
	播种面积	单　产	总 产 量	播种面积	单　产	总 产 量
石家庄市	**776710**	**6582**	**5112159**	**339920**	**6876**	**2337350**
# 长安区	5044	5558	28037	2497	5880	14682
桥西区	120	5640	677	10	5730	55
新华区	774	5136	3976	253	5905	1496
裕华区	258	5851	1511	54	6035	326
矿　区	305	4022	1227	5	5077	24
藁城区	71406	7624	544426	32919	7462	245645
鹿泉区	26975	5523	148969	10705	6019	64431
栾城区	33783	7069	238823	16347	7330	119822
高新区	3244	5479	17776	1554	5445	8462
循环化工园区	5850	6640	38842	2510	7199	18069
井 陉 县	15317	3463	53048	1062	4355	4624
正 定 县	41761	6972	291148	20868	7202	150287
行 唐 县	53231	6406	340985	22201	6317	140240
灵 寿 县	30356	4597	139535	10838	4657	50474
高 邑 县	24990	6961	173963	11293	6969	78706
深 泽 县	29862	6902	206113	12582	7093	89239
赞 皇 县	17661	3542	62553	4538	4456	20222
无 极 县	55362	6747	373502	25763	7058	181829
平 山 县	20889	5021	104892	3289	5838	19202
元 氏 县	59306	5978	354560	25749	6342	163308
赵　县	82697	7557	624909	38449	7463	286937
晋 州 市	53081	6569	348689	23935	6963	166656
新 乐 市	52024	6824	355014	24536	6876	168707
辛 集 市	92413	7131	658983	47964	7170	343907

9—6 续表 1　　（2017 年）　　计量单位：公顷、公斤 / 公顷、吨

行政单位	夏收粮食中：冬小麦			（二）秋收粮食		
	播种面积	单　产	总 产 量	播种面积	单　产	总 产 量
石家庄市	**338001**	**6891**	**2329041**	**436790**	**6353**	**2774810**
# 长安区	2497	5880	14682	2547	5243	13355
桥西区	10	5730	55	110	5633	622
新华区	253	5905	1496	521	4762	2480
裕华区	54	6035	326	204	5803	1185
矿　区	5	5077	24	300	4006	1203
藁城区	32785	7463	244670	38488	7763	298781
鹿泉区	10684	6020	64320	16270	5196	84538
栾城区	16300	7330	119482	17436	6825	119001
高新区	1554	5445	8462	1690	5511	9315
循环化工园区	2510	7199	18069	3340	6219	20773
井 陉 县	995	4502	4480	14255	3397	48425
正 定 县	20788	7202	149715	20893	6742	140861
行 唐 县	22101	6325	139777	31030	6469	200746
灵 寿 县	10506	4710	49483	19518	4563	89061
高 邑 县	11173	6990	78102	13697	6955	95257
深 泽 县	12535	7105	89058	17280	6763	116874
赞 皇 县	4498	4470	20104	13123	3226	42332
无 极 县	25721	7059	181574	29600	6476	191673
平 山 县	2922	6248	18259	17600	4869	85690
元 氏 县	25636	6339	162517	33557	5699	191252
赵　县	38349	7470	286456	44247	7638	337972
晋 州 市	23925	6963	166592	29146	6245	182032
新 乐 市	24236	6908	167432	27488	6778	186308
辛 集 市	47964	7170	343907	44449	7089	315076

9—6 续表 2　　（2017 年）　　计量单位：公顷、公斤 / 公顷、吨

行政单位	（一）谷物			#玉　米		
	播种面积	单　产	总产量	播种面积	单　产	总产量
石家庄市	**751307**	**6697**	**5031538**	**405233**	**6622**	**2683339**
#长安区	4964	5619	27893	2467	5355	13211
桥西区	120	5640	677	110	5633	622
新华区	619	5857	3628	351	5815	2039
裕华区	254	5854	1488	200	5805	1162
矿　区	305	4022	1227	300	4006	1203
藁城区	68398	7822	534981	35183	8205	288670
鹿泉区	25917	5664	146789	15041	5449	81953
栾城区	32587	7256	236461	15914	7284	115914
高新区	3244	5479	17776	1690	5511	9315
循环化工园区	5790	6690	38734	3280	6300	20665
井陉县	13148	3612	47490	11223	3675	41245
正定县	40367	7072	285459	19333	6978	134904
行唐县	52331	6441	337060	29672	6602	195892
灵寿县	28912	4635	133999	18117	4629	83856
高邑县	24683	6999	172749	13338	7065	94231
深泽县	29063	7023	204107	16448	6975	114729
赞皇县	16464	3605	59358	11623	3307	38432
无极县	54025	6858	370488	27794	6750	187616
平山县	19842	5148	102139	16107	5113	82350
元氏县	57140	6026	344297	30819	5842	180038
赵　县	82525	7562	624090	44021	7662	337277
晋州市	50925	6772	344864	26020	6751	175674
新乐市	50565	6905	349156	26294	6907	181618
辛集市	89120	7256	646628	39886	7539	300721

9—6 续表 3　　（2017 年）　　计量单位：公顷、公斤 / 公顷、吨

行政单位	谷子			高粱		
	播种面积	单产	总产量	播种面积	单产	总产量
石家庄市	**6989**	**2074**	**14495**	**25**	**2451**	**62**
# 长安区						
桥西区						
新华区						
裕华区						
矿　区						
藁城区	301	2361	710			
鹿泉区	121	2370	287	7	2500	17
栾城区	299	2440	730			
高新区						
循环化工园区						
井陉县	798	1753	1399	5	1614	8
正定县	179	2175	390			
行唐县	519	2438	1264	6	3094	18
灵寿县	260	2168	565			
高邑县	160	2245	360	1	1500	2
深泽县	31	2448	75			
赞皇县	307	2439	748	2	1500	3
无极县	438	2167	950			
平山县	697	1758	1224	5	3008	15
元氏县	622	2378	1479			
赵　县	155	2284	354			
晋州市	832	2353	1958			
新乐市						
辛集市	1270	1575	2000			

9—6 续表 4 （2017 年） 计量单位：公顷、公斤 / 公顷、吨

行政单位	（二）豆 类			# 大 豆		
	播种面积	单 产	总 产 量	播种面积	单 产	总 产 量
石家庄市	**15465**	**1861**	**28774**	**14963**	**1873**	**28028**
# 长安区	80	1800	144	80	1800	144
桥西区						
新华区	155	2249	348	155	2249	348
裕华区						
矿 区						
藁城区	2737	2700	7391	2737	2700	7391
鹿泉区	875	1406	1231	831	1375	1143
栾城区	1141	1708	1949	1140	1708	1947
高新区						
循环化工园区	60	1800	108	60	1800	108
井 陉 县	1268	1164	1476	932	1118	1042
正 定 县	1054	2550	2687	1054	2550	2687
行 唐 县	288	1404	404	287	1401	401
灵 寿 县	114	1871	214	105	1861	195
高 邑 县	95	2027	192	92	2015	185
深 泽 县	685	1876	1285	685	1876	1285
赞 皇 县	457	1188	543	449	1172	526
无 极 县	1150	1831	2106	1150	1831	2106
平 山 县	310	1346	417	255	1247	318
元 氏 县	680	1573	1071	637	1558	992
赵 县	20	3250	65	20	3250	65
晋 州 市	2074	1623	3365	2074	1623	3365
新 乐 市	541	1281	693	541	1281	693
辛 集 市	1681	1836	3087	1681	1836	3087

9—6 续表 5　　（2017 年）　　计量单位：公顷、公斤 / 公顷、吨

行政单位	（三）薯类			二、油料		
	播种面积	单产	总产量	播种面积	单产	总产量
石家庄市	**9938**	**26085**	**259238**	**40794**	**3307**	**143527**
# 长安区				1	3009	3
桥西区						
新华区				76	3458	263
裕华区	4	28500	114			
矿　区						
藁城区	272	37734	10266	1316	4538	5974
鹿泉区	182	26080	4746	648	3617	2344
栾城区	56	37218	2066	141	2555	359
高新区						
循环化工园区						
井陉县	901	22648	20410	1189	1865	2217
正定县	341	44033	15011	2962	4446	13167
行唐县	612	28755	17610	5053	3801	19204
灵寿县	1330	20015	26611	1682	2133	3588
高邑县	213	24035	5109	880	3851	3389
深泽县	114	31667	3603	1054	3838	4045
赞皇县	740	17935	13266	4456	1683	7501
无极县	188	24200	4540	3128	3724	11649
平山县	738	15839	11681	2727	2438	6650
元氏县	1486	30929	45964	1983	2748	5450
赵　县	151	24973	3770	412	4475	1845
晋州市	83	27701	2300	1752	3226	5652
新乐市	918	28140	25828	4690	4182	19616
辛集市	1612	28756	46341	6645	4607	30612

9—6 续表 6　　（2017 年）　　计量单位：公顷、公斤 / 公顷、吨

行政单位	油料作物中：花生			三、棉　　花		
	播种面积	单　　产	总 产 量	播种面积	单　　产	总 产 量
石家庄市	**36278**	**3631**	**131740**	**1621**	**914**	**1482**
# 长安区				2	898	2
桥西区						
新华区	16	4307	67			
裕华区						
矿　区						
藁城区	1266	4600	5824	25	1417	35
鹿泉区	426	3775	1607	16	908	15
栾城区	25	4086	102	2	453	1
高新区						
循环化工园区						
井 陉 县	736	1861	1371	84	686	57
正 定 县	2903	4472	12984	11	734	8
行 唐 县	4567	3975	18153	35	552	19
灵 寿 县	1586	2124	3368	31	528	17
高 邑 县	826	3919	3238	55	989	54
深 泽 县	1027	3855	3958	22	816	18
赞 皇 县	3516	1524	5358	15	667	10
无 极 县	3073	3743	11500	1	583	1
平 山 县	2170	2379	5162	72	815	59
元 氏 县	1623	2867	4655	152	850	129
赵　县	396	4563	1809			
晋 州 市	1736	3226	5600			
新 乐 市	4678	4187	19588	1	800	
辛 集 市	5708	4800	27397	1098	963	1058

9—6 续表 7　　（2017 年）　　计量单位：公顷、公斤 / 公顷、吨

行政单位	四、蔬菜及食用菌			五、瓜 果 类			瓜果类中：西瓜		
	播种面积	单 产	总产量	播种面积	单 产	总产量	播种面积	单 产	总产量
石家庄市	**65709**	**88379**	**5807267**	**3712**	**54096**	**200803**	**2437**	**59902**	**145982**
# 长安区	181	57750	10449	7	38630	276	4	47227	196
桥西区	112	69452	7752						
新华区	278	69181	19223	46	17997	833	45	17908	809
裕华区	19	39602	752						
矿 区	133	26641	3540						
藁城区	6879	94428	649529	108	61362	6631	39	63817	2502
鹿泉区	5472	82680	452453	47	48848	2304	39	48843	1882
栾城区	800	90616	72506	115	34607	3969	13	57662	763
高新区	1819	77084	140217	7	43738	292	1	45073	25
循环化工园区	980	77620	76100	66	61451	4031	65	61454	4015
井 陉 县	42	60956	2581	2	16467	28			
正 定 县	180	61390	11077	2	69886	122	2	69886	122
行 唐 县	1747	52442	91601	3	15235	47			
灵 寿 县	5550	104557	580264	277	56177	15588	209	63818	13351
高 邑 县	3732	74398	277673	297	31031	9213	91	27054	2458
深 泽 县	2022	182125	368212	20	17798	356	19	17874	338
赞 皇 县	5016	83886	420774	194	66786	12964	187	66546	12429
无 极 县	2590	87822	227434	62	56733	3525	55	60223	3341
平 山 县	1373	75021	102983	5	19508	89	1	24186	27
元 氏 县	6545	76333	499574	308	72524	22359	305	73009	22241
赵 县	2308	58328	134612	42	32786	1392	16	38539	630
晋 州 市	4506	77811	350602	1	33323	31	1	33323	31
新 乐 市	4289	97774	419383	2022	55902	113015	1338	60092	80410
辛 集 市	9137	97183	887976	82	45880	3740	7	61308	413

水果及食用坚果生产情况

9—7 （2017 年） 单位：吨

行政单位	一、园林水果（不含果用瓜）	#1. 苹果	红富士苹果	国光苹果	2. 梨
石家庄市	**1812800**	**184168**	**134638**	**4454**	**1272376**
# 长安区	3597	190			2800
桥西区	0	0		0	0
新华区	505	73	56		334
裕华区					
矿　区	4012	3500	3395	10	70
藁城区	140567	11778	7091	73	126249
鹿泉区	15353	3937	2800	938	2196
栾城区	299	1	1		1
高新区	1748	229			466
循环化工园区	98	3	3		1
井 陉 县	37642	33248	33248		400
正 定 县	3376	417	306		292
行 唐 县	123450	23356	23351		1059
灵 寿 县	4686	3803	1530		476
高 邑 县	2275	4	1		906
深 泽 县	5025	1423	765	608	3602
赞 皇 县	86790	3300	2880		1400
无 极 县	4613	1201	1201		3126
平 山 县	6331	4798	2158	6	286
元 氏 县	8286	1497	137	3	202
赵　县	281350	0	0		281128
晋 州 市	664399	16539	9011	2799	563992
新 乐 市	10719	934	563	17	8023
辛 集 市	407682	73935	46141		275367

9—7 续表 1　　（2017 年）　　单位：吨

行政单位	一、水果产量（续）				
	梨产量（续）		3. 桃	4. 葡萄	5. 红枣
	雪花梨	鸭梨			
石家庄市	**350331**	**314949**	**55543**	**100882**	**171874**
# 长安区			307	300	
桥西区			0	0	0
新华区	271	0		65	7
裕华区					
矿　区	58		80	42	8
藁城区	9481	3804	677	1614	221
鹿泉区	1954	231	589	3386	237
栾城区	1			295	2
高新区	5		12	633	8
循环化工园区	1		2	92	
井 陉 县	220	180	429	321	2206
正 定 县	41	159	1477	937	3
行 唐 县	898	100	6029	217	92527
灵 寿 县	475		63	260	73
高 邑 县	522	155	1261	64	17
深 泽 县	1825	1703			
赞 皇 县	1393		271	10	75532
无 极 县	2130	996		286	
平 山 县	41	58	787	102	306
元 氏 县	169		661	407	721
赵　县	218709	12707	21	200	0
晋 州 市	39276	201449	11617	64029	1
新 乐 市	6606	981	971	788	3
辛 集 市	66258	92428	30289	26832	3

9—7 续表 2 （2017 年） 单位：吨

行政单位	二、果园面积	# 苹果园	梨园	桃园	葡萄园	三、食用坚果	# 核桃
石家庄市	**100888**	**9172**	**34479**	**3430**	**3906**	**40790**	**38140**
# 长安区	275	27	116	105	20	15	15
桥西区						0	0
新华区	106	12	30	13	15	40	40
裕华区	0				0		
矿　区	306	240	5	18	1	72	72
藁城区	3862	318	2981	16	65	866	860
鹿泉区	1753	573	111	248	175	1073	1073
栾城区	372	88	7	37	50	49	49
高新区	80	18	22		42	22	73
循环化工园区	21	1	0	0	20	1	1
井 陉 县	1542	678	7	35	15	2715	2715
正 定 县	875	20	16	23	11	330	330
行 唐 县	14602	363	16	194	9	2521	2520
灵 寿 县	137	38	65	9	21	2804	1979
高 邑 县	106	0	13			475	475
深 泽 县	34	15	19		0	40	40
赞 皇 县	33097	903	531	393	40	17390	15936
无 极 县	339	80	85	114	25		
平 山 县	3635	2365	87	539	104	5284	4951
元 氏 县	242	29	12	25	39	5831	5748
赵　县	10182	0	10169	3	10	3	3
晋 州 市	14248	443	10826	282	2073	1224	1224
新 乐 市	322	58	136	48	86	11	11
辛 集 市	14753	2903	9226	1327	1083	22	22

林业生产情况

9—8　　（2017 年）　　单位：公顷、株

行政单位	一、营林情况			
	1. 当年人工造林面积	2. 当年零星（四旁）植树	3. 封山育林面积	4. 森林抚育面积
石家庄市	**27504**	**16688229**	**20667**	**137283**
# 长安区		450000		
桥西区		16934		
新华区				
裕华区				
矿　区	134	50000		600
藁城区	674	750000		674
鹿泉区	1078	586800	1333	8538
栾城区	267	780000		980
高新区	20	6500		206
循环化工园区				
井 陉 县	4000	750000	4000	25333
正 定 县	200	270000		2882
行 唐 县	3333	1000000	2667	2000
灵 寿 县	4000	600000	3334	4800
高 邑 县	200	400000		
深 泽 县	533	557995		1361
赞 皇 县	3000	900000	3333	
无 极 县	467	450000		500
平 山 县	4667	6000000	3334	68000
元 氏 县	3067	600000	2666	
赵　县	389	640000		4117
晋 州 市	333	480000		16300
新 乐 市	333	700000		
辛 集 市	809	700000		992

9—8 续表　（2017 年）　单位：公顷、株、立方米

行政单位	一、营林情况（续）		二、主要林产品产量		三、商品材	
	5. 当年苗木产量	6. 育苗面积	山杏仁	花椒		#村及村以下
石家庄市	**169094647**	**6414**	**1598**	**4296**	**18828**	**18828**
#长安区	50000	16				
桥西区	284000	9				
新华区	200000					
裕华区						
矿　区	800000	18		6	305	305
藁城区	1803000	910			900	900
鹿泉区	5769800	210			730	730
栾城区	904000	686				
高新区	5092	1				
循环化工园区						
井 陉 县	36216000	88		300	780	780
正 定 县	1990000	146			520	520
行 唐 县	1000000	1000			530	530
灵 寿 县	18800000	350	1500	90	2024	2024
高 邑 县	200000	30			244	244
深 泽 县	979655	87			518	518
赞 皇 县	72554000	813			980	980
无 极 县	400000	180				
平 山 县	1250000	175	98	3900	5200	5200
元 氏 县	920000	60				
赵　县	3560000	198				
晋 州 市	2864100	371			521	521
新 乐 市	8355000	557			1865	1865
辛 集 市	10190000	509			3711	3711

畜牧业生产情况

9—9　　（2017 年）

行政单位	一、当年出售和自宰的（百头、百只）					
	（一）大牲畜	1. 牛	2. 马	3. 驴	4. 骡	（二）猪
石家庄市	**5060**	**4937**	**16**	**102**	**5**	**53375**
# 长安区	8	8		0		191
桥西区	1	1				6
新华区						
裕华区						11
矿　区						233
藁城区	398	392	4	2		5600
鹿泉区	100	100				1588
栾城区	219	218		1		400
高新区	1		1			15
循环化工园区	37	20	1	15	1	58
井 陉 县	280	280				894
正 定 县	529	529				6720
行 唐 县	770	746	2	19	3	2406
灵 寿 县	189	189				3534
高 邑 县	22	20		2		876
深 泽 县	78	75	2	1		1866
赞 皇 县	566	566				1104
无 极 县	561	555	5	1		3018
平 山 县	104	104				1858
元 氏 县	452	438		14		2472
赵　县	128	116		11		1056
晋 州 市	134	134				5905
新 乐 市	210	175	2	32	1	5880
辛 集 市	272	271		1		7684

9—9 续表 1

（2017 年）

行政单位	一、当年出售和自宰的（百头、百只）（续）		
	（三）羊	（四）家禽	（五）兔
石家庄市	**14690**	**1098253**	**5861**
# 长安区	97	206	
桥西区	1	328	
新华区	3		
裕华区	17	82	
矿　区	30	559	
藁城区	1423	163893	11
鹿泉区	307	30267	8
栾城区	398	116815	
高新区	19	431	
循环化工园区	18	2120	
井 陉 县	898	21969	110
正 定 县	418	126325	
行 唐 县	650	40481	82
灵 寿 县	631	25103	1
高 邑 县	220	24445	8
深 泽 县	939	21342	74
赞 皇 县	574	25288	15
无 极 县	1400	91570	5
平 山 县	929	13202	65
元 氏 县	1630	61748	2
赵　县	695	42469	19
晋 州 市	1180	84740	55
新 乐 市	245	90070	3072
辛 集 市	1968	114800	2335

9—9 续表 2

（2017 年）

行政单位	二、期末存栏（百头、百只）				
	（一）大牲畜	1. 牛	2. 马	3. 驴	4. 骡
石家庄市	**5397**	**5221**	**23**	**146**	**8**
# 长安区	11	11			
桥西区	1	1			
新华区					
裕华区	3	3			
矿　区					
藁城区	458	449	3	6	
鹿泉区	105	105			
栾城区	410	409	1		
高新区	4	3	1		
循环化工园区	40	31		9	
井 陉 县	270	270			
正 定 县	559	557		2	
行 唐 县	708	623	6	73	6
灵 寿 县	333	333			
高 邑 县	17	17			
深 泽 县	75	72	1	1	
赞 皇 县	413	413			
无 极 县	663	657	5	1	
平 山 县	185	184	0	1	
元 氏 县	354	339	0	15	
赵　县	124	114	1	9	
晋 州 市	100	100			
新 乐 市	268	243	2	22	1
辛 集 市	296	287	2	6	

9—9 续表 3 （2017 年）

行政单位	二、期末存栏（百头、百只）（续）			
	（二）猪	（三）羊	（四）家禽	（五）兔
石家庄市	**27701**	**8293**	**907888**	**3917**
# 长安区	89	110	117	
桥西区	2	2	3	
新华区		10	18	
裕华区	5	8	38	
矿　区	145	36	845	
藁城区	3200	691	132063	4
鹿泉区	460	147	28194	13
栾城区	200	223	90028	
高新区	63	18	815	
循环化工园区	46	20	6654	
井 陉 县	554	631	23113	75
正 定 县	3500	238	89877	4
行 唐 县	1137	371	38232	116
灵 寿 县	1805	379	18335	0
高 邑 县	384	86	15002	2
深 泽 县	639	424	14989	66
赞 皇 县	525	459	16895	27
无 极 县	1441	758	66091	4
平 山 县	1002	568	15282	9
元 氏 县	1204	883	49225	3
赵　县	420	351	37552	12
晋 州 市	3360	614	58296	20
新 乐 市	3000	155	69581	2628
辛 集 市	4520	1111	136643	934

9—9 续表 4　　（2017 年）

行政单位	三、肉类产量（吨）	#1. 猪肉	2. 牛肉	3. 羊肉	4. 家禽肉	5. 驴肉	6. 兔肉
石家庄市	**653805**	**414700**	**80700**	**20400**	**135100**	**958**	**1045**
# 长安区	1700	1500	100	100			
桥西区	100				100		
新华区							
裕华区	100	100					
矿　区	2000	1800		100	100		
藁城区	76590	48400	6700	2000	19200	22	2
鹿泉区	18704	12300	1700	400	4300	3	1
栾城区	21807	3600	3700	600	13600	7	
高新区	207	100			100		
循环化工园区	1169	400	300		300	151	
井 陉 县	17218	6800	4800	1400	4200		18
正 定 县	76700	52200	9100	600	14800		
行 唐 县	35975	18800	11400	700	4800	181	25
灵 寿 县	31923	25100	3100	800	2900		
高 邑 县	10216	6700	300	300	2900	15	1
深 泽 县	19769	14500	1300	1400	2500	10	12
赞 皇 县	21807	8500	8900	700	3700	2	5
无 极 县	45568	23600	9200	2000	10700	9	2
平 山 县	19115	14500	1800	1200	1600	2	13
元 氏 县	35843	19100	6800	2400	7400	143	1
赵　县	14900	5900	2000	1000	5800	113	6
晋 州 市	59008	45000	2200	1700	10100	1	7
新 乐 市	59201	45300	2900	300	9900	286	482
辛 集 市	84185	60500	4400	2700	16100	14	470

9—9 续表 5　　（2017 年）

行政单位	四、其他畜产品产量（吨）			
	1. 奶类产量	# 牛奶产量	2. 蜂蜜产量	3. 禽蛋产量
石家庄市	**715067**	**713100**	**3535**	**876000**
# 长安区	2100	2100		300
桥西区				
新华区				
裕华区	200	200		100
矿　区				1000
藁城区	48443	48400		113400
鹿泉区	44900	44900	18	26700
栾城区	66000	66000		75600
高新区				1000
循环化工园区	1200	1200		4600
井 陉 县	3600	3600	85	23800
正 定 县	70700	70700		95400
行 唐 县	193700	193700	5	33400
灵 寿 县	36812	36800	119	16100
高 邑 县	3200	3200		13000
深 泽 县	25037	25000		15600
赞 皇 县			1820	19300
无 极 县	39500	39500		64400
平 山 县	6900	6900	1330	13300
元 氏 县	27700	27700	4	43800
赵　县	23500	23500	150	44500
晋 州 市	14200	14200		60700
新 乐 市	66875	65000		67000
辛 集 市	40500	40500	4	143000

渔业生产情况

9—10　　（2017 年）　　单位：吨、公顷

行政单位	水产品总产量	#淡水产品	#淡水养殖	水产品养殖面积	#池塘养殖	水库养殖
石家庄市	**19567**	**16936**	**10187**	**10025**	**688**	**9333**
#长安区				3		
桥西区						
新华区						
裕华区						
矿　区	12	12	12	4	4	
藁城区	40	40	40	1	1	
鹿泉区	5110	5110	4208	426	374	52
栾城区						
高新区						
循环化工园区						
井陉县	290	290	290	4	4	
正定县	600	600	600	80	80	
行唐县	1415		876	840		840
灵寿县	5298	5298	2242	284	70	214
高邑县						
深泽县	124	124	124	10	10	
赞皇县	1023		464	300		300
无极县	5	5	5	1		
平山县	5430	5430	1116	7820	137	7683
元氏县	193		183	244		244
赵　县						
晋州市						
新乐市						
辛集市	27	27	27	8	8	

农林牧渔业总产值

9—11 （2017 年） 计量单位：万元

行政单位	农林牧渔业总产值	一、农业产值	（一）谷物及其它作物产值				
			总 计	1. 谷物	2. 薯类	3. 油料	4. 豆类
石家庄市	**6345669**	**3123391**	**1229826**	**981668**	**58411**	**72754**	**14906**
#长安区	20170	10018	5626	5548		2	73
桥西区	7128	6442	113	113			
新华区	6558	5051	991	677		137	177
裕华区	977	517	291	263	28		
矿 区	8282	2561	200	200			
藁城区	602014	291230	111913	103484	1460	3133	3769
鹿泉区	291034	168587	41027	28181	1052	885	655
栾城区	269730	82288	62975	46499	326	109	995
高新区	6557	5079	3472	3472			
循环化工园区	18797	9993	7592	7537			55
井 陉 县	179474	71462	15898	8884	4870	1141	893
正 定 县	538201	232864	100621	56604	3100	6950	1370
行 唐 县	472734	211389	78239	64107	3851	10037	207
灵 寿 县	362523	198879	41933	25531	6104	1871	115
高 邑 县	163434	120433	34500	33416	633	287	98
深 泽 县	210004	108634	45573	39284	3490	2109	655
赞 皇 县	239228	105171	18347	10872	3183	3994	279
无 极 县	416044	202716	81351	73320	851	6105	1074
平 山 县	238440	62179	23867	17914	1898	3495	244
元 氏 县	256496	108247	80688	66926	10213	2730	571
赵 县	338368	222942	153300	121221	430	984	33
晋 州 市	447658	230616	72724	67548	500	2960	1716
新 乐 市	482285	228329	85449	68252	5022	10276	353
辛 集 市	769533	437764	163136	131815	11400	15549	1574

9—11 续表 1　　（2017 年）　　计量单位：万元

行政单位	一、农业产值（续）					
	（一）谷物及其它作物产值（续）		（二）蔬菜园艺作物		（三）水果、坚果、饮料和香料	（四）中药材
	5. 棉 花	6. 烟 草	# 蔬菜（含菜用瓜）	花卉		
石家庄市	**1455**	**23**	**1171097**	**8718**	**543255**	**27628**
# 长安区	3		3397	90	905	
桥西区			1709	4620		
新华区			3364	320	376	
裕华区			226			
矿　区			538	30	1696	97
藁城区	67		146998	884	29836	
鹿泉区	28		122485	261	4332	414
栾城区	2		14934	150	3659	168
高新区			735		871	
循环化工园区			2350		51	
井 陉 县	110		36151		19054	353
正 定 县	15		124581	180	3225	141
行 唐 县	37		78013		44665	10472
灵 寿 县	32	23	40199		7214	422
高 邑 县	66		80777	1410	3746	
深 泽 县	35		29379	10	29216	4242
赞 皇 县	19		14500	55	64712	3566
无 极 县	1		115196		5359	
平 山 县	113		8409	628	13098	6262
元 氏 县	248		13559	60	13808	
赵　县			18437	20	51001	
晋 州 市			45706		112186	
新 乐 市	1		114281		28306	
辛 集 市	678		155173		105939	1491

9—11 续表 2　（2017 年）　计量单位：万元

行政单位	二、林业产值			
	合 计	（一）林木的培育和种植	（二）竹木采运	（三）林产品
石家庄市	**194900**	**169325**	**938**	**24407**
# 长安区	540	540		
桥西区	24	24		
新华区				
裕华区				
矿　区	591	567	19	5
藁城区	4070	4014	56	
鹿泉区	8628	8582	46	
栾城区	1779	1779		
高新区	127	127		
循环化工园区				
井 陉 县	24323	24274	49	
正 定 县	2173	2141	32	
行 唐 县	20423	12390	33	8000
灵 寿 县	17431	15306	125	2000
高 邑 县	1034	1019	15	
深 泽 县	2924	2252	32	640
赞 皇 县	24201	22178	61	1962
无 极 县	2163	2163		
平 山 县	58200	46078	322	11800
元 氏 县	10762	10762		
赵　县	3106	3106		
晋 州 市	7496	7464	32	
新 乐 市	1605	1489	116	
辛 集 市	3300	3070		

9—11 续表 3　　（2017 年）　　计量单位：万元

行政单位	三、牧业产值						
	合计	（一）牲畜饲养	（1）牛	（2）羊	（3）其他牲畜	（4）奶产品	（5）毛绒产品
石家庄市	**2535731**	**733568**	**387823**	**102277**	**12075**	**227675**	**3717**
#长安区	5455	1976	632	674	2	668	
桥西区	248	85	77	8			
新华区	21	21		21			
裕华区	381	181		116		65	
矿　区	4988	211		208			3
藁城区	275196	56904	30784	9968	450	15448	254
鹿泉区	82821	24279	7847	2130		14277	25
栾城区	128511	40884	17130	2761		20993	
高新区	1196	131		131			
循环化工园区	7699	2920	1569	124	846	381	
井 陉 县	68554	29962	21992	6228		1144	598
正 定 县	273388	66938	41558	2899		22481	
行 唐 县	201186	128742	58601	4509	3847	61785	
灵 寿 县	127543	31928	14849	4376	190	11703	810
高 邑 县	32826	4159	1569	1525	1	1018	46
深 泽 县	73541	25112	5894	6511	4457	7948	302
赞 皇 县	84774	48447	44466	3981			
无 极 县	181453	66187	43594	9708		12560	324
平 山 县	75669	16937	8171	6443		2194	129
元 氏 县	128206	54525	34405	11304		8816	
赵　县	82868	23180	9112	4821	1762	7472	13
晋 州 市	184742	23789	10544	8483		4515	247
新 乐 市	209024	37904	13743	1698	520	21330	613
辛 集 市	305441	48166	21286	13650		12877	353

9—11 续表 4 （2017 年） 计量单位：万元

行政单位	三、牧业产值（续）					
	（二）猪的饲养	（三）家禽饲养	1. 肉禽	2. 禽蛋	（四）其他畜牧业	# 兔
石家庄市	**898750**	**698970**	**175598**	**630459**	**77490**	**2347**
# 长安区	3217	825923	195464	227		
桥西区	102	61	61			
新华区						
裕华区	185	15	15			
矿　区	3923	854	97	757		
藁城区	94293	113599	28683	84916	10400	5
鹿泉区	26738	18265	5020	13245	13539	3
栾城区	6735	74414	19285	55129	6478	
高新区	252	813	72	741		
循环化工园区	978	3801	364	3437		
井 陉 县	15054	21976	3814	18162	1562	44
正 定 县	113153	93297	21860	71437		
行 唐 县	40514	31666	6682	24984	264	33
灵 寿 县	59508	16441	4380	12061	19666	
高 邑 县	14751	13797	4056	9741	119	3
深 泽 县	31422	15420	3700	11720	1587	30
赞 皇 县	18588	17733	4077	13656	6	6
无 极 县	50818	64081	15846	48235	367	2
平 山 县	31284	12242	2285	9957	15206	26
元 氏 县	41626	32051	17527	14524	4	1
赵　县	17783	40681	7356	33325	1224	7
晋 州 市	99431	61389	14719	46670	133	22
新 乐 市	99009	66112	15664	50448	5999	1229
辛 集 市	129386	126953	19866	107087	936	936

9—11 续表 5 （2017 年） 计量单位：万元

行政单位	四、渔业产值	#鱼类	虾蟹类	五、农林牧渔服务业产值
石家庄市	**29601**	**22730**	**4277**	**462046**
#长安区				4157
桥西区				414
新华区				1486
裕华区				79
矿　区	16	16		126
藁城区	51	51		31467
鹿泉区	7616	6107	9	23382
栾城区				57152
高新区				155
循环化工园区	·			1105
井 陉 县	368	368		14767
正 定 县	762	762		29014
行 唐 县	1795	1790		37941
灵 寿 县	7986	6217	1760	10684
高 邑 县				9141
深 泽 县	486	46		24419
赞 皇 县	1299	1299		23783
无 极 县	12			29700
平 山 县	8930	5794	2508	33462
元 氏 县	245	245		9036
赵　县				29452
晋 州 市				24804
新 乐 市				43327
辛 集 市	35	35		22993

农林牧渔业中间消耗

9—12　（2017 年）　计量单位：万元

行政单位	农林牧渔业中间消耗	一、农业中间消耗		
		合 计	1. 物质消耗	2. 生产服务支出
石家庄市	**2169873**	**720096**	**547816**	**172280**
# 长安区	7359	2523	2069	454
桥西区	1939	1605	1605	
新华区	1961	1205	775	430
裕华区	349	126	96	30
矿　区	3170	571	488	83
藁城区	210027	71131	54060	17071
鹿泉区	93372	39008	31359	7649
栾城区	107332	22490	20624	1866
高新区	1704	1065	969	96
循环化工园区	6094	2133	2000	133
井 陉 县	60594	17514	14420	3094
正 定 县	185908	54981	44763	10218
行 唐 县	164430	48103	38694	9409
灵 寿 县	113824	42532	32018	10514
高 邑 县	46814	27071	21802	5269
深 泽 县	72615	26784	22820	3964
赞 皇 县	79209	21373	17708	3665
无 极 县	146536	48949	38305	10644
平 山 县	82558	13877	12068	1809
元 氏 县	82248	21570	727	20843
赵　县	106478	54010	40863	13147
晋 州 市	130113	30864	30633	231
新 乐 市	162460	49635	43616	6019
辛 集 市	302779	120976	75334	45642

9—12 续表 1　　(2017 年)　　计量单位：万元

行政单位	二、林业中间消耗			三、牧业中间消耗		
	合计	1. 物质消耗	2. 生产服务支出	合 计	1. 物质消耗	2. 生产服务支出
石家庄市	**48742**	**38866**	**9876**	**1154133**	**1057020**	**97113**
# 长安区	162	162		2585	2470	115
桥西区	7	7		119	119	
新华区				10	9	1
裕华区				183	172	11
矿　区	180	160	20	2347	2237	110
藁城区	1313	1095	218	121747	114442	7305
鹿泉区	2154	1736	418	36640	34881	1759
栾城区	561	466	95	55568	52999	2569
高新区	31	29	2	529	402	127
循环化工园区				3406	3000	406
井 陉 县	5820	4383	1437	29643	27749	1894
正 定 县	474	414	60	115480	109139	6341
行 唐 县	5372	4204	1168	91016	78347	12669
灵 寿 县	4404	2953	1451	57700	54927	2773
高 邑 县	300	246	54	14851	13776	1075
深 泽 县	740	606	134	32608	31776	832
赞 皇 县	7693	7648	45	37581	35150	2431
无 极 县	569	436	133	82090	77731	4359
平 山 县	14629	10970	3659	32885	29436	3449
元 氏 县	215		215	55931	30000	25931
赵　县	1011	357	654	36660	34901	1759
晋 州 市	1673	1631	42	84896	78103	6793
新 乐 市	342	287	55	90716	87137	3579
辛 集 市	1092	1076	16	168942	158117	10825

9—12 续表 2 （2017 年） 计量单位：万元

行政单位	四、渔业中间消耗			五、农林牧渔服务业中间消耗		
	合计	1. 物质消耗	2. 生产服务支出	合计	1. 物质消耗	2. 生产服务支出
石家庄市	**14359**	**11901**	**2458**	**232543**	**164385**	**68158**
# 长安区				2089	1970	119
桥西区				208	108	100
新华区				746		746
裕华区				40	36	4
矿　区	8	6	2	64	50	14
藁城区	27	22	5	15809	2371	13438
鹿泉区	3823	3151	672	11747	5889	5858
栾城区				28713	24403	4310
高新区				79	73	6
循环化工园区				555	300	255
井 陉 县	197	157	40	7420	6920	500
正 定 县	397	325	72	14576	14576	
行 唐 县	877	545	332	19062	15360	3702
灵 寿 县	3820	3212	608	5368	1870	3498
高 邑 县				4592	956	3636
深 泽 县	215	195	20	12268	11152	1116
赞 皇 县	613	529	84	11949	10793	1156
无 极 县	7	4	3	14921	13547	1374
平 山 县	4356	3745	611	16811	15232	1579
元 氏 县	5		5	4527	2000	2527
赵　县				14797	13228	1569
晋 州 市				12680	10236	2444
新 乐 市				21767	2735	19032
辛 集 市	14	10	4	11755	10580	1175

农林牧渔业增加值

9—13　　（2017 年）　　计量单位：万元

行政单位	农林牧渔业增加值	1. 农业	2. 林业	3. 牧业	4. 渔业	5. 农林牧渔服务业
石家庄市	**4175796**	**2403295**	**146158**	**1381598**	**15242**	**229503**
# 长安区	12811	7495	378	2870		2068
桥西区	5189	4837	17	129		206
新华区	4597	3846		11		740
裕华区	628	391		198		39
矿　区	5112	1990	411	2641	8	62
藁城区	391987	220099	2757	153449	24	15658
鹿泉区	197662	129579	6474	46181	3793	11635
栾城区	162398	59798	1218	72943		28439
高新区	4853	4014	96	667		76
循环化工园区	12703	7860		4293		550
井 陉 县	118880	53948	18503	38911	171	7347
正 定 县	352293	177883	1699	157908	365	14438
行 唐 县	308304	163286	15051	110170	918	18879
灵 寿 县	248699	156347	13027	69843	4166	5316
高 邑 县	116620	93362	734	17975		4549
深 泽 县	137389	81850	2184	40933	271	12151
赞 皇 县	160019	83798	16508	47193	686	11834
无 极 县	269508	153767	1594	99363	5	14779
平 山 县	155882	48302	43571	42784	4574	16651
元 氏 县	174248	86677	10547	72275	240	4509
赵　县	231890	168932	2095	46208		14655
晋 州 市	317545	199752	5823	99846		12124
新 乐 市	319825	178694	1263	118308		21560
辛 集 市	466754	316788	2208	136499	21	11238

农林牧渔业商品产值

9—14　　（2017 年）　　计量单位：万元

行政单位	农林牧渔业商品产值	一、农业商品产值			
		合计	（一）谷物及其他作物		
			小计	1. 谷物	2. 薯类
石家庄市	**4562639**	**2277342**	**822307**	**626728**	**42420**
#长安区	11550	6787	3476	3434	0
桥西区	5049	4842	70	70	
新华区	3645	3629	612	419	
裕华区	673	349	184	163	21
矿　区	6452	2047	124	124	
藁城区	444742	204144	69453	64046	1093
鹿泉区	204257	123331	29484	17439	788
栾城区	172823	59255	44778	28778	244
高新区	4476	3427	2149	2149	
循环化工园区	13246	6454	4697	4665	
井 陉 县	115512	53513	10492	5498	3645
正 定 县	413137	173249	75514	35032	2321
行 唐 县	345462	152118	49402	39676	2882
灵 寿 县	292090	168387	30008	15801	4569
高 邑 县	113273	84650	21445	20681	474
深 泽 县	144092	78240	28734	24312	2613
赞 皇 县	164971	85390	11952	6730	2383
无 极 县	297952	139985	50711	45378	637
平 山 县	141742	44948	15256	11087	1419
元 氏 县	185767	73810	51381	41422	7645
赵　县	236043	163244	106782	75024	322
晋 州 市	333952	172891	45148	41805	374
新 乐 市	344714	161187	54617	42241	3759
辛 集 市	567019	311465	115838	100754	7231

9—14 续表 1 （2017 年） 计量单位：万元

行政单位	一、农业商品产值（续） （一）谷物及其他作物（续） 3. 油料	4. 豆类	5. 棉花	6. 烟叶	7. 其他农作物
石家庄市	**43164**	**8477**	**857**	**10**	**100651**
# 长安区	0	42	0	0	0
桥西区					
新华区	91	102			
裕华区					
矿 区					
藁城区	2091	2180	43		
鹿泉区	591	379	18		10269
栾城区	73	576	0	0	15107
高新区					
循环化工园区		32			
井 陉 县	762	517	70		
正 定 县	4639	793	10		32719
行 唐 县	6700	120	24		
灵 寿 县	1249	67	20	10	8292
高 邑 县	191	57	42		
深 泽 县	1408	379	22		
赞 皇 县	2666	161	12		
无 极 县	4075	621			
平 山 县	2333	141	72		204
元 氏 县	1822	330	162		
赵 县	657	19			30760
晋 州 市	1976	993			
新 乐 市	6861	204			1552
辛 集 市	4979	764	362		1748

9—14 续表 2　　（2017 年）　　计量单位：万元

行政单位	一、农业商品产值（续）						
	（二）蔬菜、园艺作物					（三）水果、坚果、饮料和香料作物	（四）中药材
	合计	1. 蔬菜	2. 食用菌	3. 花卉	4. 盆景园艺		
石家庄市	**975985**	**838724**	**124167**	**6648**	**6446**	**457742**	**21308**
# 长安区	2551	2482	0	69	0	760	0
桥西区	4772	1249		3523		0	
新华区	2702	2458		244		315	
裕华区	165	165				0	
矿　区	416	393		23		1433	74
藁城区	109593	107420	1499	674		25098	
鹿泉区	89770	89507	64	199		3760	317
栾城区	11404	10913	377	114	0	2944	129
高新区	537	537				741	
循环化工园区	1717	1717				40	
井 陉 县	26418	26418				16333	270
正 定 县	95034	91038	3859	137		2593	108
行 唐 县	57008	57008				37692	8016
灵 寿 县	131685	29376	102309			6371	323
高 邑 县	60104	59029		1075		3101	
深 泽 县	21677	21469	200	8		24582	3247
赞 皇 县	14380	10596	3742	42		56329	2729
无 极 县	84938	84179	759			4336	
平 山 县	13242	6145	172	479	6446	11657	4793
元 氏 县	10078	9908	124	46		12351	
赵　县	13661	13473	173	15		42801	
晋 州 市	33400	33400				94343	
新 乐 市	83786	83512	274			22784	
辛 集 市	106947	96332	10615			87378	1302

9—14 续表 3　　（2017 年）　　计量单位：万元

行政单位	二、林业商品产值		三、牧业商品产值		
				（一）牲畜的饲养	
	总计	林产品	总 计	合 计	1. 牛
石家庄市	**54530**	**37348**	**2203966**	**637832**	**335760**
#长安区	54	0	4709	1690	545
桥西区	0		207	67	67
新华区	0		16	16	
裕华区	0		324	151	
矿　区	76	8	4315	163	
藁城区	436		240116	49319	26570
鹿泉区	885		73145	21709	6773
栾城区	177	0	113391	36424	14785
高新区	13		1036	102	
循环化工园区	0		6792	2596	1354
井 陉 县	2452		59215	25435	18981
正 定 县	234		238964	58998	35869
行 唐 县	13499	12242	178220	115054	50579
灵 寿 县	4667	3060	111805	28008	12816
高 邑 县	111		28512	3528	1355
深 泽 县	1225	979	64187	21983	5086
赞 皇 县	5253	3002	73152	41475	38379
无 极 县	216		157740	57135	37626
平 山 县	22861	18057	65847	14218	7052
元 氏 县	1073		110662	46678	29695
赵　县	310		72489	20214	7865
晋 州 市	765		160296	20116	9101
新 乐 市	223		183304	34035	11862
辛 集 市			255522	38718	19400

9—14 续表 4　　（2017 年）　　计量单位：万元

行政单位	三、牧业商品产值（续）				
	（一）牲畜的饲养（续）				（二）猪的饲养
	2. 羊	3. 其他牲畜	4. 奶类	5. 毛绒类	
石家庄市	**77402**	**11306**	**209994**	**3370**	**781092**
# 长安区	525	0	620	0	2788
桥西区					88
新华区	16				
裕华区	90		61		160
矿　区	163				3400
藁城区	7752	421	14343	233	81733
鹿泉区	1657		13256	23	23176
栾城区	2147	0	19492	0	5838
高新区	102				218
循环化工园区	96	792	354		848
井 陉 县	4844		1062	548	13049
正 定 县	2255		20874		98081
行 唐 县	3507	3602	57366		35118
灵 寿 县	3403	178	10866	745	51582
高 邑 县	1186		945	42	12786
深 泽 县	5064	4176	7380	277	27237
赞 皇 县	3096				16112
无 极 县	7550		11662	297	44049
平 山 县	5011		2037	118	27117
元 氏 县	8797		8186		36081
赵　县	3749	1650	6938	12	15414
晋 州 市	6597		4192	226	86187
新 乐 市	1321	487	19805	560	85821
辛 集 市	8474		10555	289	114209

9—14 续表 5　　（2017 年）　　计量单位：万元

行政单位	三、牧业商品产值（续）				四、渔业商品产值
	（三）家禽的饲养（续）			（四）其他畜牧业	
	合计	1. 肉禽	2. 禽蛋		
石家庄市	**715799**	**167443**	**548356**	**69243**	**26801**
#长安区	231	30	201		
桥西区	52	52			
新华区					
裕华区	13	13			
矿　区	752	83	669		14
藁城区	99657	24676	74981	9407	46
鹿泉区	16014	4319	11695	12246	6896
栾城区	65270	16591	48679	5859	
高新区	716	62	654		
循环化工园区	3348	313	3035		
井陉县	19318	3281	16037	1413	332
正定县	81885	18806	63079		690
行唐县	27809	5748	22061	239	1625
灵寿县	14418	3768	10650	17797	7231
高邑县	12090	3489	8601	108	
深泽县	13532	3183	10349	1435	440
赞皇县	15565	3507	12058		1176
无极县	56224	13632	42592	332	11
平山县	10758	1966	8792	13754	8086
元氏县	27903	15078	12825		222
赵　县	35754	6328	29426	1107	
晋州市	53873	12663	41210	120	
新乐市	58022	13476	44546	5426	
辛集市	102595	16379	86216		32

十、工业　交通　邮政

全市规模以上工业企业主要产品产量

10—1　　　　（2017 年）

产品名称	计量单位	2017	2016	增长速度（%）
铁矿石原矿	吨	1954859	1545667	26.5
铁矿石成品矿	吨		198678	
# 铁精矿	吨		198678	
小麦粉	吨	1865403	1776209	5
饲料	吨	6145248	5798856	6
# 配合饲料	吨	1474537	1472472	0.1
混合饲料	吨	3903361	3680755	6
精制食用植物油	吨	326211	243558	33.9
鲜、冷藏肉	吨	164240	162568	1
糖果	吨	9786	9275	5.5
方便面	吨	3238	2707	19.6
乳制品	吨	1168777	1066039	9.6
液体乳	吨	1133998	1043179	8.7
固体及半固体乳制品	吨	34779	22860	52.1
# 乳粉	吨	22731	20634	10.2
# 婴幼儿配方乳粉	吨	12033	11473	4.9
罐头	吨	217035	188155	15.3
酱油	吨	29197	29127	0.2
冷冻饮品	吨	6745	7423	-9.1
食品添加剂	吨	4233	3882	9
饮料酒	千升	318218	278257	14.4
# 白酒（折 65 度，商品量）	千升	10060	9476	6.2
啤酒	千升	308158	268774	14.7
软饮料	吨	1540860	1497828	2.9
# 碳酸型饮料（汽水）	吨	370986	408682	-9.2
包装饮用水	吨	701422	757134	-7.4
果汁和蔬菜汁类饮料	吨	95959	82565	16.2
卷烟	万支	2205000	2165000	1.8
纱	吨	867246	837358	3.6
# 棉纱	吨	464626	431979	7.6
棉混纺纱	吨	256068	268919	-4.8

10—1 续表 1　　（2017 年）

产品名称	计量单位	2017	2016	增长速度（%）
化学纤维纱	吨	146552	136460	7.4
布	万米	434828	395878	9.8
# 色织布（含牛仔布）	万米	2396	2670	-10.3
棉布	万米	388751	359228	8.2
棉混纺布	万米	45961	35882	28.1
化学纤维短纤布	万米	116	767	-84.9
印染布	万米	41617	55345	-24.8
化纤长丝机织物	万米	595	2284	-73.9
无纺布（无纺织物）	吨	42588	69483	-38.7
服装	万件	19790	18528	6.8
# 梭织服装	万件	8898	8742	1.8
# 羽绒服装	万件	8	8	
西服套装	万件	11	2	450
衬衫	万件	204	226	-9.7
针织服装	万件	10892	9785	11.3
轻革	平方米	226171998	207380533	9.1
皮革服装	万件	1811	1864	-2.8
衣箱、提箱及类似容器	万个	102	89	14.6
天然毛皮服装	万件	6	6	
鞋	万双	860	811	6
皮革鞋靴	万双	860	811	6
人造板	立方米	1469010	1470461	-0.1
# 胶合板	立方米	346269	313556	10.4
纤维板	立方米	810502	857533	-5.5
刨花板	立方米	312239	299372	4.3
人造板表面装饰板	平方米	1634491	1274786	28.2
家具	件	652846	674839	-3.3
# 木质家具	件	635546	658643	-3.5
软体家具	件	17300	16196	6.8
机制纸及纸板（外购原纸加工除外）	吨	723018	685615	5.5
# 未涂布印刷书写用纸	吨	397685	359716	10.6
# 新闻纸	吨	397685	359716	10.6
包装用纸及纸板	吨	154703	145009	6.7
# 箱纸板	吨	154703	145009	6.7
纸制品	吨	879293	864605	1.7
# 瓦楞纸箱	吨	829868	820257	1.2

10—1 续表 2 （2017 年）

产品名称	计量单位	2017	2016	增长速度（%）
卫生用纸制品	吨	47	45	4.4
单色印刷品	令	280728	286501	-2
多色印刷品	对开色令	140921	162228	-13.1
硫酸（折 100%）	吨	547696	523017	4.7
浓硝酸（折 100%）	吨	1555	12700	-87.8
烧碱（折 100%）	吨	103286	108481	-4.8
# 离子膜法烧碱（折 100%）	吨	103286	108481	-4.8
纯苯	吨	132366	134465	-1.6
精甲醇	吨	161482	168138	-4
冰乙酸（冰醋酸）	吨	11870	11729	1.2
合成氨（无水氨）	吨	679879	851966	-20.2
农用氮、磷、钾化学肥料（折纯）	吨	501887	699649	-28.3
# 氮肥（折含氮 100%）	吨	497094	688463	-27.8
# 尿素（折含氮 100%）	吨	391099	538298	-27.3
钾肥（折氯化钾 100%）	吨	4794	11186	-57.1
化学农药原药（折有效成分 100%）	吨	9067	7537	20.3
# 杀虫剂（杀螨剂）原药	吨	2454	2127	15.4
杀菌剂原药	吨	3403	2910	16.9
除草剂原药	吨	1379	616	123.9
涂料	吨	282853	236119	19.8
初级形态塑料	吨	245931	241955	1.6
# 聚丙烯树脂	吨	134944	161732	-16.6
合成纤维单体	吨	72464	80829	-10.3
合成纤维聚合物	吨	15254	18734	-18.6
# 聚酯	吨	15254	14313	6.6
化学试剂	吨	110696	122344	-9.5
合成洗涤剂	吨	164597	145508	13.1
化学药品原药	吨	146755	166517	-11.9
中成药	吨	15856	19596	-19.1
兽用药品	吨	5068	4592	10.4
化学纤维用浆粕	吨		4355	
化学纤维	吨	89880	46891	91.7
# 人造纤维（纤维素纤维）	吨	34003	30602	11.1
# 粘胶短纤维	吨	34003	30602	11.1

10—1 续表 3　　（2017 年）

产品名称	计量单位	2017	2016	增长速度（%）
合成纤维	吨	55877	16289	243
# 涤纶纤维	吨	17756	16289	9
橡胶轮胎外胎	条			
# 农、林机械用橡胶轮胎外胎	条			
塑料制品	吨	874827	798902	9.5
# 塑料薄膜	吨		23299	
泡沫塑料	吨	60838	64219	-5.3
塑料人造革、合成革	吨	26635	21948	21.4
日用塑料制品	吨	346961	299596	15.8
硅酸盐水泥熟料	吨	10600467	10635479	-0.3
# 窑外分解窑水泥熟料	吨	10439074	10564122	-1.2
水泥	吨	20806697	21070362	-1.3
# 强度等级 42.5 水泥（含 R 型）	吨	8933146	8870428	0.7
强度等级 52.5 水泥（含 R 型）	吨	9918	11330	-12.5
石灰	吨	100919	186629	-45.9
商品混凝土	立方米	6912486	6268508	10.3
水泥混凝土排水管	千米	115	1073	-89.3
石膏板	万平方米	3210	3015	6.5
砖	万块		111198	
瓦	万片	4817	3410	41.3
瓷质砖	平方米	252321709	234574411	7.6
天然大理石建筑板材	平方米	3590777	3896781	-7.9
沥青和改性沥青防水卷材	平方米	52862080	46781080	13
平板玻璃	重量箱	10997228	10323739	6.5
钢化玻璃	平方米			
日用玻璃制品	吨	137322	294779	-53.4
玻璃包装容器	吨	332313	295037	12.6
玻璃纤维布	米			
石墨及炭素制品	吨	384383	880587	-56.3
生铁	吨	13890590	14739159	-5.8
粗钢	吨	13962491	14583798	-4.3
铸铁件	吨	501013	487215	2.8
铸钢件	吨	283069	281706	0.5
钢材	吨	13800021	14376058	-4
# 棒材	吨	1584340	1517977	4.4
钢筋	吨	6217538	6515267	-4.6
线材（盘条）	吨	1470299	1533752	-4.1

10—1 续表 4　　（2017 年）

产品名称	计量单位	2017	2016	增长速度（%）
中板	吨	1964583	2182306	-10
中厚宽钢带	吨	2051473	2221818	-7.7
热轧窄钢带	吨	402442	309603	30
冷轧窄钢带	吨	112	142	-21.1
焊接钢管	吨	40553	46721	-13.2
其他钢材	吨	68681	48472	41.7
铁合金	吨	1674	1533	9.2
十种有色金属	吨	2381	9798	-75.7
#原铝（电解铝）	吨	2381	9798	-75.7
黄金	千克	604	578	4.5
白银（银锭）	千克		421	
铝材	吨	6772	5067	33.6
钢结构	吨		7165	
金属切削工具	万件	10303	9287	10.9
钢丝	吨	2932	2989	-1.9
粉末冶金零件	吨	97	88	10.2
金属成形机床	台	194	2761	-93
泵	台	5012	3716	34.9
气体压缩机	台	74283	38144	94.7
#制冷设备用压缩机	台	26470	18486	43.2
#非制冷设备用压缩机	台	47813	19658	143.2
阀门	吨	5084	4852	4.8
液压元件	件	1530	2445	-37.4
滚动轴承	万套	958	842	13.8
齿轮	吨	3712	3947	-6
金属密封件	万件	12	10	20
金属紧固件	吨		31696	
矿山专用设备	吨		3009	
石油钻井设备	台（套）	20	17	17.6
金属冶炼设备	吨	2197	2861	-23.2
炼油、化工生产专用设备	吨	2748	1328	106.9
塑料加工专用设备	台	109	133	-18
农产品加工专用设备	台	102393	106063	-3.5
农产品初加工机械	台	19421	21890	-11.3
饲料生产专用设备	台	5199	5043	3.1
中型拖拉机	台		70	

10—1 续表 5

（2017 年）

产品名称	计量单位	2017	2016	增长速度（%）
小型拖拉机	台		270	
机械化农业及园艺机具	台	1397	4017	-65.2
#收获机械	台	1337	3565	-62.5
玉米收获机械	台	1018	3034	-66.4
医疗仪器设备及器械	台	1340	784	70.9
环境污染防治专用设备	台（套）	5688	5800	-1.9
#大气污染防治设备	台（套）	5688	5800	-1.9
汽车	辆	2116	2005	5.5
#新能源汽车	辆	2116	2005	5.5
改装汽车	辆	15228	8213	85.4
城市轨道车辆	辆	30	48	-37.5
摩托车整车	辆	105044	91051	15.4
电动机	千瓦	6489100	5963000	8.8
#交流电动机	千瓦	3303100	2946000	12.1
变压器	千伏安	452594	361908	25.1
通信及电子网络用电缆	对千米	45288	73592	-38.5
电力电缆	千米	482906	408782	18.1
光缆	芯千米	940702	1673088	-43.8
铅酸蓄电池	千伏安时	87641	78411	11.8
房间空气调节器	台	4640300	3001246	54.6
家用电风扇	台	2385970	2226814	7.1
电饭锅	个	177754	298113	-40.4
灯具及照明装置	套（台、个）	697541	600571	16.1
程控交换机	线	161051	135038	19.3
#数字程控交换机	线	161051	135038	19.3
移动通信基站设备	信道			
传感器	万只	69	100	-31
集成电路	万块	460	4132	-88.9
光电子器件	万只（片）	275	528	-47.9
#发光二极管（LED 管）	万只	275	528	-47.9
电子元件	万只	30000	30000	
工业自动调节仪表与控制系统	台（套）	48000	64053	-25.1
环境监测专用仪器仪表	台	166801	130109	28.2
表	只	723922	888450	-18.5
眼镜成镜	副	8360498	7096894	17.8
自来水生产量	万立方米	19755	17853	10.7

全市规模以上工业企业主要经济指标

10—2　　（2017 年）　　计量单位：千元

项目名称	工业企业单位数（个）	工业企业总产值	工业企业销售产值	资产合计	# 流动资产小计
总计	**2638**	**881599293**	**859704693**	**750963982**	**308670544**
一、按登记注册类型分组					
内资企业	2550	819250070	801026040	664299529	259030770
国有企业	14	21295644	21197694	49712717	3210108
集体企业	19	5565121	5456238	1865260	437856
股份合作企业	1	690882	690882	128899	2788
有限责任公司	237	93159792	89279660	287654888	138308117
股份有限公司	52	44519511	43399130	58365594	26314969
私营企业	2225	653595465	640572127	266457313	90716054
其他企业	2	423655	430309	114858	40878
港、澳、台商投资企业	41	39239070	37158609	58954635	33414293
外商投资企业	47	23110153	21520044	27709818	16225481
二、按经济组织类型分组					
独资企业	147	79477290	75806932	111837275	38369529
股份有限公司	109	61048621	59915735	78648510	37074456
合作、合伙企业	55	11643999	11366968	4298164	1438571
有限责任公司	2342	729850934	712931679	556312938	231956381
三、在总计中：亏损企业	209	25278378	24849127	183003161	90186693
在总计中：国有控股企业	105	113636100	110310115	214417220	75941017
在总计中：轻工业	1324	436007885	422442380	253252035	109715857
重工业	1314	445591408	437262313	497711947	198954687
在总计中：大型企业	60	220235132	212600301	289761784	124507303
中型企业	461	276716582	273278249	287055840	124559643
小型企业	2117	384647579	373826143	174146358	59603598

10—2 续表 1　　（2017 年）　　计量单位：千元

项目名称	固定资产小计	固定资产原价	累计折旧
总计	**244563396**	**396597010**	**139211613**
一、按登记注册类型分组			
内资企业	224102296	367056837	127281094
国有企业	18121520	62204915	16830090
集体企业	966459	1340748	376815
股份合作企业	126111	162500	99022
有限责任公司	59351365	94321652	38421372
股份有限公司	22646128	40235192	18230513
私营企业	122873816	168751005	53307720
其他企业	16897	40825	15562
港、澳、台商投资企业	11334102	16934834	7264081
外商投资企业	9126998	12605339	4666438
二、按经济组织类型分组			
独资企业	34747055	87339581	26907968
股份有限公司	25552599	46929159	19825198
合作、合伙企业	2062702	2981150	973773
有限责任公司	183038560	260440949	91763509
三、在总计中：亏损企业	16248015	30261611	11506168
在总计中：国有控股企业	82648907	171434553	64761763
在总计中：轻工业	86355942	123884371	40352795
重工业	158207454	272712639	98858818
在总计中：大型企业	92640696	174701325	65583326
中型企业	72226919	118389407	45299271
小型企业	79695781	103506278	28329016

10—2 续表 2　　　　（2017 年）　　　　计量单位：千元

项目名称	负债合计	#流动负债	所有者权益	#实收资本
总计	**358697208**	**241249999**	**389396969**	**131190040**
一、按登记注册类型分组				
内资企业	318259312	206476813	344208665	118048629
国有企业	16767033	12355452	32945684	535858
集体企业	461965	230863	1262649	638903
股份合作企业	89514	85914	39385	500
有限责任公司	176604481	90614009	110943436	60031914
股份有限公司	29821401	24372753	28544188	7213716
私营企业	94462592	78765496	170410791	49621760
其他企业	52326	52326	62532	5978
港、澳、台商投资企业	31342098	26918429	27569794	9607951
外商投资企业	9095798	7854757	17618510	3533460
二、按经济组织类型分组				
独资企业	42260124	35154004	68421644	9943448
股份有限公司	37383444	30467482	41158285	11113997
合作、合伙企业	1315905	1065019	2815463	1241621
有限责任公司	277851710	174446367	276879861	109403877
三、在总计中：亏损企业	122658291	50342031	59449923	40663872
在总计中：国有控股企业	116358749	83550478	98082321	29237535
在总计中：轻工业	98899229	82567653	153046274	50128485
重工业	259797979	158682346	236350695	81061555
在总计中：大型企业	141844791	118621913	147916989	30933933
中型企业	153349805	73952272	133706021	62031325
小型企业	63502612	48675814	107773959	38224782

10—2 续表 3　　（2017 年）　　计量单位：千元

项目名称	实收资本中：		主营业务收入	主营业务成本	主营业务税金及附加
	# 国家资本	集体资本			
总计	**14851364**	**2690232**	**895879063**	**726326245**	**14205785**
一、按登记注册类型分组					
内资企业	12390271	2681956	823529272	673115224	13671295
国有企业	499393		23765841	5573643	13158
集体企业	89	201111	5417814	4757036	27516
股份合作企业			690882	632195	2745
有限责任公司	11472971	2269626	97681478	77497134	3699819
股份有限公司	360442	63129	54565274	41665004	6252294
私营企业	57376	148090	640861304	542495924	3675046
其他企业			546679	494288	717
港、澳、台商投资企业	2188900		47303324	34872394	333547
外商投资企业	272193	8276	25046467	18338627	200943
二、按经济组织类型分组					
独资企业	499482	201111	90731009	55065289	468886
股份有限公司	411662	64231	70599865	53424710	6381246
合作、合伙企业	289	201511	11126653	9688434	43453
有限责任公司	13940020	2424490	723699733	608770818	7316038
三、在总计中：亏损企业	2256999	192397	24395707	21441258	258040
在总计中：国有控股企业	14377355	205706	128671011	88362419	9689101
在总计中：轻工业	2884989	283146	453346149	370284614	5759007
重工业	11966375	2407086	442532914	356041631	8446778
在总计中：大型企业	7481405	1826190	248248931	180584989	10352051
中型企业	4889463	194455	276505627	227972001	1712787
小型企业	2480496	669587	371124505	317769255	2140947

10—2 续表 4　　（2017 年）　　计量单位：千元

项目名称	管理费用	财务费用	# 利息支出	营业利润
总计	**27567132**	**10269262**	**10829690**	**91091889**
一、按登记注册类型分组				
内资企业	24180332	9943487	10445303	82626347
国有企业	304330	1292	3832	17834789
集体企业	125875	8600	6519	446250
股份合作企业	2033			51906
有限责任公司	5529432	4532208	5559741	2367741
股份有限公司	2229679	608511	568786	2862409
私营企业	15985927	4792242	4305807	59019931
其他企业	3056	634	618	43321
港、澳、台商投资企业	2187766	272264	311808	5234716
外商投资企业	1199034	53511	72579	3230826
二、按经济组织类型分组				
独资企业	2965580	166537	100219	26084579
股份有限公司	3154609	736576	675114	4439361
合作、合伙企业	250216	23752	17491	961025
有限责任公司	21089318	9287143	9979654	59518824
三、在总计中：亏损企业	2217234	3556452	4496756	-3177527
在总计中：国有控股企业	5221932	1734958	1980679	21435140
在总计中：轻工业	13768241	3681924	3468470	40113186
重工业	13798891	6587338	7361220	50978703
在总计中：大型企业	8554704	2396528	2354614	34766049
中型企业	9984380	4810437	5624041	24770336
小型企业	9028048	3062297	2851035	31555504

10—2 续表 5　　（2017 年）　　计量单位：千元、人

项目名称	投资收益	利润总额	所得税费用	本年应付职工薪酬	全部从业人员年平均人数
总计	**1540333**	**90899687**	**4457110**	**37507570**	**667615**
一、按登记注册类型分组					
内资企业	1367126	82282729	3359715	33427002	601326
国有企业	1144	17835653	11317	622786	13219
集体企业		436180	5520	105123	2727
股份合作企业		51906	18625	3533	205
有限责任公司	1124809	2721391	722635	7172255	103777
股份有限公司	113438	2998751	449822	1971849	24711
私营企业	127735	58195740	2151796	23543694	456444
其他企业		43108		7762	243
港、澳、台商投资企业	116622	5392849	585154	2808973	46077
外商投资企业	56585	3224109	512241	1271595	20212
二、按经济组织类型分组					
独资企业	163588	26183313	910836	3084276	61668
股份有限公司	156261	4603642	591269	3027788	44896
合作、合伙企业	4896	948335	49183	360030	8996
有限责任公司	1215588	59064742	2911342	30465240	552439
三、在总计中：亏损企业	922675	-3033813	-29916	2414410	54693
在总计中：国有控股企业	370771	21687403	820087	7711736	90201
在总计中：轻工业	328646	39958244	2130135	21357828	361583
重工业	1211687	50941443	2326975	16149742	306032
在总计中：大型企业	379987	35132797	2003958	12045376	176946
中型企业	1102227	24224328	1233723	11850226	226655
小型企业	58119	31542562	1219429	13611968	264014

市区规模以上工业企业主要经济指标

10—3　　　　（2017 年）　　　　计量单位：千元

项目名称	工业企业单位数（个）	工业企业总产值	工业企业销售产值	资产合计	# 流动资产小　计
总计	**983**	**415129662**	**403082732**	**520889221**	**231258901**
一、按登记注册类型分组					
内资企业	934	370111169	361468490	447780362	186789007
国有企业	12	20866611	20772691	48431946	2654883
集体企业	6	2488877	2484726	905449	190847
有限责任公司	138	72202319	68735476	262602932	127747654
股份有限公司	34	34754415	33815420	46041348	21982224
私营企业	742	239375292	235229868	89683829	34172521
其他企业	2	423655	430309	114858	40878
港、澳、台商投资企业	19	28464265	26469413	51099373	31263565
外商投资企业	30	16554228	15144829	22009486	13206329
二、按经济组织类型分组					
独资企业	64	60441937	57160353	103245347	35554649
股份有限公司	57	41909562	41080998	57898213	27734615
合作、合伙企业	14	5189808	5041897	2083373	902882
有限责任公司	853	309900624	302111555	358341576	167161596
三、在总计中：亏损企业	100	16697361	16125465	166212950	82645382
在总计中：国有控股企业	80	99302826	95982900	189443815	67587691
在总计中：轻工业	417	178313868	171232065	160670577	83154963
重工业	566	236815794	231850667	360218644	148103938
在总计中：大型企业	33	128148273	121156726	226186639	97772662
中型企业	250	155087439	153056786	226064225	104746630
小型企业	700	131893950	128869220	68638357	28739609

10—3 续表 1　　（2017 年）　　计量单位：千元

项目名称	固定资产小计	固定资产原价	累计折旧
总　计	**136731746**	**237027162**	**77709292**
一、按登记注册类型分组			
内资企业	120855609	214152375	68486025
国有企业	17860238	61731633	16536038
集体企业	471669	603766	127941
有限责任公司	47268171	72985753	28492794
股份有限公司	16010025	25796392	10244568
私营企业	39228609	52994006	13069122
其他企业	16897	40825	15562
港、澳、台商投资企业	9026860	13018405	5558499
外商投资企业	6849277	9856382	3664768
二、按经济组织类型分组			
独资企业	30691904	81315254	24654686
股份有限公司	17316801	30552533	11348524
合作、合伙企业	773088	1090414	305036
有限责任公司	88343046	124556857	41491693
三、在总计中：亏损企业	9503847	19464666	7081906
在总计中：国有控股企业	68788326	141678934	48189927
在总计中：轻工业	44856514	68899867	24029023
重工业	91875232	168127295	53680269
在总计中：大型企业	67336467	136549782	47210951
中型企业	41848807	63313437	19244155
小型企业	27546472	37163943	11254186

10—3 续表 2　（2017 年）　计量单位：千元

项目名称	负债合计	#流动负债	所有者权益	#实收资本
总　计	**266484405**	**162581388**	**253341807**	**86656841**
一、按登记注册类型分组				
内资企业	232373231	132596321	215339635	75217626
国有企业	16478095	12093080	31953851	421114
集体企业	280254	99211	625195	168531
有限责任公司	162076262	78869991	100526656	52142677
股份有限公司	24014838	19180803	22026507	5359157
私营企业	29471456	22300910	60144894	17120169
其他企业	52326	52326	62532	5978
港、澳、台商投资企业	26612564	23407687	24486806	8937029
外商投资企业	7498610	6577380	13515366	2502186
二、按经济组织类型分组				
独资企业	40296025	33560409	61953812	8388045
股份有限公司	26316347	20930873	31581857	8092448
合作、合伙企业	701376	520333	1381997	249884
有限责任公司	199278174	107496247	158995912	70024995
三、在总计中：亏损企业	110672481	40739084	54531695	34224263
在总计中：国有控股企业	101708112	70998529	87735696	22778173
在总计中：轻工业	71857263	60328455	88813277	28234464
重工业	194627142	102252933	164528530	58422377
在总计中：大型企业	111007165	89349104	115179470	25115295
中型企业	127451918	52035363	98612302	47577303
小型企业	28025322	21196921	39550035	13964243

10—3 续表 3　　　　（2017 年）　　　　计量单位：千元

项目名称	实收资本中：		主营业务收入	主营业务成本	主营业务税金及附加
	# 国家资本	集体资本			
总　计	**12786117**	**2048456**	**438631828**	**328603018**	**11766594**
一、按登记注册类型分组					
内资企业	10513924	2040180	383295461	289468641	11307918
国有企业	384649		23371370	5234171	10581
集体企业	89	7947	2328609	1916570	15219
有限责任公司	10055685	1897023	77043052	59748910	3553000
股份有限公司	23500	31629	44677638	33900849	6143731
私营企业	50001	103581	235328113	188173853	1584670
其他企业			546679	494288	717
港、澳、台商投资企业	2000000		36655375	25917293	279831
外商投资企业	272193	8276	18680992	13217084	178845
二、按经济组织类型分组					
独资企业	384738	7947	72419506	39110064	405444
股份有限公司	73500	31629	51423214	37594702	6238939
合作、合伙企业	89	7947	5002210	4163964	23725
有限责任公司	12327879	2008880	311942852	249480726	5113556
三、在总计中：亏损企业	1755739	28797	15752435	13374044	186067
在总计中：国有控股企业	12335725	63906	114074177	75958242	9520391
在总计中：轻工业	2814699	25969	200454419	152428906	4364214
重工业	9971418	2022487	238177409	176174112	7402380
在总计中：大型企业	7457594	1826190	154709589	99273730	9831859
中型企业	3024806	71255	155470821	122988218	1178616
小型企业	2303717	151011	128451418	106341070	756119

10—3 续表 4　　（2017 年）　　计量单位：千元

项目名称	管理费用	财务费用	# 利息支出	营业利润
总　计	**18092147**	**5491808**	**6492067**	**54776836**
一、按登记注册类型分组				
内资企业	15329580	5319709	6271709	48074655
国有企业	267867	1949	3717	17819382
集体企业	112870	2140	1943	241427
有限责任公司	4440258	4262195	5296287	1613226
股份有限公司	1811816	422474	385911	1991331
私营企业	8693713	630317	583233	26365968
其他企业	3056	634	618	43321
港、澳、台商投资企业	1752545	162096	197595	4363397
外商投资企业	1010022	10003	22763	2338784
二、按经济组织类型分组				
独资企业	2643850	93529	31776	24415141
股份有限公司	2411767	457438	421390	2920563
合作、合伙企业	188633	7370	5352	526868
有限责任公司	12950632	4932208	6032212	27175776
三、在总计中：亏损企业	1664649	3368731	4322690	-2398807
在总计中：国有控股企业	4435503	1436593	1651926	20787872
在总计中：轻工业	8496016	1037926	981859	19769329
重工业	9596131	4453882	5510208	35007507
在总计中：大型企业	6491446	1168652	1234096	27119581
中型企业	6894320	3737592	4646289	15588030
小型企业	4706381	585564	611682	12069225

10—3 续表 5　　（2017 年）　　计量单位：千元、人

项目名称	投资收益	利润总额	所得税费用	本年应付职工薪酬	全部从业人员年平均人数
总计	**1449360**	**54302608**	**2515006**	**19056147**	**302670**
一、按登记注册类型分组					
内资企业	1274304	47477128	1538733	16281701	259475
国有企业	1144	17819570	7412	458819	10547
集体企业		231357	5358	55049	1119
有限责任公司	1105150	1897217	534092	5977239	73888
股份有限公司	111534	2094670	308824	1538188	16619
私营企业	56476	25391206	683047	8244644	157060
其他企业		43108		7762	242
港、澳、台商投资企业	118848	4511449	578167	1697289	29248
外商投资企业	56208	2314031	398106	1077157	14799
二、按经济组织类型分组					
独资企业	162876	24495355	804164	2322131	46794
股份有限公司	147467	3019162	421421	2237392	26647
合作、合伙企业	4896	514209	18574	201223	3234
有限责任公司	1134121	26523839	1276205	14333662	227700
三、在总计中：亏损企业	907631	-2309455	-36505	1537577	26736
在总计中：国有控股企业	351589	20966646	593067	6714240	70961
在总计中：轻工业	305457	19489775	1463143	9495358	148859
重工业	1143903	34812833	1051863	9560789	154663
在总计中：大型企业	331836	27495353	1446603	8381274	105488
中型企业	1068578	14939140	521389	6531105	108928
小型企业	48946	11868115	547014	4143768	89106

全市规模以上工业企业分行业主要经济指标

10—4　　　（2017 年）　　　计量单位：千元

项目名称	工业企业单位数（个）	工业企业总产值	工业企业销售产值	资产合计	#流动资产小计
总　计	**2638**	**881599293**	**859704693**	**750963982**	**308670544**
采矿业	25	4900258	4734714	1717630	844031
煤炭开采和洗选业	13	930607	882811	870106	725533
黑色金属矿采选业	4	2224463	2198311	315073	43574
非金属矿采选业	8	1745188	1653592	532451	74924
制造业	2574	838877004	817155074	665167016	298811519
农副食品加工业	162	51197187	50556962	13199547	4702168
食品制造业	70	25627620	25357651	14160736	6580161
酒、饮料和精制茶制造业	29	9333986	9225078	4673152	1482582
烟草制品业	1	5581234	5061717	7358856	6435802
纺织业	237	69694651	66477781	33130710	13211110
纺织服装、服饰业	67	16880031	16923493	7624753	2655750
皮革、毛皮、羽毛及其制品和制鞋业	218	100637548	99783507	30686728	5321630
木材加工和木、竹、藤、棕、草制品业	43	12648982	12514126	3555459	585530
家具制造业	34	5173599	5143388	1359002	469828
造纸和纸制品业	40	13621381	13853950	6271557	2293328
印刷和记录媒介复制业	56	13735111	13203924	7582221	3209117
文教、工美、体育和娱乐用品制造业	33	7321250	7251130	2482860	741611
石油加工、炼焦和核燃料加工业	26	32380723	31831729	30236942	12408215
化学原料和化学制品制造业	330	103606034	101176364	59996491	23181401
医药制造业	88	57280165	52401069	93016042	50188819
化学纤维制造业	22	4112782	3480215	4128803	1618895
橡胶和塑料制品业	129	21169326	20694107	11677905	4240389
非金属矿物制品业	250	49739606	48348354	40597370	14603792
黑色金属冶炼和压延加工业	11	63881489	63565622	47699071	21611601
有色金属冶炼和压延加工业	19	3394140	3380881	1815336	602114
金属制品业	164	40165684	39492358	15625733	5313690
通用设备制造业	140	26014553	25405693	22858602	10951757
专用设备制造业	119	25729017	25360129	145589775	74750278
汽车制造业	53	8249969	8205027	9931650	6612002
铁路、船舶、航空航天和其他运输设备制造业	20	5516528	5284362	7430571	3681604
电气机械和器材制造业	133	43456422	42311712	21022838	9464152
计算机、通信和其他电子设备制造业	49	11716990	11206931	13038429	6474922
仪器仪表制造业	18	6403570	5117601	5320943	3465816
其他制造业	4	1699380	1644168	268979	46679
废弃资源综合利用业	7	1986621	1977180	336435	97454
金属制品、机械和设备修理业	2	921425	918865	2489520	1809322
电力、燃气及水生产和供应业	39	37822031	37814905	84079336	9014994
电力、热力生产和供应业	32	34493159	34492975	78545679	7337969
燃气生产和供应业	3	2038968	2038968	2554089	859428
水的生产和供应业	4	1289904	1282962	2979568	817597

自 2011 年报始，行业分类按照国家统计局修订的《国民经济行业分类》（2011 版）执行。

10—4 续表 1　　（2017 年）　　计量单位：千元

项目名称	固定资产小计	固定资产原价	累计折旧
总　计	**244563396**	**396597010**	**139211613**
采矿业	499865	573984	198480
煤炭开采和洗选业	33461	42340	11017
黑色金属矿采选业	179456	223283	99732
非金属矿采选业	286948	308361	87731
制造业	199621773	286233970	98625620
农副食品加工业	6784108	9594322	3483376
食品制造业	5382391	6898728	2010535
酒、饮料和精制茶制造业	2787856	3941701	1194406
烟草制品业	786973	2005434	1218461
纺织业	13319944	16746903	4479291
纺织服装、服饰业	3873136	5222253	1420856
皮革、毛皮、羽毛及其制品和制鞋业	9782017	12512519	2773668
木材加工和木、竹、藤、棕、草制品业	2551937	3209590	767424
家具制造业	800832	931305	195152
造纸和纸制品业	2988925	4810708	1845205
印刷和记录媒介复制业	3529320	6689943	2910898
文教、工美、体育和娱乐用品制造业	1417104	2068392	649553
石油加工、炼焦和核燃料加工业	16856591	21234898	9198228
化学原料和化学制品制造业	19651221	32084932	9941346
医药制造业	21589842	35056515	12785587
化学纤维制造业	1985082	2297218	356690
橡胶和塑料制品业	5148344	6153340	2099972
非金属矿物制品业	18595906	27167356	8629669
黑色金属冶炼和压延加工业	20506698	31414328	15247788
有色金属冶炼和压延加工业	1060435	1471385	513490
金属制品业	6133571	8241134	2946487
通用设备制造业	8096203	11277773	3648216
专用设备制造业	5013451	6399767	1724980
汽车制造业	1649308	2510352	874028
铁路、船舶、航空航天和其他运输设备制造业	2528201	2622842	651020
电气机械和器材制造业	9731183	12976247	3394347
计算机、通信和其他电子设备制造业	5508329	7814730	2411205
仪器仪表制造业	684036	1201444	453189
其他制造业	197423	378804	183120
废弃资源综合利用业	215842	366007	149899
金属制品、机械和设备修理业	465564	933100	467534
电力、燃气及水生产和供应业	44441758	109789056	40387513
电力、热力生产和供应业	41815704	105901351	38609798
燃气生产和供应业	1508923	1452034	458152
水的生产和供应业	1117131	2435671	1319563

10—4 续表 2　　　　（2017 年）　　　　计量单位：千元

项目名称	负债合计	# 流动负债	所有者权益	# 实收资本
总　计	**358697208**	**241249999**	**389396969**	**131190040**
采矿业	1043029	394729	607192	169867
煤炭开采和洗选业	711727	226555	90967	35100
黑色金属矿采选业	177732	117950	137344	61000
非金属矿采选业	153570	50224	378881	73767
制造业	318133141	214223008	344231485	121398912
农副食品加工业	4362869	3084545	8815891	3245374
食品制造业	6186367	4767675	7974363	4570026
酒、饮料和精制茶制造业	2205411	1787463	2467741	1834522
烟草制品业	1388126	1388126	5970730	1000000
纺织业	12835435	10121765	19797505	7774039
纺织服装、服饰业	2136770	1547564	5487984	1601235
皮革、毛皮、羽毛及其制品和制鞋业	6714159	6383383	23581803	1667444
木材加工和木、竹、藤、棕、草制品业	837074	531408	2718384	558913
家具制造业	276602	195504	1082398	472212
造纸和纸制品业	2452107	1951594	3819446	2428000
印刷和记录媒介复制业	2095986	1876432	5486217	2403352
文教、工美、体育和娱乐用品制造业	668987	592827	1669474	896146
石油加工、炼焦和核燃料加工业	20799238	16297504	9437700	1201720
化学原料和化学制品制造业	27984399	18753777	31757524	7287212
医药制造业	43141258	36910406	49874773	15744796
化学纤维制造业	2661937	1469236	1323874	1445598
橡胶和塑料制品业	4112507	3194535	7425784	3018361
非金属矿物制品业	17916054	14273189	22524093	10291583
黑色金属冶炼和压延加工业	26761257	24742064	20937812	2963350
有色金属冶炼和压延加工业	458269	433758	1357066	754840
金属制品业	5261548	4487084	10346168	2645630
通用设备制造业	10628942	8872196	12190491	4754476
专用设备制造业	88414915	27838593	57174844	30028370
汽车制造业	6711278	6010815	3220368	1171943
铁路、船舶、航空航天和其他运输设备制造业	3587486	2596874	3843085	1452631
电气机械和器材制造业	8783844	8435689	12237491	5453373
计算机、通信和其他电子设备制造业	4837583	2590726	7205335	3545867
仪器仪表制造业	1838218	1243323	3482722	990777
其他制造业	80993	79395	187986	64310
废弃资源综合利用业	111134	99530	225301	64945
金属制品、机械和设备修理业	1882388	1666028	607132	67867
电力、燃气及水生产和供应业	39521038	26632262	44558292	9621261
电力、热力生产和供应业	35611581	23395677	42934093	8312756
燃气生产和供应业	1862844	1836553	691244	321325
水的生产和供应业	2046613	1400032	932955	987180

10—4 续表 3　　（2017 年）　　计量单位：千元

项目名称	实收资本中：		主营业务收入	主营业务成本	主营业务税金及附加
	国家资本	集体资本			
总计	**14851364**	**2690232**	**895879063**	**726326245**	**14205785**
采矿业			4629804	4000835	7257
煤炭开采和洗选业			913966	808494	2148
黑色金属矿采选业			2198311	1881059	3738
非金属矿采选业			1517527	1311282	1371
制造业	9729423	2552032	850750050	702419161	13897669
农副食品加工业			51853579	45595114	237374
食品制造业	5500		28046419	22507724	153033
酒、饮料和精制茶制造业	91500		10152699	8450033	131450
烟草制品业	1000000		5112601	1745555	2895677
纺织业	2060	4004	77727630	69176175	259418
纺织服装、服饰业	60000	3500	17158025	14883200	65512
皮革、毛皮、羽毛及其制品和制鞋业	150004	12300	100242173	81474266	901264
木材加工和木、竹、藤、棕、草制品业			12492124	10416011	55515
家具制造业			5156329	4283518	22290
造纸和纸制品业	3000		14179601	11939315	70742
印刷和记录媒介复制业	44802	1	13000668	10775725	53704
文教、工美、体育和娱乐用品制造业			7240938	6295078	36276
石油加工、炼焦和核燃料加工业	573500	400	34188147	25329273	6123929
化学原料和化学制品制造业	933917	86368	102732565	86645547	484672
医药制造业	1247795	194948	66198628	44300654	586941
化学纤维制造业	240828	26600	3548761	3295122	12815
橡胶和塑料制品业	39500	53596	20661981	17357292	126501
非金属矿物制品业	1601995	2008230	47410429	40111672	212843
黑色金属冶炼和压延加工业	2000000		65195183	58225604	453657
有色金属冶炼和压延加工业	15270		3152539	2841070	5503
金属制品业	81425	30541	39277358	33497826	278676
通用设备制造业	509372	10947	25058672	20849834	155153
专用设备制造业	177122	4374	25411588	19804238	145917
汽车制造业	220023	16143	8052637	6801846	39479
铁路、船舶、航空航天和其他运输设备制造业	561727		5327975	4225640	47315
电气机械和器材制造业	2400		40421388	33644716	241497
计算机、通信和其他电子设备制造业	104816		11550400	9808586	33759
仪器仪表制造业		100080	5677873	4162353	46741
其他制造业			1629144	1403617	12542
废弃资源综合利用业			1977483	1797028	5856
金属制品、机械和设备修理业	62867		914513	775529	1618
电力、燃气及水生产和供应业	5121941	138200	40499209	19906249	300859
电力、热力生产和供应业	4014761	138200	37161816	17524990	244270
燃气生产和供应业	120000		2029742	1505460	14743
水的生产和供应业	987180		1307651	875799	41846

10—4 续表 4　　（2017 年）　　计量单位：千元

项目名称	管理费用	财务费用	#利息支出	营业利润
总　计	**27567132**	**10269262**	**10829690**	**91091889**
采矿业	75659	35700	13074	338648
煤炭开采和洗选业	3252	7208	4109	7586
黑色金属矿采选业	48887	16221	8020	188564
非金属矿采选业	23520	12271	945	142498
制造业	26883053	9733916	10243353	71406842
农副食品加工业	1023782	163891	136243	3583993
食品制造业	700080	72172	82110	1818652
酒、饮料和精制茶制造业	224057	35720	25828	817461
烟草制品业	395523	-560	48	70295
纺织业	1441490	403862	392311	5387156
纺织服装、服饰业	361329	47252	37679	1415292
皮革、毛皮、羽毛及其制品和制鞋业	3152875	1946622	1902286	10286433
木材加工和木、竹、藤、棕、草制品业	230149	35578	27315	1401006
家具制造业	137763	7410	5995	590299
造纸和纸制品业	390351	109007	101001	1268910
印刷和记录媒介复制业	480348	37392	55594	1340942
文教、工美、体育和娱乐用品制造业	52196	18514	14358	759017
石油加工、炼焦和核燃料加工业	1069849	246030	257390	1114339
化学原料和化学制品制造业	3445478	815533	701844	8510074
医药制造业	3537312	557552	462747	7930982
化学纤维制造业	47105	55472	51641	118011
橡胶和塑料制品业	582684	117562	82671	2025646
非金属矿物制品业	1365069	482368	397573	4198594
黑色金属冶炼和压延加工业	1044298	972444	1019092	4823635
有色金属冶炼和压延加工业	69479	2444	3806	216495
金属制品业	1042426	179151	153420	3509006
通用设备制造业	1128864	133759	124910	2240830
专用设备制造业	1430182	2901868	3841375	1235981
汽车制造业	411351	126358	110252	450911
铁路、船舶、航空航天和其他运输设备制造业	374028	90836	73338	644044
电气机械和器材制造业	1602347	79320	79402	3674384
计算机、通信和其他电子设备制造业	571119	78281	81928	1037010
仪器仪表制造业	396728	10273	12264	596018
其他制造业	9530	4291	4247	197414
废弃资源综合利用业	19553	4152	4118	132921
金属制品、机械和设备修理业	145708	-638	567	11091
电力、燃气及水生产和供应业	608420	499646	573263	19346399
电力、热力生产和供应业	366906	465904	529182	18822347
燃气生产和供应业	76843	11831	21527	383475
水的生产和供应业	164671	21911	22554	140577

10—4 续表 5　　（2017 年）　　计量单位：千元、人

项目名称	投资收益	利润总额	所得税费用	本年应付职工薪酬	全部从业人员年平均人数
总　计	**1540333**	**90899687**	**4457110**	**37507570**	**667615**
采矿业	14	338097	2161	29683	1909
煤炭开采和洗选业	14	7565	30	7120	794
黑色金属矿采选业		188564	2131	8553	489
非金属矿采选业		141968		14010	626
制造业	1531674	71116225	4061757	35982565	646153
农副食品加工业	567	3524329	105217	1189118	30005
食品制造业	15726	1875449	154394	1068556	21372
酒、饮料和精制茶制造业	2942	792039	52759	408297	7819
烟草制品业		67938	14221	386546	1325
纺织业	17640	5335610	190569	2567279	64344
纺织服装、服饰业	225	1402647	47046	627979	17286
皮革、毛皮、羽毛及其制品和制鞋业		10295799	64085	7269516	68168
木材加工和木、竹、藤、棕、草制品业		1380382	14204	383899	8865
家具制造业		566673	5568	167193	5496
造纸和纸制品业	44	1260419	33575	315066	7067
印刷和记录媒介复制业	18495	1330581	155735	817885	11158
文教、工美、体育和娱乐用品制造业		743440	62369	311417	8001
石油加工、炼焦和核燃料加工业	564	1045378	159835	873258	10838
化学原料和化学制品制造业	7385	8418800	529800	3154162	69700
医药制造业	209692	8018305	933096	3631962	59185
化学纤维制造业	248	120733	2502	165614	4355
橡胶和塑料制品业	24661	1962653	69342	767771	22785
非金属矿物制品业	-106085	4277285	227921	1900214	46862
黑色金属冶炼和压延加工业	38033	4790793	421627	1885121	29560
有色金属冶炼和压延加工业		218290	11477	176904	2914
金属制品业	54583	3483240	154055	1191509	28841
通用设备制造业	10687	2244577	148139	1507673	28393
专用设备制造业	975512	1238777	48255	916578	19804
汽车制造业	101	479825	52808	457328	9868
铁路、船舶、航空航天和其他运输设备制造业	219079	671544	48464	560260	8012
电气机械和器材制造业	666	3597416	201391	2116570	35535
计算机、通信和其他电子设备制造业	8093	1015040	67909	468569	9325
仪器仪表制造业	32816	622119	51883	427068	5512
其他制造业		189178	15660	45458	753
废弃资源综合利用业		132834	16995	31564	895
金属制品、机械和设备修理业		14132	856	192231	2110
电力、燃气及水生产和供应业	8645	19445365	393192	1495322	19553
电力、热力生产和供应业	2764	18922694	287985	1040880	13602
燃气生产和供应业	5881	387257	94442	96312	1174
水的生产和供应业		135414	10765	358130	4777

市区规模以上工业企业分行业主要经济指标

10—5　　　　（2017 年）　　　　计量单位：千元

项目名称	工业企业单位数（个）	工业企业总产值	工业企业销售产值	资产合计	# 流动资产小计
总计	**983**	**415129662**	**403082732**	**520889221**	**231258901**
采矿业	13	940685	891358	887077	723950
煤炭开采和洗选业	12	902700	855273	862575	722095
非金属矿采选业	1	37985	36085	24502	1855
制造业	947	385075105	373084628	450575403	224798436
农副食品加工业	57	19913122	19775414	6795624	2976686
食品制造业	39	16039199	15835271	8234014	3920026
酒、饮料和精制茶制造业	15	4835063	4811021	3177741	1000081
烟草制品业	1	5581234	5061717	7358856	6435802
纺织业	53	21218014	21175637	17648703	8937972
纺织服装、服饰业	30	8111229	8039806	2184288	587238
皮革、毛皮、羽毛及其制品和制鞋业	6	2778178	2784701	1581006	789772
木材加工和木、竹、藤、棕、草制品业	22	9858988	9835173	2232148	433951
家具制造业	12	3408973	3394704	880507	339116
造纸和纸制品业	16	6650676	6610729	2166699	536121
印刷和记录媒介复制业	25	6564841	6334725	4710495	2470937
文教、工美、体育和娱乐用品制造业	6	2194312	2188098	730515	275701
石油加工、炼焦和核燃料加工业	8	30363561	29829504	28904049	11947555
化学原料和化学制品制造业	121	49281494	48427468	25410181	9632605
医药制造业	52	49562428	45078851	85950320	46558957
化学纤维制造业	2	1263040	1266719	1798652	696145
橡胶和塑料制品业	51	12261406	12019769	5886203	2134189
非金属矿物制品业	62	18433890	18085362	20548051	8429218
黑色金属冶炼和压延加工业	3	6921448	6852285	12181190	6934367
有色金属冶炼和压延加工业	2	301948	298146	232324	167158
金属制品业	82	25629492	25295408	11275691	3789360
通用设备制造业	73	17159613	16696620	16651493	8863455
专用设备制造业	61	15739875	15481681	141150374	73112766
汽车制造业	15	2183607	2161625	2406335	1840230
铁路、船舶、航空航天和其他运输设备制造业	14	4816506	4582313	6124806	2938267
电气机械和器材制造业	59	26053552	25022124	14502752	7806044
计算机、通信和其他电子设备制造业	43	10825207	10338596	12480384	6265801
仪器仪表制造业	13	4886270	3615811	4625893	3135730
其他制造业	1	976373	927566	133093	16000
废弃资源综合利用业	1	340141	338919	123496	17864
金属制品、机械和设备修理业	2	921425	918865	2489520	1809322
电力、燃气及水生产和供应业	23	29113872	29106746	69426741	5736515
电力、热力生产和供应业	16	25785000	25784816	63893084	4059490
燃气生产和供应业	3	2038968	2038968	2554089	859428
水的生产和供应业	4	1289904	1282962	2979568	817597

10—5 续表 1　　（2017 年）　　计量单位：千元

项目名称	固定资产小计	固定资产原价	累计折旧
总计	**136731746**	**237027162**	**77709292**
采矿业	52015	48687	11957
煤炭开采和洗选业	29368	38187	10957
非金属矿采选业	22647	10500	1000
制造业	102988371	151967675	51444627
农副食品加工业	3413984	4600169	1203722
食品制造业	2911111	3787789	1143692
酒、饮料和精制茶制造业	1943414	2928770	985555
烟草制品业	786973	2005434	1218461
纺织业	4212522	5705395	1531186
纺织服装、服饰业	1215330	1651146	459846
皮革、毛皮、羽毛及其制品和制鞋业	544911	728922	189581
木材加工和木、竹、藤、棕、草制品业	1761941	2146263	384322
家具制造业	531593	668055	136532
造纸和纸制品业	1429713	1756565	362699
印刷和记录媒介复制业	1576609	4167529	2305703
文教、工美、体育和娱乐用品制造业	454814	584418	129604
石油加工、炼焦和核燃料加工业	16272564	20491280	9038515
化学原料和化学制品制造业	6867274	14666669	3509291
医药制造业	19131019	32109089	11978587
化学纤维制造业	820014	1065967	247026
橡胶和塑料制品业	2387928	2366366	795774
非金属矿物制品业	8368894	13022091	4922861
黑色金属冶炼和压延加工业	1818648	1618296	126222
有色金属冶炼和压延加工业	24930	55095	30567
金属制品业	3997472	5416782	1766733
通用设备制造业	5000292	6928552	2363006
专用设备制造业	3341112	4435647	1119989
汽车制造业	317001	614911	317200
铁路、船舶、航空航天和其他运输设备制造业	2260537	2232873	527712
电气机械和器材制造业	5274971	6813893	1649992
计算机、通信和其他电子设备制造业	5240789	7434068	2301678
仪器仪表制造业	393722	778208	199429
其他制造业	117093	134238	17145
废弃资源综合利用业	105632	120095	14463
金属制品、机械和设备修理业	465564	933100	467534
电力、燃气及水生产和供应业	33691360	85010800	26252708
电力、热力生产和供应业	31065306	81123095	24474993
燃气生产和供应业	1508923	1452034	458152
水的生产和供应业	1117131	2435671	1319563

10—5 续表 2 （2017 年） 计量单位：千元

项目名称	负债合计	#流动负债	所有者权益	#实收资本
总计	**266484405**	**162581388**	**253341807**	**86656841**
采矿业	721907	228090	97758	32855
煤炭开采和洗选业	711407	226235	83756	30000
非金属矿采选业	10500	1855	14002	2855
制造业	234870962	142726371	214708846	79911634
农副食品加工业	2538802	1969895	4256821	1416680
食品制造业	4523417	3456520	3710595	1291052
酒、饮料和精制茶制造业	1819481	1532045	1358260	1191606
烟草制品业	1388126	1388126	5970730	1000000
纺织业	7850957	6391757	9797743	2559310
纺织服装、服饰业	396210	278307	1788078	523052
皮革、毛皮、羽毛及其制品和制鞋业	474176	411599	1106829	479284
木材加工和木、竹、藤、棕、草制品业	444402	306967	1787746	315536
家具制造业	186206	126955	694301	327439
造纸和纸制品业	495778	213897	1670920	470058
印刷和记录媒介复制业	1146681	1080730	3563798	1694788
文教、工美、体育和娱乐用品制造业	223361	222890	507153	271476
石油加工、炼焦和核燃料加工业	20173797	15885361	8730250	1010680
化学原料和化学制品制造业	13594869	7475777	11815302	2729983
医药制造业	40642196	34776898	45308119	13894902
化学纤维制造业	1991332	986764	-192680	253928
橡胶和塑料制品业	2070621	1669819	3815581	1686200
非金属矿物制品业	9620083	7690974	10927957	4656384
黑色金属冶炼和压延加工业	6079457	4173123	6101732	2006000
有色金属冶炼和压延加工业	63682	63682	168641	50700
金属制品业	3390316	2871371	7885372	1913998
通用设备制造业	8786642	7253431	7864848	3090677
专用设备制造业	86992247	26641843	54158116	29031550
汽车制造业	1577015	1564462	829320	232548
铁路、船舶、航空航天和其他运输设备制造业	2879806	2016365	3245000	1210853
电气机械和器材制造业	7213905	6936120	7288837	2247997
计算机、通信和其他电子设备制造业	4623213	2389285	6861661	3348043
仪器仪表制造业	1737844	1231186	2888047	874043
其他制造业	41300	41300	91793	45000
废弃资源综合利用业	22652	12894	100844	20000
金属制品、机械和设备修理业	1882388	1666028	607132	67867
电力、燃气及水生产和供应业	30891536	19626927	38535203	6712352
电力、热力生产和供应业	26982079	16390342	36911004	5403847
燃气生产和供应业	1862844	1836553	691244	321325
水的生产和供应业	2046613	1400032	932955	987180

10—5 续表 3　　（2017 年）　　计量单位：千元

项目名称	实收资本中：		主营业务收入	主营业务成　本	主营业务税金及附加
	国家资本	集体资本			
总计	**12786117**	**2048456**	**438631828**	**328603018**	**11766594**
采矿业			922202	813444	1684
煤炭开采和洗选业			886117	784576	1673
非金属矿采选业			36085	28868	11
制造业	8455977	2048456	405969437	315266504	11569731
农副食品加工业			20553068	16900413	134320
食品制造业	500		18658876	14325229	115831
酒、饮料和精制茶制造业	41500		5906037	4646660	118310
烟草制品业	1000000		5112601	1745555	2895677
纺织业		3004	31425721	26874311	149907
纺织服装、服饰业	60000	3500	8171819	6930546	38574
皮革、毛皮、羽毛及其制品和制鞋业	150004		3185098	2688816	15873
木材加工和木、竹、藤、棕、草制品业			9831700	7952347	47291
家具制造业			3408315	2695270	19854
造纸和纸制品业	3000		6617149	5284762	44204
印刷和记录媒介复制业	44802	1	6463613	5071664	45982
文教、工美、体育和娱乐用品制造业			2196770	1796376	5208
石油加工、炼焦和核燃料加工业	573300		32097857	23421548	6118059
化学原料和化学制品制造业	97973	28755	49569291	40459290	287131
医药制造业	1234565	8718	58593077	38516634	541495
化学纤维制造业	240828	1100	1208340	1159147	8246
橡胶和塑料制品业	39500	49272	12125297	10005192	102478
非金属矿物制品业	1597350	1840622	17961726	14427605	115675
黑色金属冶炼和压延加工业	2000000		6727388	6067747	66001
有色金属冶炼和压延加工业			251922	193214	802
金属制品业	80195		25262980	20798971	131282
通用设备制造业	394628	6447	16330263	13053576	128634
专用设备制造业	177122	4374	15530255	11191257	96981
汽车制造业	34522	2583	2172055	1787997	9640
铁路、船舶、航空航天和其他运输设备制造业	516105		4637719	3756212	40340
电气机械和器材制造业	2400		24920747	19723143	214219
计算机、通信和其他电子设备制造业	104816		10705540	9074442	27342
仪器仪表制造业		100080	4160471	2879699	37865
其他制造业			918291	778734	7787
废弃资源综合利用业			350938	284618	3105
金属制品、机械和设备修理业	62867		914513	775529	1618
电力、燃气及水生产和供应业	4330140		31740189	12523070	195179
电力、热力生产和供应业	3222960		28402796	10141811	138590
燃气生产和供应业	120000		2029742	1505460	14743
水的生产和供应业	987180		1307651	875799	41846

10—5 续表 4　　　　（2017 年）　　　　计量单位：千元

项目名称	管理费用	财务费用	# 利息支出	营业利润
总　计	**18092147**	**5491808**	**6492067**	**54776836**
采矿业	3120	7110	4021	11751
煤炭开采和洗选业	3113	7097	4008	4574
非金属矿采选业	7	13	13	7177
制造业	17767301	5229867	6170176	36250847
农副食品加工业	661538	34805	34901	1963182
食品制造业	504126	55963	45157	1300563
酒、饮料和精制茶制造业	155886	15654	18078	539782
烟草制品业	395523	-560	48	70295
纺织业	1065858	262509	267576	2429752
纺织服装、服饰业	201150	12627	12741	733842
皮革、毛皮、羽毛及其制品和制鞋业	97051	4536	4750	318081
木材加工和木、竹、藤、棕、草制品业	173387	12033	11846	1366639
家具制造业	122993	2499	2529	455145
造纸和纸制品业	291714	25858	25173	810010
印刷和记录媒介复制业	409233	12082	32869	716624
文教、工美、体育和娱乐用品制造业	14842	2474	1597	332638
石油加工、炼焦和核燃料加工业	1015511	216703	228434	1046840
化学原料和化学制品制造业	2041461	457425	424284	4323652
医药制造业	3223698	478651	404800	7265344
化学纤维制造业	33629	44758	44894	-51139
橡胶和塑料制品业	364324	53719	47592	1355200
非金属矿物制品业	814444	255953	232115	1585280
黑色金属冶炼和压延加工业	199410	37818	137967	260966
有色金属冶炼和压延加工业	25748	-2458	197	25078
金属制品业	848382	100269	98948	2594278
通用设备制造业	971018	101605	97397	1583034
专用设备制造业	1183184	2858395	3815416	462685
汽车制造业	127165	18514	16686	181615
铁路、船舶、航空航天和其他运输设备制造业	283809	65774	48749	568233
电气机械和器材制造业	1505477	40343	45013	2379171
计算机、通信和其他电子设备制造业	553989	61552	65194	980440
仪器仪表制造业	316068	-2367	1287	486034
其他制造业	5306	2169	2169	125548
废弃资源综合利用业	15669	1202	1202	30944
金属制品、机械和设备修理业	145708	-638	567	11091
电力、燃气及水生产和供应业	321726	254831	317870	18514238
电力、热力生产和供应业	80212	221089	273789	17990186
燃气生产和供应业	76843	11831	21527	383475
水的生产和供应业	164671	21911	22554	140577

10—5 续表 5　　（2017 年）　　计量单位：千元、人

项目名称	投资收益	利润总额	所得税费用	本年应付职工薪酬	全部从业人员年平均人数
总计	**1449360**	**54302608**	**2515006**	**19056147**	**302670**
采矿业	14	11730	30	4821	789
煤炭开采和洗选业	14	4553	30	4361	770
非金属矿采选业		7177		460	19
制造业	1440746	35734286	2333607	17925198	285621
农副食品加工业	405	1897407	55151	636177	12351
食品制造业	-2709	1304877	99626	660839	13536
酒、饮料和精制茶制造业	2942	510779	52505	313773	4771
烟草制品业		67938	14221	386546	1325
纺织业	17640	2370291	115128	1116534	16816
纺织服装、服饰业		719597	32825	296676	6720
皮革、毛皮、羽毛及其制品和制鞋业		327321	10374	140036	2276
木材加工和木、竹、藤、棕、草制品业		1340479	1873	310285	5763
家具制造业		431521	3316	129356	2697
造纸和纸制品业	44	780939	8458	174104	3087
印刷和记录媒介复制业	13981	702726	72021	549924	5698
文教、工美、体育和娱乐用品制造业		315417	121	65640	1275
石油加工、炼焦和核燃料加工业	564	977478	158373	825420	9435
化学原料和化学制品制造业	5788	4196629	191981	1564938	30298
医药制造业	209455	7332591	876795	3390017	52981
化学纤维制造业		-51306	1032	82154	1681
橡胶和塑料制品业	24797	1292257	20358	365324	8121
非金属矿物制品业	-106816	1649692	121687	656912	13584
黑色金属冶炼和压延加工业	5183	262098	39	470786	4762
有色金属冶炼和压延加工业		26241	3585	21437	347
金属制品业	53783	2525528	85193	856793	16133
通用设备制造业	10361	1583736	101427	1053280	17800
专用设备制造业	951841	455583	29283	672214	11365
汽车制造业	219	186993	21800	207435	3691
铁路、船舶、航空航天和其他运输设备制造业	211693	593111	37856	519149	6004
电气机械和器材制造业	666	2301612	106319	1524516	18572
计算机、通信和其他电子设备制造业	8093	958470	54041	428536	8580
仪器仪表制造业	32816	511893	49627	295415	3423
其他制造业		117312		14156	288
废弃资源综合利用业		30944	7736	4595	131
金属制品、机械和设备修理业		14132	856	192231	2110
电力、燃气及水生产和供应业	8600	18556592	181369	1126128	16260
电力、热力生产和供应业	2719	18033921	76162	671686	10309
燃气生产和供应业	5881	387257	94442	96312	1174
水的生产和供应业		135414	10765	358130	4777

分县（市、区）规模以上工业企业主要经济指标

10—6　　（2017 年）　　计量单位：个、千元

行政单位	企业单位数	工业总产值	工业销售产值	资产合计	# 流动资产 小　计
石家庄市	**2638**	**881599293**	**859704693**	**750963982**	**308670544**
市　区	983	415129662	403082732	520889221	231258901
#长安区	18	11693204	11581847	33710813	18200245
桥西区	10	1760033	1750868	4456063	2103200
新华区	12	844166	822803	1145494	823000
裕华区	10	3202972	2952294	4575571	2374985
矿　区	34	10350166	10298650	17085616	8042375
藁城区	392	163435851	162591950	64998967	26576006
鹿泉区	194	68482226	64869940	49811023	19999837
栾城区	154	44541908	43040743	27684745	13008428
高新区	125	52111167	49014770	215238843	116001686
循环化工园区	31	32237265	31264694	27716458	10201286
井陉县	51	8314689	8441283	11825722	3643559
正定县	147	10701302	10453303	16800513	8814408
行唐县	77	10325512	10337527	8648774	3348219
灵寿县	69	13663673	12724303	8875182	2294519
高邑县	71	15493524	14769881	6066877	2015132
深泽县	82	13359745	13015493	3562143	1363445
赞皇县	61	17387429	16924337	7542011	2423385
无极县	116	37192747	36035625	6429465	2124466
平山县	23	52719430	52935851	41846545	17158911
元氏县	76	24556933	24054621	13512735	6964041
赵　县	109	68034156	67790034	18571420	4194695
晋州市	272	56623149	51883911	28476026	6885104
新乐市	186	42670836	42298283	16585454	5190488
辛集市	315	95426506	94957509	41331894	10991271

10—6 续表 1　　（2017 年）　　计量单位：千元

行政单位	固定资产小计	固定资产原价	累计折旧
石家庄市	**244563396**	**396597010**	**139211613**
市　区	136731746	237027162	77709292
#长安区	7489364	10412183	4703583
桥西区	1041495	2513102	1554813
新华区	142425	489186	349353
裕华区	1792977	4170472	2230705
矿　区	8052793	6006907	2550365
藁城区	35585646	46735911	11435957
鹿泉区	19165416	27058014	9796491
栾城区	8702454	12661948	4860090
高新区	17543758	28681732	10598534
循环化工园区	11974554	24851077	8770352
井陉县	6665227	14150654	7639839
正定县	4717781	6565122	2203010
行唐县	4583239	6008094	1705734
灵寿县	4135757	6483010	2462375
高邑县	3322294	4532946	1210640
深泽县	1982995	2150829	348180
赞皇县	3552812	4363647	1123063
无极县	3231657	4437853	1209014
平山县	22837048	38331973	19942321
元氏县	3614891	4827346	1462011
赵　县	7754249	8671035	3455805
晋州市	20261295	24942208	5046165
新乐市	8994432	16217709	7586272
辛集市	12177973	17887422	6107892

10—6 续表 2　　（2017 年）　　计量单位：千元

行政单位	负债合计	#流动负债	所有者权益合计	#实收资本
石家庄市	**358697208**	**241249999**	**389396969**	**131190040**
市　区	266484405	162581388	253341807	86656841
#长安区	18524440	12864949	15186370	5895005
桥西区	3143782	2528766	1312281	1093375
新华区	653088	619113	492403	548688
裕华区	1679425	1169970	2896144	1708403
矿　区	12372349	10308873	4645853	1655555
藁城区	19405684	13499298	44597770	13458445
鹿泉区	24148234	16832015	25662760	7330396
栾城区	10748647	8275437	16936082	3686939
高新区	121479684	59034773	93759138	43735301
循环化工园区	21242794	12725756	6473656	1801167
井陉县	6656567	5699027	5159893	1233800
正定县	8523798	6673498	8077174	3418189
行唐县	3909807	3247590	4678407	1595107
灵寿县	4560784	3814357	4314395	1753441
高邑县	2447334	1904940	3619540	2064699
深泽县	1764786	1413498	1797356	431759
赞皇县	3829505	2077727	3652560	1692947
无极县	2139400	1169561	4106704	715762
平山县	23054659	22181005	18771039	3163162
元氏县	3769838	3204654	9742891	1334337
赵　县	3360149	2170380	15211263	7700608
晋州市	7417275	6794895	20294345	10454977
新乐市	6721542	5843139	9355070	5437500
辛集市	14057359	12474340	27274525	3536911

10—6 续表 3　　（2017 年）　　计量单位：千元

行政单位	实收资本中：		主营业务收入	主营业务成本	主营业务税金及附　加
	#国家资本	集体资本			
石家庄市	**14851364**	**2690232**	**895879063**	**726326245**	**14205785**
市　区	12786117	2048456	438631828	328603018	11766594
#长安区	2063705		21730605	19764502	197349
桥西区	923889		2355745	1822779	49318
新华区			794378	695727	3064
裕华区	281012	2583	2886664	2264803	19353
矿　区	573389	47447	12005408	10741181	70415
藁城区	1997468	1100	164104206	126180151	4073614
鹿泉区	2233397	1931229	67378341	54880383	415103
栾城区	1800808	1500	44135632	38246653	207628
高新区	488494	28624	60156040	40010222	534350
循环化工园区	194980	27255	32588725	23883726	6100906
井陉县	65897	194003	8482013	7321056	79765
正定县	84442	61466	10164622	8170713	86449
行唐县	1226	1110	10441855	8762270	48841
灵寿县	28500	186230	11712496	10423391	63009
高邑县	239		14377948	12947005	24012
深泽县			12336237	11227779	131341
赞皇县			16921353	14393332	103640
无极县	500	12300	36092183	31930432	123013
平山县	930610	123200	54897074	48560800	370414
元氏县	5200	4560	23553352	19257543	140938
赵　县		27823	70463880	64425193	101870
晋州市	50010	150	49926676	45759622	25903
新乐市	743990	8600	42370906	36925947	204890
辛集市	154633	22334	95506640	77618144	935106

10—6 续表 4　　（2017 年）　　计量单位：千元

行政单位	管理费用	财务费用	#利息支出	营业利润
石家庄市	**27567132**	**10269262**	**10829690**	**91091889**
市　区	18092147	5491808	6492067	54776836
#长安区	658565	275733	389387	656676
桥西区	294754	45027	49534	68944
新华区	66876	20635	17528	-18300
裕华区	266355	-17959	3609	318016
矿　区	392456	195708	169511	208056
藁城区	6568621	285821	265069	19651837
鹿泉区	2658583	604156	577403	5428123
栾城区	1080059	175539	159670	3673949
高新区	4441084	3083559	4009168	6302489
循环化工园区	1161868	415777	418891	620642
井陉县	225418	172667	179134	583284
正定县	618704	118917	121331	518686
行唐县	295691	105648	86430	969290
灵寿县	197376	80853	63613	850510
高邑县	110594	56498	53094	1178411
深泽县	316048	93887	88023	334624
赞皇县	447332	204073	69637	1554515
无极县	416662	207219	147470	3072309
平山县	1067777	998733	944181	4397242
元氏县	716603	176736	85987	2649358
赵　县	541985	214940	190847	4332966
晋州市	147850	90412	73351	3814054
新乐市	917932	248006	243976	3042290
辛集市	3455013	2008865	1990549	9017514

10—6 续表 5　　（2017 年）　　计量单位：千元、人

行政单位	投资收益	利润总额	所得税费用	本年应付职工薪酬	全部从业人员年平均人数
石家庄市	**1540333**	**90899687**	**4457110**	**37507570**	**667615**
市　区	1449360	54302608	2515006	19056147	302670
#长安区	24840	695475	53590	1362143	12505
桥西区	68204	77247	2735	398666	6483
新华区	417	-11837	673	62180	1620
裕华区	6089	325358	81872	432215	2952
矿　区	578	138462	10167	584352	9898
藁城区	26311	18796080	346911	6178223	106971
鹿泉区	-77819	5469616	275986	2148490	44291
栾城区	249358	3764543	442141	1823279	31736
高新区	1123475	6569976	1060165	3966157	57491
循环化工园区	570	649857	207095	862307	10975
井陉县	1951	626682	106525	410144	11049
正定县	29102	554068	96851	698669	26825
行唐县	281	1023434	157305	331484	11827
灵寿县	-2209	857933	11208	432339	8565
高邑县	326	1182310	8803	513342	18980
深泽县	220	343759	56427	387346	12769
赞皇县		1593580	34719	232600	10111
无极县		3080721	17223	625550	22710
平山县	2858	4398654	385448	1450131	24482
元氏县		2648340	260454	558367	12117
赵　县	-311	4358754	40975	935405	39655
晋州市	1048	3824463	1693	2398015	45922
新乐市	19724	3080988	512061	1726008	42386
辛集市	37983	9023393	252412	7752023	77547

分县（市、区）规模以上国有控股工业企业主要经济指标

10—7　　　　（2017 年）　　　　计量单位：个、千元

行政单位	企业单位数	工业总产值	工业销售产值	资产合计	# 流动资产小计
石家庄市	**105**	**113636100**	**110310115**	**214417220**	**75941017**
市　区	80	99302826	95982900	189443815	67587691
#长安区	7	10062798	10002141	31562798	16555958
桥西区	4	1051884	1048861	3088103	1228696
新华区	2	146064	125818	472585	336498
裕华区	4	2582578	2391950	3961705	1943523
矿　区	3	4632871	4686410	11250757	4793853
藁城区	7	10029176	9507236	13100569	8167705
鹿泉区	21	10781718	10348593	15764514	6635881
栾城区	11	4525034	4487630	9530759	3582301
高新区	13	3397075	3366291	4399257	3258473
循环化工园区	5	25622924	25123797	21847140	7156950
井陉县	4	5181834	5340489	8537937	2456891
正定县	1	400315	394159	448388	317589
行唐县					
灵寿县	2	432387	412633	1141216	201660
高邑县					
深泽县					
赞皇县					
无极县	1	87505	87265	828034	192103
平山县	4	4607400	4568979	6492934	1571324
元氏县					
赵　县					
晋州市	2	41172	37142	259683	94926
新乐市	7	3007957	2906599	4956523	2129390
辛集市					

10—7 续表 1　　（2017 年）　　计量单位：千元

行政单位	固定资产小计	固定资产原价	累计折旧
石家庄市	**82648907**	**171434553**	**64761763**
市　区	68788326	141678934	48189927
#长安区	7162370	9546115	4163817
桥西区	797885	2096731	1296136
新华区	91215	396314	308099
裕华区	1717857	3828255	2010703
矿　区	6255127	3260460	1496659
藁城区	4378783	6842452	2654925
鹿泉区	7299793	11933211	4787022
栾城区	5292664	7178443	2497851
高新区	616330	1454216	673593
循环化工园区	9935438	21696107	7442073
井陉县	5154694	12252983	7098290
正定县	110568	292967	182398
行唐县			
灵寿县	781396	1111582	330185
高邑县			
深泽县			
赞皇县			
无极县			
平山县	4810189	11983832	7456729
元氏县			
赵　县			
晋州市	161770	288170	147377
新乐市	2070524	3010284	1057471
辛集市			

10—7 续表 2　　（2017 年）　　计量单位：千元

行政单位	负债合计	#流动负债	所有者权益合计	#实收资本
石家庄市	**116358749**	**83550478**	**98082321**	**29237535**
市　区	10170810	70998529	87735696	22778173
#长安区	17405206	11751158	14157591	5384945
桥西区	2364287	1749271	723816	913889
新华区	259698	239078	212886	348304
裕华区	1412435	907370	2549270	1575830
矿　区	7624413	6863315	3626343	798250
藁城区	5167238	3702723	7933331	2215108
鹿泉区	8804409	6021281	6960104	3030980
栾城区	6383990	4101866	3146768	1962658
高新区	1978408	1890060	2420848	701286
循环化工园区	17221750	9049969	4625389	103356
井陉县	5003965	4535065	3533972	303745
正定县	158405	158405	289983	124729
行唐县				
灵寿县	704157	679646	437058	526270
高邑县				
深泽县				
赞皇县				
无极县	851895			
平山县	3442960	3043504	3049973	2175477
元氏县				
赵　县				
晋州市	331918	330346	-72236	120000
新乐市	2664478	2391116	2292044	2957768
辛集市				

10—7 续表 3　　（2017 年）　　计量单位：千元

行政单位	实收资本中：国家资本	主营业务收入	主营业务成本	主营业务税金及附　加
石家庄市	**14377355**	**128671011**	**88362419**	**9689101**
市　区	12259625	88563811	58123150	3449064
#长安区	2063705	20010142	18460452	147753
桥西区	873889	1009179	663227	40338
新华区		135709	101949	1152
裕华区	281012	2380677	1863808	16098
矿　区	573300	6039812	5496360	50577
藁城区	1928468	9543150	5693408	2923342
鹿泉区	2232896	11031026	9335453	72391
栾城区	1800808	4503391	4019582	69425
高新区	276572	3414641	2376020	32494
循环化工园区	76100	25510366	17835092	6071327
井陉县	64745	5351147	4574178	66022
正定县	82582	549144	503972	6128
行唐县				
灵寿县	15270	410077	276447	5563
高邑县				
深泽县				
赞皇县				
无极县		89858	93222	656
平山县	930610	4481529	3804323	49932
元氏县				
赵　县				
晋州市	50000	146308	125679	800
新乐市	743990	2516486	2102649	33773
辛集市				

10—7 续表 4　　（2017 年）　　计量单位：千元

行政单位	管理费用	财务费用	#利息支出	营业利润
石家庄市	**5221932**	**1734958**	**1980679**	**21435140**
市　区	4435503	1436593	1651926	20787872
#长安区	532688	272252	387866	561867
桥西区	166755	16999	21780	68702
新华区	32958	17458	15182	-19273
裕华区	212867	-16097	2856	287925
矿　区	223038	53314	91890	77589
藁城区	526388	83358	79795	313424
鹿泉区	706138	127685	126501	721945
栾城区	329705	108496	111591	125541
高新区	323403	6317	8158	533123
循环化工园区	878637	358999	374010	250625
井陉县	135064	165560	166489	380900
正定县	36512	-4639	92	10308
行唐县				
灵寿县	77229	21312	21401	31440
高邑县				
深泽县				
赞皇县				
无极县	2552	3	7257	-7431
平山县	210639	48068	53242	425093
元氏县				
赵　县				
晋州市	9023	9684	9708	-773
新乐市	239563	38015	49013	-210021
辛集市				

10—7 续表 5　　（2017 年）　　计量单位：千元、人

行政单位	投资收益	利润总额	所得税费用	本年应付职工薪酬	全部从业人员年平均人数
石家庄市	**370771**	**21687403**	**820087**	**7711736**	**90201**
市　区	351379	20716465	418675	6221916	66993
#长安区	24840	596366	31137	1154929	9566
桥西区	68088	78417	1800	334774	4974
新华区	417	-19199		21584	514
裕华区	5277	293231	77057	368120	1882
矿　区		92843	4472	445202	5237
藁城区	10693	317656	62793	704375	5291
鹿泉区	4564	771870	113333	776832	10527
栾城区	201047	217511	11097	719423	7412
高新区	9116	539939	83315	458542	3842
循环化工园区	210	250181	174392	492324	4353
井陉县	225	411227	99172	277035	6399
正定县		6332	1698	11971	942
行唐县					
灵寿县		31280	7792	54441	745
高邑县					
深泽县					
赞皇县					
无极县		-6284			
平山县		433903	110844	239540	2339
元氏县					
赵　县					
晋州市		2514		5721	553
新乐市	18912	-190691	5360	322127	5605
辛集市					

分县（市、区）规模以上集体工业企业主要经济指标

10—8　　（2017 年）　　计量单位：个、千元

行政单位	企业单位数	工业总产值	工业销售产值	资产合计	# 流动资产小计
石家庄市	**19**	**5565121**	**5456238**	**1865260**	**437856**
市　区	6	2488877	2484726	905449	190847
#长安区					
桥西区					
新华区					
裕华区					
矿　区	1	20858	23389	54401	48886
藁城区	2	925601	952027	549407	115818
鹿泉区	1	815454	806961	183541	7254
栾城区	2	726964	702349	118100	18889
高新区					
循环化工园区					
井陉县					
正定县					
行唐县	2	504824	504824	87926	9458
灵寿县	1	694094	599493	180321	6623
高邑县					
深泽县					
赞皇县					
无极县					
平山县					
元氏县					
赵　县	1	759491	751333	33780	4331
晋州市	3	857717	854048	514694	144803
新乐市					
辛集市	6	260118	261814	143090	81794

10—8 续表 1　　（2017 年）　　计量单位：千元

行政单位	固定资产小计	固定资产原价	累计折旧
石家庄市	**966459**	**1340748**	**376815**
市　区	471669	603766	127941
#长安区			
桥西区			
新华区			
裕华区			
矿　区		11654	6364
藁城区	433589	513307	79718
鹿泉区	30318	64839	34521
栾城区	7762	13966	7338
高新区			
循环化工园区			
井陉县			
正定县			
行唐县	78468	72285	
灵寿县	136390	312010	175620
高邑县			
深泽县			
赞皇县			
无极县			
平山县			
元氏县			
赵　县	17082	20035	3328
晋州市	246118	308457	62339
新乐市			
辛集市	16732	24195	7587

10—8 续表 2　　　　（2017 年）　　　　计量单位：千元

行政单位	负债合计	#流动负债	所有者权益合计	#实收资本
石家庄市	**461965**	**230863**	**1262649**	**638903**
市　区	280254	99211	625195	168531
#长安区				
桥西区				
新华区				
裕华区				
矿　区	59347	53867	-4946	3536
藁城区	162251	29205	387156	160195
鹿泉区	42517		141024	3000
栾城区	16139	16139	101961	1800
高新区				
循环化工园区				
井陉县				
正定县				
行唐县	791		87135	15915
灵寿县	8300	4484	172021	186230
高邑县				
深泽县				
赞皇县				
无极县				
平山县				
元氏县				
赵　县	3013		30767	25228
晋州市	126130	87875	247918	221381
新乐市				
辛集市	43477	39293	99613	21618

10—8 续表 3　　（2017 年）　　计量单位：千元

行政单位	实收资本中：集体资本	主营业务收入	主营业务成本	主营业务税金及附　加
石家庄市	**201111**	**5417814**	**4757036**	**27516**
市　区	7947	2328609	1916570	15219
#长安区				
桥西区				
新华区				
裕华区				
矿　区	3447	21676	17348	274
藁城区		942027	747742	8962
鹿泉区	3000	662557	514756	4247
栾城区	1500	702349	636724	1736
高新区				
循环化工园区				
井陉县				
正定县				
行唐县		504824	453315	168
灵寿县	186230	680346	600253	8957
高邑县				
深泽县				
赞皇县				
无极县				
平山县				
元氏县				
赵　县		788423	752016	1831
晋州市		854048	791738	537
新乐市				
辛集市	6934	261564	243144	804

10—8 续表 4　　（2017 年）　　计量单位：千元

行政单位	管理费用	财务费用	#利息支出	营业利润
石家庄市	**125875**	**8600**	**6519**	**446250**
市　区	112870	2140	1943	241427
#长安区				
桥西区				
新华区				
裕华区				
矿　区	4111	197		805
藁城区	55634	810	810	113375
鹿泉区	50966	2	2	67953
栾城区	2159	1131	1131	59294
高新区				
循环化工园区				
井陉县				
正定县				
行唐县	2111	1088	5	46009
灵寿县	783	794		68748
高邑县				
深泽县				
赞皇县				
无极县				
平山县				
元氏县				
赵　县	5640	3789	3789	17770
晋州市	461	516	516	60365
新乐市				
辛集市	4010	273	266	11931

10—8 续表 5　　　　（2017 年）　　　　计量单位：千元、人

行政单位	投资收益	利润总额	所得税费用	本年应付职工薪酬	全部从业人员年平均人数
石家庄市		**436180**	**5520**	**105123**	**2724**
市　区		231357	5358	55049	1119
#长安区					
桥西区					
新华区					
裕华区					
矿　区		-1		9978	127
藁城区		104111		31280	592
鹿泉区		67953		4725	218
栾城区		59294	5358	9066	182
高新区					
循环化工园区					
井陉县					
正定县					
行唐县		46009		7493	241
灵寿县		68748		1950	69
高邑县					
深泽县					
赞皇县					
无极县					
平山县					
元氏县					
赵　县		17770		7822	568
晋州市		60365		24604	383
新乐市					
辛集市		11931	162	8205	344

历年规模以上工业总产值、工业增加值指数

10—9　　　　（上年 = 100）　　　　计量单位：%

年份	工业总产值	年份	工业总产值	工业增加值
1953	131.85	1986	108.66	
1954	132.48	1987	117.69	
1955	119.29	1988	117.15	
1956	119.97	1989	106.14	
1957	109.47	1990	103.07	
1958	157.78	1991	115.30	
1959	167.58	1992	115.41	
1960	110.79	1993	119.56	117.11
1961	59.75	1994	112.20	110.67
1962	68.62	1995	117.01	114.89
1963	100.13	1996	123.51	120.57
1964	121.64	1997	119.10	116.71
1965	134.86	1998	102.73	102.39
1966	113.18	1999	117.40	115.23
1967	104.34	2000	112.82	111.22
1968	131.46	2001	114.79	112.94
1969	118.92	2002	116.91	114.80
1970	115.84	2003	124.23	121.20
1971	96.74	2004	128.62	125.04
1972	97.12	2005	127.94	122.85
1973	111.47	2006	126.60	119.80
1974	108.05	2007	128.63	120.40
1975	118.80	2008	127.07	113.20
1976	111.41	2009	107.99	113.00
1977	114.86	2010	132.9	116.5
1978	98.54	2011	130.4	116.2
1979	103.44	2012	111.1	113.5
1980	105.44	2013	109.4	110.8
1981	103.20	2014	105.7	108.0
1982	104.17	2015	103.8	106.0
1983	109.92	2016	105.4	104.6
1984	116.80	2017	108.8	103.6
1985	113.55			

营运车辆拥有量

10—10　　（2017 年）　　计量单位：辆

指标名称	2017 年	2016 年	2015 年	2014 年
客运车辆总计	3256	3133	3018	3116
载客汽车	3256	3133	3018	3116
# 大型	1786	1707	1550	1527
# 班车客运客车	2377	2416	2417	2511
包车客车	834	674	601	605
货运车辆总计	255952	253564	266842	261876
载货汽车	249062	246201	259509	254358
# 大型	97515	90468	89344	87510
# 栏板货车	109068	112897	131238	132192
厢式车	10061	10640	10312	10494
集装箱车	20	20	20	20
罐车	2003	1684	1636	1534
# 普通载货汽车	119383	123972	142054	143229
专用载货汽车	1749	1249	1132	991
其它载货机动车	6890	7363	7333	7518

线路长度及运输量

10—11　　　　（2017 年）

指标名称	单位	2017 年	2016 年	2015 年	2014 年
境内公路里程	公里	19543.2	19178.4	18862.4	17974.3
#境内等级公路里程	公里	18040.5	18251.0	17301.1	16969.6
#境内高速公路里程	公里	609.8	610.8	611.1	559.7
公路客运量	万人	3824.04	4582.3	5811.5	6179.2
民航客运量	万人				560.1
公路货运量	万吨	45802.11	40639.4	27980.7	24141.6
民航货运量	万吨				4.6
公路客运周转量	万人公里	258197	320918.1	307039.1	375277.9
公路货运周转量	万吨公里	21231581	19452991.2	11480678.9	10247049.6

注：公路客运量、民航客运量、公路货运量、民航货运量、公路客运周转量、公路货运周转量为不含辛集市数据。.

邮政业务量

10—12　　　　（2017 年）

指标名称	单位	2017 年	2016 年	2015 年	2014 年
邮政业务总量合计	**亿元**	**80.48**	**58.53**	**36.15**	**24.84**
函件	万件	1980.67	2391.54	2777.97	7264.36
包裹	万件	42.99	40.55	47.73	54.69
快递	万件	35959.45	27642.95	16373.39	9989.13
报纸	万份	12213.45	12978.35	13566.3	13692.92
杂志	万份	484.22	566.23	755.19	892.05
汇兑	万笔	15.57	14.14	24.66	48.48

十一、贸易　外经　旅游

全市限额以上住宿和餐饮业企业经营状况

11—1　　　　（2017 年）　　　　计量单位：个、人、万元

指标名称	法人企业	从业人员期末人数	营业额	# 客房收入	餐费收入	商品销售收入	其他收入
总　计	**133**	**17805**	**262254**	**86659**	**150096**	**3600**	**21840**
一、住宿业	80	11611	185488	80617	82724	1955	20131
旅游饭店	49	8739	153934	63251	71186	1632	17865
一般旅馆	26	2380	25763	14780	9461	323	1199
其他住宿业	5	492	5791	2586	2078		1067
内资企业	76	11208	181592	78469	81330	1953	19840
国有企业	21	3135	51559	20990	21914	704	7952
集体企业	3	141	1785	1502	124	6	153
有限责任公司	22	4380	77069	32363	35408	202	9096
国有独资公司	2	879	17292	6220	8466		2606
其他有限责任公司	20	3501	59777	26143	26942	202	6490
股份有限公司	5	339	3284	1732	1242	2	249
私营企业	29	3681	51294	23620	24184	1040	2390
私营有限责任公司	3	536	245	171	70	3	1
私营股份有限公司	24	2911	49349	22581	23343	1037	2389
港、澳、台商投资企业	2	169	2196	1279	623	2	292
与港澳台商合资经营企业	2	169	2196	1279	623	2	292
国有控股	27	4759	87281	33114	37641	786	15741
集体控股	5	375	3485	2370	895	6	153
私人控股	40	5188	74397	34664	35487	1160	3086
港澳台商控股	1	102	1052	547	472	2	31
其他	9	1421	20972	10791	9000	2	1120
独立门店	75	11163	178414	76722	79765	1948	19979
连锁加盟店	1	20	320	308	2	7	2
其他	2	194	5054	2719	2186		150
大型	2	1037	26701	9649	14808	154	2091
中型	26	6679	109097	44613	48747	1351	14327
小型	48	3668	49372	26126	19086	448	3713
微型	5	419	1855	1035	756	3	1
五星	3	1345	35388	12234	18814	954	3386

11—1 续表　　　　(2017 年)　　　　计量单位：个、人、万元

指标名称	法人企业	从业人员期末人数	营业额	#客房收入	餐费收入	商品销售收入	其他收入
四星	20	3992	62364.0	24872.8	25942.2	314.8	11234.2
三星	12	1662	25361.8	10390.0	13694.9	1.5	1275.4
二星	2	131	905.0	259.8	482.2		163.0
其他	42	4289	59930.8	32054.4	23118.8	685.1	4072.5
二、餐饮业	53	6194	76766.8	6041.8	67371.5	1645.0	1708.5
正餐服务	50	3783	61779.0	6041.8	53562.0	466.7	1708.5
其他餐饮业	3	2411	14987.8		13809.5	1178.3	
餐饮配送服务	3	2411	14987.8		13809.5	1178.3	
内资企业	53	6194	76766.8	6041.8	67371.5	1645.0	1708.5
国有企业	3	182	1617.8	400.0	1114.1	103.7	
有限责任公司	19	2145	38115.4	4742.0	31743.2	60.1	1570.1
其他有限责任公司	19	2145	38115.4	4742.0	31743.2	60.1	1570.1
股份有限公司	1	84	1713.0		1713.0		
私营企业	30	3783	35320.6	899.8	32801.2	1481.2	138.4
私营独资企业	3	211	2343.0	317.6	2000.2	19.3	5.9
私营合伙企业	1	12	1265.8		1265.8		
私营有限责任公司	25	1255	17818.3	582.2	16820.0	283.6	132.5
私营股份有限公司	1	2305	13893.5		12715.2	1178.3	
国有控股	5	527	8036.4	3034.7	4859.7	142.0	
私人控股	45	5416	63841.4	3007.1	57622.8	1503.0	1708.5
其他	3	251	4889.0		4889.0		
独立门店	48	3051	46716.9	6041.8	38499.9	466.7	1708.5
连锁总店	2	660	12050.5		12050.5		
连锁直营店	2	178	4105.9		4105.9		
其他	1	2305	13893.5		12715.2	1178.3	
大型	1	2305	13893.5		12715.2	1178.3	
中型	8	1807	35129.6	4101.2	29484.8		1543.6
小型	40	2036	26019.3	1928.4	23459.3	466.7	164.9
微型	4	46	1724.4	12.2	1712.2		

市区限额以上住宿和餐饮业企业经营状况

11—2 （2017 年） 计量单位：个、人、万元

指标名称	法人企业	从业人员期末人数	营业额	# 客房收入	餐费收入	商品销售收入	其他收入
总 计	**100**	**12749**	**225373**	**77231**	**124996**	**1754**	**21391**
一、住宿业	56	9402	166190	71806	73214	1461	19709
旅游饭店	38	7505	141060	57365	64796	1447	17453
一般旅馆	16	1700	21126	12791	7132	14	1189
其他住宿业	2	197	4004	1650	1287		1067
内资企业	55	9335	165046	71074	73063	1461	19449
国有企业	14	2678	47029	19299	19622	408	7701
集体企业	3	141	1785	1502	124	6	153
有限责任公司	18	3823	70542	29434	32010	82	9015
国有独资公司	2	879	17292	6220	8466		2606
其他有限责任公司	16	2944	53250	23214	23544	82	6410
股份有限公司	3	105	1585	863	471	2	249
私营企业	17	2588	44105	19975	20836	963	2330
私营独资企业	1	505	15	10	5		
私营有限责任公司	16	2083	44090	19965	20831	963	2330
港、澳、台商投资企业	1	67	1144	732	152		260
与港澳台商合资经营企业	1	67	1144	732	152		260
国有控股	20	4302	82751	31423	35349	490	15490
集体控股	3	141	1785	1502	124	6	153
私人控股	27	3814	62768	29156	29703	963	2946
其他	6	1145	18885	9725	8038	2	1120
独立门店	53	9188	160816	68779	71026	1454	19557
连锁加盟店	1	20	320	308	2	7	2
其他	2	194	5054	2719	2186	0	150
大型	2	1037	26701	9649	14808	154	2091
中型	23	6235	104182	42220	46387	1248	14327
小型	31	2130	35308	19937	12020	59	3291
微型	0						
五星	3	1345	35388	12234	18814	954	3386
四星	12	2817	52706	20574	20901	130	11101
三星	11	1582	24623	10033	13341	2	1247

11—2 续表　　（2017 年）　　计量单位：个、人、万元

指标名称	法人企业	从业人员期末人数	营业额	#客房收入	餐费收入	商品销售收入	其他收入
二星	1	75	323	78	244		
其他	29	3583	53150	28886	19914	376	3974
二、餐饮业	44	3347	59183	5426	51782	294	1682
正餐服务	42	3241	58089	5426	50687	294	1682
其他餐饮业	2	106	1094		1094		
餐饮配送服务	2	106	1094		1094		
内资企业	44	3347	59183	5426	51782	294	1682
国有企业	1	45	1002	343	555	104	
有限责任公司	18	2060	37681	4554	31510	60	1557
其他有限责任公司	18	2060	37681	4554	31510	60	1557
股份有限公司	1	84	1713		1713		
私营企业	24	1158	18787	529	18003	130	125
私营独资企业	2	96	1442		1442		
私营合伙企业	1	12	1266		1266		
私营有限责任公司	21	1050	16080	529	15296	130	125
国有控股	3	390	7420	2977	4301	142	
私人控股	38	2706	46874	2449	42592	152	1682
其他	3	251	4889		4889		
独立门店	40	2509	43027	5426	35625	294	1682
连锁总店	2	660	12051		12051		
连锁直营店	2	178	4106		4106		
中型	8	1807	35130	4101	29485		1544
小型	33	1540	22422	1325	20666	294	139
微型	3		1631		1631		

全市亿元以上商品交易市场基本情况

11—3 （2017 年） 计量单位：个、万元

指标名称	期末市场个数	成交额
总 计	**49**	**13716303**
一、按市场类别分组		
1. 综合贸易市场	12	6364931
2. 专业市场	37	7351372
生产资料市场	3	141793
农产品市场	9	195561
食品、饮料及烟酒市场	1	12389
纺织、服装、鞋帽市场	5	5448395
电器、通讯器材、电子设备市场	1	43874
家具、五金及装饰材料市场	15	826859
汽车、摩托车及零配件市场	3	682501
二、按营业状态分组		
1. 常年营业	49	13716303
三、按经营方式分组		
1. 以批发为主	32	12636771
2. 以零售为主	17	1079532
四、按经营环境分组		
1. 露天式	10	223455
2. 封闭式	28	11829565
3. 其他	11	1663283

全市限额以上批发贸易业商品购销存总额

11—4　　（2017 年）　　计量单位：个、万元

项　　目	法人企业	商品购进额	商品销售额	#批发	零售	年末库存总　额
总　计	**348**	**15305819**	**16717160**	**16316065**	**401095**	**946213**
农、林、牧产品批发	11	202761	226460	225251	1209	32516
谷物、豆及薯类批发	5	24482	43034	42885	149	15431
种子批发	2	13431	14473	14306	168	2814
饲料批发	1	4377	4399	3510	889	18
棉、麻批发	2	158732	161993	161989	4	13154
林业产品批发	1	1740	2561	2561		1100
食品、饮料及烟草制品批发	31	990133	1310506	1297459	13047	104339
米、面制品及食用油批发	8	117857	119679	119679		22502
果品、蔬菜批发	3	12881	13652	13652		694
肉、禽、蛋、奶及水产品批发	3	29861	41827	30662	11166	59
盐及调味品批发	5	113276	139884	139780	103	10679
酒、饮料及茶叶批发	7	54649	76656	74880	1776	22581
烟草制品批发	1	633534	889551	889551		45983
其他食品批发	4	28074	29258	29257	2	1842
纺织、服装及家庭用品批发	50	1477854	1741695	1697166	44529	181098
纺织品、针织品及原料批发	16	305149	338448	334768	3680	22970
服装批发	18	159518	179334	159781	19553	23443
鞋帽批发	2	16147	17583	17314	269	3059
化妆品及卫生用品批发	4	65213	72965	71524	1441	6386
家用电器批发	10	931827	1133366	1113781	19585	125239
文化、体育用品及器材批发	12	516901	713693	672488	41205	52925
文具用品批发	5	228900	261047	220777	40270	13257
体育用品及器材批发	1	26151	30427	30427		1520
图书批发	1	231908	384705	384341	364	33498
音像制品及电子出版物批发	1	261	3607	3607		107
首饰、工艺品及收藏品批发	3	14770	15439	14868	571	4541
其他文化用品批发	1	14912	18468	18468		2
医药及医疗器材批发	65	3348359	3658453	3486163	172289	353332
西药批发	45	3020810	3264999	3111076	153923	309716
中药批发	15	302481	325373	316844	8529	35201
医疗用品及器材批发	5	25067	68081	58243	9838	8415
矿产品、建材及化工产品批发	126	7996765	8233670	8139388	94282	141086
煤炭及制品批发	27	158971	195338	189450	5888	16145
石油及制品批发	10	834972	859088	832942	26146	6864
非金属矿及制品批发	2	3601	6807	6807		427
金属及金属矿批发	21	5814794	5969273	5935518	33756	17319
建材批发	13	94204	96020	85778	10241	4949

11—4 续表 （2017 年） 计量单位：个、万元

项 目	法人企业	商品购进额	商品销售额	#批发	零售	年末库存总额
化肥批发	5	513018	510164	510161	3	55097
农药批发	1	2400	2500	2500		100
其他化工产品批发	47	574806	594480	576232	18248	40185
机械设备、五金产品及电子产品批发	50	736879	793349	758820	34528	79993
农业机械批发	4	16409	16916	16168	749	1428
汽车批发	6	119911	126857	116099	10758	15496
汽车零配件批发	2	36180	42854	41764	1090	5909
五金产品批发	9	213761	230881	230861	19	5836
电气设备批发	3	34334	34572	34570	2	1073
计算机、软件及辅助设备批发	5	62417	64337	61679	2657	3356
通讯及广播电视设备批发	4	100324	106876	106190	685	3317
其他机械设备及电子产品批发	17	153543	170056	151489	18567	43579
贸易经纪与代理	1	5729	6281	6281		
贸易代理	1	5729	6281	6281		
其他批发业	2	30440	33055	33048	7	923
再生物资回收与批发	2	30440	33055	33048	7	923
内资企业	347	15299363	16709521	16309815	399706	946195
国有企业	6	777879	1034534	1027141	7393	52887
集体企业	5	83613	100619	100513	106	9772
有限责任公司	72	9867425	10528464	10326149	202315	505563
国有独资公司	8	480065	664115	652721	11394	71256
其他有限责任公司	64	9387360	9864349	9673428	190921	434307
股份有限公司	5	114416	130988	130988		14534
私营企业	259	4456031	4914916	4725024	189892	363439
私营独资企业	2	6420	6479	5423	1056	564
私营有限责任公司	253	4423005	4882008	4694138	187869	359860
私营股份有限公司	4	26606	26430	25463	967	3015
港、澳、台商投资企业	1	6456	7640	6250	1389	18
与港澳台商合资经营企业	1	6456	7640	6250	1389	18
国有控股	30	9143767	9902389	9707052	195337	393644
集体控股	10	311286	339214	339108	106	33208
私人控股	297	5496353	6105090	5909679	195411	507840
外商控股	1	32382	38842	34580	4263	9
其他	10	322031	331626	325646	5979	11513
独立门店	316	14872606	16235115	15866014	369101	898285
连锁总店	2	44514	51940	49591	2349	2098
其他	30	388699	430106	400460	29646	45829
大型	9	8865206	9611602	9500794	110808	430643
中型	150	4795175	5290539	5074692	215847	406729
小型	168	1447660	1608182	1546063	62120	88380
微型	21	197779	206837	194517	12320	20461

全市限额以上零售贸易业商品购销存总额

11—5　　（2017 年）　　计量单位：个、万元

项　目	法人企业	购进总额	销售总额	#批发	零售	年末库存总　额
总　计	**328**	**6532989**	**7503355**	**387364**	**7115991**	**682203**
综合零售	65	2093006	2479752	6610	2473141	224810
百货零售	38	1863606	2020475	4488	2015987	147050
超级市场零售	21	156018	378200		378200	74659
其他综合零售	6	73382	81076	2122	78954	3101
食品、饮料及烟草制品专门零售	11	36907	37745	1790	35956	6565
粮油零售	4	6949	7073	777	6296	1646
糕点、面包零售	1	3180	3374		3374	3645
果品、蔬菜零售	3	25075	25126		25126	1145
肉、禽、蛋、奶及水产品零售	1	476	594		594	5
酒、饮料及茶叶零售	1	728	895	365	530	115
其他食品零售	1	499	684	648	35	10
纺织、服装及日用品专门零售	16	79960	120337	24891	95446	27714
服装零售	12	64419	65545	8003	57541	16497
鞋帽零售	1		32526		32526	
化妆品及卫生用品零售	2	8765	13552	9537	4016	3904
自行车零售	1	6776	8714	7351	1363	7313
文化、体育用品及器材专门零售	12	64613	75296	4543	70754	17802
文具用品零售	1	628	870		870	302
图书、报刊零售	3	49817	55405		55405	3164
音像制品及电子出版物零售	1	3018	3479		3479	2285
珠宝首饰零售	2	5181	6200	1578	4623	7483
工艺美术品及收藏品零售	1	72	1386	355	1031	31
乐器零售	3	5381	7370	2313	5057	4530
其他文化用品零售	1	516	586	297	289	8
医药及医疗器材专门零售	17	184322	237001	38320	198681	35675
药品零售	14	181442	233516	36388	197129	34928
医疗用品及器材零售	3	2880	3485	1932	1553	747
汽车、摩托车、零配件和燃料及其他动力销售	145	3761263	4103899	253103	3850796	347259
汽车零售	116	2726040	2964967	33923	2931044	276516
汽车零配件零售	2	21072	21569		21569	724
机动车燃料零售	27	1014150	1117363	219181	898183	70018

11—5 续表 1　　（2017 年）　　计量单位：个、万元

项　　目	法人企业	购进总额	销售总额	#批发	零售	年末库存总　额
家用电器及电子产品专门零售	43	257689	367364	46358	321006	18667
家用视听设备零售	25	94618	163106	2986	160120	9994
日用家电设备零售	7	88811	116003	2784	113219	1526
计算机、软件及辅助设备零售	6	5135	15141		15141	4503
通信设备零售	5	69125	73115	40588	32527	2644
五金、家具及室内装饰材料专门零售	6	15659	21751	6010	15742	3104
家具零售	3	6525	9017	6010	3007	1006
涂料零售	1	320	390		390	
木质装饰材料零售	2	8814	12345		12345	2098
货摊、无店铺及其他零售业	13	39571	60211	5741	54470	609
互联网零售	4	2214.5	2266		2266	104
邮购及电视、电话零售	1	1720.7	20404		20404	50
生活用燃料零售	8	35636	37541	5741	31800	455
内资企业	322	5651136	6600461	280989	6319472	602827
国有企业	4	14832	15039	4483	10556	440
集体企业	11	87058	101812	419	101393	6031
股份合作企业	2	2303	3062		3062	71
有限责任公司	99	1977529	2258438	116661	2141777	223071
国有独资公司	5	90775	99264		99264	11839
其他有限责任公司	94	1886754	2159174	116661	2042513	211233
股份有限公司	13	1746768	2079630	71041	2008590	166247
私营企业	192	1822169	2141964	87997	2053967	206953
私营独资企业	10	13574	14547	132	14414	974
私营合伙企业	5	3403	4324		4324	296
私营有限责任公司	173	1705391	2013582	85881	1927701	198200
私营股份有限公司	4	99801	109511	1984	107527	7483
其他企业	1	477	515	388	127	13
港、澳、台商投资企业	2	10275	15240	9537	5703	7500
与港澳台商合作经营企业	1	3180	3374		3374	3645
港澳台商独资企业	1	7095	11865	9537	2329	3856
外商投资企业	4	871579	887655	96838	790817	71876

11—5 续表 2　　（2017 年）　　计量单位：个、万元

项　目	法人企业	购进总额	销售总额	#批发	零售	年末库存总额
中外合资经营企业	1	745955	746688	96838	649850	57207
外资企业	2	102775	116930		116930	14640
外商投资股份有限公司	1	22848	24037		24037	29
国有控股	34	2873381	3075500	230299	2845201	241505
集体控股	19	110495	154156	419	153737	8251
私人控股	255	3033882	3709013	143537	3565476	388606
港澳台商控股	1	7095	11865	9537	2329	3856
外商控股	3	125623	140967		140967	14670
其他	16	382513	411854	3572	408282	25316
独立门店	296	3749230	4275466	157452	4118015	417502
连锁总店	22	2620403	3033052	228790	2804262	253178
连锁直营店	1	80940	105136		105136	81
连锁加盟店	1	61	917	733	183	2788
其他	8	82355	88784	388	88395	8654
大型	24	3113532	3680431	219604	3460828	294997
中型	141	2893032	3176499	136820	3039679	321036
小型	120	459502	575087	24103	550984	59759
微型	43	66923	71338	6837	64500	6411
有店铺零售	317	6481726	7437198	348962	7088236	672435
便利店	3	71778	76185		76185	2047
超市	19	35109	41834	777	41057	4617
大型超市	5	130635	344117		344117	68011
百货店	43	1872839	2039632	6610	2033022	151224
专业店	125	1769439	2103532	297209	1806323	167324
专卖店	113	2556095	2785249	44366	2740883	276510
家居建材商店	2	690	810		810	240
购物中心	1	33630	33054		33054	576
厂家直销中心	6	11512	12784		12784	1886
无店铺零售	11	51263	66158	38402	27755	9768
电视购物	1	1721	20404		20404	50
网上商店	4	2215	2266		2266	104
其他	6	47327	43488	38402	5086	9614

市区限额以上批发贸易业商品购销存总额

11—6　　（2017 年）　　计量单位：个、万元

项　　目	法人企业	商品购进额	商品销售额	#批发	零售	年末库存总额
总　计	**297**	**14364202**	**15747504**	**15377744**	**369760**	**896576**
农、林、牧产品批发	7	190453	213135	212079	1057	23387
谷物、豆及薯类批发	3	20169	38584	38584		7406
种子批发	2	13431	14473	14306	168	2814
饲料批发	1	4377	4399	3510	889	18
棉、麻批发	1	152477	155679	155679		13150
食品、饮料及烟草制品批发	27	973104	1293205	1280992	12213	94546
米、面制品及食用油批发	7	111332	112606	112606		15327
果品、蔬菜批发	2	10749	11526	11526		688
肉、禽、蛋、奶及水产品批发	3	29861	41827	30662	11166	59
盐及调味品批发	5	113276	139884	139780	103	10679
酒、饮料及茶叶批发	5	46277	68553	67611	942	19969
烟草制品批发	1	633534	889551	889551		45983
其他食品批发	4	28074	29258	29257	2	1842
纺织、服装及家庭用品批发	49	1474467	1737531	1693010	44521	180810
纺织品、针织品及原料批发	16	305149	338448	334768	3680	22970
服装批发	18	159518	179334	159781	19553	23443
鞋帽批发	2	16147	17583	17314	269	3059
化妆品及卫生用品批发	4	65213	72965	71524	1441	6386
家用电器批发	9	928441	1129202	1109625	19578	124951
文化、体育用品及器材批发	12	516901	713693	672488	41205	52925
文具用品批发	5	228900	261047	220777	40270	13257
体育用品及器材批发	1	26151	30427	30427		1520
图书批发	1	231908	384705	384341	364	33498
音像制品及电子出版物批发	1	261	3607	3607		107
首饰、工艺品及收藏品批发	3	14770	15439	14868	571	4541
其他文化用品批发	1	14912	18468	18468		2
医药及医疗器材批发	61	3303051	3616437	3455122	161316	349369
西药批发	41	2975503	3222983	3080034	142949	305753
中药批发	15	302481	325373	316844	8529	35201
医疗用品及器材批发	5	25067	68081	58243	9838	8415
矿产品、建材及化工产品批发	93	7235646	7449609	7373936	75674	129694
煤炭及制品批发	14	90353	120285	116631	3653	12448
石油及制品批发	7	231904	251438	231248	20190	3153
金属及金属矿批发	17	5798487	5949976	5917286	32690	16806
建材批发	9	70259	70662	60421	10241	3793
化肥批发	2	494236	491171	491171		54321
农药批发	1	2400	2500	2500		100
其他化工产品批发	43	548006	563577	554678	8900	39073

11—6 续表　　（2017 年）　　计量单位：个、万元

项　　目	法人企业	商品购进额	商品销售额	#批发	零售	年末库存总额
机械设备、五金产品及电子产品批发	45	634411	684558	650789	33769	64922
农业机械批发	1	3082	3292	3292		25
汽车批发	4	30770	31691	20944	10748	1827
汽车零配件批发	2	36180	42854	41764	1090	5909
五金产品批发	9	213761	230881	230861	19	5836
电气设备批发	3	34334	34572	34570	2	1073
计算机、软件及辅助设备批发	5	62417	64337	61679	2657	3356
通讯及广播电视设备批发	4	100324	106876	106190	685	3317
其他机械设备及电子产品批发	17	153543	170056	151489	18567	43579
贸易经纪与代理	1	5729	6281	6281		
贸易代理	1	5729	6281	6281		
其他批发业	2	30440	33055	33048	7	923
再生物资回收与批发	2	30440	33055	33048	7	923
内资企业	296	14357746	15739865	15371494	368371	896559
国有企业	4	744586	1002927	1002927		50802
集体企业	2	64830	81626	81523	103	8995
有限责任公司	68	9838159	10494641	10298282	196359	490131
国有独资公司	7	478287	662205	650811	11394	63279
其他有限责任公司	61	9359872	9832436	9647471	184965	426853
股份有限公司	5	114416	130988	130988		14534
私营企业	217	3595755	4029684	3857775	171909	332095
私营独资企业	1	3174	3242	3242		494
私营有限责任公司	215	3582300	4017510	3845818	171692	330252
私营股份有限公司	1	10281	8932	8715	217	1349
港、澳、台商投资企业	1	6456	7640	6250	1389	18
与港澳台商合资经营企业	1	6456	7640	6250	1389	18
国有控股	25	9086791	9842593	9660605	181988	376233
集体控股	7	292504	320221	320118	103	32431
私人控股	254	4630495	5214223	5036795	177428	476391
外商控股	1	32382	38842	34580	4263	9
其他	10	322031	331626	325646	5979	11513
独立门店	267	13943958	15281825	14944052	337773	849182
连锁总店	2	44514	51940	49591	2349	2098
其他	28	375730	413739	384101	29638	45296
大型	9	8865206	9611602	9500794	110808	430643
中型	137	4010130	4497029	4297278	199752	375443
小型	130	1291087	1432036	1385156	46880	70029
微型	21	197779	206837	194517	12320	20461

市区限额以上零售贸易业商品购销存总额

11—7　　（2017 年）　　计量单位：个、万元

项　目	法人企业	商品购进额	商品销售额			期末商品库存额
				#批发	零售	
总　计	**217**	**6095042**	**6979036**	**380258**	**6598778**	**628276**
综合零售	30	1866554	2183542	4260	2179282	188896
百货零售	16	1652858	1751073	4138	1746934	117290
超级市场零售	10	141185	355124		355124	68974
其他综合零售	4	72511	77345	122	77223	2632
食品、饮料及烟草制品专门零售	3	4851	5093	648	4445	1513
粮油零售	2	4352	4409		4409	1503
其他食品零售	1	499	684	648	35	10
纺织、服装及日用品专门零售	13	62239	102730	24891	77839	27064
服装零售	10	48367	49625	8003	41622	15896
鞋帽零售	1		32526		32526	
化妆品及卫生用品零售	1	7095	11865	9537	2329	3856
自行车零售	1	6776	8714	7351	1363	7313
文化、体育用品及器材专门零售	9	59773	70220	2984	67236	17033
文具用品零售	1	628	870		870	302
图书、报刊零售	2	46539	52177		52177	2683
音像制品及电子出版物零售	1	3018	3479		3479	2285
珠宝首饰零售	2	5181	6200	1578	4623	7483
工艺美术品及收藏品零售	1	72	1386	355	1031	31
乐器零售	2	4336	6108	1052	5055	4250
医药及医疗器材专门零售	12	180804	232982	37696	195286	35027
药品零售	9	177924	229497	35764	193733	34280
医疗用品及器材零售	3	2880	3485	1932	1553	747
汽车、摩托车、燃料及零配件专门零售	126	3690675	4025987	253103	3772884	342834
汽车零售	103	2661778	2894719	33923	2860796	272544
汽车零配件零售	2	21072	21569		21569	724
机动车燃料零售	21	1007824	1109699	219181	890519	69566
家用电器及电子产品专门零售	15	189701	292840	45118	247722	12698
家用视听设备零售	5	31223	95967	2251	93716	4962
日用家电设备零售	4	87055	112033	2784	109249	1430
计算机、软件及辅助设备零售	3	3262	12790		12790	4031
通信设备零售	3	68161	72049	40083	31967	2274
五金、家具及室内装饰材料专门零售	4	14649	20551	6010	14542	2864
家具零售	2	5835	8207	6010	2197	766
木质装饰材料零售	2	8814	12345		12345	2098
货摊、无店铺及其他零售业	5	25797	45092	5548	39544	348
邮购及电视、电话零售	1	1721	20404		20404	50
生活用燃料零售	4	24076	24688	5548	19140	298
内资企业	212	5216369	6079516	273883	5805633	552544
国有企业	2	13985	14201	4247	9954	339
集体企业	6	16828	21605	122	21483	1222

11—7 续表 1　　（2017 年）　　计量单位：个、万元

项　目	法人企业	商品购进额	商品销售额	#批发	零售	期末商品库存额
股份合作企业	2	2303	3062		3062	71
有限责任公司	79	1826223	2059721	116211	1943510	200105
国有独资公司	5	90775	99264		99264	11839
其他有限责任公司	74	1735448	1960457	116211	1844245	188266
股份有限公司	10	1733543	2065385	71041	1994344	165696
私营企业	113	1623488	1915542	82261	1833280	185112
私营独资企业	6	7642	8146	132	8014	534
私营合伙企业	3	2579	3072		3072	206
私营有限责任公司	100	1513466	1794813	80145	1714668	176888
私营股份有限公司	4	99801	109511	1984	107527	7483
港、澳、台商投资企业	1	7095	11865	9537	2329	3856
港澳台商独资企业	1	7095	11865	9537	2329	3856
外商投资企业	4	871579	887655	96838	790817	71876
中外合资经营企业	1	745955	746688	96838	649850	57207
外资企业	2	102775	116930		116930	14640
外商投资股份有限公司	1	22848	24037		24037	29
国有控股	28	2856637	3052046	230063	2821982	235718
集体控股	11	30779	63872	122	63750	2368
私人控股	163	2735969	3355751	137701	3218050	354402
港澳台商控股	1	7095	11865	9537	2329	3856
外商控股	3	125623	140967		140967	14670
其他	11	338939	354534	2834	351700	17263

11—7 续表 2　　　　（2017 年）　　　　计量单位：个、万元

项　目	法人企业	商品购进额	商品销售额	#批发	零售	期末商品库存额
独立门店	191	3328468	3773569	150346	3623223	367118
连锁总店	19	2618081	3030255	228790	2801464	252626
连锁直营店	1	80940	105136		105136	81
连锁加盟店	1	61	917	733	183	2788
其他	5	67492	69160	388	68771	5664
大型	19	2966819	3482348	219254	3263094	275908
中型	113	2760134	3018230	134455	2883775	300595
小型	64	346548	452912	21175	431736	47513
微型	21	21541	25546	5373	20173	4261
有店铺零售	210	6045994	6915144	341855	6573289	618611
便利店	2	69993	74322		74322	2045
超市	8	21164	26455		26455	3081
大型超市	5	130635	344117		344117	68011
百货店	15	1618965	1717910	4260	1713650	115966
专业店	74	1653673	1978386	293604	1684782	157979
专卖店	100	2513117	2734639	43991	2690648	269855
家居建材商店	1					
购物中心	1	33630	33054		33054	576
厂家直销中心	4	4817	6260		6260	1099
无店铺零售	7	49048	63892	38402	25489	9664
电视购物	1	1721	20404		20404	50
其他	6	47327	43488	38402	5086	9614

分县（市、区）限额以上批发零售贸易业商品购销存总额

11—8　　（2017 年）　　计量单位：个、万元

行政单位	法人企业	购进总额	销售总额			年末库存总额
				#批发	零售	
石家庄市	**676**	**21838808**	**24220515**	**16703429**	**7517086**	**1628416**
市　区	514	20459245	22726540	15758002	6968538	1524852
#长安区	103	4049235	4325815	3094479	1231336	410810
桥西区	74	3856122	4637015	2433262	2203753	434495
新华区	95	7464034	7973766	6792046	1181719	239202
裕华区	16	110499	136704	134056	2648	13019
矿　区	66	1607754	1842133	781185	1060948	121155
藁城区	14	237636	340849	161072	179777	23246
鹿泉区	37	450766	541723	290952	250771	54583
栾城区	14	72754	80849	45111	35738	2125
高新区	84	2557169	2792274	1972072	820201	225120
循环化工园区	11	53277	55412	53766	1646	1098
井陉县	17	619368	628277	614885	13392	2788
正定县	21	234439	269078	142346	126733	34411
行唐县	12	29174	30133	22787	7346	2914
灵寿县	14	23281	30453	16798	13655	2988
高邑县	2	2830	2838	2096	742	541
深泽县	10	39369	43230	23402	19829	3215
赞皇县	9	13377	13468	2908	10561	543
无极县	13	88031	93806	20597	73209	3923
平山县	11	40527	41343	22673	18670	2610
元氏县	8	20381	23441	1500	21941	6685
赵　县	6	45276	60688	8436	52253	5760
晋州市	12	91981	102045	19073	82973	9258
新乐市	13	43362	45217	11693	33524	7182
辛集市	14	88167	109960	36236	73724	20747

全市限额以上批发贸易企业财务状况

11—9　　　　（2017 年）　　　　计量单位：个、万元

指标名称	企业数	流动资产合计	# 存货	固定资产原价	累计折旧	# 本年折旧
总 计	**348**	**6275007**	**1062003**	**482451**	**168480**	**25338**
农、林、牧产品批发	11	125077	30122	8822	2112	352
谷物、豆及薯类批发	5	72518	15441	5113	922	107
种子批发	2	15498	2814	2175	859	209
饲料批发	1	1371	15	5		
棉、麻批发	2	30751	11852	1529	331	35
林业产品批发	1	4939				
食品、饮料及烟草制品批发	31	463359	71921	85561	28282	3834
米、面制品及食用油批发	8	53730	21216	6843	2024	759
果品、蔬菜批发	3	2979		520	423	34
肉、禽、蛋、奶及水产品批发	3	9783	53	159	84	48
盐及调味品批发	5	129616	9480	34821	5764	885
酒、饮料及茶叶批发	7	45969	-145	4873	2679	75
烟草制品批发	1	211488	39475	36359	16772	2009
其他食品批发	4	9795	1842	1986	536	25
纺织、服装及家庭用品批发	50	931360	177803	21254	9963	1776
纺织品、针织品及原料批发	16	80254	21771	8849	3806	715
服装批发	18	56466	23024	8142	3272	648
鞋帽批发	2	8148	3059	270	234	46
化妆品及卫生用品批发	4	15337	5540	1348	1064	70
家用视听设备批发	10	771154	124408	2645	1588	297
文化、体育用品及器材批发	12	277076	39681	31538	9036	1172
文具用品批发	5	64119	12226	569	393	55
体育用品及器材批发	1	4654	1520	402	102	37
图书批发	1	191705	21305	29494	7743	1055
音像制品、电子和数字出版物批发	1	3161	732	184	47	-20
首饰、工艺品及收藏品批发	3	10531	3897	843	708	38
其他文化用品批发	1	2906	2	47	42	7
医药及医疗器材批发	65	1736692	348961	77177	30741	5608
西药批发	45	1582582	305196	66083	27289	4773
中药批发	15	127706	35349	8056	2545	466
医疗用品及器材批发	5	26404	8415	3039	907	368
矿产品、建材及化工产品批发	126	2402101	312707	231476	74129	11448
煤炭及制品批发	27	42184	6932	21000	12131	749
石油及制品批发	10	113643	43949	114808	31663	6900
非金属矿及制品批发	2	1831	292	8	1	
金属及金属矿批发	21	1850536	162402	52495	18513	2642
建材批发	13	28269	6532	3192	2001	68
化肥批发	5	193793	52492	29446	4959	736

11—9 续表 1　　（2017 年）　　计量单位：个、万元

指标名称	企业数	流动资产合计	# 存货	固定资产原价	累计折旧	# 本年折旧
农药批发	1	832	135			
其他化工产品批发	47	171014	39973	10528	4862	353
机械设备、五金产品及电子产品批发	50	327793	79519	23877	13870	1149
农业机械批发	4	8433	1417	427	273	21
汽车批发	6	49504	16653	2032	1118	21
汽车零配件批发	2	11555	5909	2470	1268	177
五金产品批发	9	111978	3555	5632	3460	321
电气设备批发	3	13169	416	2400	1853	19
计算机、软件及辅助设备批发	5	15415	3135	1085	450	58
通讯及广播电视设备批发	4	7243	2977	246	161	99
其他机械设备及电子产品批发	17	110497	45457	9583	5288	434
贸易经纪与代理	1	830				
贸易代理	1	830				
其他批发业	2	10720	1290	2746	348	
再生物资回收与批发	2	10720	1290	2746	348	
内资企业	347	6274525	1061986	477959	167631	25319
国有企业	6	237000	43454	44844	19929	2101
集体企业	5	124962	9412	23354	4556	509
有限责任公司	72	4000871	637708	258723	82699	11888
国有独资公司	8	378917	58518	40430	10261	1712
其他有限责任公司	64	3621954	579189	218293	72438	10176
股份有限公司	5	77184	–5288	14226	8168	488
私营企业	259	1834508	376700	136811	52279	10334
私营独资企业	2	1564	564	314	30	7
私营有限责任公司	255	1830241	374387	136373	52161	10239
私营股份有限公司	2	2703	1750	124	88	88
港、澳、台商投资企业	1	483	18	4492	849	18
合资经营企业（港或澳、台资）	1	483	18	4492	849	18
国有控股	30	3433479	517253	263091	85854	12377
集体控股	10	186511	12632	33379	8958	606
私人控股	297	2561848	521475	168882	67120	11623
外商控股	1	13909	25	14606	5170	541
其他	10	79260	10618	2492	1378	191
独立门店	316	6109724	1033372	452925	153986	23673
连锁总店	2	8073	2098	801	630	60
其他	30	157211	26533	28724	13864	1604
大型	9	3753823	559194	196366	59099	9312
中型	150	1712266	407739	243573	96341	13997
小型	168	693981	73457	37247	10828	1842
微型	21	114938	21614	5265	2212	187

11—9 续表 2　　（2017 年）　　计量单位：万元

指标名称	资产总计	负债合计	所有者权益合计	#实收资本
总　计	**7351041**	**5767767**	**1583274**	**668129**
农、林、牧产品批发	177429	121904	55525	21192
谷物、豆及薯类批发	119540	75664	43876	11912
种子批发	18096	11607	6489	6200
饲料批发	1376	1272	103	100
棉、麻批发	32498	28474	4023	2560
林业产品批发	5919	4886	1033	420
食品、饮料及烟草制品批发	624643	305011	319632	43287
米、面制品及食用油批发	80251	67069	13182	11447
果品、蔬菜批发	3076	2745	330	553
肉、禽、蛋、奶及水产品批发	9873	10028	-154	600
盐及调味品批发	218833	140802	78031	24875
酒、饮料及茶叶批发	59657	41280	18377	1434
烟草制品批发	241708	27374	214334	2307
其他食品批发	11245	15713	-4468	2071
纺织、服装及家庭用品批发	954691	820857	133834	37769
纺织品、针织品及原料批发	86022	70853	15169	11023
服装批发	65032	45587	19445	13815
鞋帽批发	8185	7150	1035	501
化妆品及卫生用品批发	18854	12755	6099	2000
家用视听设备批发	776599	684512	92086	10430
文化、体育用品及器材批发	452126	271319	180807	15361
文具用品批发	64559	54468	10090	5219
体育用品及器材批发	5136	2833	2303	1100
图书批发	364957	201131	163826	6742
音像制品、电子和数字出版物批发	3304	1082	2223	500
首饰、工艺品及收藏品批发	11259	9123	2136	1500
其他文化用品批发	2911	2681	230	300
医药及医疗器材批发	1863309	1601244	262065	121376
西药批发	1694924	1465678	229246	94776
中药批发	137544	119096	18448	17800
医疗用品及器材批发	30841	16471	14371	8800
矿产品、建材及化工产品批发	2862786	2328649	534136	371805
煤炭及制品批发	54842	26844	27999	20396
石油及制品批发	219391	78913	140479	64534
非金属矿及制品批发	1839	597	1242	465
金属及金属矿批发	2110047	1898024	212023	157171
建材批发	30820	28025	2795	5064
化肥批发	237462	195560	41901	10405

11—9 续表 3　　（2017 年）　　计量单位：万元

指标名称	资产总计	负债合计	所有者权益合计	
				# 实收资本
农药批发	832	782	49	49
其他化工产品批发	207554	99904	107650	113720
机械设备、五金产品及电子产品批发	396584	301649	94935	54500
农业机械批发	8619	7595	1024	910
汽车批发	55608	51751	3856	3400
汽车零配件批发	13042	8817	4225	3500
五金产品批发	150052	116053	33999	10237
电气设备批发	13924	8859	5065	2023
计算机、软件及辅助设备批发	20064	13056	7008	5760
通讯及广播电视设备批发	9043	2085	6958	8950
其他机械设备及电子产品批发	126232	93433	32799	19720
贸易经纪与代理	830	700	129	100
贸易代理	830	700	129	100
其他批发业	18645	16434	2211	2738
再生物资回收与批发	18645	16434	2211	2738
内资企业	7346667	5766814	1579853	668029
国有企业	272756	53528	219228	7965
集体企业	191158	126065	65093	12805
有限责任公司	4732670	3862234	870436	332312
国有独资公司	625932	396213	229719	37587
其他有限责任公司	4106738	3466021	640717	294725
股份有限公司	103639	74182	29457	19706
私营企业	2046444	1650805	395639	295242
私营独资企业	3969	3751	217	230
私营有限责任公司	2038040	1645135	392905	289502
私营股份有限公司	4436	1919	2517	5510
港、澳、台商投资企业	4374	953	3421	100
合资经营企业（港或澳、台资）	4374	953	3421	100
国有控股	4139600	3160116	979483	284860
集体控股	277125	183603	93522	21930
私人控股	2824765	2336785	487980	349401
外商控股	28149	13091	15058	5710
其他	81402	74172	7230	6229
独立门店	7117295	5633347	1483948	580334
连锁总店	11515	7655	3860	1000
其他	222232	126765	95466	86795
大型	4353593	3407512	946081	188231
中型	2128314	1655023	473291	332046
小型	741191	642520	98671	84935
微型	127944	62713	65231	62918

11—9 续表 4　　　　（2017 年）　　　　计量单位：万元

指标名称	主营业务收入	主营业务税金及附加	其他业务利润
总　计	**14796595**	**120919**	**23979**
农、林、牧产品批发	208981	156	3987
谷物、豆及薯类批发	41917	54	3780
种子批发	14473	4	207
饲料批发	3760	2	
棉、麻批发	146564	83	
林业产品批发	2266	15	
食品、饮料及烟草制品批发	1141034	108598	9771
米、面制品及食用油批发	111805	25	340
果品、蔬菜批发	13652	4	
肉、禽、蛋、奶及水产品批发	35529	155	149
盐及调味品批发	122927	438	9148
酒、饮料及茶叶批发	66438	110	82
烟草制品批发	764584	107849	
其他食品批发	26100	17	52
纺织、服装及家庭用品批发	1526450	976	1200
纺织品、针织品及原料批发	312639	194	510
服装批发	165965	118	10
鞋帽批发	16138	11	
化妆品及卫生用品批发	62363	80	
家用视听设备批发	969345	573	681
文化、体育用品及器材批发	666571	648	
文具用品批发	222186	83	
体育用品及器材批发	26216	87	
图书批发	384451	459	
音像制品、电子和数字出版物批发	3607	6	
首饰、工艺品及收藏品批发	14325	10	
其他文化用品批发	15785	5	
医药及医疗器材批发	3235621	6126	3905
西药批发	2864942	5377	3601
中药批发	311193	470	304
医疗用品及器材批发	59485	280	
矿产品、建材及化工产品批发	7263067	3689	3400
煤炭及制品批发	170890	247	11
石油及制品批发	810190	593	2399
非金属矿及制品批发	6713	45	
金属及金属矿批发	5142434	2068	985
建材批发	89153	147	
化肥批发	492674	4	5

11—9 续表 5　　（2017 年）　　计量单位：万元

指标名称	主营业务收入	主营业务税金及附加	其他业务利润
农药批发	3077		
其他化工产品批发	547936	586	
机械设备、五金产品及电子产品批发	739590	717	1357
农业机械批发	16777	2	
汽车批发	108436	46	1121
汽车零配件批发	36627	54	
五金产品批发	220795	49	175
电气设备批发	33489	52	
计算机、软件及辅助设备批发	56718	132	
通讯及广播电视设备批发	92414	107	1
其他机械设备及电子产品批发	174334	276	60
贸易经纪与代理	6281	2	
贸易代理	6281	2	
其他批发业	9002	8	359
再生物资回收与批发	9002	8	359
内资企业	14790066	120858	23979
国有企业	892545	108108	9
集体企业	88877	361	8673
有限责任公司	9210714	7001	9371
国有独资公司	630574	702	3885
其他有限责任公司	8580140	6299	5486
股份有限公司	133513	102	784
私营企业	4464416	5286	5141
私营独资企业	5644	6	43
私营有限责任公司	4447220	5277	5098
私营股份有限公司	11552	3	
港、澳、台商投资企业	6530	61	
合资经营企业(港或澳、台资)	6530	61	
国有控股	8633765	113950	6185
集体控股	284013	479	9042
私人控股	5557841	6200	7290
外商控股	34580	59	1220
其他	286397	231	242
独立门店	14353687	120092	22800
连锁总店	44393	43	
其他	398515	784	1179
大型	8344143	113699	9641
中型	4818743	5877	13290
小型	1434997	1086	957
微型	198712	256	91

11—9 续表 6　　（2017 年）　　计量单位：万元

指标名称	销售费用	管理费用	财务费用	# 利息支出
总　计	**298364**	**182926**	**74011**	**60189**
农、林、牧产品批发	2392	3479	2462	2152
谷物、豆及薯类批发	783	1405	1830	1526
种子批发	992	1569	-5	
饲料批发		33		
棉、麻批发	383	365	497	504
林业产品批发	235	106	140	121
食品、饮料及烟草制品批发	35231	32520	1941	7016
米、面制品及食用油批发	3653	2191	1321	1025
果品、蔬菜批发	732	116	86	
肉、禽、蛋、奶及水产品批发	9659	461	-5	
盐及调味品批发	4664	6371	5750	5964
酒、饮料及茶叶批发	2742	1483	-154	23
烟草制品批发	13202	21348	-5107	
其他食品批发	580	551	50	3
纺织、服装及家庭用品批发	34125	17860	5787	5919
纺织品、针织品及原料批发	8953	5229	1563	821
服装批发	5577	5423	1449	-70
鞋帽批发	1048	451	1	-24
化妆品及卫生用品批发	2983	2794	90	96
家用视听设备批发	15565	3963	2685	5096
文化、体育用品及器材批发	7059	16246	828	738
文具用品批发	1397	1031	303	294
体育用品及器材批发	1495	1487	91	
图书批发	2889	12322	147	409
音像制品、电子和数字出版物批发	309	272	-4	
首饰、工艺品及收藏品批发	418	842	139	36
其他文化用品批发	551	292	152	
医药及医疗器材批发	97418	63324	31192	28465
西药批发	81883	49361	30288	27738
中药批发	9757	11382	233	175
医疗用品及器材批发	5778	2581	671	553
矿产品、建材及化工产品批发	91497	31155	31090	15494
煤炭及制品批发	11887	2490	1039	53
石油及制品批发	31920	3116	2152	1395
非金属矿及制品批发	116	31		
金属及金属矿批发	33685	14395	24835	7845
建材批发	1626	1487	809	445
化肥批发	1002	2718	1768	5395

11—9 续表 7　　（2017 年）　　计量单位：万元

指标名称	销售费用	管理费用	财务费用	# 利息支出
农药批发	169	47		
其他化工产品批发	11093	6873	488	361
机械设备、五金产品及电子产品批发	30011	17869	611	406
农业机械批发	565	252	174	
汽车批发	885	1081	396	385
汽车零配件批发	1751	1401	95	65
五金产品批发	6487	4777	–118	1
电气设备批发	1963	1040	–52	18
计算机、软件及辅助设备批发	1956	1989	30	–5
通讯及广播电视设备批发	5700	981	116	95
其他机械设备及电子产品批发	10704	6347	–31	–154
贸易经纪与代理	478	51	10	
贸易代理	478	51	10	
其他批发业	153	422	90	
再生物资回收与批发	153	422	90	
内资企业	297825	182178	74010	60189
国有企业	16140	22959	–4909	185
集体企业	3268	3929	5506	5733
有限责任公司	110088	72441	52757	39616
国有独资公司	10728	16738	4805	4031
其他有限责任公司	99360	55703	47952	35585
股份有限公司	6940	6861	529	657
私营企业	161389	75988	20127	13998
私营独资企业	95	197	6	–1
私营有限责任公司	160800	75746	20013	13903
私营股份有限公司	495	45	108	95
港、澳、台商投资企业	539	748	2	
合资经营企业（港或澳、台资）	539	748	2	
国有控股	93565	80361	38677	29485
集体控股	6414	6093	5782	6184
私人控股	192260	93852	28547	23161
外商控股	4	1158	56	64
其他	6122	1463	949	1295
独立门店	278633	171225	73058	59499
连锁总店	2981	888	95	92
其他	16751	10813	859	598
大型	89599	73721	43945	38006
中型	165524	92872	25439	19513
小型	31137	15062	4505	2292
微型	12105	1270	122	378

11—9 续表 8 （2017 年） 计量单位：万元

指标名称	营业利润	利润总额	应交所得税	应付职工薪酬（本年贷方累计发生额）	应交增值税
总 计	**267660**	**280029**	**60931**	**732064**	**147967**
农、林、牧产品批发	1458	2173	516	1979	371
谷物、豆及薯类批发	701	1390	329	1201	10
种子批发	-73	-104		420	13
饲料批发	3	3		20	1
棉、麻批发	796	853	179	323	191
林业产品批发	31	31	8	15	156
食品、饮料及烟草制品批发	96229	98892	22250	20358	33831
米、面制品及食用油批发	-3373	-127	49	2544	-354
果品、蔬菜批发	30	35	7	100	
肉、禽、蛋、奶及水产品批发	-340	-407	153	670	1205
盐及调味品批发	13603	12935	775	777	1935
酒、饮料及茶叶批发	4480	4478	759	680	889
烟草制品批发	82005	82009	20502	15317	30058
其他食品批发	-176	-31	4	270	98
纺织、服装及家庭用品批发	22954	22932	5615	40192	4329
纺织品、针织品及原料批发	655	854	340	5122	383
服装批发	-578	-1172	80	2964	461
鞋帽批发	53	81	35	503	
化妆品及卫生用品批发	217	215	47	2283	627
家用视听设备批发	22608	22954	5114	29321	2858
文化、体育用品及器材批发	65192	65292	162	12397	3380
文具用品批发	2383	2383	18	985	25
体育用品及器材批发	667	682	102	1331	576
图书批发	61155	61143		9009	2720
音像制品、电子和数字出版物批发	971	981		585	37
首饰、工艺品及收藏品批发	142	148	42	389	21
其他文化用品批发	-126	-45		98	
医药及医疗器材批发	58092	56633	20476	101192	89023
西药批发	52126	50748	18990	47026	85028
中药批发	1154	1124	301	51356	1903
医疗用品及器材批发	4812	4761	1185	2810	2092
矿产品、建材及化工产品批发	18236	21465	9770	543953	13621
煤炭及制品批发	-591	-526	-182	2951	1421
石油及制品批发	17558	12127	5625	5461	7773
非金属矿及制品批发	1008	1008	250	38	15
金属及金属矿批发	-2028	-446	2757	4352	2022
建材批发	-588	-647	119	577	93
化肥批发	-156	-217	86	1514	1

11—9 续表 9 （2017 年） 计量单位：万元

指标名称	营业利润	利润总额	应交所得税	应付职工薪酬（本年贷方累计发生额）	应交增值税
农药批发		1		60	
其他化工产品批发	3032	10167	1116	529000	2296
机械设备、五金产品及电子产品批发	5521	12527	2140	11564	3410
农业机械批发	13	13	5	193	7
汽车批发	−227	261	80	755	236
汽车零配件批发	58	55	83	812	363
五金产品批发	4423	4593	1038	1880	61
电气设备批发	376	379	78	579	119
计算机、软件及辅助设备批发	382	381	136	1670	548
通讯及广播电视设备批发	−2128	3921	167	382	648
其他机械设备及电子产品批发	2624	2924	552	5293	1428
贸易经纪与代理	11	14	1	20	
贸易代理	11	14	1	20	
其他批发业	−32	102		409	3
再生物资回收与批发	−32	102		409	3
内资企业	267907	280277	60925	731721	147809
国有企业	82320	82427	20629	16688	30275
集体企业	10467	10848	192	773	1020
有限责任公司	157451	156383	27905	71134	27173
国有独资公司	61743	64139	818	13332	3449
其他有限责任公司	95708	92245	27087	57802	23724
股份有限公司	−17490	−17362	505	4417	1094
私营企业	35159	47980	11695	638709	88248
私营独资企业	34	34		73	35
私营有限责任公司	38521	44511	11695	638455	88210
私营股份有限公司	−3396	3435		181	3
港、澳、台商投资企业	−247	−248	5	343	158
合资经营企业（港或澳、台资）	−247	−248	5	343	158
国有控股	217000	216756	41776	66379	51784
集体控股	12237	12824	643	2088	1468
私人控股	31827	43799	16627	658559	92713
外商控股	4998	5010	1304	1418	793
其他	1599	1640	581	3620	1209
独立门店	278242	291631	58755	720512	143829
连锁总店	−52	−52		1365	394
其他	−10530	−11551	2176	10187	3744
大型	236083	238313	43399	57376	80765
中型	20763	23488	14556	137748	59568
小型	11256	10636	2265	533930	5964
微型	−442	7592	711	3010	1669

全市限额以上零售贸易企业财务状况

11—10 （2017 年） 计量单位：个、万元

指标名称	企业数	流动资产合计	#存货	固定资产原价	累计折旧	#本年折旧
总计	**328**	**1958376**	**602392**	**1007819**	**378303**	**36346**
综合零售	65	395100	170604	518894	185582	27226
百货零售	38	268389	131315	447368	143962	17517
超级市场零售	21	67412	36090	58619	35588	9250
其他综合零售	6	59298	3199	12908	6031	459
食品、饮料及烟草制品专门零售	11	21021	6928	10652	2648	721
粮油零售	4	4798	1812	663	304	
糕点、面包零售	1	8325	3645	581	331	331
果品、蔬菜零售	3	6626	1367	8415	1994	384
肉、禽、蛋、奶及水产品零售	1	42	4	939	9	
酒、饮料及茶叶零售	1	1199	90	31	6	1
其他食品零售	1	32	10	23	4	4
纺织、服装及日用品专门零售	16	49287	24838	3376	1350	279
服装零售	12	29414	16916	2631	683	236
鞋帽零售	1	5850		121	92	21
化妆品及卫生用品零售	2	4088	636	16		
自行车零售	1	9935	7286	608	575	22
文化、体育用品及器材专门零售	12	57849	18183	13505	6049	425
文具用品零售	1	305	249	5	4	
图书、报刊零售	3	34204	3452	11032	4495	280
音像制品及电子出版物零售	1	4818	2285	1322	889	
珠宝首饰零售	2	11709	7200	253	239	97
工艺美术品及收藏品零售	1	338	121	197	52	1
乐器零售	3	6107	4868	396	339	43
其他文化用品零售	1	369	8	300	31	3
医药及医疗器材专门零售	17	133811	28055	5676	3430	568
药品零售	14	131724	27406	5625	3410	567
医疗用品及器材零售	3	2087	648	51	20	1
汽车、摩托车、燃料及零配件专门零售	145	966929	318086	393811	163602	5444
汽车零售	116	837436	269199	124903	48705	8135
汽车零配件零售	2	2610	820	489	371	30

11—10 续表 1　　（2017 年）　　计量单位：个、万元

指标名称	企业数	流动资产合计	# 存货	固定资产原价	累计折旧	# 本年折旧
机动车燃料零售	27	126883	48068	268419	114526	-2721
家用电器及电子产品专门零售	43	267889	16707	5440	2694	536
家用视听设备零售	25	120791	8548	2121	1054	51
日用家电设备零售	7	7919	1109	895	614	56
计算机、软件及辅助设备零售	6	9650	4397	1524	537	421
通信设备零售	5	129529	2654	901	490	8
五金、家具及室内装饰材料专门零售	6	7591	3055	665	314	25
家具零售	3	4226	957	549	214	16
涂料零售	1	198		1		
木质装饰材料零售	2	3167	2098	115	99	9
货摊、无店铺及其他零售业	13	58900	15936	55799	12635	1124
互联网零售	4	1872	105	328	30	6
邮购及电视、电话零售	1	10453	72	1350	1026	119
生活用燃料零售	8	46575	15759	54122	11579	999
内资企业	322	1839725	548058	907646	322914	49345
国有企业	4	6701	452	12625	7907	302
集体企业	11	26220	6453	15025	8785	450
股份合作企业	2	1402	67	442	228	16
有限责任公司	99	722431	223848	424952	151069	23478
国有独资公司	5	62263	13243	14475	6227	1388
其他有限责任公司	94	660168	210604	410477	144842	22090
股份有限公司	13	381989	121170	347485	115454	19024
私营企业	192	700837	196066	106746	39388	6056
私营独资企业	10	1663	665	1705	673	60
私营合伙企业	5	561	300	708	81	22
私营有限责任公司	173	661638	187593	101595	37406	5374
私营股份有限公司	4	36976	7508	2738	1228	599
其他企业	1	145	3	371	83	19
港、澳、台商投资企业	2	12330	4245	581	331	331

11—10 续表 2　　　　（2017 年）　　　　计量单位：个、万元

指标名称	企业数	流动资产合　计	# 存货	固定资产原　价	累计折旧	# 本年折旧
合作经营企业（港或澳、台资）	1	8325	3645	581	331	331
港、澳、台商独资经营企业	1	4005	600			
外商投资企业	4	106322	50089	99592	55058	-13329
中外合资经营企业	1	82388	36528	71715	37094	-14963
外资企业	2	17527	13472	27877	17964	1633
外商投资股份有限公司	1	6407	90			
国有控股	34	485434	203321	485755	207339	1260
集体控股	19	66346	7360	26657	15029	756
私人控股	255	1268211	353809	389222	129880	31164
港澳台商控股	1	4005	600			
外商控股	3	23934	13562	27877	17964	1633
其他	16	110447	23739	78308	8090	1534
独立门店	296	1387505	404025	390016	162901	19947
连锁总店	22	529713	187507	545187	210553	15342
连锁直营店	1	4443	20	843	581	56
连锁加盟店	1	4585	2788	52	47	
其他	8	32132	8052	71721	4221	1001
大型	24	638141	221155	682689	279936	22569
中型	141	1103333	316802	290134	86527	11653
小型	120	203054	58649	33068	11379	2034
微型	43	13847	5785	1927	461	90
有店铺零售	317	1912864	594741	1005823	377089	36187
便利店	3	57402	2123	12024	5706	431
超市	19	11671	4181	4102	1348	134
大型超市	5	54636	33579	55133	34255	9098
百货店	43	265587	133181	397101	142962	17562
专业店	125	722679	147795	369983	146237	1282
专卖店	113	783717	270451	116165	45045	7667
家居建材商店	2	150	100	51	1	1
购物中心	1	12238	546	51041	1464	
厂家直销中心	6	4784	2787	224	71	12
无店铺零售	11	45512	7651	1996	1214	160
电视购物	1	10453	72	1350	1026	119
网上商店	4	1872	105	328	30	6
其他	6	33187	7474	318	158	35

11—10 续表 3　　（2017 年）　　计量单位：万元

指标名称	资产总计	负债合计	所有者权益合计	# 实收资本
总　计	**3188362**	**2179166**	**1009196**	**1780373**
综合零售	874219	719665	154554	146876
百货零售	675807	497261	178546	81866
超级市场零售	106124	148028	–41904	62676
其他综合零售	92289	74377	17912	2334
食品、饮料及烟草制品专门零售	39410	24209	15201	10896
粮油零售	7031	6135	896	800
糕点、面包零售	11721	13363	–1642	1000
果品、蔬菜零售	18003	3736	14268	7570
肉、禽、蛋、奶及水产品零售	1305	697	608	500
酒、饮料及茶叶零售	1300	254	1046	1000
其他食品零售	51	25	26	26
纺织、服装及日用品专门零售	55874	50189	5686	11797
服装零售	31886	29419	2467	9120
鞋帽零售	6366	5653	713	200
化妆品及卫生用品零售	7654	5430	2224	2177
自行车零售	9969	9687	282	300
文化、体育用品及器材专门零售	82842	48261	34581	13877
文具用品零售	308	160	148	100
图书、报刊零售	49832	25935	23896	3500
音像制品及电子出版物零售	12369	7938	4431	4568
珠宝首饰零售	11723	8130	3593	3400
工艺美术品及收藏品零售	1797	968	829	829
乐器零售	6176	4866	1310	1180
其他文化用品零售	638	264	374	300
医药及医疗器材专门零售	201978	94387	107591	82622
药品零售	199861	93079	106782	81922
医疗用品及器材零售	2117	1309	809	700
汽车、摩托车、燃料及零配件专门零售	1425903	990869	435034	1413246
汽车零售	980364	806418	173945	1158501
汽车零配件零售	2735	2817	–82	1220

11—10 续表 4　　（2017 年）　　计量单位：万元

指标名称	资产总计	负债合计	所有者权益合计	#实收资本
机动车燃料零售	442804	181634	261170	253524
家用电器及电子产品专门零售	383636	152164	231472	73842
家用视听设备零售	122701	112814	9886	6219
日用家电设备零售	15423	10470	4953	6179
计算机、软件及辅助设备零售	10642	5607	5034	2971
通信设备零售	234871	23273	211598	58473
五金、家具及室内装饰材料专门零售	8047	5995	2052	1550
家具零售	4573	3490	1083	900
涂料零售	287	120	167	150
木质装饰材料零售	3187	2386	801	500
货摊、无店铺及其他零售业	116453	93428	23026	25667
互联网零售	4315	1936	2378	1000
邮购及电视、电话零售	11200	4774	6425	5000
生活用燃料零售	100939	86717	14222	19666
内资企业	2947998	2054597	893401	1560368
国有企业	11771	18275	-6504	7824
集体企业	33282	15835	17446	12478
股份合作企业	1663	934	730	111
有限责任公司	1230298	920496	309803	243127
国有独资公司	80454	58093	22361	4600
其他有限责任公司	1149845	862403	287442	238527
股份有限公司	811847	447943	363903	90972
私营企业	857977	651114	206863	1205737
私营独资企业	3158	1825	1333	545
私营合伙企业	1188	475	713	653
私营有限责任公司	814913	616658	198255	1202221
私营股份有限公司	38718	32156	6562	2319
其他企业	1160		1160	120
港、澳、台商投资企业	19276	18791	485	3127

11—10 续表 5　　　　（2017 年）　　　　计量单位：万元

指标名称	资产总计	负债合计	所有者权益合计	# 实收资本
合作经营企业（港或澳、台资）	11721	13363	–1642	1000
港、澳、台商独资经营企业	7555	5428	2127	2127
外商投资企业	221088	105778	115310	216878
中外合资经营企业	178698	14920	163778	163778
外资企业	29965	85315	–55350	53000
外商投资股份有限公司	12424	5542	6882	100
国有控股	912173	572329	339844	229468
集体控股	97041	71768	25273	14067
私人控股	1885740	1243851	641889	1467989
港澳台商控股	7555	5428	2127	2127
外商控股	42390	90857	–48468	53100
其他	243463	194933	48530	13622
独立门店	1871719	1256939	614780	1368300
连锁总店	1161487	781533	379954	400630
连锁直营店	9928	7045	2883	4294
连锁加盟店	4589	5298	–708	200
其他	140640	128352	12288	6948
大型	1341739	844716	497022	439602
中型	1563460	1130260	433200	1265468
小型	266195	195537	70657	68244
微型	16969	8653	8316	7059
有店铺零售	3139427	2144264	995164	1769221
便利店	89770	72553	17217	1700
超市	15522	17678	–2156	2575
大型超市	90093	132112	–42019	59863
百货店	586300	404701	181599	85200
专业店	1325904	660717	665187	468656
专卖店	927366	756800	170566	1150314
家居建材商店	200	60	140	100
购物中心	99322	95437	3885	
厂家直销中心	4951	4207	744	813
无店铺零售	48935	34903	14032	11151
电视购物	11200	4774	6425	5000
网上商店	4315	1936	2378	1000
其他	33421	28192	5229	5151

11—10 续表 6　　（2017 年）　　计量单位：万元

指标名称	主营业务收入	主营业务税金及附加	其他业务利润
总　计	**6392870**	**24763**	**78808**
综合零售	2006920	14632	36666
百货零售	1600239	13524	16087
超级市场零售	336791	969	17719
其他综合零售	69889	139	2861
食品、饮料及烟草制品专门零售	36637	47	1
粮油零售	6548	12	
糕点、面包零售	3374	2	
果品、蔬菜零售	24857	1	
肉、禽、蛋、奶及水产品零售	508	3	
酒、饮料及茶叶零售	765	9	1
其他食品零售	584	20	
纺织、服装及日用品专门零售	102338	288	1769
服装零售	47653	164	75
鞋帽零售	26455	85	1694
化妆品及卫生用品零售	20782	31	
自行车零售	7448	8	
文化、体育用品及器材专门零售	65105	347	441
文具用品零售	743	5	
图书、报刊零售	47324	276	45
音像制品及电子出版物零售	2974	21	397
珠宝首饰零售	5299	11	-1
工艺美术品及收藏品零售	1328	13	
乐器零售	6868	18	
其他文化用品零售	569	2	
医药及医疗器材专门零售	211427	912	596
药品零售	208449	886	596
医疗用品及器材零售	2979	26	
汽车、摩托车、燃料及零配件专门零售	3566508	7312	35362
汽车零售	2594404	4470	18668
汽车零配件零售	18435	29	

11—10 续表 7　　（2017 年）　　计量单位：万元

指标名称	主营业务收入	主营业务税金及附加	其他业务利润
机动车燃料零售	953668	2813	16694
家用电器及电子产品专门零售	324451	853	1659
家用视听设备零售	145554	366	675
日用家电设备零售	103096	348	984
计算机、软件及辅助设备零售	13039	35	
通信设备零售	62762	105	
五金、家具及室内装饰材料专门零售	18962	101	
家具零售	8036	49	
涂料零售	375	4	
木质装饰材料零售	10551	48	
货摊、无店铺及其他零售业	60523	271	2314
互联网零售	1944	2	
邮购及电视、电话零售	20404	105	563
生活用燃料零售	38175	164	1751
内资企业	5607542	23094	74595
国有企业	10485	94	1759
集体企业	90704	225	
股份合作企业	2617	26	
有限责任公司	1940814	7221	20872
国有独资公司	84025	355	
其他有限责任公司	1856789	6866	20872
股份有限公司	1679167	10813	33851
私营企业	1883240	4716	18113
私营独资企业	13025	143	
私营合伙企业	3930	10	49
私营有限责任公司	1774183	4399	18061
私营股份有限公司	92102	165	3
其他企业	515		
港、澳、台商投资企业	22509	33	

11—10 续表 8　　　　（2017 年）　　　　计量单位：万元

指标名称	主营业务收入	主营业务税金及附加	其他业务利润
合作经营企业(港或澳、台资)	3374	2	
港、澳、台商独资经营企业	19135	31	
外商投资企业	762819	1636	4214
中外合资经营企业	638485	1350	
外资企业	102702	210	4214
外商投资股份有限公司	21633	77	
国有控股	2510911	13333	31856
集体控股	141658	422	1017
私人控股	3247639	8786	38860
港澳台商控股	19135	31	
外商控股	124334	287	4214
其他	349193	1905	2861
独立门店	3709588	11494	41092
连锁总店	2513168	11948	36740
连锁直营店	92251	204	976
连锁加盟店	783	1	
其他	77080	1116	
大型	3029106	16263	49372
中型	2789085	7062	27693
小型	508185	1296	1274
微型	66495	143	469
有店铺零售	6332945	24602	78245
便利店	65620	109	2861
超市	36483	201	
大型超市	306575	786	17719
百货店	1609698	12760	16087
专业店	1831502	5296	25417
专卖店	2441513	4582	16162
家居建材商店	800	7	
购物中心	29592	846	
厂家直销中心	11160	16	
无店铺零售	59926	162	563
电视购物	20404	105	563
网上商店	1944	2	
其他	37578	55	

11—10 续表 9　　（2017 年）　　计量单位：万元

指标名称	销售费用	管理费用	财务费用	# 利息支出
总　计	**379059**	**183597**	**37773**	**21871**
综合零售	192336	95694	17119	4692
百货零售	133924	78747	12164	312
超级市场零售	54425	12359	3428	2900
其他综合零售	3987	4589	1526	1479
食品、饮料及烟草制品专门零售	3892	1612	585	563
粮油零售	154	451	17	
糕点、面包零售	485	469	351	350
果品、蔬菜零售	3166	664	213	213
肉、禽、蛋、奶及水产品零售	14	7		
酒、饮料及茶叶零售	57	10	3	
其他食品零售	18	12	2	
纺织、服装及日用品专门零售	9378	2790	580	323
服装零售	5003	2178	768	317
鞋帽零售	3405	349	-193	
化妆品及卫生用品零售	13	168		
自行车零售	958	96	6	6
文化、体育用品及器材专门零售	7085	5951	-50	87
文具用品零售	129	34	0	0
图书、报刊零售	5365	4883	-144	0
音像制品及电子出版物零售	169	133	65	65
珠宝首饰零售	312	296	17	18
工艺美术品及收藏品零售	89	82	4	4
乐器零售	997	504	9	
其他文化用品零售	24	19	-1	
医药及医疗器材专门零售	31471	11107	860	495
药品零售	31254	10221	859	495
医疗用品及器材零售	217	887	1	
汽车、摩托车、燃料及零配件专门零售	102962	50920	17858	15447
汽车零售	70279	43406	16957	6910
汽车零配件零售	454	333	48	40

11—10 续表 10　　（2017 年）　　计量单位：万元

指标名称	销售费用	管理费用	财务费用	# 利息支出
机动车燃料零售	32229	7181	852	8498
家用电器及电子产品专门零售	23854	11433	806	86
家用视听设备零售	10741	5148	222	8
日用家电设备零售	9633	2229	351	79
计算机、软件及辅助设备零售	881	509	43	
通信设备零售	2599	3546	190	
五金、家具及室内装饰材料专门零售	2922	321	37	31
家具零售	1206	66	35	31
涂料零售	11	14	1	
木质装饰材料零售	1705	241	1	
货摊、无店铺及其他零售业	5159	3770	-20	147
互联网零售	90	70	2	1
邮购及电视、电话零售	3829	1858		
生活用燃料零售	1240	1842	-23	147
内资企业	327764	175699	34256	18621
国有企业	914	1146	-20	
集体企业	6629	2136	103	
股份合作企业	393	134	13	
有限责任公司	107990	54635	14508	7043
国有独资公司	5400	4272	143	209
其他有限责任公司	102590	50363	14364	6834
股份有限公司	110038	73577	8936	8440
私营企业	101800	44063	10713	3137
私营独资企业	911	444	122	
私营合伙企业	292	107	11	
私营有限责任公司	99312	41169	10237	2675
私营股份有限公司	1286	2343	342	462
其他企业		10	4	
港、澳、台商投资企业	485	625	351	350

11—10 续表 11　　（2017 年）　　计量单位：万元

指标名称	销售费用	管理费用	财务费用	#利息支出
合作经营企业（港或澳、台资）	485	469	351	350
港、澳、台商独资经营企业		157		
外商投资企业	50810	7273	3166	2900
中外合资经营企业	28230	4063	177	
外资企业	22261	2767	3014	2900
外商投资股份有限公司	320	443	-25	
国有控股	122203	83898	10567	9852
集体控股	8983	8821	985	897
私人控股	207569	75939	20592	6609
港澳台商控股		157		
外商控股	22581	3210	2989	2900
其他	17724	11573	2640	1614
独立门店	179257	92270	21330	8546
连锁总店	181313	83493	14839	12939
连锁直营店	9152	1923	217	
连锁加盟店	102	126	310	
其他	9236	5785	1078	386
大型	243184	96434	15750	12262
中型	116979	72340	19399	7795
小型	16832	13060	2509	1758
微型	2063	1763	115	56
有店铺零售	374511	180101	37292	21388
便利店	3109	4028	1515	1476
超市	2220	2952	125	
大型超市	52293	9235	3304	2900
百货店	134027	75778	12090	316
专业店	109880	41294	4138	9501
专卖店	71125	41897	15988	7195
家居建材商店	8	1	1	1
购物中心	1782	4229	120	
厂家直销中心	67	689	11	
无店铺零售	4548	3496	481	483
电视购物	3829	1858		
网上商店	90	70	2	1
其他	629	1568	478	482

11—10　续表 12　　　　（2017 年）　　　　计量单位：万元

指标名称	营业利润	利润总额	应交所得税	应付职工薪酬（本年贷方累计发生额）	应交增值税
总　计	**127323**	**113891**	**24611**	**224087**	**107788**
综合零售	83126	75180	10466	99337	23587
百货零售	72905	78418	8858	84518	20750
超级市场零售	12385	–2071	1571	11171	2205
其他综合零售	–2164	–1167	38	3647	633
食品、饮料及烟草制品专门零售	–777	–581	42	678	43
粮油零售	75	87	32	281	7
糕点、面包零售	–1108	–933		76	26
果品、蔬菜零售	203	209		110	4
肉、禽、蛋、奶及水产品零售	8	14	1	32	7
酒、饮料及茶叶零售	10	8		150	
其他食品零售	35	35	9	30	
纺织、服装及日用品专门零售	9104	637	302	3432	7425
服装零售	–244	–323	44	1485	6679
鞋帽零售	992	894	253	1069	702
化妆品及卫生用品零售	8349	58		575	
自行车零售	8	7	5	304	44
文化、体育用品及器材专门零售	4734	4951	33	2624	255
文具用品零售	32	32	8	95	126
图书、报刊零售	4441	4658	0	1214	29
音像制品及电子出版物零售	1	14	4	161	8
珠宝首饰零售	19	18	1	264	68
工艺美术品及收藏品零售	126	126	4	330	13
乐器零售	91	79	14	532	11
其他文化用品零售	23	23	2	28	
医药及医疗器材专门零售	6774	6758	1762	22060	24506
药品零售	6693	6677	1753	21965	24297
医疗用品及器材零售	81	81	9	95	209
汽车、摩托车、燃料及零配件专门零售	16694	19428	10912	74354	46015
汽车零售	29949	30671	9009	46663	40771
汽车零配件零售	621.6	679.3	169.9	434.5	121.2

11—10　续表 13　　　　（2017 年）　　　　计量单位：万元

指标名称	营业利润	利润总额	应交所得税	应付职工薪酬（本年贷方累计发生额）	应交增值税
机动车燃料零售	-13877	-11922	1733	27257	5123
家用电器及电子产品专门零售	6327	5184	378	10845	4495
家用视听设备零售	1558	1532	235	3754	2190
日用家电设备零售	768	565	126	3837	1431
计算机、软件及辅助设备零售	86	85	14	575	176
通信设备零售	3916	3001	4	2679	698
五金、家具及室内装饰材料专门零售	307	313	31	805	692
家具零售	115	121	2	337	320
涂料零售	77	77		14	
木质装饰材料零售	115	115	29	453	372
货摊、无店铺及其他零售业	1033	2023	686	9953	770
互联网零售	52	52		96	10
邮购及电视、电话零售	8	9		2861	136
生活用燃料零售	973	1961	686	6996	624
内资企业	128936	139817	24576	202147	105511
国有企业	-2440	-1455		5133	261
集体企业	2639	2741	846	3642	2234
股份合作企业		13	1	278	87
有限责任公司	23093	33602	9662	63717	51849
国有独资公司	2846	3098		794	-87
其他有限责任公司	20247	30504	9661	62923	51936
股份有限公司	86679	86660	9578	62697	32982
私营企业	18927	18218	4489	66675	18097
私营独资企业	226	106		538	57
私营合伙企业	-23	-45	1	270	49
私营有限责任公司	17196	16562	4181	63817	17234
私营股份有限公司	1529	1595	307	2050	757
其他企业	38	38		5	
港、澳、台商投资企业	7182	-933		626	26

11—10 续表 14 （2017 年） 计量单位：万元

指标名称	营业利润	利润总额	应交所得税	应付职工薪酬（本年贷方累计发生额）	应交增值税
合作经营企业（港或澳、台资）	−1108	−933		76	26
港、澳、台商独资经营企业	8290			550	
外商投资企业	−8795.2	−24993.1	35.4	21314.6	2251.4
中外合资经营企业	−16830.6	−18256.6		13711.5	584.8
外资企业	7778.1	−6928.5	−12.6	5031	1666.6
外商投资股份有限公司	257.3	192	48	2572.1	0
国有控股	58150.4	59049.6	7311.2	83674	33289.3
集体控股	3306.8	4721.7	945.5	6107.4	2910.9
私人控股	43876.2	52890.6	13425.1	117532.3	65631.1
港澳台商控股	8290.3			550	
外商控股	8035.4	−6736.5	35.4	7603.1	1666.6
其他	5663.7	3965.6	2894.1	8620.2	4290.2
独立门店	56980.8	61867.4	15520.4	125021.6	59427.2
连锁总店	73746.1	55571.4	8832.4	93008	40248
连锁直营店	442	358.4	125.7	3560.6	1405.1
连锁加盟店	−332	−332		151.4	13.9
其他	−3514.1	−3574.2	132.8	2345.4	6693.9
大型	89148.9	77981.4	13494.7	128600.1	51305.4
中型	33405.6	32688.8	9570.1	84808.5	51355.1
小型	4265.1	2773.1	1494.1	9890.5	4766.4
微型	503.2	447.7	52.4	787.9	361.2
有店铺零售	127375.9	113948.4	24624.1	220456.2	107225.4
便利店	−2108.8	−1114.5	37.5	2535.9	585.5
超市	625.7	193.6	143.3	2304.6	418.3
大型超市	11873	−2120.1	1396.6	8493.8	1790.1
百货店	76723.2	82207.2	9051.1	86348.6	20967.4
专业店	11661.1	5626.1	4776.2	73403.7	36161.6
专卖店	31587.8	32138.5	9214.1	47100.5	47250.2
家居建材商店	93	93		30	7.2
购物中心	−3184.9	−3179.5		31.4	
厂家直销中心	105.8	104.1	5.3	207.7	45.1
无店铺零售	−53.1	−57.4	−12.8	3630.8	562.7
电视购物	7.9	9.1		2860.5	135.9
网上商店	52	52		96.2	10
其他	−113	−118.5	−12.8	674.1	416.8

市区限额以上批发贸易企业财务状况

11—11　　　　（2017 年）　　　　计量单位：个、万元

指标名称	企业数	流动资产合　计	# 存货	固定资产原　价	累计折旧	# 本年折旧
总　计	**297**	**6056931**	**977166**	**421125**	**149516**	**21042**
农、林、牧产品批发	7	109222	22090	4111	1448	289
谷物、豆及薯类批发	3	62001	7415	662	305	47
种子批发	2	15498	2814	2175	859	209
饲料批发	1	1371	15	5		
棉、麻批发	1	30352	11846	1269	283	33
食品、饮料及烟草制品批发	27	443292	64255	84407	27599	3763
米、面制品及食用油批发	7	42164	14041	6211	1764	722
果品、蔬菜批发	2	2437				
肉、禽、蛋、奶及水产品批发	3	9783	53	159	84	48
盐及调味品批发	5	129616	9480	34821	5764	885
酒、饮料及茶叶批发	5	38010	-636	4870	2678	74
烟草制品批发	1	211488	39475	36359	16772	2009
其他食品批发	4	9795	1842	1986	536	25
纺织、服装及家庭用品批发	49	930479	177451	21248	9959	1773
纺织品、针织品及原料批发	16	80254	21771	8849	3806	715
服装批发	18	56466	23024	8142	3272	648
鞋帽批发	2	8148	3059	270	234	46
化妆品及卫生用品批发	4	15337	5540	1348	1064	70
家用电器批发	9	770273	124057	2639	1584	295
文化、体育用品及器材批发	12	277076	39681	31538	9036	1172
文具用品批发	5	64119	12226	569	393	55
体育用品及器材批发	1	4654	1520	402	102	37
图书批发	1	191705	21305	29494	7743	1055
音像制品及电子出版物批发	1	3161	732	184	47	-20
首饰、工艺品及收藏品批发	3	10531	3897	843	708	38
其他文化用品批发	1	2906	2	47	42	7
医药及医疗器材批发	61	1724547	346868	75514	30422	5588
西药批发	41	1570437	303104	64419	26971	4753
中药批发	15	127706	35349	8056	2545	466
医疗用品及器材批发	5	26404	8415	3039	907	368
矿产品、建材及化工产品批发	93	2283032	262609	179958	58123	7311
煤炭及制品批发	14	17560	2607	15687	8484	234
石油及制品批发	7	47133	2790	73314	21594	3446
金属及金属矿批发	17	1845264	161939	51709	18377	2602
建材批发	9	20379	4169	132	39	10
化肥批发	2	191195	52032	28963	4853	735
农药批发	1	832	135			
其他化工产品批发	43	160669	38937	10153	4777	285

11—11 续表 1　　　　（2017 年）　　　　计量单位：个、万元

指标名称	企业数	流动资产合计	#存货	固定资产原价	累计折旧	#本年折旧
机械设备、五金产品及电子产品批发	45	277735	62922	21603	12582	1146
农业机械批发	1	1849	14	110	70	18
汽车批发	4	6029	1459	76	33	21
汽车零配件批发	2	11555	5909	2470	1268	177
五金产品批发	9	111978	3555	5632	3460	321
电气设备批发	3	13169	416	2400	1853	19
计算机、软件及辅助设备批发	5	15415	3135	1085	450	58
通讯及广播电视设备批发	4	7243	2977	246	161	99
其他机械设备及电子产品批发	17	110497	45457	9583	5288	434
贸易经纪与代理	1	830				
贸易代理	1	830				
其他批发业	2	10720	1290	2746	348	
再生物资回收与批发	2	10720	1290	2746	348	
内资企业	296	6056448	977148	416634	148667	21024
国有企业	4	230588	43240	43788	19760	2099
集体企业	2	122364	8952	22872	4450	508
有限责任公司	68	3976198	622290	250733	79843	11681
国有独资公司	7	369293	50540	36090	9738	1669
其他有限责任公司	61	3606906	571750	214644	70104	10012
股份有限公司	5	77184	-5288	14226	8168	488
私营企业	217	1650114	307954	85014	36447	6247
私营独资企业	1	1172	494	30	29	7
私营有限责任公司	215	1646872	306251	84860	36331	6153
私营股份有限公司	1	2070	1209	124	88	88
港、澳、台商投资企业	1	483	18	4492	849	18
合资经营企业（港或澳、台资）	1	483	18	4492	849	18
国有控股	25	3403888	501712	254047	82829	12170
集体控股	7	183913	12173	32896	8852	604
私人控股	254	2375961	452638	117083	51287	7537
外商控股	1	13909	25	14606	5170	541
其他	10	79260	10618	2492	1378	191
独立门店	267	5894933	949131	391736	135025	19380
连锁总店	2	8073	2098	801	630	60
其他	28	153925	25936	28589	13861	1602
大型	9	3753823	559194	196366	59099	9312
中型	137	1560739	337965	191936	79853	10350
小型	130	627431	58394	27559	8353	1194
微型	21	114938	21614	5265	2212	187

11—11 续表 2　　（2017 年）　　计量单位：万元

指标名称	资产总计	负债合计	所有者权益合计	#实收资本
总　计	**7072079**	**5585859**	**1486220**	**601121**
农、林、牧产品批发	156547	107818	48728	18512
谷物、豆及薯类批发	105189	66466	38723	10212
种子批发	18096	11607	6489	6200
饲料批发	1376	1272	103	100
棉、麻批发	31886	28474	3412	2000
食品、饮料及烟草制品批发	603556	285284	318272	41029
米、面制品及食用油批发	68296	55569	12728	10401
果品、蔬菜批发	2437	2299	138	53
肉、禽、蛋、奶及水产品批发	9873	10028	-154	600
盐及调味品批发	218833	140802	78031	24875
酒、饮料及茶叶批发	51163	33499	17664	722
烟草制品批发	241708	27374	214334	2307
其他食品批发	11245	15713	-4468	2071
纺织、服装及家庭用品批发	953806	820135	133671	37669
纺织品、针织品及原料批发	86022	70853	15169	11023
服装批发	65032	45587	19445	13815
鞋帽批发	8185	7150	1035	501
化妆品及卫生用品批发	18854	12755	6099	2000
家用电器批发	775714	683790	91923	10330
文化、体育用品及器材批发	452126	271319	180807	15361
文具用品批发	64559	54468	10090	5219
体育用品及器材批发	5136	2833	2303	1100
图书批发	364957	201131	163826	6742
音像制品及电子出版物批发	3304	1082	2223	500
首饰、工艺品及收藏品批发	11259	9123	2136	1500
其他文化用品批发	2911	2681	230	300
医药及医疗器材批发	1848909	1588606	260303	119575
西药批发	1680524	1453040	227483	92975
中药批发	137544	119096	18448	17800
医疗用品及器材批发	30841	16471	14371	8800
矿产品、建材及化工产品批发	2697186	2246672	450513	314497
煤炭及制品批发	28484	13477	15007	13199
石油及制品批发	115298	39781	75517	20392
金属及金属矿批发	2102005	1891483	210521	155461
建材批发	20473	17627	2845	1862
化肥批发	233236	192977	40259	9968
农药批发	832	782	49	49
其他化工产品批发	196860	90545	106315	113565

11—11 续表 3　　（2017 年）　　计量单位：万元

指标名称	资产总计	负债合计	所有者权益合计	#实收资本
机械设备、五金产品及电子产品批发	340476	248889	91586	51640
农业机械批发	1888	1836	52	50
汽车批发	6231	4751	1480	1400
汽车零配件批发	13042	8817	4225	3500
五金产品批发	150052	116053	33999	10237
电气设备批发	13924	8859	5065	2023
计算机、软件及辅助设备批发	20064	13056	7008	5760
通讯及广播电视设备批发	9043	2085	6958	8950
其他机械设备及电子产品批发	126232	93433	32799	19720
贸易经纪与代理	830	700	129	100
贸易代理	830	700	129	100
其他批发业	18645	16434	2211	2738
再生物资回收与批发	18645	16434	2211	2738
内资企业	7067705	5584906	1482799	601021
国有企业	265457	47116	218341	7316
集体企业	186932	123481	63451	12367
有限责任公司	4701972	3840359	861613	326362
国有独资公司	612490	387266	225224	36387
其他有限责任公司	4089482	3453094	636388	289975
股份有限公司	103639	74182	29457	19706
私营企业	1809705	1499767	309938	235270
私营独资企业	1174	1239	-65	30
私营有限责任公司	1804763	1497002	307761	229990
私营股份有限公司	3769	1526	2243	5250
港、澳、台商投资企业	4374	953	3421	100
合资经营企业（港或澳、台资）	4374	953	3421	100
国有控股	4103591	3133158	970433	278923
集体控股	272900	181019	91880	21493
私人控股	2586038	2184419	401618	288767
外商控股	28149	13091	15058	5710
其他	81402	74172	7230	6229
独立门店	6841753	5454196	1387557	513926
连锁总店	11515	7655	3860	1000
其他	218812	124008	94803	86195
大型	4353593	3407512	946081	188231
中型	1927011	1529610	397401	278586
小型	663532	586025	77507	71387
微型	127944	62713	65231	62918

11—11 续表 4　　（2017 年）　　计量单位：万元

指标名称	主营业务收入	主营业务税金及附加	其他业务利润
总　计	**13906682**	**119959**	**22758**
农、林、牧产品批发	195877	135	3987
谷物、豆及薯类批发	37392	53	3780
种子批发	14473	4	207
饲料批发	3760	2	
棉、麻批发	140251	77	
食品、饮料及烟草制品批发	1124877	108592	9689
米、面制品及食用油批发	104732	25	340
果品、蔬菜批发	11526	4	
肉、禽、蛋、奶及水产品批发	35529	155	149
盐及调味品批发	122927	438	9148
酒、饮料及茶叶批发	59479	105	
烟草制品批发	764584	107849	
其他食品批发	26100	17	52
纺织、服装及家庭用品批发	1522892	972	1200
纺织品、针织品及原料批发	312639	194	510
服装批发	165965	118	10
鞋帽批发	16138	11	
化妆品及卫生用品批发	62363	80	
家用电器批发	965786	569	681
文化、体育用品及器材批发	666571	648	
文具用品批发	222186	83	
体育用品及器材批发	26216	87	
图书批发	384451	459	
音像制品及电子出版物批发	3607	6	
首饰、工艺品及收藏品批发	14325	10	
其他文化用品批发	15785	5	
医药及医疗器材批发	3199579	6041	3888
西药批发	2828900	5292	3584
中药批发	311193	470	304
医疗用品及器材批发	59485	280	0
矿产品、建材及化工产品批发	6536840	2861	3400
煤炭及制品批发	102809	118	11
石油及制品批发	244771	161	2399
金属及金属矿批发	5125242.3	2013	985.1
建材批发	67093.8	21.8	
化肥批发	473682.1		5
农药批发	3077.3	0.1	
其他化工产品批发	520165	547.3	

11—11 续表 5　　　　（2017 年）　　　　计量单位：万元

指标名称	主营业务收入	主营业务税金及附加	其他业务利润
机械设备、五金产品及电子产品批发	644765	700	236
农业机械批发	3292		
汽车批发	27097	31	
汽车零配件批发	36627	54	
五金产品批发	220795	49	175
电气设备批发	33489	52	
计算机、软件及辅助设备批发	56718	132	
通讯及广播电视设备批发	92414	107	1
其他机械设备及电子产品批发	174334	276	60
贸易经纪与代理	6281	2	
贸易代理	6281	2	
其他批发业	9002	8	359
再生物资回收与批发	9002	8	359
内资企业	13900153	119898	22758
国有企业	865440	108032	9
集体企业	69886	357	8673
有限责任公司	9180380	6977	9289
国有独资公司	628588	702	3885
其他有限责任公司	8551792	6276	5404
股份有限公司	133513	102	784
私营企业	3650935	4430	4003
私营独资企业	2777	1	43
私营有限责任公司	3639443	4428	3960
私营股份有限公司	8715	2	
港、澳、台商投资企业	6530	61	
合资经营企业（港或澳、台资）	6530	61	
国有控股	8581185.4	113854.3	6185.3
集体控股	265021.1	475.1	9041.6
私人控股	4739499.8	5339.5	6069.8
外商控股	34579.5	58.7	1219.6
其他	286396.6	231.4	242.1
独立门店	13477763.2	119141.2	21579.2
连锁总店	44393.2	42.8	
其他	384526	775	1179.2
大型	8344142.8	113699.3	9641.2
中型	4088848	5189.5	12151.2
小型	1274979.3	813.9	874.9
微型	198712.3	256.3	91.1

11—11 续表 6　　（2017 年）　　计量单位：万元

指标名称	销售费用	管理费用	财务费用	#利息支出
总　计	**256892**	**177581**	**69079**	**57701**
农、林、牧产品批发	1780	3102	2024	2027
谷物、豆及薯类批发	405	1170	1543	1523
种子批发	992	1569	–5	
饲料批发		33		
棉、麻批发	383	330	486	504
食品、饮料及烟草制品批发	34325	31592	1671	7008
米、面制品及食用油批发	3029	1403	1059	1025
果品、蔬菜批发	608	56	86	
肉、禽、蛋、奶及水产品批发	9659	461	–5	
盐及调味品批发	4664	6371	5750	5964
酒、饮料及茶叶批发	2584	1403	–162	16
烟草制品批发	13202	21348	–5107	
其他食品批发	580	551	50	3
纺织、服装及家庭用品批发	34082	17693	5786	5919
纺织品、针织品及原料批发	8953	5229	1563	821
服装批发	5577	5423	1449	–70
鞋帽批发	1048	451	1	–24
化妆品及卫生用品批发	2983	2794	90	96
家用电器批发	15522	3796	2684	5096
文化、体育用品及器材批发	7059	16246	828	738
文具用品批发	1397	1031	303	294
体育用品及器材批发	1495	1487	91	
图书批发	2889	12322	147	409
音像制品及电子出版物批发	309	272	–4	
首饰、工艺品及收藏品批发	418	842	139	36
其他文化用品批发	551	292	152	
医药及医疗器材批发	96707	62981	31055	28465
西药批发	81172	49018	30152	27738
中药批发	9757	11382	233	175
医疗用品及器材批发	5778	2581	671	553
矿产品、建材及化工产品批发	53285	28308	27644	13522
煤炭及制品批发	5696	1424	686	2
石油及制品批发	4296	2523	45	90
金属及金属矿批发	31998	14149.8	24707.1	7762.6
建材批发	306.4	1007.1	118.3	–0.3
化肥批发	940.6	2617.4	1750	5389.8
农药批发	169.1	47	0.1	
其他化工产品批发	9878.2	6539.4	337.4	276.9

11—11 续表 7 （2017 年） 计量单位：万元

指标名称	销售费用	管理费用	财务费用	# 利息支出
机械设备、五金产品及电子产品批发	29023	17184	-30	22
农业机械批发	75	63	26	
汽车批发	388	585	-97	
汽车零配件批发	1751	1401	95	65
五金产品批发	6487	4777	-118	1
电气设备批发	1963	1040	-52	18
计算机、软件及辅助设备批发	1956	1989	30	-5
通讯及广播电视设备批发	5700	981	116	95
其他机械设备及电子产品批发	10704	6347	-31	-154
贸易经纪与代理	478	51	10	
贸易代理	478	51	10	
其他批发业	153	422	90	
再生物资回收与批发	153	422	90	
内资企业	256353	176833	69077	57701
国有企业	15576	22773	-5003	185
集体企业	3207	3829	5488	5728
有限责任公司	108217	71448	52242	39608
国有独资公司	10494	16557	4522	4031
其他有限责任公司	97723	54891	47720	35577
股份有限公司	6940	6861	529	657
私营企业	122413	71923	15822	11522
私营独资企业		176		-1
私营有限责任公司	121996	71718	15714	11428
私营股份有限公司	417	29	107	95
港、澳、台商投资企业	539	748	2	
合资经营企业（港或澳、台资）	539	748	2	
国有控股	91268.5	79248.6	38073	29481.7
集体控股	6353.2	5992.4	5763.9	6178.5
私人控股	153144.2	89718.6	24236.8	20681.2
外商控股	3.7	1158.2	55.8	64.3
其他	6122	1462.7	949.3	1295
独立门店	237828.8	166070.8	68193.2	57010.9
连锁总店	2980.5	887.6	95	91.5
其他	16082.3	10622.1	790.6	598.3
大型	89598.6	73721.2	43945.2	38006.2
中型	134008.7	89538.3	21669.9	17368.1
小型	21179	13050.7	3341.7	1948.6
微型	12105.3	1270.3	122	377.8

11—11 续表 8　　（2017 年）　　计量单位：万元

指标名称	营业利润	利润总额	应交所得税	应付职工薪酬（本年贷方累计发生额）	应交增值税
总　计	**264158**	**274346**	**58120**	**727358**	**141236**
农、林、牧产品批发	1954	1974	508	1694	171
谷物、豆及薯类批发	1245	1240	329	994	8
种子批发	–73	–104		420	13
饲料批发	3	3		20	1
棉、麻批发	779	835	178	259	150
食品、饮料及烟草制品批发	97331	98834	22249	19834	33788
米、面制品及食用油批发	–2247	–161	49	2224	–354
果品、蔬菜批发	23	28	7	49	
肉、禽、蛋、奶及水产品批发	–340	–407	153	670	1205
盐及调味品批发	13603	12935	775	777	1935
酒、饮料及茶叶批发	4462	4461	759	527	847
烟草制品批发	82005	82009	20502	15317	30058
其他食品批发	–176	–31	4	270	98
纺织、服装及家庭用品批发	22904	22882	5611	40101	4303
纺织品、针织品及原料批发	655	854	340	5122	383
服装批发	–578	–1172	80	2964	461
鞋帽批发	53	81	35	503	
化妆品及卫生用品批发	217	215	47	2283	627
家用电器批发	22558	22904	5110	29229	2833
文化、体育用品及器材批发	65192	65292	162	12397	3380
文具用品批发	2383	2383	18	985	25
体育用品及器材批发	667	682	102	1331	576
图书批发	61155	61143		9009	2720
音像制品及电子出版物批发	971	981		585	37
首饰、工艺品及收藏品批发	142	148	42	389	21
其他文化用品批发	–126	–45		98	
医药及医疗器材批发	57943	56538	20449	100694	88957
西药批发	51977	50653	18962	46529	84962
中药批发	1154	1124	301	51356	1903
医疗用品及器材批发	4812	4761	1185	2810	2092
矿产品、建材及化工产品批发	12984	16320	7064	541009	7313
煤炭及制品批发	–930	–856	–237	2102	882
石油及制品批发	13424	7994	3426	4218	2862
金属及金属矿批发	–2204.3	–582.9	2700.7	4167.9	1438.6
建材批发	370	379.6	116.9	308.7	49.9
化肥批发	–214	–274.5	85.5	1346.8	
农药批发		0.9	0.1	60	
其他化工产品批发	2537	9659.2	971.2	528805.2	2079.9

11—11 续表 9

（2017 年）

计量单位：万元

指标名称	营业利润	利润总额	应交所得税	应付职工薪酬（本年贷方累计发生额）	应交增值税
机械设备、五金产品及电子产品批发	5873	12391	2077	11199	3322
农业机械批发	1	1		22	
汽车批发	137	137	22	562	155
汽车零配件批发	58	55	83	812	363
五金产品批发	4423	4593	1038	1880	61
电气设备批发	376	379	78	579	119
计算机、软件及辅助设备批发	382	381	136	1670	548
通讯及广播电视设备批发	-2128	3921	167	382	648
其他机械设备及电子产品批发	2624	2924	552	5293	1428
贸易经纪与代理	11	14	1	20	
贸易代理	11	14	1	20	
其他批发业	-32	102		409	3
再生物资回收与批发	-32	102		409	3
内资企业	264406	274594	58115	727015	141079
国有企业	82154	82322	20603	16494	30214
集体企业	10409	10791	192	605	1018
有限责任公司	158928	156006	27905	70178	26991
国有独资公司	62339	64040	818	13158	3449
其他有限责任公司	96589	91966	27086	57020	23543
股份有限公司	-17490	-17362	505	4417	1094
私营企业	30404	42837	8910	635320	81761
私营独资企业	-11	-11		8	7
私营有限责任公司	33824	39427	8910	635193	81752
私营股份有限公司	-3409	3421		118	2
港、澳、台商投资企业	-247	-248	5	343	158
合资经营企业（港或澳、台资）	-247	-248	5	343	158
国有控股	218319.8	216282	41749.8	65327.3	51581.3
集体控股	12179.4	12766.3	642.7	1920.2	1466.6
私人控股	27062.8	38648.1	13842.1	655071.9	86186.4
外商控股	4997.7	5010.2	1304.2	1418.3	792.8
其他	1598.7	1639.6	581.1	3620	1209.3
独立门店	274793.2	285999	55948.6	715911.4	137175.9
连锁总店	-51.5	-51.7		1364.8	394.4
其他	-10583.3	-11601.1	2171.3	10081.5	3666.1
大型	236082.6	238312.7	43398.9	57376.3	80765.4
中型	18523.8	19655.4	12269.3	134798.6	54333.9
小型	9994	8786.6	1740.5	532173	4467.7
微型	-442	7591.5	711.2	3009.8	1669.4

市区限额以上零售贸易企业财务状况

11—12　　　　（2017 年）　　　　计量单位：个、万元

指标名称	法人企业数	流动资产合计	#存货	固定资产原价	累计折旧	#本年折旧
总　计	**217**	**1813991**	**553233**	**893853**	**353804**	**29990**
综合零售	30	323444	140485	462287	169465	22680
百货零售	16	206306	103413	393771	128830	13083
超级市场零售	10	58861	34598	55630	34624	9139
其他综合零售	4	58277	2474	12887	6011	458
食品、饮料及烟草制品专门零售	3	4243	1513	660	303	4
粮油零售	2	4211	1503	637	299	
其他食品零售	1	32	10	23	4	4
纺织、服装及日用品专门零售	13	45545	22466	1566	1180	258
服装零售	10	25755	14580	837	513	215
鞋帽零售	1	5850		121	92	21
化妆品及卫生用品零售	1	4005	600			
自行车零售	1	9935	7286	608	575	22
文化、体育用品及器材专门零售	9	55312	17890	12812	5893	401
文具用品零售	1	305	249	5	4	
图书、报刊零售	2	32184	3195	10640	4370	260
音像制品及电子出版物零售	1	4818	2285	1322	889	0
珠宝首饰零售	2	11709	7200	253	239	97
工艺美术品及收藏品零售	1	338	121	197	52	1
乐器零售	2	5959	4840	395	339	43
医药及医疗器材专门零售	12	132500	27499	5120	3287	547
药品零售	9	130413	26851	5070	3267	545
医疗用品及器材零售	3	2087	648	51	20	1
汽车、摩托车、燃料及零配件专门零售	126	946987	314018	387947	161517	5012
汽车零售	103	819245	265579	121150	47567	7882
汽车零配件零售	2	2610	820	489	371	30
机动车燃料零售	21	125132	47619	266308	113579	−2899
家用电器及电子产品专门零售	15	254662	11344	5034	2586	527
家用视听设备零售	5	110133	4051	1833	971	45
日用家电设备零售	4	6616	988	890	613	56
计算机、软件及辅助设备零售	3	9153	4031	1494	534	418
通信设备零售	3	128761	2274	818	468	8
五金、家具及室内装饰材料专门零售	4	7243	2955	614	312	24
家具零售	2	4076	857	498	213	15
木质装饰材料零售	2	3167	2098	115	99	9
货摊、无店铺及其他零售业	5	44056	15063	17813	9262	537
邮购及电视、电话零售	1	10453	72	1350	1026	119
生活用燃料零售	4	33603	14991	16464	8235	418
内资企业	212	1703664	502543	794261	298746	43319
国有企业	2	6528	392	12028	7713	299
集体企业	6	5453	1044	2014	1220	44

11—12 续表 1　　　　（2017 年）　　　　计量单位：个、万元

指标名称	法人企业数	流动资产合计	# 存货	固定资产原价	累计折旧	# 本年折旧
股份合作企业	2	1402	67	442	228	16
有限责任公司	79	686535	206828	397175	146070	20889
国有独资公司	5	62263	13243	14475	6227	1388
其他有限责任公司	74	624272	193585	382699	139843	19501
股份有限公司	10	368076	119409	309884	112146	18449
私营企业	113	635671	174803	72719	31370	3622
私营独资企业	6	977	259	927	342	14
私营合伙企业	3	289	206	598	43	22
私营有限责任公司	100	597430	166830	68455	29757	2986
私营股份有限公司	4	36976	7508	2738	1228	599
港、澳、台商投资企业	1	4005	600			
港、澳、台商独资经营企业	1	4005	600			
外商投资企业	4	106322	50089	99592	55058	-13329
中外合资经营企业	1	82388	36528	71715	37094	-14963
外资企业	2	17527	13472	27877	17964	1633
外商投资股份有限公司	1	6407	90			
国有控股	28	477246	201971	483983	206497	1219
集体控股	11	44427	1796	13602	7438	348
私人控股	163	1171780	319450	304657	115065	26062
港澳台商控股	1	4005	600			
外商控股	3	23934	13562	27877	17964	1633
其他	11	92600	15853	63734	6840	728
独立门店	191	1253552	358553	296166	140856	14430
连锁总店	19	528651	186954	545135	210528	15342
连锁直营店	1	4443	20	843	581	56
连锁加盟店	1	4585	2788	52	47	
其他	5	22761	4918	51657	1792	162
大型	19	597055	200517	654900	267948	18928
中型	113	1038147	299575	215466	76441	9343
小型	64	171172	48766	22400	9127	1674
微型	21	7617	4375	1087	288	45
有店铺零售	210	1770351	545687	892185	352620	29836
便利店	2	57213	2121	12003	5701	431
超市	8	7863	2804	1530	728	41
大型超市	5	54636	33579	55133	34255	9098
百货店	15	193771	102116	342871	127465	13109
专业店	74	679295	139153	317461	139030	-33
专卖店	100	762874	264164	111973	43927	7180
家居建材商店	1					
购物中心	1	12238	546	51041	1464	
厂家直销中心	4	2461	1204	175	51	9
无店铺零售	7	43641	7546	1668	1184	154
电视购物	1	10453	72	1350	1026	119
其他	6	33187	7474	318	158	35

11—12　续表 2　　　　（2017 年）　　　　计量单位：万元

指标名称	资产总计	负债合计	所有者权益合计	
				#实收资本
总　计	**2927099**	**1995008**	**932091**	**1721903**
综合零售	752881	630599	122282	122490
百货零售	566406	414703	151703	59430
超级市场零售	95208	141942	-46734	61225
其他综合零售	91267	73954	17313	1834
食品、饮料及烟草制品专门零售	6473	6048	425	426
粮油零售	6423	6023	399	400
其他食品零售	51	25	26	26
纺织、服装及日用品专门零售	50314	47672	2642	9427
服装零售	26425	26904	-480	6800
鞋帽零售	6366	5653	713	200
化妆品及卫生用品零售	7555	5428	2127	2127
自行车零售	9969	9687	282	300
文化、体育用品及器材专门零售	78850	47233	31617	12497
文具用品零售	308	160	148	100
图书、报刊零售	46627	25229	21398	2500
音像制品及电子出版物零售	12369	7938	4431	4568
珠宝首饰零售	11723	8130	3593	3400
工艺美术品及收藏品零售	1797	968	829	829
乐器零售	6026	4809	1218	1100
医药及医疗器材专门零售	199260	93237	106024	82086
药品零售	197143	91928	105215	81386
医疗用品及器材零售	2117	1309	809	700
汽车、摩托车、燃料及零配件专门零售	1399994	967136	432859	1405507
汽车零售	957630	785729	171901	1151276
汽车零配件零售	2735	2817	-82	1220
机动车燃料零售	439629	178590	261040	253011
家用电器及电子产品专门零售	367994	141691	226303	70429
家用视听设备零售	111721	105360	6360	4250
日用家电设备零售	12118	8259	3859	5152
计算机、软件及辅助设备零售	10114	5317	4797	2855
通信设备零售	234042	22755	211286	58173
五金、家具及室内装饰材料专门零售	7560	5815	1745	1300
家具零售	4373	3430	943	800
木质装饰材料零售	3187	2386	801	500
货摊、无店铺及其他零售业	63772	55577	8195	17741
邮购及电视、电话零售	11200	4774	6425	5000
生活用燃料零售	52573	50803	1770	12741
内资企业	2698456	1883802	814654	1502898
国有企业	10900	17095	-6195	7702
集体企业	6579	4981	1598	631

11—12 续表 3　　（2017 年）　　计量单位：万元

指标名称	资产总计	负债合计	所有者权益合计	
				#实收资本
股份合作企业	1663	934	730	111
有限责任公司	1161525	872931	288593	229446
国有独资公司	80454	58093	22361	4600
其他有限责任公司	1081071	814839	266232	224846
股份有限公司	763273	411165	352107	84572
私营企业	754518	576697	177821	1180437
私营独资企业	1949	1003	946	475
私营合伙企业	844	345	499	570
私营有限责任公司	713006	543193	169813	1177074
私营股份有限公司	38718	32156	6562	2319
港、澳、台商投资企业	7555	5428	2127	2127
港、澳、台商独资经营企业	7555	5428	2127	2127
外商投资企业	221088	105778	115310	216878
中外合资经营企业	178698	14920	163778	163778
外资企业	29965	85315	-55350	53000
外商投资股份有限公司	12424	5542	6882	100
国有控股	901626	567513	334113	227306
集体控股	69170	60696	8474	1622
私人控股	1699710	1110788	588922	1426083
港澳台商控股	7555	5428	2127	2127
外商控股	42390	90857	-48468	53100
其他	206649	159726	46924	11665
独立门店	1641950	1093635	548315	1313722
连锁总店	1160345	780764	379580	400286
连锁直营店	9928	7045	2883	4294
连锁加盟店	4589	5298	-708	200
其他	110288	108266	2022	3400
大型	1282215	809107	473108	422764
中型	1421632	1015244	406388	1244355
小型	214065	164716	49349	51804
微型	9187	5941	3246	2980
有店铺零售	2882479	1962041	920438	1711752
便利店	89565	72544	17021	1600
超市	9431	13209	-3778	1575
大型超市	90093	132112	-42019	59863
百货店	466890	318978	147913	59452
专业店	1225883	598909	626974	445140
专卖店	898710	728704	170006	1143616
家居建材商店				
购物中心	99322	95437	3885	
厂家直销中心	2585	2149	436	506
无店铺零售	44620	32967	11654	10151
电视购物	11200	4774	6425	5000
其他	33421	28192	5229	5151

11—12　续表 4　　　　（2017 年）　　　　计量单位：万元

指标名称	主营业务收入	主营业务税金及附加	其他业务利润
总　计	**5942669**	**22855**	**76639**
综合零售	1756120	12997	34848
百货零售	1373506	12056	14268
超级市场零售	316260	805	17719
其他综合零售	66355	136	2861
食品、饮料及烟草制品专门零售	4557	30	
粮油零售	3972	10	
其他食品零售	584	20	
纺织、服装及日用品专门零售	95999	260	1769
服装零售	42961	138	75
鞋帽零售	26455	85	1694
化妆品及卫生用品零售	19135	31	
自行车零售	7448	8	
文化、体育用品及器材专门零售	60260	343	396
文具用品零售	743	5	
图书、报刊零售	44127	275	
音像制品及电子出版物零售	2974	21	397
珠宝首饰零售	5299	11	-1
工艺美术品及收藏品零售	1328	13	
乐器零售	5789	17	
医药及医疗器材专门零售	207732	894	596
药品零售	204753	868	596
医疗用品及器材零售	2979	26	
汽车、摩托车、燃料及零配件专门零售	3505576	7282	35258
汽车零售	2540234	4452	18614
汽车零配件零售	18435	29	
机动车燃料零售	946907	2801	16645
家用电器及电子产品专门零售	253303	732	1458
家用视听设备零售	81991	274	482
日用家电设备零售	98434	328	976
计算机、软件及辅助设备零售	11031	29	
通信设备零售	61847	102	
五金、家具及室内装饰材料专门零售	17787	90	
家具零售	7236	42	
木质装饰材料零售	10551	48	
货摊、无店铺及其他零售业	41335	228	2314
邮购及电视、电话零售	20404	105	563
生活用燃料零售	20932	123	1751
内资企业	5160715	21189	72426
国有企业	9757	88	1759
集体企业	18471	106	

11—12　续表 5　　（2017 年）　　计量单位：万元

指标名称	主营业务收入	主营业务税金及附加	其他业务利润
股份合作企业	2617	26	
有限责任公司	1768519	6234	20026
国有独资公司	84025	355	
其他有限责任公司	1684494	5879	20026
股份有限公司	1663212	10787	33851
私营企业	1698139	3947	16790
私营独资企业	7384	130	
私营合伙企业	2674	7	
私营有限责任公司	1595979	3647	16788
私营股份有限公司	92102	165	3
港、澳、台商投资企业	19135	31	
港、澳、台商独资经营企业	19135	31	
外商投资企业	762819	1636	4214
中外合资经营企业	638485	1350	
外资企业	102702	210	4214
外商投资股份有限公司	21633	77	
国有控股	2489195	13244	31701
集体控股	59809	296	984
私人控股	2945327	7357	36880
港澳台商控股	19135	31	
外商控股	124334	287	4214
其他	304868	1641	2861
独立门店	3279069	9729	38923
连锁总店	2510604	11932	36740
连锁直营店	92251	204	976
连锁加盟店	783	1	
其他	59962	988	
大型	2863991	15198	48074
中型	2663253	6536	27586
小型	392723	1058	978
微型	22701	63	
有店铺零售	5884687	22696	76076
便利店	63765	108	2861
超市	22459	88	
大型超市	306575	786	17719
百货店	1343766	11206	14268
专业店	1716323	5099	25121
专卖店	2396627	4549	16107
家居建材商店			
购物中心	29592	846	
厂家直销中心	5579	15	
无店铺零售	57982	159	563
电视购物	20404	105	563
其他	37578	55	

11—12　续表 6　　(2017 年)　　计量单位：万元

指标名称	销售费用	管理费用	财务费用	# 利息支出
总　计	**335685**	**172795**	**34496**	**21096**
综合零售	156927	89174	14729	4504
百货零售	100860	73810	9851	129
超级市场零售	52919	10943	3361	2900
其他综合零售	3149	4421	1516	1476
食品、饮料及烟草制品专门零售	168	409	18	
粮油零售	150	397	17	
其他食品零售	18	12	2	
纺织、服装及日用品专门零售	9350	2763	563	323
服装零售	4988	2162	750	317
鞋帽零售	3405	349	-193	
化妆品及卫生用品零售		157		
自行车零售	958	96	6	6
文化、体育用品及器材专门零售	6678	5625	-27	87
文具用品零售	129	34		
图书、报刊零售	5010	4600	-121	
音像制品及电子出版物零售	169	133	65	65
珠宝首饰零售	312	296	17	18
工艺美术品及收藏品零售	89	82	4	4
乐器零售	969	480	8	
医药及医疗器材专门零售	31156	10968	849	488
药品零售	30939	10082	848	488
医疗用品及器材零售	217	887	1	
汽车、摩托车、燃料及零配件专门零售	101542	49977	17625	15441
汽车零售	69202	42727	16767	6909
汽车零配件零售	454	333	48	40
机动车燃料零售	31885	6916	810	8492
家用电器及电子产品专门零售	22026	10406	725	79
家用视听设备零售	9179	4216	165	
日用家电设备零售	9486	2184	329	79
计算机、软件及辅助设备零售	762	474	41	
通信设备零售	2599	3531	189	
五金、家具及室内装饰材料专门零售	2903	306	35	31
家具零售	1198	65	34	31
木质装饰材料零售	1705	241	1	
货摊、无店铺及其他零售业	4935	3168	-21	144
邮购及电视、电话零售	3829	1858	0	
生活用燃料零售	1105	1311	-21	144
内资企业	284874	165366	31330	18196
国有企业	901	1078	-20	
集体企业	2357.4	1028.5	112.3	

11—12　续表 7　　　　（2017 年）　　　　计量单位：万元

指标名称	销售费用	管理费用	财务费用	#利息支出
股份合作企业	393	134	13	
有限责任公司	83346	50013	13155	6869
国有独资公司	5400	4272	143	209
其他有限责任公司	77945	45741	13012	6660
股份有限公司	109872	73024	8949	8438
私营企业	88005	40088	9121	2889
私营独资企业	452	188	73	
私营合伙企业	241	50	1	
私营有限责任公司	86027	37506	8705	2427
私营股份有限公司	1286	2343	342	462
港、澳、台商投资企业		157		
港、澳、台商独资经营企业		157		
外商投资企业	50810	7273	3166	2900
中外合资经营企业	28230	4063	177	
外资企业	22261	2767	3014	2900
外商投资股份有限公司	320	443	–25	
国有控股	120495	81949	10551	9852
集体控股	4470	7306	985	897
私人控股	176656	70556.6	18286.8	6183.9
港澳台商控股		156.6		
外商控股	22580.7	3209.6	2988.8	2900.3
其他	11482.9	9617.5	1684.2	1263.5
独立门店	139905.2	81707.9	18810.9	7991
连锁总店	181010.1	83375.3	14831.3	12932.8
连锁直营店	9151.5	1922.5	216.7	
连锁加盟店	101.8	125.8	309.7	
其他	5516.1	5663.4	327.2	172.5
大型	218635.5	94220.5	14804	12093.6
中型	104796.4	68013.8	17456.7	7205
小型	11285	9524.1	2182.8	1742.5
微型	967.8	1036.5	52.3	55.2
有店铺零售	331226.4	169369.5	34017.7	20614.1
便利店	3106.4	4002.3	1514.9	1475.5
超市	1317.2	2442.9	74.3	
大型超市	52293	9234.7	3303.6	2900.3
百货店	98899	69701.2	9730.7	128.6
专业店	104278.2	38302.5	3793.6	9269.8
专卖店	69526.1	40874.2	15475	6839.9
家居建材商店				
购物中心	1782	4229.3	120	
厂家直销中心	24.5	582.4	5.6	
无店铺零售	4458.3	3425.4	478.1	482.2
电视购物	3829.2	1857.6		
其他	629.1	1567.8	478.1	482.2

11—12　续表 8　　　　（2017 年）　　　　计量单位：万元

指标名称	营业利润	利润总额	应交所得税	应付职工薪酬（本年贷方累计发生额）	应交增值税
总　计	**119939**	**105359**	**22326**	**191869**	**101325**
综合零售	78676	70127	8757	72317	17696
百货零售	69088	73767	7320	60275	15146
超级市场零售	11736	–2488	1399	9312	1942
其他综合零售	–2148	–1151	38	2731	608
食品、饮料及烟草制品专门零售	37	48	20	196	
粮油零售	2	14	12	167	
其他食品零售	35	35	9	30	
纺织、服装及日用品专门零售	8894	428	302	2811	7425
服装零售	–395	–473	44	889	6678
鞋帽零售	992	894	253	1069	702
化妆品及卫生用品零售	8290			550	
自行车零售	8	7	5	304	44
文化、体育用品及器材专门零售	4016	4231	26	2069	271
文具用品零售	32	32	8	95	126
图书、报刊零售	3762	3977		695	53
音像制品及电子出版物零售	1	14	4	161	8
珠宝首饰零售	19	18	1	264	68
工艺美术品及收藏品零售	126	126	4	330	13
乐器零售	75	63	9	524	4
医药及医疗器材专门零售	6694	6676	1758	21694	24376
药品零售	6613	6595	1749	21599	24167
医疗用品及器材零售	81	81	9	95	209
汽车、摩托车、燃料及零配件专门零售	17622	20008	10909	73356	45952
汽车零售	30746	31094	9007	45944	40777
汽车零配件零售	622	679	170	435	121
机动车燃料零售	–13745	–11766	1733	26977	5054
家用电器及电子产品专门零售	5358	4204	293	9877	4270
家用视听设备零售	894	860	157	3054	2017
日用家电设备零售	558	355	126	3695	1425
计算机、软件及辅助设备零售	–7	–8	7	497	175
通信设备零售	3913	2996	4	2631	653
五金、家具及室内装饰材料专门零售	137	143	31	760	684
家具零售	22	28	2	307	313
木质装饰材料零售	115	115	29	453	372
货摊、无店铺及其他零售业	–1497	–507	230	8789	652
邮购及电视、电话零售	8	9		2861	136
生活用燃料零售	–1505	–516	230	5929	516
内资企业	120443	130352	22291	170005	99073
国有企业	–2414	–1429		4999	258
集体企业	736.2	557.9	194.8	962.7	520.3

11—12　续表 9　（2017 年）　计量单位：万元

指标名称	营业利润	利润总额	应交所得税	应付职工薪酬（本年贷方累计发生额）	应交增值税
股份合作企业		13	1	278	87
有限责任公司	19152	29114	8663	48546	48591
国有独资公司	2846	3098		794	-87
其他有限责任公司	16305	26016	8663	47752	48678
股份有限公司	84490	84471	9122	61615	32910
私营企业	18480	17625	4310	53604	16707
私营独资企业	144	25		319	17
私营合伙企业	-46	-45	1	182	42
私营有限责任公司	16852	16051	4002	51053	15890
私营股份有限公司	1529	1595	307	2050	757
港、澳、台商投资企业	8290			550	
港、澳、台商独资经营企业	8290			550	
外商投资企业	-8795	-24993	35	21315	2251
中外合资经营企业	-16831	-18257		13712	585
外资企业	7778	-6929	-13	5031	1667
外商投资股份有限公司	257	192	48	2572	
国有控股	56917	57181	7123	81546	33073
集体控股	1368	2481	293	3288	1179
私人控股	38451.3	47435.8	12159.8	92630.5	61664
港澳台商控股	8290.3			550	
外商控股	8035.4	-6736.5	35.4	7603.1	1666.6
其他	6876.3	4997.9	2714.7	6251.6	3742
独立门店	49024	52769.2	13238.8	95086.1	53095.7
连锁总店	73701.4	55525.5	8828.7	92733	40121.1
连锁直营店	442	358.4	125.7	3560.6	1405.1
连锁加盟店	-332	-332		151.4	13.9
其他	-2896.9	-2962.3	132.8	338.2	6688.8
大型	82948.5	71660.4	11968.1	111372.5	46697.5
中型	34198.5	32222.8	8936.2	73373.8	50870.1
小型	2723	1441	1401.5	6698.7	3518
微型	68.5	34.6	20.2	424.3	239
有店铺零售	120043.6	105468.2	22338.8	188334.7	100771.9
便利店	-2148.1	-1153.8	37.5	2534.5	578.5
超市	311.6	106.5	117.8	1121.9	320.7
大型超市	11873	-2120.1	1396.6	8493.8	1790.1
百货店	72280.1	76935.2	7320.2	60152.9	15148.4
专业店	7697.6	1290.3	4259.5	69832.4	35677.8
专卖店	33155.7	33532.6	9201.9	46018.5	47169.6
家居建材商店					
购物中心	-3184.9	-3179.5		31.4	
厂家直销中心	58.6	57	5.3	149.3	86.8
无店铺零售	-105.1	-109.4	-12.8	3534.6	552.7
电视购物	7.9	9.1		2860.5	135.9
其他	-113	-118.5	-12.8	674.1	416.8

分县（市、区）限额以上批发零售贸易企业财务状况

11—13　　（2017 年）　　计量单位：万元

行政单位	资产总计	负债合计	主营业务收入	主营业务成本	其他业务利润
石家庄市	**10539403**	**7946934**	**21189465**	**19573783**	**102787**
市　区	9999178.3	7580866.8	19849351.3	18348458.3	99397.4
#长安区	1955907	1645524	3775353	3542729	13073
桥西区	2250354	1498748	3918071	3390974	31352
新华区	3098538	2581518	6921031	6707142	9832
裕华区	22046	15092	116809	110683	1
矿　区	641426	529038	1642835	1507945	27560
藁城区	109889	88451	296241	269389	1733
鹿泉区	512148	380780	470713	412142	10625
栾城区	58844	44109	80405	74868	-8
高新区	1335767	787236	2577732	2283144	5229
循环化工园区	14260	10372	50162	49442	
井陉县	103477	39171	583435	545045	
正定县	175490	137527	229470	213720	1176
行唐县	22074	8355	29091	25780	
灵寿县	24655	10690	31211	26967	9
高邑县	743	397	3781	3552	
深泽县	8767	7800	37496	35023	52
赞皇县	9637	5527	11521	10900	
无极县	19767	11349	90191	82548	34
平山县	12190	9770	35564	31528	601
元氏县	29875	29994	22057	18847	110
赵　县	15972	10164	54306	45712	
晋州市	33097	23682	75921	66736	706
新乐市	29474	26786	40156	35364	17
辛集市	55007	44855	95915	83603	685

11—13 续表 1　　（2017 年）　　计量单位：万元

行政单位	销售费用	管理费用	财务费用	利润总额	应付职工薪酬（本年贷方累计发生额）	应交增值税
石家庄市	**677424**	**366523**	**111784**	**393920**	**956151**	**255755**
市　区	592576	350375	103575	379705	919227	242561
#长安区	87533	66814	30178	79551	68605	46766
桥西区	179328	120472	13116	195587	81696	60663
新华区	122139	54641	34626	31400	49994	45705
裕华区	3838	1231	778	271	952	821
矿　区	57393	30942	4990	15400	59439	13810
藁城区	13071	9051	2437	3807	9603	1833
鹿泉区	37887	21246	7740	13299	15895	24823
栾城区	2219	1867	169	1329	525579	478
高新区	89013	43696	9513	39024	107057	47615
循环化工园区	156	416	28	37	408	47
井陉县	32775	1020	1789	2746	1256	5411
正定县	7721	4217	1592	5784	5414	1749
行唐县	1379	927	96	674	1524	317
灵寿县	1223	439	512	1622	1321	269
高邑县	141	44	12	32	90	5
深泽县	1051	550	156	557	1069	90
赞皇县	265	171	15	138	336	48
无极县	5129	1435	160	801	1273	278
平山县	2995	1691	194	574	1288	154
元氏县	4176	800	768	-2124	2275	98
赵　县	7008	260	341	1295	5364	1308
晋州市	7478	394	549	1638	5666	1242
新乐市	4451	653	733	-562	2610	8
辛集市	9057	3546	1292	1040	7441	2219

社会消费品零售总额

11—14　　（2017 年）　　计量单位：万元

行政单位	社会消费品零售总额	其中：限额以上企业（单位）消费品零售额
石家庄市	**32960487**	**9938638**
市　区	18525264	9065598
#长安区	3363403	2409714
桥西区	5161555	3137831
新华区	2457310	1242141
裕华区	1902813	1109024
矿　区	161242	8165
藁城区	1930391	90553
鹿泉区	1506676	229576
栾城区	931276	44769
高新区	944079	793294
循环化工园区	166520	531
井陉县	547386	212342
正定县	1420306	149869
行唐县	711642	17642
灵寿县	500768	41239
高邑县	396304	11737
深泽县	503643	23310
赞皇县	513100	25683
无极县	1399905	65617
平山县	673849	21908
元氏县	633891	41485
赵　县	1348143	55801
晋州市	1380837	67493
新乐市	1278338	56522
辛集市	3127113	82391

分县（市、区）实际利用外资情况

11—15 （2017年） 计量单位：万美元

行政单位	实际利用外资	比上年增长（%）	实际利用外资中：	
			直接利用外资	比上年增长（%）
石家庄市	**139458**	**14.2**	**129290**	**9.9**
市　区	124262	21.2	115917	18.2
#长安区	30391	95.5	30391	95.5
桥西区	8987	-0.4	9220	-0.4
新华区	829	-46.1	829	-46.1
裕华区	3513	-42.3	3513	-42.3
矿　区	19	-87.0	19	-87.0
藁城区	30183	128.0	21838	128.0
鹿泉区	6167	1430.3	5934	1430.3
栾城区	18441	-5.9	18441	-5.9
高新区	25751	-20.8	25751	-20.8
循环化工园区				
井陉县	1817	-42.2	1817	-42.2
正定县	1537	-75.0	1537	-75.0
行唐县	3301	7.8	3301	7.8
灵寿县		-100.0		-100.0
高邑县	801	-19.7	801	-19.7
深泽县	21	950.0	21	950.0
赞皇县		-100.0		-100.0
无极县	641	58.3	641	58.3
平山县	201		201	
元氏县	76	105.4	76	105.4
赵　县	56	-88.8	56	-88.8
晋州市	3346	4.6	3346	4.6
新乐市	507	7142.9	507	7142.9
辛集市	1050	352.6	1050	352.6

外国和港澳台地区在石投资情况

11—16　　（2017 年）　　计量单位：万美元

指标名称	新批合同			新注册三资企业	
	项目个数（个）	项目投资总额	合同外资额	注册户数（户）	项目投资总额
合　计	**25**	**46156**	**17476**	**13**	**25393**
# 国有企业与客商兴办合资合作企业					
# 投资总额 500 万美元以上项目	10	44514	16386	6	25112
# 世界 500 强					
# 开发区合计		932	214		
1. 国家级开发区		932	214		
2. 省级开发区					
一、按投资方式分组					
（一）港、澳、台投资经济	14	44025	16406	8	25197
1. 与港澳台合资经营企业	5	35119	8876	3	19519
2. 与港澳台合作经营企业					
3. 港澳台商独资经营企业	9	8906	7530	5	5678
（二）外商投资经济	11	2131	1070	5	196
1. 中外合资经营企业	4	1601	540		
2. 中外合作经营企业					
3. 外资企业	7	530	530	5	196
二、按产业分组					
第一产业					
第二产业	6	25029	6456	3	9085
工业	6	25029	6456	3	9085
第三产业	19	21127	11020	10	16308
房地产业					
三、按国民经济行业分组					
农、林、牧、渔业 (A)					
农业					
林业					
渔业					
农、林、牧、渔服务业					
采矿业 (B)					
制造业 (C)	6	24287	6290	3	9085
农副食品加工业		190	48		
食品制造业	1	70	70	1	70
酒、饮料和精制茶制造业					
纺织业					
纺织服装、服饰业					

11—16　续表 1　　（2017 年）　　计量单位：万美元

指标名称	新批合同			新注册三资企业	
	项目个数（个）	项目投资总　额	合　同外资额	注册户数（户）	项　目投资总额
化学原料和化学制品制造业	1	9000	2100	1	9000
医药制造业	1	6575	3282		
化学纤维制造业					
橡胶和塑料制品业					
专用设备制造业					
汽车制造业					
铁路、船舶、航空航天和其他运输设备制造业					
电气机械和器材制造业					
计算机、通信和其他电子设备制造业					
电力、热力、燃气及水生产和供应业 (D)		742	166		
电力、热力生产和供应业					
批发和零售业 (F)	7	1246	942	5	912
批发业	3	349	349	1	15
零售业	4	897	593	4	897
交通运输、仓储和邮政业 (G)	1	725	213		
住宿和餐饮业 (H)	1	57	54		
信息传输、软件和信息技术服务业 (I)	2	2289	946	1	1832
金融业 (J)	3	13519	5630	3	13519
房地产业 (K)					
租赁和商务服务业 (L)	2	3122	3122	1	45
科学研究和技术服务业 (M)	1	50	50		
科技推广和应用服务业	1	50	50		
水利、环境和公共设施管理业 (N)					
公共设施管理业					
居民服务、修理和其他服务业 (O)					
教育 (P)	1	75	19		
卫生和社会工作 (Q)					
卫生					
社会工作					
文化、体育和娱乐业 (R)	1	44	44		
文化艺术业	1	44	44		
体育					
四、按投资国别、地区分组					
1. 亚洲	17	44674	16836	9	25212

11—16　续表 2　　　　（2017 年）　　　　计量单位：万美元

指标名称	新批合同			新注册三资企业	
	项目个数（个）	项目投资总　额	合　同外资额	注册户数（户）	项　目投资总额
其中：香港	12	35727	15693	7	25182
澳门	1	8283	698		
台湾	1	15	15	1	15
印度尼西亚					
日本		190	48		
马来西亚					
菲律宾					
新加坡					
韩国					
泰国	1	290	290		
东南亚联盟	1	290	290		
2.非洲	4	180	180	3	136
3.欧洲	1	725	213		
其中：比利时					
丹麦					
意大利					
欧盟	1	725	213		
4.拉丁美洲					
开曼群岛					
英属维尔京群岛					
5.北美洲	1	457	183		
其中：加拿大					
美国	1	457	183		
6.大洋洲	2	120	64	1	45
其中：澳大利亚	1	75	19		
新西兰	1	45	45	1	45
7.其他					
五、高新技术产业	3	15645	5452	2	9070
六：并购					
战略投资					
返程并购					
其他					
合同外资 1000 万美元以上项目	5	29171	13339	3	19519
省级工业聚集区					

11—16　续表 3　　　　（2017 年）　　　　计量单位：万美元

指标名称	新注册三资企业（续）		期末实有三资企业（个）		
	注册资本	外方注册资本		# 开工在建	投产企业
合　计	**18579**	**9445**	**362**	**23**	**227**
# 国有企业与客商兴办合资合作企业			33		27
# 投资总额 500 万美元以上项目	18108	9116	145	8	96
# 世界 500 强			10		9
# 开发区合计	559	214	115	8	83
1. 国家级开发区	559	214	67	4	47
2. 省级开发区			48	4	36
一、按投资方式分组					
（一）港、澳、台投资经济	18193	9201	175	10	102
1. 与港澳台合资经营企业	13888	4896	94	3	54
2. 与港澳台合作经营企业			4		4
3. 港澳台商独资经营企业	4305	4305	77	7	44
（二）外商投资经济	386	244	187	13	125
1. 中外合资经营企业	190	48	101	8	67
2. 中外合作经营企业			11		8
3. 外资企业	196	196	75	5	50
二、按产业分组					
第一产业			2	1	1
第二产业	3644	2399	198	11	137
工业	3644	2399	194	11	134
第三产业	14935	7046	162	11	89
房地产业			26	2	20
三、按国民经济行业分组					
农、林、牧、渔业 (A)			5	2	1
农业			1		1
林业					
渔业			1	1	
农、林、牧、渔服务业			3	1	
采矿业 (B)			1		
制造业 (C)	3275	2233	189	11	133
农副食品加工业	190	48	4		4
食品制造业	70	70	12	3	8
酒、饮料和精制茶制造业			3		3
纺织业			12		8

11—16　续表 4　　（2017 年）　　计量单位：万美元

指标名称	新注册三资企业（续）		期末实有三资企业（个）		
	注册资本	外方注册资本		# 开工在建	投产企业
纺织服装、服饰业			15	1	12
化学原料和化学制品制造业	3000	2100	29	4	13
医药制造业			24	1	19
化学纤维制造业					
橡胶和塑料制品业			14		11
专用设备制造业			7		3
汽车制造业			4		4
铁路、船舶、航空航天和其他运输设备制造业					
电气机械和器材制造业			4		4
计算机、通信和其他电子设备制造业			9	1	6
电力、热力、燃气及水生产和供应业 (D)	369	166	6		3
电力、热力生产和供应业			3		2
批发和零售业 (F)	608	608	62	3	36
批发业	15	15	48	2	27
零售业	593	593	14	1	9
交通运输、仓储和邮政业 (G)			10		8
住宿和餐饮业 (H)			9		4
信息传输、软件和信息技术服务业 (I)	763	763	4		2
金融业 (J)	13519	5630	13	1	3
房地产业 (K)			26	2	20
租赁和商务服务业 (L)	45	45	19	3	8
科学研究和技术服务业 (M)			9	1	4
科技推广和应用服务业			5		2
水利、环境和公共设施管理业 (N)			1		1
公共设施管理业					
居民服务、修理和其他服务业 (O)			2		1
教育 (P)					
卫生和社会工作 (Q)					
卫生					
社会工作					
文化、体育和娱乐业 (R)			2		
文化艺术业			1		
体育			1		
四、按投资国别、地区分组					
1. 亚洲					

11—16 续表 5　　（2017 年）　　计量单位：万美元

指标名称	新注册三资企业（续）		期末实有三资企业（个）		
	注册资本	外方注册资本		# 开工在建	投产企业
其中：香港	18178	9186	146	8	85
澳门					
台湾	15	15	29	2	17
印度尼西亚					
日本	190	48	11		9
马来西亚			7		5
菲律宾					
新加坡			13		9
韩国			14	3	6
泰国			2	1	
东南亚联盟			22	1	14
2.非洲	136	136	5	1	
3.欧洲			34	1	26
其中：比利时			1		1
丹麦			1		
意大利			2		2
欧盟			27	1	21
4.拉丁美洲			28	1	20
开曼群岛			2		2
英属维尔京群岛			24		17
5.北美洲			53	6	38
其中：加拿大			10		5
美国			43	6	33
6.大洋洲	45	45	12		8
其中：澳大利亚			4		4
新西兰	45	45	3		
7.其他					
五、高新技术产业	3070	2170	63	6	42
六：并购			30		22
战略投资			9		9
返程并购			0		
其他			1		
合同外资 1000 万美元以上项目	13519	6980	76	5	48
省级工业聚集区					

11—16　续表 6　　（2017 年）　　计量单位：万美元

指标名称	客商直接投资	# 现 金
合　计	**128240**	**1970**
# 国有企业与客商兴办合资合作企业	14519	
# 投资总额 500 万美元以上项目	124629	1907
# 世界 500 强	3034	
# 开发区合计	76693	160
1. 国家级开发区	54811	146
2. 省级开发区	21882	14
一、按投资方式分组		
（一）港、澳、台投资经济	38638	47
1. 与港澳台合资经营企业	18026	
2. 与港澳台合作经营企业	1231	
3. 港澳台商独资经营企业	19381	47
（二）外商投资经济	89602	1923
1. 中外合资经营企业	9390	148
2. 中外合作经营企业	4290	
3. 外资企业	75922	1775
二、按产业分组		
第一产业	167	
第二产业	84605	1777
工业	84337	1777
第三产业	43468	193
房地产业	18777	
三、按国民经济行业分组		
农、林、牧、渔业 (A)	167	
农业	167	
林业		
渔业		
农、林、牧、渔服务业		
采矿业 (B)		
制造业 (C)	81367	1777
农副食品加工业	1231	
食品制造业	3301	
酒、饮料和精制茶制造业	1156	
纺织业		

11—16　续表 7　　　　（2017 年）　　　　计量单位：万美元

指标名称	客商直接投资	# 现金
纺织服装、服饰业	247	
化学原料和化学制品制造业	1027	2
医药制造业	40324	
化学纤维制造业		
橡胶和塑料制品业	4170	1120
专用设备制造业		
汽车制造业	641	641
铁路、船舶、航空航天和其他运输设备制造业		
电气机械和器材制造业	2057	
计算机、通信和其他电子设备制造业	7647	
电力、热力、燃气及水生产和供应业 (D)	3471	
电力、热力生产和供应业	3108	
批发和零售业 (F)	1205	47
批发业	534	47
零售业	671	
交通运输、仓储和邮政业 (G)	7617	
住宿和餐饮业 (H)		
信息传输、软件和信息技术服务业 (I)	13013	
金融业 (J)	2209	
房地产业 (K)	18777	
租赁和商务服务业 (L)		
科学研究和技术服务业 (M)		
科技推广和应用服务业		
水利、环境和公共设施管理业 (N)	146	146
公共设施管理业		
居民服务、修理和其他服务业 (O)		
教育 (P)		
卫生和社会工作 (Q)		
卫生		
社会工作		
文化、体育和娱乐业 (R)		
文化艺术业		
体育		
四、按投资国别、地区分组		
1. 亚洲	44794	702

11—16　续表 8　　　　（2017 年）　　　　计量单位：万美元

指标名称	客商直接投资	# 现 金
其中：香港	35628	47
澳门		
台湾	3010	
印度尼西亚		
日本	641	641
马来西亚	16	
菲律宾		
新加坡	4606	
韩国		
泰国	879	
东南亚联盟	5501	
2.非洲		
3.欧洲	2812	
其中：比利时		
丹麦		
意大利	256	
欧盟	2812	
4.拉丁美洲	64977	
开曼群岛	5695	
英属维尔京群岛	59282	
5.北美洲	4594	148
其中：加拿大	89	
美国	4505	148
6.大洋洲	11063	1120
其中：澳大利亚	1290	1120
新西兰		
7.其他		
五、高新技术产业	49152	643
六：并购	17215	14
战略投资	6154	14
返程并购		
其他		
合同外资 1000 万美元以上项目	113436	1120
省级工业聚集区		

外国和港澳台地区在石投资企业主要经济指标

11—17 （2017 年） 计量单位：个、千元、人

指标名称	期末投产企业个数	# 亏损企业	总产值（当年价格）	全部从业人员平均人数
合 计	**186**	**72**	**37018716**	**49283**
# 国有企业与客商兴办合资合作企业	17	9	7390859	7747
# 以原有企业为依托的合资合作企业	69	28	16853190	21084
一、按投资方式分组				
（一）港、澳、台投资经济	86	36	17804070	27199
1. 与港澳台合资经营企业	44	18	14568479	20533
2. 与港澳台合作经营企业	4	3	287950	290
3. 港澳台商独资经营企业	38	15	2947641	6376
（二）外商投资经济	100	36	19214646	22084
1. 中外合资经营企业	57	23	10848015	9804
2. 中外合作经营企业	3		1000072	1583
3. 外资企业	40	13	7366559	10697
4. 外商投资股份公司				
二、按产业分组				
第一产业	1			10
第二产业	117	34	36947220	41792
工业	114	32	36947220	41417
第三产业	668	38	71496	7481
房地产业	15	8	6306	419
三、按国民经济行业分组				
农、林、牧、渔业 (A)	1			10
农业	1			10
蔬菜、食用菌及园艺作物种植	1			10
采矿业 (B)				
制造业 (C)	113	34	32771170	40620
农副食品加工业	4	1	2591209	1022
食品制造业	6	2	699194	1142
酒、饮料和精制茶制造业	3		862823	1748
精制茶加工	3		862823	1748
纺织业	7	3	319993	1325
棉纺织及印染精加工	5	3	269147	999

11—17 续表 1　　（2017 年）　　计量单位：个、千元、人

指标名称	期末投产企业个数	# 亏损企业	总产值（当年价格）	全部从业人员平均人数
家用纺织制成品制造	2		50846	326
非家用纺织制成品制造				
纺织服装、服饰业	11	3	146757	1325
皮革、毛皮、羽毛及其制品和制鞋业	3	1	81650	79
印刷和记录媒介复制业	1		1499	10
文教、工美、体育和娱乐用品制造业	3	2	13943	120
化学原料和化学制品制造业	10	3	3290470	3482
医药制造业	18	3	10962244	15303
橡胶和塑料制品业	8	3	78962	1994
非金属矿物制品业	5	3	131855	284
黑色金属冶炼和压延加工业	3		6766684	4354
有色金属冶炼和压延加工业	1		871705	1032
金属制品业	9	2	1313989	1729
通用设备制造业	2		143547	649
专用设备制造业	2	2	21344	127
汽车制造业	3	1	598692	1657
铁路、船舶、航空航天和其他运输设备制造业	3		1549278	1049
电气机械和器材制造业	3		1962511	1190
计算机、通信和其他电子设备制造业	6	3	307702	680
金属制品、机械和设备修理业	2	2	55119	319
电力、热力、燃气及水生产和供应业 (D)	3		4231169	1116
电力、热力生产和供应业	2		4153278	1051
燃气生产和供应业	1		77891	65
水的生产和供应业				
建筑业 (E)	3	2		375
房屋建筑业	1	1		4
土木工程建筑业				
建筑安装业	1	1		2
建筑装饰和其他建筑业	1			369
批发和零售业 (F)	29	17		4215
批发业	23	13		1463

11—17 续表 2　　　　（2017 年）　　　　计量单位：个、千元、人

指标名称	期末投产企业个数	# 亏损企业	总产值（当年价格）	全部从业人员平均人数
零售业	6	4		2752
综合零售	5	4		2693
百货零售	2	1		569
超级市场零售	3	3		2124
交通运输、仓储和邮政业 (G)	3	1		1115
道路运输业	2	1		569
管道运输业	1			546
住宿和餐饮业 (H)	2	1		527
餐饮业	1			119
信息传输、软件和信息技术服务业 (I)	2			188
软件和信息技术服务业	2			188
金融业 (J)	2	2		4
货币金融服务	1	1		3
其他金融业	1	1		1
房地产业 (K)	15	8	6306	419
物业管理	3		6306	159
自有房地产经营活动	12	8		260
租赁和商务服务业 (L)	7	4	1761	74
商务服务业	7	4	1761	74
科学研究和技术服务业 (M)	4	2	8310	588
研究和试验发展	1	1		3
专业技术服务业	1			502
科技推广和应用服务业	2	1	8310	83
水利、环境和公共设施管理业 (N)	1	1		30
生态保护和环境治理业	1	1		30
公共设施管理业				
居民服务、修理和其他服务业 (O)	1			2
居民服务业	1			2
五、高新技术产业	33	7	13355123	19386

11—17 续表 3　　（2017 年）　　计量单位：个、千元、人

指标名称	期末从业人员	期末从业人员劳动报酬		所有者权益	
	# 外方及港澳台人员		# 外方及港澳台人员		# 实收资本（千美元）
合　计	**39**	**2771109**	**5689**	**41183792**	**2737523**
# 国有企业与客商兴办合资合作企业	2	396456	60	4906083	492917
# 以原有企业为依托的合资合作企业	17	1181239	4644	12968266	996716
一、按投资方式分组					
（一）港、澳、台投资经济	11	1432858	366	18812686	1203797
1. 与港澳台合资经营企业	5	1091094	132	11910941	794938
2. 与港澳台合作经营企业	2	23224		-36237	13295
3. 港澳台商独资经营企业	4	318540	234	6937982	395564
（二）外商投资经济	28	1338251	5323	22371106	1533726
1. 中外合资经营企业	19	735204	4465	8735066	867105
2. 中外合作经营企业		112788		1325538	64012
3. 外资企业	9	490259	858	12310502	602609
4. 外商投资股份公司					
二、按产业分组					
第一产业		625		32270	2313
第二产业	22	2257894	4337	35535693	2052637
工业	22	2238089	4337	35462123	2026131
第三产业	17	512590	1352	5615829	682573
房地产业	5	13636	121	679923	88846
三、按国民经济行业分组					
农、林、牧、渔业 (A)		625		32270	2313
农业		625		32270	2313
蔬菜、食用菌及园艺作物种植		625		32270	2313
采矿业 (B)					
制造业 (C)	22	2114162	4337	32567842	1603939
农副食品加工业		50072		911533	45303
食品制造业	4	39822	393	776671	70718
酒、饮料和精制茶制造业		94810		270542	36076
精制茶加工		94810		270542	36076
纺织业		38367		26483	13400
棉纺织及印染精加工		31429		9931	11824

11—17 续表 4 （2017 年） 计量单位：个、千元、人

指标名称	期末从业人员 # 外方及港澳台人员	期末从业人员劳动报酬	# 外方及港澳台人员	所有者权益	# 实收资本（千美元）
家用纺织制成品制造		6938		16552	1576
非家用纺织制成品制造					
纺织服装、服饰业	1	31132	69	72891	6361
皮革、毛皮、羽毛及其制品和制鞋业		2592		9820	1549
印刷和记录媒介复制业		167		645	71
文教、工美、体育和娱乐用品制造业		4585		7390	2768
化学原料和化学制品制造业	8	143739	2912	2996310	121526
医药制造业	2	698737	174	14449278	516264
橡胶和塑料制品业		51139		823038	60849
非金属矿物制品业	1	8146		124865	12453
黑色金属冶炼和压延加工业		413163		6097755	324523
有色金属冶炼和压延加工业		90945		759815	41329
金属制品业	3	62849	180	1386278	53757
通用设备制造业	1	34562	609	137840	36817
专用设备制造业		6653		51326	9765
汽车制造业		79213		374689	13307
铁路、船舶、航空航天和其他运输设备制造业	2	125330		1258079	81238
电气机械和器材制造业		94352		714650	48969
计算机、通信和其他电子设备制造业		28815		1311439	100662
金属制品、机械和设备修理业		14972		6505	6234
电力、热力、燃气及水生产和供应业 (D)		138899		2900786	428426
电力、热力生产和供应业		135392		2854494	426816
燃气生产和供应业		3507		46292	1610
水的生产和供应业					
建筑业 (E)		19805		73570	26506
房屋建筑业				–7152	20063
土木工程建筑业					
建筑安装业		7		13272	623
建筑装饰和其他建筑业		19798		67450	5820
批发和零售业 (F)	2	120133	85	216932	162104
批发业	2	45417	85	413686	56540

11—17 续表 5　　（2017 年）　　计量单位：个、千元、人

指标名称	期末从业人员 # 外方及港澳台人员	期末从业人员劳动报酬	# 外方及港澳台人员	所有者权益	# 实收资本（千美元）
零售业		74716		-196754	105564
综合零售		71834		-201622	105214
百货零售		41032		435843	8322
超级市场零售		30802		-637465	96892
交通运输、仓储和邮政业 (G)		190390		2541048	236429
道路运输业		63101		873359	93572
管道运输业		127289		1667689	142857
住宿和餐饮业 (H)	1	9037	60	-60349	18123
餐饮业	1	3135	60	-5848	2100
信息传输、软件和信息技术服务业 (I)	1	14773	373	1420594	22514
软件和信息技术服务业	1	14773	373	1420594	22514
金融业 (J)		208		543270	68864
货币金融服务		200		542931	68776
其他金融业		8		339	88
房地产业 (K)	5	13636	121	679923	88846
物业管理		4868		55484	9110
自有房地产经营活动	5	8768	121	624439	79736
租赁和商务服务业 (L)	3	6993	1	121890	34146
商务服务业	3	6993	1	121890	34146
科学研究和技术服务业 (M)	4	138307	693	133022	39286
研究和试验发展	2	43	36	30714	4063
专业技术服务业	1	133030	657	-7043	162
科技推广和应用服务业	1	5234		109351	35061
水利、环境和公共设施管理业 (N)		4114		12973	6012
生态保护和环境治理业		4114		12973	6012
公共设施管理业					
居民服务、修理和其他服务业 (O)	1	27	19	21	15
居民服务业	1	27	19	21	15
五、高新技术产业	9	941322	3387	18730130	718924

11—17 续表 6　　（2017 年）　　计量单位：千元

指标名称	所有者权益（续）实收资本（续）中方	所有者权益（续）实收资本（续）外方	资产总额	# 流动资产	# 固定资产原值
合　计	**1058990**	**1678535**	**93330234**	**52734241**	**38773258**
# 国有企业与客商兴办合资合作企业	331262	161656	12683583	5867837	14294226
# 以原有企业为依托的合资合作企业	426642	570074	41358136	22568166	9087302
一、按投资方式分组					
（一）港、澳、台投资经济	460020	743777	51457360	30508985	13209299
1. 与港澳台合资经营企业	451196	343742	30665457	18620006	9362357
2. 与港澳台合作经营企业	4958	8337	220704	59334	205281
3. 港澳台商独资经营企业	3866	391698	20571199	11829645	3641661
（二）外商投资经济	598970	934758	41872874	22225256	25563959
1. 中外合资经营企业	570573	296534	23072201	10486889	16670440
2. 中外合作经营企业	26744	37268	1741819	1193606	1857916
3. 外资企业	1653	600956	17058854	10544761	7035603
4. 外商投资股份公司					
二、按产业分组					
第一产业		2313	38468	36307	4078
第二产业	841879	1210758	74258882	40272144	33039296
工业	840691	1185440	73787628	39826464	32988375
第三产业	217111	465464	19032884	12425790	5729884
房地产业	36897	51950	3448930	2921007	446508
三、按国民经济行业分组					
农、林、牧、渔业 (A)		2313	38468	36307	4078
农业		2313	38468	36307	4078
蔬菜、食用菌及园艺作物种植		2313	38468	36307	4078
采矿业 (B)					
制造业 (C)	547545	1056394	67542686	39094214	21141693
农副食品加工业	360	44943	2331165	1773655	534237
食品制造业	2444	68274	911826	556903	426099
酒、饮料和精制茶制造业	6308	29768	967552	208676	709570
精制茶加工	6308	29768	967552	208676	709570
纺织业	6063	7337	358201	177376	258739
棉纺织及印染精加工	4927	6897	301279	136787	234944

11—17 续表 7　　（2017 年）　　计量单位：千元

指标名称	所有者权益（续）实收资本（续）中方	外方	资产总额	# 流动资产	# 固定资产原　值
家用纺织制成品制造	1136	440	56922	40589	23795
非家用纺织制成品制造					
纺织服装、服饰业	4530	1831	231609	164423	87162
皮革、毛皮、羽毛及其制品和制鞋业	418	1131	45698	42436	9728
印刷和记录媒介复制业		71	1496	1406	935
文教、工美、体育和娱乐用品制造业	1068	1700	22319	18119	3353
化学原料和化学制品制造业	73166	48360	6782639	3213704	3908708
医药制造业	14250	502014	29019986	16480169	8596681
橡胶和塑料制品业	44947	15902	1588642	688143	324217
非金属矿物制品业	11219	1234	781444	731750	217971
黑色金属冶炼和压延加工业	243171	81352	12155915	6917845	1607722
有色金属冶炼和压延加工业	29975	11354	1249072	576859	951024
金属制品业	6341	47416	2422551	1658133	1037018
通用设备制造业	18240	18577	222132	137391	115826
专用设备制造业		9765	86873	64863	33138
汽车制造业	3463	9844	784524	538901	426957
铁路、船舶、航空航天和其他运输设备制造业	46806	34432	2104073	1941467	216929
电气机械和器材制造业	24706	24263	2410390	798515	941680
计算机、通信和其他电子设备制造业	6408	94254	2409411	1841298	578165
金属制品、机械和设备修理业	3662	2572	655171	562182	155834
电力、热力、燃气及水生产和供应业 (D)	296808	131618	6900113	1294432	12002516
电力、热力生产和供应业	296808	130008	6688579	1176109	11952231
燃气生产和供应业		1610	211534	118323	50285
水的生产和供应业					
建筑业 (E)	1188	25318	471254	445680	50921
房屋建筑业		20063	216264	213827	14550
土木工程建筑业					
建筑安装业	373	250	16044	15089	3240
建筑装饰和其他建筑业	815	5005	238946	216764	33131
批发和零售业 (F)	10477	151627	5284060	3860300	941661
批发业	6491	50049	4240131	3383335	62016

11—17 续表 8　　（2017 年）　　计量单位：千元

指标名称	所有者权益（续） 实收资本（续） 中方	外方	资产总额	# 流动资产	# 固定资产原　值
零售业	3986	101578	1043929	476965	879645
综合零售	3808	101406	1039048	472229	878794
百货零售	3808	4514	724131	271147	659812
超级市场零售		96892	314917	201082	218982
交通运输、仓储和邮政业 (G)	125452	110978	5638383	2256610	3280222
道路运输业	44023	49549	985163	641202	1682755
管道运输业	81429	61429	4653220	1615408	1597467
住宿和餐饮业 (H)	16083	2040	433381	174517	316802
餐饮业	1570	530	31217	5002	38953
信息传输、软件和信息技术服务业 (I)		22514	1822084	1642070	80213
软件和信息技术服务业		22514	1822084	1642070	80213
金融业 (J)	35	68829	543329	412053	1565
货币金融服务		68776	542982	411725	1179
其他金融业	35	53	347	328	386
房地产业 (K)	36897	51950	3448930	2921007	446508
物业管理		9110	83124	18765	68529
自有房地产经营活动	36897	42840	3365806	2902242	377979
租赁和商务服务业 (L)	433	33713	507948	304090	3031
商务服务业	433	33713	507948	304090	3031
科学研究和技术服务业 (M)	21066	18220	677443	270971	503706
研究和试验发展	2188	1875	61051	61049	2753
专业技术服务业	82	80	221887	202857	7693
科技推广和应用服务业	18796	16265	394505	7065	493260
水利、环境和公共设施管理业 (N)	3006	3006	22114	21950	334
生态保护和环境治理业	3006	3006	22114	21950	334
公共设施管理业					
居民服务、修理和其他服务业 (O)		15	41	40	8
居民服务业		15	41	40	8
五、高新技术产业	69004	649920	35743173	21412294	10772516

11—17 续表 9　　（2017 年）　　计量单位：千元

指标名称	资产总额（续）	负债总额			主营业务收入
	无形资产		# 流动负债	# 长期负债	
合　计	**2368936**	**52146301**	**41744468**	**5736420**	**50534207**
# 国有企业与客商兴办合资合作企业	298711	7777500	75004111	87879	7591329
# 以原有企业为依托的合资合作企业	628743	28390760	21691307	3241092	17866610
一、按投资方式分组					
（一）港、澳、台投资经济	763928	32645565	24567779	3613202	23985117
1. 与港澳台合资经营企业	545105	18755407	15557872	2298920	17303020
2. 与港澳台合作经营企业	65045	256941	254662		289678
3. 港澳台商独资经营企业	153778	13633217	8755245	1314282	6392419
（二）外商投资经济	1605008	19500736	17176689	2123218	26549090
1. 中外合资经营企业	925909	14336104	12975608	1240986	16611792
2. 中外合作经营企业	54291	416281	361157	55124	1468522
3. 外资企业	624808	4748351	3839924	827108	8468776
4. 外商投资股份公司					
二、按产业分组					
第一产业		6198	6198		2297
第二产业	1954169	38722157	32937063	4170623	42605425
工业	1953727	38324473	32577329	4132673	42283448
第三产业	414767	13417946	8801207	1565797	7926485
房地产业	68797	2769007	2071935	210026	130437
三、按国民经济行业分组					
农、林、牧、渔业 (A)		6198	6198		2297
农业		6198	6198		2297
蔬菜、食用菌及园艺作物种植		6198	6198		2297
采矿业 (B)					
制造业 (C)	1742668	34973812	29478017	4065013	38092600
农副食品加工业	386771	1419632	1400463	10000	3234778
食品制造业	79159	135155	116766	17300	689690
酒、饮料和精制茶制造业	60706	697010	652834	44176	1934786
精制茶加工	60706	697010	652834	44176	1934786
纺织业	24876	331718	319615	6582	318960
棉纺织及印染精加工	21048	291348	279245	6582	272214

11—17 续表 10 （2017 年） 计量单位：千元

指标名称	资产总额（续）	负债总额			主营业务收入
	无形资产		# 流动负债	# 长期负债	
家用纺织制成品制造	3828	40370	40370		46746
非家用纺织制成品制造					
纺织服装、服饰业	4301	158718	157132	1586	444974
皮革、毛皮、羽毛及其制品和制鞋业		35878	35878		80955
印刷和记录媒介复制业		851	851		1174
文教、工美、体育和娱乐用品制造业		13899	13899		18382
化学原料和化学制品制造业	140727	3786329	3508314	1682	3140395
医药制造业	603581	14570707	12110963	1374546	13655426
橡胶和塑料制品业	74845	765603	726603		1075281
非金属矿物制品业	8356	656579	656578	1	219143
黑色金属冶炼和压延加工业	140886	6058157	4151824	1906333	6706475
有色金属冶炼和压延加工业	69979	489257	486145	3112	918875
金属制品业	4953	1036273	956370	79902	1106991
通用设备制造业	12336	84292	84292		166884
专用设备制造业	21	35547	35502		27844
汽车制造业	16847	409835	329835	80000	485276
铁路、船舶、航空航天和其他运输设备制造业	25099	845994	821961	9607	1548237
电气机械和器材制造业	40423	1695740	1695740		1958463
计算机、通信和其他电子设备制造业	25745	1097972	567786	530186	313345
金属制品、机械和设备修理业	23057	648666	648666		46265
电力、热力、燃气及水生产和供应业 (D)	234116	3999327	3747978	67660	423113
电力、热力生产和供应业	234116	3834085	3582736	67660	4159222
燃气生产和供应业		165242	165242		77891
水的生产和供应业					
建筑业 (E)	442	397684	359734	37950	321977
房屋建筑业		223416	185466	37950	
土木工程建筑业					
建筑安装业		2772	2772		1755
建筑装饰和其他建筑业	442	171496	171496		320222
批发和零售业 (F)	16749	5067127	2450159	53329	2640057
批发业	33	3826444	1233749	29052	656594

11—17 续表 11　　（2017 年）　　计量单位：千元

指标名称	资产总额（续）	负债总额			主营业务收入
	无形资产		# 流动负债	# 长期负债	
零售业	16716	1240683	1216410	24273	1983463
综合零售	16658	1240670	1216397	24273	1979052
百货零售	134	288288	288288		1410202
超级市场零售	16524	952382	928109	24273	568850
交通运输、仓储和邮政业 (G)	154181	3098227	2035074	1063153	4158527
道路运输业	54291	112695	57571	55124	619826
管道运输业	99890	2985532	1977503	1008029	3538701
住宿和餐饮业 (H)	24917	493730	256730	237000	12375
餐饮业		37065	37065		
信息传输、软件和信息技术服务业 (I)	82182	401490	401490		595031
软件和信息技术服务业	82182	401490	401490		595031
金融业 (J)		59	59		462
货币金融服务		51	51		462
其他金融业		8	8		
房地产业 (K)	68797	2769007	2071935	210026	130437
物业管理	3752	27640	27640		24737
自有房地产经营活动	65045	2741367	2044295	210026	105700
租赁和商务服务业 (L)		386058	386057		17975
商务服务业		386058	386057		17975
科学研究和技术服务业 (M)	44863	544421	541939	2293	309886
研究和试验发展		30337	30337		
专业技术服务业	2857	228930	226637	2293	301634
科技推广和应用服务业	42006	285154	284965		8252
水利、环境和公共设施管理业 (N)	21	9141	9078		15389
生态保护和环境治理业	21	9141	9078		15389
公共设施管理业					
居民服务、修理和其他服务业 (O)		20	20		81
居民服务业					
五、高新技术产业	832320	17013042	13940000	1987844	16567953

11—17 续表 12 （2017 年） 计量单位：千元

指标名称	主营业务收入（续）#出口销售收入（千美元）	主营业务成本	主营业务税金	三项费用
合 计	**987305**	**37493188**	**476449**	**6512044**
#国有企业与客商兴办合资合作企业	139510	5703163	81960	860567
#以原有企业为依托的合资合作企业	465435	14556272	141455	2230343
一、按投资方式分组				
（一）港、澳、台投资经济	536403	17237900	240854	3715337
1. 与港澳台合资经营企业	378013	14289145	156740	2026054
2. 与港澳台合作经营企业		240221	839	40650
3. 港澳台商独资经营企业	158390	2708534	83275	1648633
（二）外商投资经济	450902	20255288	235595	2796707
1. 中外合资经营企业	288940	14066756	120359	1422565
2. 中外合作经营企业	53344	850575	7641	91663
3. 外资企业	108618	5337957	107595	1282479
4. 外商投资股份公司				
二、按产业分组				
第一产业		138		1076
第二产业	977511	31105095	424081	5742670
工业	977511	30815335	420320	5724941
第三产业	9794	6387955	52368	768298
房地产业		78428	8320	80000
三、按国民经济行业分组				
农、林、牧、渔业 (A)		138		1076
农业		138		1076
蔬菜、食用菌及园艺作物种植		138		1076
采矿业 (B)				
制造业 (C)	977511	27254112	361907	5528255
农副食品加工业		2936925	7604	131536
食品制造业	3113	482096	3447	99352
酒、饮料和精制茶制造业		1536457	9649	352380
精制茶加工		1536457	9649	352380
纺织业	9114	316455	865	18837
棉纺织及印染精加工	5520	271443	809	17150

11—17 续表 13　　（2017 年）　　计量单位：千元

指标名称	主营业务收入（续） #出口销售收入（千美元）	主营业务成本	主营业务税金	三项费用
家用纺织制成品制造	3594	45012	56	1687
非家用纺织制成品制造				
纺织服装、服饰业	120056	322865	2084	34189
皮革、毛皮、羽毛及其制品和制鞋业	9428	77623	166	2038
印刷和记录媒介复制业		1041	7	115
文教、工美、体育和娱乐用品制造业	7900	15646	29	1824
化学原料和化学制品制造业	59095	2531446	21512	386795
医药制造业	319784	6676441	178616	3222585
橡胶和塑料制品业	161440	963466	8527	88186
非金属矿物制品业	693	187880	935	25329
黑色金属冶炼和压延加工业	103877	6025191	65999	384153
有色金属冶炼和压延加工业	30203	834487	8212	76304
金属制品业	59803	918439	16023	150396
通用设备制造业	12374	120083	949	40027
专用设备制造业	2371	22839	67	6371
汽车制造业	34840	389138	4191	83679
铁路、船舶、航空航天和其他运输设备制造业	23611	1062378	13319	193136
电气机械和器材制造业	1666	1532194	14409	138849
计算机、通信和其他电子设备制造业	18143	260140	2064	70055
金属制品、机械和设备修理业		40882	3233	22119
电力、热力、燃气及水生产和供应业 (D)		3602105	61646	218805
电力、热力生产和供应业		3537292	61293	212937
燃气生产和供应业		64813	353	5868
水的生产和供应业				
建筑业 (E)		289760	3761	17729
房屋建筑业				1252
土木工程建筑业				
建筑安装业		1751		45
建筑装饰和其他建筑业		288009	3761	16432
批发和零售业 (F)	9505	2210242	21924	381191
批发业	8845	471587	1873	80929

11—17 续表 14　　（2017 年）　　计量单位：千元

指标名称	主营业务收入（续） ＃出口销售收入（千美元）	主营业务成本	主营业务税金	三项费用
零售业	660	1738655	20051	300262
综合零售		1735644	20051	299280
百货零售		1244016	19218	106883
超级市场零售		491628	833	192397
交通运输、仓储和邮政业 (G)		3366919	9641	178080
道路运输业		162612	2453	16812
管道运输业		3204307	7188	161268
住宿和餐饮业 (H)		3564	75	21338
餐饮业		1521		2251
信息传输、软件和信息技术服务业 (I)		374888	7316	3095
软件和信息技术服务业		374888	7316	3095
金融业 (J)			9	1424
货币金融服务			9	1208
其他金融业				216
房地产业 (K)		78428	8320	80000
物业管理		20456	1312	2224
自有房地产经营活动		57972	7008	77776
租赁和商务服务业 (L)	289	11309	165	12503
商务服务业	289	11309	165	12503
科学研究和技术服务业 (M)		292833	1577	59889
研究和试验发展				-46
专业技术服务业		251065	1577	34201
科技推广和应用服务业		41768		25734
水利、环境和公共设施管理业 (N)		8872	108	8600
生态保护和环境治理业		8872	108	8600
公共设施管理业				
居民服务、修理和其他服务业 (O)		18		59
居民服务业				
五、高新技术产业	434447	9030003	201473	3498163

11—17 续表 15　　（2017 年）　　计量单位：千元

指标名称	三项费用（续）			利润总额
	#管理费用	#财务费用	#利息支出	
合　计	**2601014**	**512824**	**286532**	**7412279**
#国有企业与客商兴办合资合作企业	403562	158373	147613	1046979
#以原有企业为依托的合资合作企业	906123	245024	65883	1341566
一、按投资方式分组				
（一）港、澳、台投资经济	1265814	265394	60116	3644255
1. 与港澳台合资经营企业	845012	204003	43362	1082733
2. 与港澳台合作经营企业	13661	1242	1559	2119
3. 港澳台商独资经营企业	407141	60149	15195	2559403
（二）外商投资经济	1335200	247430	226416	3768024
1. 中外合资经营企业	667300	352794	307249	1444661
2. 中外合作经营企业	75571	4093	2350	547533
3. 外资企业	592329	-109457	-83183	1775830
4. 外商投资股份公司				
二、按产业分组				
第一产业	929	1		1085
第二产业	2237571	389380	185134	6313800
工业	2221599	388794	185134	6302843
第三产业	362514	123443	101398	1097394
房地产业	60024	14726		-18279
三、按国民经济行业分组				
农、林、牧、渔业 (A)	929	1		1085
农业	929	1		1085
蔬菜、食用菌及园艺作物种植	929	1		1085
采矿业 (B)				
制造业 (C)	2144009	269400	52141	5812227
农副食品加工业	22111	16826	6294	113627
食品制造业	51278	-17399	543	123721
酒、饮料和精制茶制造业	13870	10570	2950	49744
精制茶加工	13870	10570	2950	49744
纺织业	10012	4524	8339	-15546
棉纺织及印染精加工	9023	4492	8339	-15572

11—17 续表 16　　　　（2017 年）　　　　计量单位：千元

指标名称	三项费用（续）			利润总额
	# 管理费用	# 财务费用	# 利息支出	
家用纺织制成品制造	989	32		26
非家用纺织制成品制造				
纺织服装、服饰业	21479	891		-1308
皮革、毛皮、羽毛及其制品和制鞋业	1409	222		1241
印刷和记录媒介复制业	115			52
文教、工美、体育和娱乐用品制造业	1050	31		-515
化学原料和化学制品制造业	297580	27960	21748	409866
医药制造业	1061712	15899	-33739	4155750
橡胶和塑料制品业	36633	18093	89	7314
非金属矿物制品业	8880	14946		4607
黑色金属冶炼和压延加工业	133951	123136		261721
有色金属冶炼和压延加工业	41269	13803	7043	18253
金属制品业	106768	4114	1504	26988
通用设备制造业	33377	1441	814	5437
专用设备制造业	5801	43		-1508
汽车制造业	59415	7613	7920	9404
铁路、船舶、航空航天和其他运输设备制造业	113813	2977	4867	307028
电气机械和器材制造业	71868	12138	11779	367044
计算机、通信和其他电子设备制造业	42136	-167	639	-10667
金属制品、机械和设备修理业	9482	11739	11351	-20026
电力、热力、燃气及水生产和供应业 (D)	87072	131133	144344	470590
电力、热力生产和供应业	81331	131367	144578	450014
燃气生产和供应业	5741	-234	-234	20576
水的生产和供应业				
建筑业 (E)	15972	586		10957
房屋建筑业	81			-1252
土木工程建筑业				
建筑安装业	45			-63
建筑装饰和其他建筑业	15846	586		12272
批发和零售业 (F)	113754	28524	23044	152349
批发业	24022	174	-3	94291

11—17 续表 17　　（2017 年）　　计量单位：千元

指标名称	三项费用（续）			利润总额
	# 管理费用	# 财务费用	# 利息支出	
零售业	89732	28350	23047	58058
综合零售	88709	28391	23047	57556
百货零售	66153	1983		134249
超级市场零售	22556	26408	23047	-76693
交通运输、仓储和邮政业 (G)	101937	75863	75891	827205
道路运输业	17920	-1108	-395	459868
管道运输业	84017	76971	76286	367337
住宿和餐饮业 (H)	12148	2482	876	-8806
餐饮业	1910	-1912		
信息传输、软件和信息技术服务业 (I)	23684	-24460	-24460	210553
软件和信息技术服务业	23684	-24460	-24460	210553
金融业 (J)	1476	-52		-1407
货币金融服务	1260	-52		-1191
其他金融业	216			-216
房地产业 (K)	60024	14726		-18279
物业管理	2251	-27		747
自有房地产经营活动	57773	14753		-19026
租赁和商务服务业 (L)	7889	4267	4242	1127
商务服务业	7889	4267	4242	1127
科学研究和技术服务业 (M)	26072	10377	10454	-43792
研究和试验发展	-46			-46
专业技术服务业	18390	1972	2043	16035
科技推广和应用服务业	7728	8405	8411	-59781
水利、环境和公共设施管理业 (N)	5989	-23		-1536
生态保护和环境治理业	5989	-23		-1536
公共设施管理业				
居民服务、修理和其他服务业 (O)	59			6
居民服务业	59			6
五、高新技术产业	1259367	13899	-41919	4481140

11—17 续表 18　　（2017 年）　　计量单位：千元

指标名称	应交税金	净利润
合　计	**2670811**	**6255837**
# 国有企业与客商兴办合资合作企业	538912	809317
# 以原有企业为依托的合资合作企业	490592	1116905
一、按投资方式分组		
（一）港、澳、台投资经济	1222183	3225928
1. 与港澳台合资经营企业	512757	892869
2. 与港澳台合作经营企业	128	1918
3. 港澳台商独资经营企业	709298	2331141
（二）外商投资经济	1448628	3029909
1. 中外合资经营企业	713214	1132397
2. 中外合作经营企业	125917	420249
3. 外资企业	609497	1477263
4. 外商投资股份公司		
二、按产业分组		
第一产业		1085
第二产业	2398535	5403565
工业	2396694	5394453
第三产业	272276	851187
房地产业	6697	-37914
三、按国民经济行业分组		
农、林、牧、渔业 (A)		1085
农业		1085
蔬菜、食用菌及园艺作物种植		1085
采矿业 (B)		
制造业 (C)	2002930	5019334
农副食品加工业	22961	91235
食品制造业	84316	92536
酒、饮料和精制茶制造业	2156	31130
精制茶加工	2156	31130
纺织业	2185	-15697
棉纺织及印染精加工	1873	-15717

11—17 续表 19　　（2017 年）　　计量单位：千元

指标名称	应交税金	净利润
家用纺织制成品制造	312	20
非家用纺织制成品制造		
纺织服装、服饰业	3880	-1786
皮革、毛皮、羽毛及其制品和制鞋业	1318	1087
印刷和记录媒介复制业	73	47
文教、工美、体育和娱乐用品制造业	115	-521
化学原料和化学制品制造业	135135	315572
医药制造业	1240266	3683865
橡胶和塑料制品业	2206	2702
非金属矿物制品业	1983	2749
黑色金属冶炼和压延加工业	192708	261721
有色金属冶炼和压延加工业	8661	16140
金属制品业	25256	19544
通用设备制造业	-191	5437
专用设备制造业	419	-1508
汽车制造业	3666	7107
铁路、船舶、航空航天和其他运输设备制造业	133304	267346
电气机械和器材制造业	138929	275005
计算机、通信和其他电子设备制造业	524	-14351
金属制品、机械和设备修理业	3060	-20026
电力、热力、燃气及水生产和供应业 (D)	396824	355093
电力、热力生产和供应业	396944	336869
燃气生产和供应业	-120	18224
水的生产和供应业		
建筑业 (E)	1841	9112
房屋建筑业		-1252
土木工程建筑业		
建筑安装业		-67
建筑装饰和其他建筑业	1841	10431
批发和零售业 (F)	84885	114668
批发业	-2113	90231

11—17 续表 20 （2017 年） 计量单位：千元

指标名称	应交税金	净利润
零售业	86998	24437
综合零售	86953	23980
百货零售	89288	100673
超级市场零售	-2335	-76693
交通运输、仓储和邮政业 (G)	113118	678296
道路运输业	114227	345640
管道运输业	-1109	332656
住宿和餐饮业 (H)	-212	-10802
餐饮业	84	-1996
信息传输、软件和信息技术服务业 (I)	31578	178971
软件和信息技术服务业	31578	178971
金融业 (J)	31	-438
货币金融服务	31	-222
其他金融业		-216
房地产业 (K)	6697	-37914
物业管理	1716	405
自有房地产经营活动	4981	-38319
租赁和商务服务业 (L)	173	1125
商务服务业	173	1125
科学研究和技术服务业 (M)	26446	-50593
研究和试验发展		-46
专业技术服务业	23264	12417
科技推广和应用服务业	3182	-62964
水利、环境和公共设施管理业 (N)	6500	-2105
生态保护和环境治理业	6500	-2105
公共设施管理业		
居民服务、修理和其他服务业 (O)		5
居民服务业		5
五、高新技术产业	1290786	3954483

按贸易方式及企业性质分进出口总值

11—18　　（2017 年）　　计量单位：千美元、%

贸易方式	进出口	比上年增长	其中：			
			出口	比上年增长	进口	比上年增长
一、按进出口贸易方式分组						
合　计	**12729269.9**	**9.4**	**7836619.3**	**11.6**	**4892650.6**	**6.0**
一般贸易	11987905.5	8.2	7274297.1	10.9	4713608.4	4.3
国家间、国际组织无偿援助和赠送的物资	22876.7	281.8	22876.7	281.8		
来料加工装配贸易	189409.8	617.8	97411.4	458.8	91998.4	927.2
进料加工贸易	510134.4	3.8	435201.5	3.4	74932.9	6.3
对外承包工程出口货物	4843.7	−74.7	4843.7	−74.7		
租赁贸易	992.4		992.4			
保税监管场所进出境货物	2361.2	−40.1	49.3		2311.9	−41.3
海关特殊监管区域物流货物	1799.1		158.5		1640.7	
特殊监管区域进口设备	5199.2	−35.1			5199.2	−35.1
其他贸易	3747.8	−19.6	788.7	56.6	2959.1	−28.8
二、按进出口企业性质分组						
合　计	**12729269.9**	**9.4**	**7836619.3**	**11.6**	**4892650.6**	**6.0**
国有企业	4581019.1	17.5	1013080.9	26.0	3567938.2	15.3
中外合作企业	96473.1	−1.6	61004.3	−19.1	35468.8	56.3
中外合资企业	693895.0	−17.0	620771.6	−8.4	73123.4	−54.0
外商独资企业	363083.2	17.3	331759.7	18.5	31323.6	6.0
集体企业	586650.4	−17.3	321336.3	−25.3	265314.1	−5.0
私营企业	6180764.5	9.2	5261965.8	13.7	918798.8	−10.8
个体工商户	227384.5	80.2	226700.8	80.3	683.7	62.8
报关企业						
其他企业						

按国别（地区）分进出口总值

11—19　　（2017 年）　　计量单位：千美元、%

国别（地区）	进出口	比上年增长	其中：			
			出口	比上年增长	进口	比上年增长
合　计	**12729269.9**	**9.4**	**7836619.3**	**11.6**	**4892650.6**	**6.0**
阿富汗	1502.8	36.3	1502.8	36.3		
巴林	3591.0	63.5	3551.5	61.7	39.5	
孟加拉国	109008.1	12.1	99075.4	3.1	9932.7	780.6
不丹						
文莱	738.0	-82.8	738.0	-82.8		
缅甸	72636.3	67.9	72439.9	70.9	196.4	-77.6
柬埔寨	9392.7	-32.8	7370.3	-47.1	2022.4	5759.2
塞浦路斯	2157.4	-25.2	2157.4	-25.2		
朝鲜	278.7	-57.0	278.7	-57.0		
香港	258033.0	232.6	151676.6	115.2	106356.4	1396.0
印度	465627.3	13.4	396795.6	8.4	68831.8	54.8
印度尼西亚	231568.7	1.1	189434.8	-14.3	42133.9	416.6
伊朗	61390.9	-35.0	49473.0	-16.4	11918.0	-66.2
伊拉克	26257.0	17.0	26257.0	18.1		
以色列	51256.0	16.7	47938.9	16.4	3317.2	21.9
日本	354081.0	9.5	284670.4	12.3	69410.6	-0.9
约旦	15067.3	-12.7	15067.3	-12.7		
科威特	8832.2	6.5	8832.2	6.5		
老挝	1753.1	-15.3	1753.1	-15.3		
黎巴嫩	6040.0	-13.3	6040.0	-13.3		
澳门	1144.8	-45.1	1144.8	-45.1		
马来西亚	139868.7	7.0	99960.7	6.1	39908.0	9.4
马尔代夫	1113.0	29.6	1113.0	29.8		
蒙古	8414.9	-24.0	7227.7	39.0	1187.2	-79.8
尼泊尔联邦民主共和国	1587.1	-11.2	1433.9	-2.6	153.2	-51.2
阿曼	9197.0	3.4	7127.6	-13.4	2069.4	212.3

11—19 续表1　　（2017年）　　计量单位：千美元、%

国别（地区）	进出口	比上年增长	其中：			
			出口	比上年增长	进口	比上年增长
巴基斯坦	86856.6	-6.0	80470.2	-6.0	6386.4	-6.3
巴勒斯坦	96.4	-63.8	96.4	-63.8		
菲律宾	145200.8	19.8	140509.1	17.9	4691.8	132.9
卡塔尔	7756.7	2.7	6616.8	6.1	1139.9	-13.2
沙特阿拉伯	44410.9	-20.3	41416.2	-24.6	2994.7	308.9
新加坡	53767.8	-11.5	42658.9	3.1	11108.9	-42.7
韩国	403386.2	30.9	335409.7	27.8	67976.5	48.4
斯里兰卡	36485.3	17.8	36411.5	17.7	73.8	105.1
叙利亚	2737.6	-27.5	2737.6	-27.5		
泰国	160664.4	-11.4	119495.3	-14.8	41169.1	0.4
土耳其	97283.5	-11.9	90556.2	-11.1	6727.3	-21.9
阿联酋	81264.9	0.6	76725.2	-4.3	4539.8	596.0
也门	19451.2	-4.5	19451.1	-4.5	0.2	
越南	200804.5	43.2	178252.0	51.5	22552.5	-0.1
中华人民共和国	5912.8	43.2			5912.8	43.2
台湾省	177931.8	19.0	110005.6	2.4	67926.2	61.1
东帝汶	4479.0	67.5	4479.0	67.5		
哈萨克斯坦	27845.5	21.2	25775.1	12.2	2070.4	162539.2
吉尔吉斯斯坦	23512.4	-7.0	23265.6	-4.9	246.8	-70.0
塔吉克斯坦	5262.6	-24.2	4080.8	-26.0	1181.8	-17.3
土库曼斯坦	4286.2	70.0	3639.9	44.4	646.3	
乌兹别克斯坦	15523.9	74.4	11177.0	80.6	4346.9	60.3
亚洲其他国家（地区）	40.6	161.7	40.6	161.7		
阿尔及利亚	31367.7	108.1	30998.6	105.7	369.2	
安哥拉	18540.9	49.0	18540.9	49.0		
贝宁	16053.6	20.4	16001.0	20.1	52.6	
博茨瓦纳	564.2	25.5	564.2	25.5		
布隆迪	1459.3	-24.3	1112.8	-42.2	346.5	

11—19 续表 2　　（2017 年）　　计量单位：千美元、%

国别（地区）	进出口	比上年增长	其中：出口	比上年增长	进口	比上年增长
喀麦隆	12578.7	-10.0	12562.8	-10.1	15.9	
加那利群岛	0.3	53.1	0.3	53.1		
佛得角	657.2	2.6	657.2	2.6		
中非	991.2	2547.6	991.2	2547.6		
乍得	2096.1	-27.3	2096.1	-27.3		
科摩罗	365.1	2.3	365.1	2.3		
刚果（布）	714.4	-86.2	714.4	-86.2		
吉布提	3022.2	-65.0	3022.2	-65.0		
埃及	37385.5	-27.4	37376.1	-27.4	9.4	
赤道几内亚	265.8	-77.5	265.8	-77.5		
埃塞俄比亚	29737.7	2.9	29277.0	2.5	460.7	37.3
加蓬	1404.7	-37.7	1404.7	-37.7		
冈比亚	4759.1	20.2	4759.1	20.5		
加纳	23444.1	-25.7	23327.8	-26.1	116.2	
几内亚	10426.3	67.2	10426.3	67.2		
几内亚比绍	54.8	-88.6	54.8	-88.6		
科特迪瓦	15701.7	11.3	15668.2	11.0	33.5	
肯尼亚	38219.4	0.8	36613.5	-2.0	1606.0	185.6
利比里亚	2841.4	-50.8	2841.4	-50.3		
利比亚	2922.0	-7.0	2922.0	-7.0		
马达加斯加	39492.9	60.7	33868.5	44.7	5624.3	384.4
马拉维	4017.1	79.3	4017.1	79.3		
马里	2679.4	-23.2	2679.4	-19.7		
毛里塔尼亚	8290.9	-25.5	2161.9	-65.2	6129.0	24.7
毛里求斯	4928.8	-21.4	4928.8	-21.4		
摩洛哥	13221.7	-29.8	13216.6	-29.7	5.1	-89.5
莫桑比克	5265.0	-42.5	5265.0	-42.5		
纳米比亚	469.4	-44.6	469.4	-44.6		

11—19 续表 3　　（2017 年）　　计量单位：千美元、%

国别（地区）	进出口	比上年增长	其中：			
			出口	比上年增长	进口	比上年增长
尼日尔	2267.9	63.1	2267.9	63.1		
尼日利亚	90953.3	47.9	90947.5	47.9	5.8	2528.4
留尼汪	1058.6	39.9	1058.6	39.9		
卢旺达	4186.0	94.4	2394.3	133.4	1791.7	58.9
圣多美和普林西比	104.4	68.4	104.4	68.4		
塞内加尔	3509.2	−73.8	3318.6	−75.3	190.6	
塞舌尔	67.9	−46.6	67.9	−46.6		
塞拉利昂	2443.4	−28.8	2443.4	−28.8		
索马里	2524.4	−7.1	2399.2	−9.2	125.2	62.2
南非	418237.5	−1.5	99904.9	−12.0	318332.6	2.4
苏丹	15742.8	17.7	13015.4	4.4	2727.4	200.8
坦桑尼亚	31654.1	26.7	27721.7	12.2	3932.5	1397.7
多哥	6000.6	−8.9	5780.9	−12.3	219.7	
突尼斯	7580.7	30.2	7580.7	31.5		
乌干达	6029.9	−18.9	5505.1	−21.9	524.8	38.3
布基纳法索	2703.1	27.6	2703.1	27.6		
刚果（金）	13830.7	−3.3	11398.5	−20.1	2432.2	6520.1
赞比亚	7478.3	11.2	4065.9	−25.4	3412.4	167.6
津巴布韦	6462.0	14.9	5935.7	5.6	526.3	
莱索托	512.7	−81.3	512.7	−81.3		
斯威士兰	2601.8	168.6	2601.8	168.6		
厄立特里亚	400.1	−14.9	400.1	−14.9		
马约特	199.5	−53.7	199.5	−53.7		
南苏丹共和国	53.7	61.2	53.7	61.2		
比利时	68143.0	−36.0	58563.8	4.4	9579.3	−81.0
丹麦	38894.2	3.7	32917.6	4.7	5976.7	−1.2
英国	244073.0	0.3	210583.8	−2.6	33489.2	23.0
德国	364589.3	16.0	293045.9	16.6	71543.4	13.3

11—19 续表 4　　　　（2017 年）　　　　计量单位：千美元、%

国别（地区）	进出口	比上年增长	其中：			
			出口	比上年增长	进口	比上年增长
法国	125973.4	9.4	113490.6	14.0	12482.8	-20.0
爱尔兰	29237.5	4.9	22000.2	16.3	7237.3	-19.2
意大利	223734.7	10.5	181934.6	3.0	41800.1	61.7
卢森堡	224.0	16.8	206.6	44.7	17.3	-64.5
荷兰	241937.9	-0.9	193196.5	9.0	48741.4	-27.3
希腊	14800.1	37.7	10950.0	12.5	3850.1	277.5
葡萄牙	11166.6	7.0	10477.2	12.5	689.4	-38.7
西班牙	129525.0	13.6	115062.5	10.8	14462.5	41.3
阿尔巴尼亚	3731.3	25.4	1368.5	-15.8	2362.8	74.9
奥地利	12815.7	-39.9	10089.1	2.9	2726.6	-76.3
保加利亚	4467.9	5.5	4433.3	6.1	34.6	-39.8
芬兰	25968.8	-0.4	16386.7	5.1	9582.1	-8.5
匈牙利	6625.1	27.4	6618.8	27.3	6.3	6104.9
冰岛	925.0	87.2	810.3	64.0	114.7	
列支敦士登	16.7	-90.6	15.6	-91.3	1.1	
马耳他	367.1	33.8	354.2	30.5	12.9	348.3
摩纳哥	2.4	-97.7	2.4	-97.7		
挪威	15906.2	12.7	13564.1	-2.1	2342.1	803.5
波兰	72710.4	34.2	67144.2	26.8	5566.2	354.2
罗马尼亚	8326.8	0.6	8322.4	0.9	4.5	-84.9
圣马力诺	1.0	-97.6	1.0	-97.6		
瑞典	56420.0	10.5	50965.3	16.0	5454.8	-23.7
瑞士	24767.5	12.8	13111.7	37.3	11655.8	-6.1
爱沙尼亚	7044.3	154.4	7044.3	154.4		
拉脱维亚	6087.1	-13.1	6069.2	-13.3	17.9	
立陶宛	13502.0	20.4	13247.2	18.2	254.8	48522.1
格鲁吉亚	4866.1	-12.9	4835.0	-13.2	31.1	108.4
亚美尼亚	2842.0	14.9	2842.0	14.9		

11—19 续表 5 （2017 年） 计量单位：千美元、%

国别（地区）	进出口	比上年增长	其中：			
			出口	比上年增长	进口	比上年增长
阿塞拜疆	3211.2	15.7	3211.2	15.9		
白俄罗斯	9293.6	62.5	9293.6	62.5		
摩尔多瓦	1153.2	55.7	1137.8	53.6	15.4	
俄罗斯联邦	796360.5	47.8	786473.8	52.8	9886.7	−58.5
乌克兰	103413.9	−37.4	22091.5	−43.6	81322.4	−35.5
斯洛文尼亚	17864.3	73.0	17636.1	72.2	228.2	175.0
克罗地亚	5240.5	18.5	5127.8	22.6	112.7	−53.4
捷克	16457.7	10.8	13234.6	24.5	3223.1	−23.6
斯洛伐克	6127.4	25.8	2814.8	21.6	3312.6	29.7
前南马其顿	698.7	54.4	698.4	57.6	0.3	−96.9
波黑	420.9	236.7	420.9	236.7		
塞尔维亚	1848.4	1.6	1848.4	1.7		
黑山	208.1	−23.4	208.1	−23.4		
安提瓜和巴布达	950.3	4045.0	950.3	4045.0		
阿根廷	39621.2	14.9	37962.2	15.9	1659.0	−4.8
阿鲁巴	23.4	25.7	23.4	25.7		
巴哈马	95.4	−56.4	95.4	−56.4		
巴巴多斯	536.2	−7.2	536.2	−7.2		
伯利兹	451.6	8.1	451.6	8.1		
多民族玻利维亚国	2499.7	80.3	1927.9	39.0	571.8	
博内尔	19.4		19.4			
巴西	891271.0	20.8	160508.6	12.9	730762.4	22.7
开曼群岛	34.1	146.4	34.1	146.4		
智利	107717.4	15.5	73472.1	15.7	34245.3	14.8
哥伦比亚	25250.6	−25.1	24955.0	−25.9	295.6	1228.0
多米尼克	22.3	26.9	22.3	26.9		
哥斯达黎加	12231.2	−23.5	8707.3	−43.6	3523.8	526.9
古巴	3186.1	−1.0	3186.1	−1.0		

11—19 续表 6　　　　（2017 年）　　　　计量单位：千美元、%

国别（地区）	进出口	比上年增长	其中：			
			出口	比上年增长	进口	比上年增长
库腊索岛	56.4	120.3	56.4	120.3		
多米尼加共和国	8439.4	-6.4	8439.4	-6.4		
厄瓜多尔	18017.2	78.9	18017.2	79.0		
法属圭亚那	51.7		51.7			
格林纳达	57.2	-11.8	57.2	-11.8		
瓜德罗普	205.5	-29.0	205.5	-29.0		
危地马拉	22978.6	2.7	22978.6	2.7		
圭亚那	2030.8	-32.0	2030.8	-32.0		
海地	4949.7	-15.1	4949.7	-14.7		
洪都拉斯	2654.1	-3.8	2653.2	-3.8	0.9	-51.4
牙买加	3182.0	87.2	3182.0	87.2		
马提尼克	27.5	-54.8	27.5	-54.8		
墨西哥	109576.4	8.0	107310.5	7.6	2266.0	29.6
尼加拉瓜	7358.8	7.7	7358.8	7.7		
巴拿马	8759.0	21.3	8759.0	21.3		
巴拉圭	8933.7	1.7	8783.6	0.0	150.0	
秘鲁	57665.9	48.3	56502.0	47.3	1163.9	124.8
波多黎各	2008.6	-68.5	2008.6	-68.5		
圣卢西亚	35.9	14.5	35.9	14.5		
圣马丁岛	8.5	4.4	8.5	4.4		
圣文森特和格林纳丁斯	14.9		14.9			
萨尔瓦多	3032.9	28.1	3032.2	28.0	0.7	435.1
苏里南	1149.6	-32.7	1149.6	-32.7		
特立尼达和多巴哥	3969.7	-1.1	3969.7	-1.1		
乌拉圭	26507.7	80.0	25120.8	75.7	1386.9	228.2
委内瑞拉	32813.8	266.5	9397.0	5.0	23416.8	
英属维尔京群岛	6.1		6.1			
圣其茨和尼维斯	67.7		67.7			

11—19 续表 7　　（2017 年）　　计量单位：千美元、%

国别（地区）	进出口	比上年增长	其中：			
			出口	比上年增长	进口	比上年增长
荷属安的列斯群岛	65.4	117.6	65.4	117.6		
加拿大	170139.4	19.7	152585.8	32.2	17553.5	-34.3
美国	1281826.4	0.4	1081174.3	3.8	200652.1	-15.0
格陵兰						
百慕大	83.2		83.2			
澳大利亚	2644259.6	1.1	167844.4	12.8	2476415.2	0.3
库克群岛	0.0	-99.4	0.0	-99.4		
斐济	2608.5	-31.8	2608.5	-31.7		
瑙鲁	4.1		1.7		2.5	
新喀里多尼亚	503.3	78.6	503.3	78.6		
瓦努阿图	165.7	-35.0	165.7	-35.0		
新西兰	82930.9	36.6	30644.0	53.1	52286.9	28.4
巴布亚新几内亚	9264.9	63.5	9264.9	63.5		
社会群岛	147.8	10.9	147.8	10.9		
所罗门群岛	84.0	-67.2	84.0	-67.2		
汤加	188.1	-19.0	188.1	-19.0		
萨摩亚	44.2	-74.8	44.2	-74.8		
基里巴斯	92.1	15.9	92.1	15.9		
密克罗尼西亚联邦	5.2		5.2			
马绍尔群岛						
帕劳	8.6	197.0	8.6	197.0		
法属波利尼西亚	313.9	46.3	313.9	46.3		
瓦利斯和浮图纳						
大洋洲其他国家（地区）	35.0	-74.0	35.0	-74.0		

按商品构成分出口总值

11—20　　　　（2017 年）　　　　计量单位：千美元、%

商品构成	出口	比上年增长
合　计	**6930997.8**	**11.1**
机电产品（包括本目录已具体列名的机电产品）	1590086.1	17.9
金属制品	716747.2	4.6
机械设备	429718.3	17.4
电器及电子产品	209438.4	74.0
运输工具	116920.4	24.4
仪器仪表	50873.7	19.9
其他机电产品	66388.1	64.6
高新技术产品	648784.2	36.6
生物技术	823.3	63.7
生命科学技术	472149.7	19.2
光电技术	13656.4	18.1
计算机与通信技术	90656.1	790.3
电子技术	27784.7	15.2
计算机集成制造技术	22817.9	26.3
材料技术	19640.5	41.2
航空航天技术	1252.6	77.1
其他高新技术产品	3.0	591.9
* 农产品	369228.2	8.2
肉及杂碎	7722.3	259.8
羊肉	6492.1	219.6
冻鸡		
水海产品	1072.6	8.0
冻鱼、冻鱼片	323.8	-25.6
粮食	54701.5	-20.7
谷物及谷物粉	1283.5	46.7
玉米 ##	101.0	113.1
高粱	9.5	-52.7
薯类及含有淀粉的块茎	12.5	171.3
豆类	53405.5	-21.6
蔬菜	47402.0	26.3

11—20 续表 1　　（2017 年）　　计量单位：千美元、%

商品构成	出口	比上年增长
鲜或冷藏蔬菜	7331.2	305.5
干的食用菌类	1165.2	8.5
鲜、干水果及坚果	88001.6	37.2
苹果	568.4	204.0
梨	85588.6	36.4
乳品	999.2	539.6
果蔬汁	7088.2	9.5
苹果汁 ##	1930.8	74.2
食用油籽	2108.9	-34.6
大豆	1761.6	-39.9
花生、花生仁	111.7	
食用植物油(包括棕榈油)		
烘焙花生	1780.6	-5.0
天然蜂蜜	81.7	-75.8
茶叶	174.9	
辣椒干	1667.5	-30.3
猪肉罐头		
番茄酱	5777.2	78.4
蘑菇罐头	66.9	97.9
啤酒	27.9	89.5
肠衣	593.3	
填充用羽毛；羽绒	23.9	
中药材及中式成药	11994.1	17.9
动物性药材		
植物性药材	9494.7	14.7
肥料	67205.8	-13.6
矿物肥料及化肥	67172.9	-13.6
尿素	3767.7	-25.6
氮、磷、钾复合肥	157.1	1187.5
磷酸氢二铵	207.8	12.0
氯化钾		
硫酸钾	1441.3	-79.6

11—20 续表 2　　　　（2017 年）　　　　计量单位：千美元、%

商品构成	出口	比上年增长
锯材	128.0	105.1
胶合板及类似多层板	4837.3	-14.5
印刷品	5612.3	18.1
山羊绒	16689.2	-21.8
黏土及其他耐火矿物	2665.4	-7.4
天然石墨 #	299.2	97.5
天然碳酸镁；氧化镁 #	31.6	-38.0
萤石（氟石）	11.9	17.3
天然硫酸钡（重晶石）		
滑石	6.4	
焦炭及半焦炭		
成品油 ##	117.0	176.4
石蜡 #	155.8	302.8
稀土及其制品	375.7	-78.7
稀土	296.8	-82.7
氧化铝	202.0	-58.4
钨品	78.6	-73.5
钨及其制品		
氧化锌及过氧化锌	1740.6	-20.4
碳酸钠（纯碱）	23.8	-46.9
柠檬酸	22.8	
合成有机染料	8149.0	-17.3
锌钡白（立德粉）	253.8	-35.0
医药品	842432.1	15.5
维生素 C	208999.5	57.4
抗菌素（制剂除外）	251310.2	10.0
中式成药	2499.4	32.1
医用敷料	1697.8	0.9
洗衣粉	1774.7	7.4
烟花、爆竹		
松香及树脂酸	21.9	

11—20 续表 3　　（2017 年）　　计量单位：千美元、%

商品构成	出口	比上年增长
杀虫剂、除草剂及类似品	105063.0	57.5
初级形状的聚氯乙烯	503.5	-58.1
新的充气橡胶轮胎	448.9	-35.4
家用或装饰用木制品	659.0	65.5
纸及纸板（未切成形的）	7321.3	72.0
牛皮纸	2.3	-75.4
纺织纱线、织物及制品	731330.9	3.1
棉纱线	3430.0	-9.4
丝织物	392.1	-11.1
毛纺机织物	970.6	-59.7
棉机织物	122043.8	-13.6
亚麻及苎麻机织物	600.1	-29.3
合成短纤与棉混纺机织物	82258.7	-3.2
地毯	50509.8	8.4
塑料编织袋（周转袋除外）	21715.6	18.4
水泥及水泥熟料	337.6	-56.5
花岗岩石材及制品	7202.3	-2.7
平板玻璃	121.2	159.5
玻璃制品	47063.1	23.0
玻璃器皿	31597.4	29.5
陶瓷产品	30539.4	-12.9
家用陶瓷	26091.3	-6.0
建筑用陶瓷	2822.6	-8.4
装饰用陶瓷	78.4	7.9
珍珠、钻石、宝石及半宝石		
铁合金	2507.7	27.0
钢坯及粗锻件	0.3	-99.3
钢材	824923.4	-7.0
钢铁棒材	383836.3	-29.5
角钢及型钢	4133.7	-25.3
钢铁板材	244256.8	114.0
钢铁线材	50503.0	-31.7

11—20 续表 4 （2017 年） 计量单位：千美元、%

商品构成	出口	比上年增长
钢铁管配件	79458.3	-8.8
未锻轧铜及铜材	855.4	9.0
未锻轧铜（包括铜合金）		
铜材	855.4	11.2
未锻轧铝及铝材	26594.3	77.9
未锻造的铝（包括铝合金）	79.9	
铝材	26514.3	77.3
镁及其制品（包括废碎料）	843.1	559.0
未锻轧锰	836.8	5204.6
钢铁或铜制标准紧固件	14316.4	33.5
不锈钢厨具、餐具等家用器具	594.3	46.2
餐桌、厨房及其他家用搪瓷器	13740.6	-3.0
手用或机用工具	79688.2	7.0
电扇	759.4	7.1
空气调节器（车用除外）	202.7	198.3
冰箱	117.5	257.6
洗衣机	11.6	163.6
微波炉	11.4	786.0
家用空气净化器	1.6	
纺织机械及零件	3178.7	-47.8
工业用缝纫机	515.0	4.0
金属加工机床	13797.7	10.6
车床	571.5	1.6
铣床		
电子计算器（包括具有计算功能的袖珍数据记录重现机）	0.1	
自动数据处理设备及其部件	2173.6	-37.3
自动数据处理设备	880.3	-56.2
平板电脑	3.2	
便携式电脑（平板电脑除外）	269.8	-55.4
微型电脑	595.2	-37.3
中央处理部件	2.9	
存储部件	1.2	-50.6
键盘、鼠标器	0.2	740.9

11—20　续表 5　　（2017 年）　　计量单位：千美元、%

商品构成	出口	比上年增长
自动数据处理设备的零件	4.1	−62.6
打印机（包括多功能一体机）	1259.5	−9.9
液晶显示板	11456.4	17.0
轴承	3045.4	9.0
电动机及发电机	28886.7	19.6
变压器	790.7	−18.8
静止式变流器	6523.1	64.9
原电池	3.5	
蓄电池	320.4	225.2
铅酸蓄电池	302.4	307.4
太阳能电池	3286.8	−18.7
电话机	0.5	−81.5
扬声器		
录、放像机	14.8	736.4
DVD 播放机		
声音录制或重放设备	0.7	
彩色电视机	3.0	−98.6
液晶电视机	1.8	−99.2
电视、收音机及无线电讯设备的零附件	642.7	−87.1
电容器	100.5	2498.6
印刷电路	652.0	41.5
通断保护电路装置及零件	10341.2	10.5
二极管及类似半导体器件	3906.0	−12.7
集成电路	1321.0	29.0
处理器及控制器	234.5	−17.9
放大器	12.0	−67.0
电线和电缆	2183.0	−3.4
汽车	11482.6	2600.0
小轿车	4089.2	
四轮驱动轻型越野车	469.0	
货车	5830.9	58661.0
汽车零配件	89686.2	13.6
摩托车	1568.9	−74.6

11—20 续表 6　　　　（2017 年）　　　　计量单位：千美元、%

商品构成	出口	比上年增长
自行车	8807.1	14.6
摩托车及自行车的零配件	8396.7	71.6
照相机	6.6	
数字式相机	6.6	
眼镜及其零件	4806.9	-9.1
眼镜片	4492.9	-4.4
眼镜架及其零件	13.4	-89.1
眼镜成品	300.6	-35.2
医疗仪器及器械	16882.2	18.8
手表	1.0	100.0
电动手表	1.0	100.0
日用钟	14.3	69.0
家具及其零件	114219.1	67.4
床垫、寝具及类似品	18889.0	61.0
灯具、照明装置及零件	7531.6	-14.2
箱包及类似容器	47833.1	18.3
体育用品及设备	5273.7	36.4
服装及衣着附件	1568225.4	16.1
织物制服装	1104141.2	23.3
非针织钩编织物服装	1020221.5	25.6
针织或钩编的服装	83919.7	0.5
皮革服装	5410.8	21.7
裘皮服装	17445.7	-15.4
皮革手套	5532.9	-41.5
织物制手套	21448.3	71.2
织物制袜子	1143.2	-37.7
帽类	55745.5	4.3
鞋类	84782.5	-13.2
鞋	79175.4	-16.4
外底及鞋面均以橡胶或塑料制的鞋	1821.4	22.1
皮面鞋	30567.3	-32.1
橡胶或塑料底纺织材料为面的鞋	4993.8	-49.8

11—20 续表 7　　(2017 年)　　计量单位：千美元、%

商品构成	出口	比上年增长
鞋靴零件；护腿及类似品	5607.1	88.9
塑料制品	109410.9	10.9
玩具	10842.2	351.5
圣诞用品	1108.1	-3.4
足球、篮球、排球	205.3	10248.3
艺术珍藏品及古董	1.1	1077.8
伞	179.2	-49.8
竹编结品	21.0	105.9
藤编结品	98.6	72.4
草编结品	259.0	14.0
柳编结品	336.4	63.3
文化产品	127117.2	235.7
图书	1.8	-79.8
其他出版物	5608.1	18.7
雕塑工艺品	2079.3	-29.5
金属工艺品	17311.5	-14.2
花画工艺品	928.2	-39.2
天然植物纤维编织工艺品	805.2	34.7
抽纱刺绣工艺品	923.7	16.8
地毯、挂毯	18.4	
珠宝首饰及有关物品	2688.6	101.5
园林、陈设艺术陶瓷制品	78.4	7.9
蚕丝及机织物	553.9	-40.7
文具	45.8	-4.1
乐器	427.2	67.8
玩具 ##	10842.2	351.5
其他娱乐用品	1334.4	-1.4
胶印机		
印刷机	489.4	116.0
广播电视接收及发射设备	6.7	-94.0
广播电视节目制作设备	82974.0	24228.2
电影制作及放映设备	0.6	223.2

按商品构成分进口总值

11—21　　　　（2017 年）　　　　计量单位：千美元、%

商品构成	进口	比上年增长
# 合　　计	**4628818.7**	**6.1**
机电产品（包括本目录已具体列名的机电产品）	370034.6	4.5
金属制品	2441.4	-33.6
机械设备	148060.3	51.6
电器及电子产品	80134.6	46.4
运输工具	16158.1	-78.3
仪器仪表	121319.8	-0.7
其他机电产品	1920.5	35.6
高新技术产品	227140.9	18.9
生命科学技术	75248.2	37.6
光电技术	38048.0	175.9
计算机与通信技术	62057.3	1409.9
电子技术	5977.2	-76.7
计算机集成制造技术	28877.2	62.9
材料技术	3678.4	-31.5
航空航天技术	12185.0	-82.5
其他高新技术产品	1069.7	500.5
农产品	350053.2	26.9
水海产品	152.5	688.2
冻鱼	114.7	
肉及杂碎	3705.1	-69.0
牛肉	531.6	-42.7
猪肉	260.8	-93.1
羊肉		
鲜、干水果及坚果	485.2	27.7
乳品	22753.5	22.8
奶粉 #	18996.4	6.4
粮食	30870.5	252.4

11—21 续表 1　　（2017 年）　　计量单位：千美元、%

商品构成	进口	比上年增长
谷物及谷物粉	17316.5	411.3
小麦 #	2547.9	-7.2
大麦	13850.2	
稻谷和大米 #	918.5	43.3
大豆	8643.9	
食用植物油	1696.5	62.8
豆油 #	575.3	
橄榄油	21.2	-86.5
菜子油和芥子油 #	840.8	45.8
食糖 #	927.8	7.3
酒类	1949.3	35.9
啤酒	64.4	-3.3
葡萄酒	1878.1	37.3
天然橡胶（包括胶乳）	226.7	
合成橡胶（包括胶乳）	4258.2	4.0
原木	4208.5	41.6
锯材	2255.2	15906.0
纸浆	6272.5	213.5
羊毛 #	274.0	29.2
棉花 #	17273.3	121.8
纺织用合成纤维	251.1	309.5
聚酯纤维	93.5	9079.4
聚丙烯腈纤维	49.8	
人造纤维短纤	36.3	-75.2
铁矿砂及其精矿	3431257.7	1.6
锰矿砂及其精矿	1049.7	
铜矿砂及其精矿	75.4	194.3
铬矿砂及其精矿	132178.7	-4.3

11—21　续表 2　　　　（2017 年）　　　　计量单位：千美元、%

商品构成	进口	比上年增长
氧化铝 #	5.3	-29.4
煤及褐煤	45059.2	604.5
炼焦煤	40266.7	537.5
其他烟煤	4790.1	
褐煤	0.1	
成品油 #	1944.1	485.4
甲苯		
二甲苯	1691.7	
苯乙烯	2278.8	
乙二醇	0.1	3.4
异氰酸酯 #	731.8	
医药品	42009.3	20.5
抗菌素（制剂除外）#	88.8	
抗菌素制剂 #	18954.4	64.1
美容化妆品及护肤品	1604.5	
合成有机染料	1578.4	44.9
钛白粉	0.0	-100.0
聚合物油漆及清漆	20.8	-50.3
初级形状的塑料	60242.6	38.6
初级形状的聚乙烯	2901.8	22.2
初级形状的线型低密度聚乙烯	3179.8	670.8
初级形状的聚丙烯	11831.1	51.6
初级形状的苯乙烯聚合物	18228.9	168.9
初级形状的聚氯乙烯	14868.0	-22.2
初级形状的聚酯	2126.2	51.7
非泡沫塑料的板、片、膜、箔	4539.4	42.8
废塑料	17887.1	-13.8
杀虫剂、除草剂及类似品	440.6	-10.0
牛皮革及马皮革	8423.4	-13.9

11—21 续表 3　（2017 年）　计量单位：千美元、%

商品构成	进口	比上年增长
废纸 #	35240.4	13.0
纸及纸板（未切成形的）	19499.8	1229.1
新闻纸 #	17538.6	
牛皮纸	46.9	180.9
涂布纸	1376.0	91.4
纺织纱线、织物及制品	41563.4	17.2
毛纱线	2.0	–99.6
棉纱线	22717.3	–4.9
合成纤维纱线	61.6	748.8
丝织物		
棉机织物	2646.8	–47.6
合成纤维长丝机织物	2313.7	75.1
合成短纤与棉混纺机织物	29.1	35.3
化纤起绒、绳绒及毛圈机织物	35.4	183.4
涂覆浸渍塑料的织物	1095.6	50.9
针织或钩编织物	689.9	137.9
服装及衣着附件	3563.9	26.2
玻璃纤维及其制品	494.9	25.1
废金属	2340.9	–62.9
废钢 #	1523.5	–75.8
废铜	817.4	
钢坯及粗锻件	111.6	85.0
钢材 #	1065.6	16.4
钢铁棒材	363.2	285.8
角钢及型钢	7.2	43.5
钢铁板材	99.6	–26.8
钢铁管材及空心异形材	243.2	–57.6
钢铁制标准紧固件	220.4	23.0

11—21 续表 4　（2017 年）　计量单位：千美元、%

商品构成	进口	比上年增长
未锻轧铜及铜材	9405.0	1637.0
未锻轧铜（包括铜合金）	8687.5	
铜材	717.5	32.5
未锻轧铝及铝材	994.8	103.3
铝材	994.8	103.3
钢铁或铝制结构体及其部件	665.7	773.7
活塞式内燃机的零件	251.3	-30.8
液泵及液体提升机	465.0	-66.9
制冷设备用压缩机	9509.6	-38.8
空气调节器（车用除外）	85.0	
冷冻机和制冷设备及零件	450.6	345.1
家用空气净化器		
非家用型水的过滤、净化机器	1170.1	-22.7
饮料及液体食品灌装设备	4465.3	-67.1
机械提升搬运装卸设备及零件	5151.2	1617.6
建筑及采矿用机械及零件	115.2	74.8
食品、饮料工业用加工机械及零件	5069.1	3057.0
制造纸及纸制品用机械及零件	8.6	-23.4
印刷、装订机械及零件	867.3	876.3
纺织机械及零件	33993.5	239.8
纺织纱线生产及预处理机	5205.0	-33.2
织机	2471.1	
纱线织物等后整理机器	6689.5	914.3
工业用缝纫机	227.9	31.9
金属加工机床	11994.4	107.9
加工中心	6153.5	705.0
数控机床	5259.4	1429.5
金属轧机及零件	9.1	-45.7

11—21　续表 5　　(2017 年)　　计量单位：千美元、%

商品构成	进口	比上年增长
橡胶或塑料加工机械及零件	4469.4	-31.9
型模及金属铸造用型箱	203.4	-49.4
阀门	9856.6	133.4
自动数据处理设备及其部件	3319.2	290.3
数字式自动数据处理设备	3274.2	7066.5
数字式中央处理部件	16.2	-95.7
存储部件	0.6	-99.5
自动数据处理设备的零件	4.0	6362.9
制造单晶柱或晶圆用的机器及装置	388.0	-70.2
制造半导体器件或集成电路用的机器及装置	2040.4	499.9
电动机及发电机	399.3	26.9
发电机组及旋转式变流机	8.0	
变压、整流、电感器及零件	7608.7	-56.9
蓄电池	4.6	-97.4
无线电导航雷达及遥控设备	33.5	-88.0
电视摄像机、数字照相机及视频摄录一体机	123.2	-69.7
声音录制或重放设备	1.3	-90.4
电视、收音机及无线电讯设备的零附件	57234.8	4351.6
电容器	1177.0	-45.9
电阻器	309.7	60.3
印刷电路	9.3	53.9
通断保护电路装置及零件	2255.3	41.8
二极管及类似半导体器件	172.4	-53.1
集成电路	3577.0	256.1
电线和电缆	240.9	129.4
汽车	10684.1	-16.0
小轿车	25.2	-96.6
四轮驱动轻型越野车	10420.2	-4.8
小客车(九座及以下的)	238.7	-67.3
10 座至 29 座的客车		
汽车零配件	330.4	-51.2

11—21　续表 6　　（2017 年）　　计量单位：千美元、%

商品构成	进口	比上年增长
飞机及其他航空器	3864.3	-93.2
空载重量超过 2 吨的飞机	3568.9	-93.7
航空器零件	830.6	-51.5
液晶显示板	26.8	1543.0
医疗仪器及器械	34130.5	-19.4
计量检测分析自控仪器及器具	52375.1	-22.1
手表	0.1	-39.8
电动手表	0.1	-39.8
印刷品	171.4	223.2
塑料制品	1351.5	59.9
文化产品	1625.9	679.1
图书	1.4	-18.9
新型存储媒介	119.6	462.2
其他出版物	0.6	-74.7
雕塑工艺品	4.4	-53.7
金属工艺品	3.7	-25.8
花画工艺品	0.2	773.9
天然植物纤维编织工艺品		
抽纱刺绣工艺品	2.4	8.1
珠宝首饰及有关物品	1.0	-45.2
园林、陈设艺术陶瓷制品	7.8	2452.0
蚕丝及机织物	0.1	-96.6
乐器	133.8	1138.6
露天游乐场所游乐设备	362.8	
其他娱乐用品	9.7	
胶印机	831.7	3474.7
印刷机	3.8	-66.7
广播电视节目制作设备	75.6	-35.0
电影制作及放映设备	67.5	

旅游业发展情况

11—22

指标名称	2017 年	2016 年	2015 年	2014 年
国内游客（万人次）	9216.4	7628.4	6763.4	5778.6
旅游业总收入（亿元）	994.4	750.3	590.5	436.4
国内旅游收入（亿元）	988.1	745.8	584.7	432.2
创汇收入（万美元）	9460.1	6778.2	9362.9	6911.0
A 景区数量（家）	37	36	34	33
5A	1	1	1	1
4A	25	25	27	26
3A	7	7	4	4
2A	4	3	2	2
旅游星级饭店（家）	67	67	63	67
5 星级	5	5	4	4
4 星级	27	27	27	27
3 星级	28	28	25	29
2 星级	7	7	7	7
旅行社（家）	269	264	259	248
出境组团社	40	36	30	26
一般组团社	229	228	229	222

涉外旅游情况

11—23

指标名称	2017 年	2016 年	2015 年	2014 年
一、入境游客人数合计（人次）	204657	192553	185855	174682
1、外国人	174519	165599	156624	159558
2、香港同胞	18433	13423	13537	8871
3、澳门同胞	575	2680	792	905
4、台湾同胞	11130	10851	14902	5348
二、入境游客人天数合计（人天）	328483	278387	321231	363880
1、外国人	281600	242018	263275	327828
2、香港同胞	27879	17659	31885	21188
3、澳门同胞	782	3428	1563	2110
4、台湾同胞	18222	15282	24508	12754
三、创汇收入（万美元）	9460.1	6778.2	9362.9	6910.99

十二、教育　科技　文化

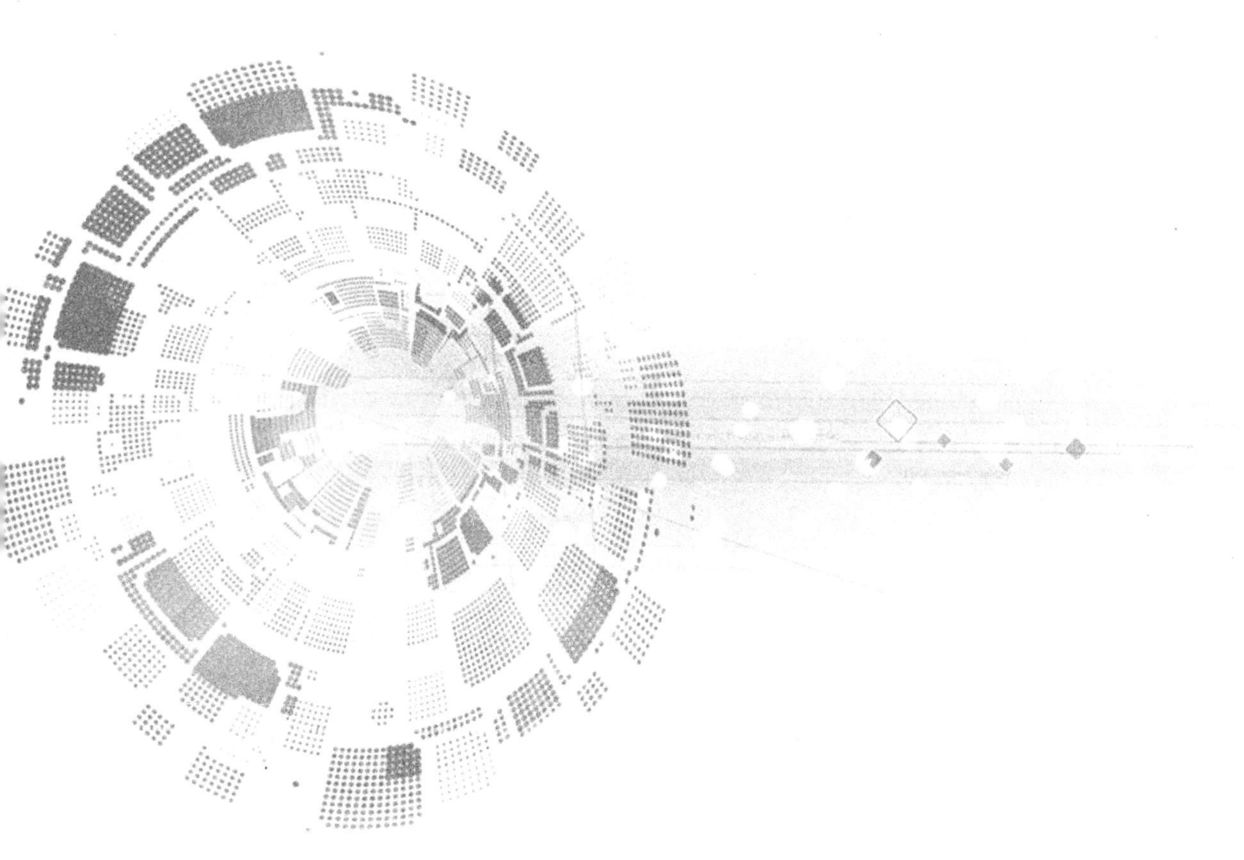

普通中学基本情况

12—1　　（2017 年）　　计量单位：人

行政单位	学校数（所）	毕业生数	普通初中	普通高中	招生人数	普通初中	普通高中
石家庄市	**378**	**149558**	**98895**	**50663**	**173563**	**114309**	**59254**
市　　区	162	72579	43538	29410	83577	49970	33607
# 长安区	23	8181	5921	2260	9135	6266	2869
桥西区	22	9239	6636	2603	12369	8025	4344
新华区	20	7960	6023	1937	8912	6321	2591
裕华区	10	7193	6154	1039	7916	6598	1318
矿　区	3	991	676	315	966	587	379
藁城区	27	9837	6584	3253	11397	7668	3729
鹿泉区	18	6233	4287	1946	6493	4599	1894
栾城区	12	4419	2604	1815	4821	3341	1480
高新区	8	5433	2189	3244	7204	4002	3202
循环化工园区	2	369	369		350	350	
井陉县	10	4622	3245	1377	4753	3285	1468
正定县	21	7966	5989	1977	9343	6835	2508
行唐县	17	7945	5326	2619	9579	6505	3074
灵寿县	15	5089	3922	1167	6276	4239	2037
高邑县	10	2683	1899	784	3792	2666	1126
深泽县	8	2473	1939	534	2897	2163	734
赞皇县	8	3658	3029	629	4603	3769	834
无极县	16	5690	4099	1591	6951	4861	2090
平山县	24	7398	5218	2180	8098	5730	2368
元氏县	15	7104	5234	1870	7298	5354	1944
赵　县	24	7934	5727	2207	8590	6036	2554
晋州市	20	6238	4364	1874	7608	5633	1975
新乐市	28	7810	5366	2444	10198	7263	2935

注：不含辛集市数据。

12—1 续表　　　　（2017 年）　　　　计量单位：人

行政单位	在校学生数			教职工数	
		普通初中	普通高中		# 专任教师
石家庄市	**484049**	**313663**	**170386**	**44462**	**35881**
市　　区	277454	135102	96780	22144	18095
# 长 安 区	25596	17029	8567	2890	2217
桥 西 区	31810	20852	10958	3320	2679
新 华 区	25438	17514	7924	2254	1906
裕 华 区	21538	17697	3841	1890	1651
矿　　区	2708	1635	1073	278	248
藁 城 区	31872	21229	10643	2742	2212
鹿 泉 区	18510	12911	5599	1885	1637
栾 城 区	13390	9311	4079	1466	1282
高 新 区	40498	9642	9827	2042	1509
循环化工园区	25596	1053		109	97
井 陉 县	13862	9290	4572	1141	964
正 定 县	26095	19021	7074	2409	1917
行 唐 县	27243	18719	8524	1919	1673
灵 寿 县	18286	12905	5381	1464	1130
高 邑 县	9763	6850	2913	798	678
深 泽 县	8369	6184	2185	649	602
赞 皇 县	12473	10294	2179	939	843
无 极 县	18836	13364	5472	1689	1324
平 山 县	23617	16237	7380	2408	1779
元 氏 县	21320	15368	5952	2086	1567
赵　　县	24141	16785	7356	2711	1926
晋 州 市	20699	14769	5930	1725	1556
新 乐 市	27463	18775	8688	2380	1827

职业中学基本情况

12—2　　（2017 年）　　计量单位：人

行政单位	学校数（所）	毕业生数	招生人数	在校学生数	教职工数	# 专任教师
石家庄市	**139**	**44522**	**66169**	**173982**	**11521**	**8348**
市　区	93	36410	55666	146916	7979	5493
# 长 安 区	10	1956	3307	9331	551	403
桥 西 区	13	3921	6252	13704	778	482
新 华 区	14	5127	13193	31276	1676	1090
裕 华 区	9	5466	8795	20828	877	485
矿　区	2	265	254	572	74	59
藁 城 区	5	1501	2167	5334	523	428
鹿 泉 区	7	1416	2598	4971	385	340
栾 城 区	4	1109	1850	4431	498	406
高 新 区	6	1483	989	2417	285	139
循环化工园区						
井 陉 县	3	460	298	987	217	179
正 定 县	8	1646	1476	3939	428	339
行 唐 县	2	113	282	511	157	109
灵 寿 县	5	222	935	1718	353	268
高 邑 县	2	149	134	410	123	107
深 泽 县	2	116	251	523	96	75
赞 皇 县	2	315	206	698	135	114
无 极 县	3	485	1020	2349	288	263
平 山 县	4	871	1738	3703	487	303
元 氏 县	6	785	1142	2980	304	268
赵　县	3	1526	1217	4132	366	346
晋 州 市	4	874	1093	3291	378	293
新 乐 市	2	550	711	1825	210	191

注：不含辛集市数据。

小学基本情况

12—3　　　　（2017 年）　　　　计量单位：人

行政单位	学校数（所）	毕业生数	招生人数	在校学生数	教职工数	# 专任教师
石家庄市	**1346**	**114560**	**149337**	**800253**	**42222**	**43383**
市　区	504	48789	68947	357354	17978	17982
# 长安区	59	7430	11056	55565	2482	2593
桥西区	53	8803	10879	59999	2823	2756
新华区	50	7071	9643	51457	2134	2110
裕华区	46	6217	8599	44578	2454	2411
矿　区	14	715	685	4175	426	383
藁城区	112	7671	12023	59212	3307	3169
鹿泉区	89	4732	6729	33672	1737	1703
栾城区	52	3504	5178	27711	1710	1666
高新区	22	2054	3362	16795	678	945
循环化工园区	7	443	584	2956	227	202
井陉县	50	3466	2807	18339	1283	1192
正定县	85	6021	8002	41246	2552	2644
行唐县	59	6495	7069	40388	2486	2241
灵寿县	81	4361	4584	26843	1954	1964
高邑县	42	2714	3652	18864	1160	1180
深泽县	33	2192	2933	16598	1021	981
赞皇县	48	4379	5166	29312	1727	1560
无极县	81	5629	7549	41910	2088	2143
平山县	63	5849	6976	38150	2107	2418
元氏县	70	5114	6576	34833	1900	2128
赵　县	56	6242	8137	46208	1646	2278
晋州市	81	5928	7927	40984	2321	2320
新乐市	93	7381	9012	49224	1999	2352

规模以上工业企业 R&D 活动基本情况

12—4 （2017 年） 计量单位：个

指标名称	企业数	# 有 R&D 活动单位数	# 有科技机构单位数
总　计	**2642**	**574**	**292**
一、按企业规模分组			
大型	61	37	33
中型	464	126	67
小型	1949	397	186
微型	168	14	6
二、按登记注册类型分组			
内资企业	2554	542	268
国有企业	14	5	3
集体企业	19		
股份合作企业	1		
联营企业			
国有联营企业			
集体联营企业			
国有与集体联营企业			
其他联营企业			
有限责任公司	241	98	62
国有独资公司	14	6	6
其他有限责任公司	227	92	56
股份有限公司	52	36	26
私营企业	2225	403	177
私营独资企业	86	6	
私营合伙企业	30	1	
私营有限责任公司	2055	365	162
私营股份有限公司	54	31	15
其他企业	2		
港、澳、台商投资企业	41	11	8
合资经营企业（港或澳、台资）	25	7	5
合作经营企业（港或澳、台资）	4		
港、澳、台商独资经营企业	10	3	2
港、澳、台商投资股份有限公司	2	1	1
其他港澳台投资企业			
外商投资企业	47	21	16
中外合资经营企业	25	11	8
中外合作经营企业	3	3	2
外资企业	18	7	5
外商投资股份有限公司	1		1
其他外商投资企业			

12—4 续表 1　　（2017 年）　　计量单位：个

指标名称	企业数	# 有 R&D 活动单位数	# 有科技机构单位数
三、按国民经济行业大类分组			
采矿业	25	1	
煤炭开采和洗选业	13		
石油和天然气开采业			
黑色金属矿采选业	4		
有色金属矿采选业			
非金属矿采选业	8	1	
开采辅助活动			
其他采矿业			
制造业	2578	569	291
农副食品加工业	161	26	11
食品制造业	70	12	7
酒、饮料和精制茶制造业	29	5	3
烟草制品业	1		
纺织业	238	21	11
纺织服装、服饰业	67	5	1
皮革、毛皮、羽毛及其制品和制鞋业	218	4	1
木材加工和木、竹、藤、棕、草制品业	43	4	1
家具制造业	34	5	4
造纸和纸制品业	41	4	
印刷和记录媒介复制业	55	7	4
文教、工美、体育和娱乐用品制造业	33	5	1
石油加工、炼焦和核燃料加工业	26	4	3
化学原料和化学制品制造业	328	98	50
医药制造业	92	61	35
化学纤维制造业	22	5	3
橡胶和塑料制品业	129	18	8
非金属矿物制品业	248	32	14
黑色金属冶炼和压延加工业	53	10	5
有色金属冶炼和压延加工业	19	3	1
金属制品业	130	26	14
通用设备制造业	138	46	24
专用设备制造业	122	57	27
汽车制造业	52	13	8
铁路、船舶、航空航天和其他运输设备制造业	18	9	6
电气机械和器材制造业	135	39	20
计算机、通信和其他电子设备制造业	49	35	17
仪器仪表制造业	15	10	9
其他制造业	3	2	1
废弃资源综合利用业	7	1	
金属制品、机械和设备修理业	2	2	2
电力、热力、燃气及水生产和供应业	39	4	1
电力、热力生产和供应业	32	4	1
燃气生产和供应业	3		
水的生产和供应业	4		

规模以上工业企业 R&D 活动人员情况

12—5　　　　（2017 年）　　　　计量单位：人

指标名称	R&D 人员合计	#1. 参加项目人员	2. 管理和服务人员	# 女性	# 研究人员	#1. 全时人员	2. 非全时人员
总　计	**28026**	**26100**	**1926**	**7947**	**8957**	**20046**	**7980**
一、按企业规模分组							
大型	13307	12343	964	4414	4356	9525	3782
中型	7540	7063	477	1700	2260	5380	2160
小型	7078	6596	482	1795	2312	5066	2012
微型	101	98	3	38	29	75	26
二、按登记注册类型分组							
内资企业	23841	22111	1730	6352	7343	16590	7251
国有企业	463	304	159	133	239	302	161
集体企业							
股份合作企业							
联营企业							
国有联营企业							
集体联营企业							
国有与集体联营企业							
其他联营企业							
有限责任公司	10065	9261	804	3113	3212	6274	3791
国有独资公司	2278	1892	386	899	1032	1405	873
其他有限责任公司	7787	7369	418	2214	2180	4869	2918
股份有限公司	2293	2215	78	587	637	1688	605
私营企业	11020	10331	689	2519	3255	8326	2694
私营独资企业	39	39		12	10	31	8
私营合伙企业	8	8		3	2	6	2
私营有限责任公司	8944	8308	636	1922	2654	6526	2418
私营股份有限公司	2029	1976	53	582	589	1763	266
其他企业							
港、澳、台商投资企业	2531	2419	112	879	923	2212	319
合资经营企业（港或澳、台资）	1052	1034	18	218	220	930	122
合作经营企业（港或澳、台资）							
港、澳、台商独资经营企业	1428	1336	92	651	682	1236	192
港、澳、台商投资股份有限公司	51	49	2	10	21	46	5
其他港澳台投资企业							
外商投资企业	1654	1570	84	716	691	1244	410
中外合资经营企业	271	196	75	66	72	211	60
中外合作经营企业	215	215		36	28	109	106
外资企业	1168	1159	9	614	591	924	244
外商投资股份有限公司							
其他外商投资企业							

12—5 续表　　　　（2017 年）　　　　计量单位：人

行业名称	R&D 人员合计	#1. 参加项目人员	2. 管理和服务人员	# 女性	# 研究人员	#1. 全时人员	2. 非全时人员
三、按国民经济行业大类分组							
采矿业	20	20		2	1	11	9
煤炭开采和洗选业							
石油和天然气开采业							
黑色金属矿采选业							
有色金属矿采选业							
非金属矿采选业	20	20		2	1	11	9
开采辅助活动							
其他采矿业							
制造业	27848	25924	1924	7927	8893	19954	7894
农副食品加工业	346	320	26	113	135	253	93
食品制造业	809	793	16	442	268	451	358
酒、饮料和精制茶制造业	133	96	37	37	32	92	41
烟草制品业							
纺织业	375	363	12	118	71	263	112
纺织服装、服饰业	811	784	27	383	125	533	278
皮革、毛皮、羽毛及其制品和制鞋业	245	244	1	86	18	87	158
木材加工和木、竹、藤、棕、草制品业	45	42	3	20	11	30	15
家具制造业	21	21		6	6	15	6
造纸和纸制品业	22	22		12	6	19	3
印刷和记录媒介复制业	398	385	13	46	77	303	95
文教、工美、体育和娱乐用品制造业	37	36	1	12	15	24	13
石油加工、炼焦和核燃料加工业	229	227	2	22	47	90	139
化学原料和化学制品制造业	3696	3337	359	1023	1127	2348	1348
医药制造业	5882	5488	394	2771	2711	4428	1454
化学纤维制造业	218	210	8	61	25	102	116
橡胶和塑料制品业	410	382	28	114	126	298	112
非金属矿物制品业	865	798	67	223	217	634	231
黑色金属冶炼和压延加工业	2015	1991	24	320	524	1779	236
有色金属冶炼和压延加工业	61	58	3	5	16	55	6
金属制品业	988	934	54	147	226	543	445
通用设备制造业	1374	1342	32	306	455	1049	325
专用设备制造业	3202	3079	123	493	895	2045	1157
汽车制造业	934	907	27	102	164	683	251
铁路、船舶、航空航天和其他运输设备制造业	671	444	227	172	274	572	99
电气机械和器材制造业	1708	1668	40	333	364	1421	287
计算机、通信和其他电子设备制造业	1405	1242	163	339	558	1151	254
仪器仪表制造业	530	459	71	103	190	389	141
其他制造业	23	23		3	3	21	2
废弃资源综合利用业	19	12	7	10	8	15	4
金属制品、机械和设备修理业	376	217	159	105	199	261	115
电力、热力、燃气及水生产和供应业	158	156	2	18	63	81	77
电力、热力生产和供应业	158	156	2	18	63	81	77
燃气生产和供应业							
水的生产和供应业							

规模以上工业企业 R&D 人员折合全时当量

12—6　　　　（2017 年）　　　　计量单位：人年

指标名称	R&D 人员折合全时当量合计	按活动类型分			
		# 研究人员	#1. 基础研究人员	2. 应用研究人员	3. 试验发展人员
总　计	**18135**	**6008**	**56**	**460**	**17620**
一、按企业规模分组					
大型	8754	3012	56	280	8419
中型	5055	1551		39	5016
小型	4259	1424		140	4118
微型	67	20			67
二、按登记注册类型分组					
内资企业	15066	4861	10	297	14759
国有企业	365	190			365
集体企业					
股份合作企业					
联营企业					
国有联营企业					
集体联营企业					
国有与集体联营企业					
其他联营企业					
有限责任公司	6235	2176		93	6142
国有独资公司	1801	853		51	1750
其他有限责任公司	4434	1323		42	4392
股份有限公司	1428	419		80	1348
私营企业	7038	2074	10	124	6904
私营独资企业	16	3			16
私营合伙企业	4	1			4
私营有限责任公司	5689	1646		81	5608
私营股份有限公司	1330	425	10	43	1276
其他企业					
港、澳、台商投资企业	1800	610		42	1758
合资经营企业（港或澳、台资）	948	206		42	906
合作经营企业（港或澳、台资）					
港、澳、台商独资经营企业	805	384			805
港、澳、台商投资股份有限公司	47	19			47
其他港澳台投资企业					
外商投资企业	1269	537	46	121	1103
中外合资经营企业	220	57			220
中外合作经营企业	107	6			107
外资企业	943	474	46	121	777
外商投资股份有限公司					
其他外商投资企业					

12—6 续表　　　　（2017 年）　　　　计量单位：人年

行业名称	R&D 人员折合全时当量合计	按活动类型分			
		# 研究人员	#1. 基础研究人员	2. 应用研究人员	3. 试验发展人员
三、按国民经济行业大类分组					
采矿业	8				8
煤炭开采和洗选业					
石油和天然气开采业					
黑色金属矿采选业					
有色金属矿采选业					
非金属矿采选业	8				8
开采辅助活动					
其他采矿业					
制造业	18036	5964	56	441	17539
农副食品加工业	197	74			197
食品制造业	319	108		3	316
酒、饮料和精制茶制造业	117	29			117
烟草制品业					
纺织业	233	40		2	231
纺织服装、服饰业	180	28		7	174
皮革、毛皮、羽毛及其制品和制鞋业	108	5		9	99
木材加工和木、竹、藤、棕、草制品业	29	7		4	25
家具制造业	6	2			6
造纸和纸制品业	11	3			11
印刷和记录媒介复制业	267	52		14	253
文教、工美、体育和娱乐用品制造业	12	4			12
石油加工、炼焦和核燃料加工业	105	23			105
化学原料和化学制品制造业	2406	756		15	2392
医药制造业	4152	1950	56	183	3913
化学纤维制造业	93	11			93
橡胶和塑料制品业	275	81			275
非金属矿物制品业	349	94			349
黑色金属冶炼和压延加工业	1326	322		31	1295
有色金属冶炼和压延加工业	47	12			47
金属制品业	600	130		31	568
通用设备制造业	980	339		35	945
专用设备制造业	2339	678		3	2336
汽车制造业	471	85			471
铁路、船舶、航空航天和其他运输设备制造业	414	172		27	387
电气机械和器材制造业	1450	306		71	1378
计算机、通信和其他电子设备制造业	940	387		5	935
仪器仪表制造业	289	99			289
其他制造业	7	1			7
废弃资源综合利用业	2	1			2
金属制品、机械和设备修理业	313	166			313
电力、热力、燃气及水生产和供应业	91	43		19	72
电力、热力生产和供应业	91	43		19	72
燃气生产和供应业					
水的生产和供应业					

规模以上工业企业 R&D 经费内部支出来源情况

12—7　　　　（2017 年）　　　　计量单位：万元

指标名称	R&D 经费内部支出合计	# 政府资金	# 企业资金	# 境外资金	# 其他资金
总　计	**802227.2**	**25880.9**	**769224.4**	**203.4**	**6918.5**
一、按企业规模分组					
大型	455636.4	13797.4	440442.2	173.4	1223.4
中型	180282.0	6332.8	170181.2	30.0	3738.0
小型	164256.8	5688.2	156612.5		1956.1
微型	2052.0	62.5	1988.5		1.0
二、按登记注册类型分组					
内资企业	644828.9	22076.1	615649.4	203.4	6900.0
国有企业	10950.8	6064.0	4886.3		0.5
集体企业					
股份合作企业					
联营企业					
国有联营企业					
集体联营企业					
国有与集体联营企业					
其他联营企业					
有限责任公司	200847.7	7758.0	189866.8	173.4	3049.5
国有独资公司	44773.0	3754.9	40670.9	173.4	173.8
其他有限责任公司	156074.7	4003.1	149195.9		2875.7
股份有限公司	55153.6	2109.4	52899.3		144.9
私营企业	377876.8	6144.7	367997.0	30.0	3705.1
私营独资企业	908.8		908.8		
私营合伙企业	113.2		113.2		
私营有限责任公司	330766.6	5150.6	322327.8		3288.2
私营股份有限公司	46088.2	994.1	44647.2	30.0	416.9
其他企业					
港、澳、台商投资企业	110398.1	2031.7	108366.4		
合资经营企业（港或澳、台资）	34737.0	141.9	34595.1		
合作经营企业（港或澳、台资）					
港、澳、台商独资经营企业	74811.4	1798.2	73013.2		
港、澳、台商投资股份有限公司	849.7	91.6	758.1		
其他港澳台投资企业					
外商投资企业	47000.2	1773.1	45208.6		18.5
中外合资经营企业	6852.1	25.0	6808.6		18.5
中外合作经营企业	4900.8		4900.8		
外资企业	35247.3	1748.1	33499.2		
外商投资股份有限公司					
其他外商投资企业					

12—7 续表　　（2017 年）　　计量单位：万元

行业名称	R&D 经费内部支出合计	# 政府资金	# 企业资金	# 境外资金	# 其他资金
三、按国民经济行业大类分组					
采矿业	250.0		250.0		
煤炭开采和洗选业					
石油和天然气开采业					
黑色金属矿采选业					
有色金属矿采选业					
非金属矿采选业	250.0		250.0		
开采辅助活动					
其他采矿业					
制造业	798486.9	25880.9	765484.1	203.4	6918.5
农副食品加工业	10281.1	143.0	9623.2		514.9
食品制造业	32620.8	322.7	32267.9		30.2
酒、饮料和精制茶制造业	2370.0		2370.0		
烟草制品业					
纺织业	13408.7	60.0	13212.8		135.9
纺织服装、服饰业	9488.5	60.0	8602.1		826.4
皮革、毛皮、羽毛及其制品和制鞋业	8011.9		8010.9		1.0
木材加工和木、竹、藤、棕、草制品业	1098.4	3.0	1095.4		
家具制造业	231.6	5.0	226.6		
造纸和纸制品业	267.6		267.6		
印刷和记录媒介复制业	5113.6	116.2	4553.8		443.6
文教、工美、体育和娱乐用品制造业	1540.7		1452.4		88.3
石油加工、炼焦和核燃料加工业	4762.8		4762.8		
化学原料和化学制品制造业	98432.7	1940.2	95639.1		853.4
医药制造业	189346.7	8173.1	180820.1	173.4	180.1
化学纤维制造业	2954.5	2.0	2952.5		
橡胶和塑料制品业	15449.1	176.7	15272.4		
非金属矿物制品业	15493.1	165.6	14184.9		1142.6
黑色金属冶炼和压延加工业	163805.2	102.9	163702.3		
有色金属冶炼和压延加工业	1594.0	25.0	1569.0		
金属制品业	18080.2	864.9	16080.3		1135.0
通用设备制造业	23340.0	354.5	22952.7		32.8
专用设备制造业	56002.1	1564.0	53990.8		447.3
汽车制造业	13427.3		13427.3		
铁路、船舶、航空航天和其他运输设备制造业	13892.8	1006.0	12856.8	30.0	
电气机械和器材制造业	33836.7	711.2	33063.3		62.2
计算机、通信和其他电子设备制造业	41895.7	3158.2	37712.7		1024.8
仪器仪表制造业	8085.6	804.7	7280.9		
其他制造业	2434.2	18.0	2416.2		
废弃资源综合利用业	351.0	40.0	311.0		
金属制品、机械和设备修理业	10870.3	6064.0	4806.3		
电力、热力、燃气及水生产和供应业	3490.3		3490.3		
电力、热力生产和供应业	3490.3		3490.3		
燃气生产和供应业					
水的生产和供应业					

规模以上工业企业 R&D 经费支出情况

12—8　　（2017 年）　　计量单位：万元

指标名称	R&D 经费内部支出合计	一、按活动类型分组			二、按支出用途分组		R&D 经费外部支出
		1. 基础研究	2. 应用研究	3. 试验发展	1. 经常费支出	2. 资产性支出	
总　计	**802227.2**	**1424.1**	**13939.4**	**786863.7**	**716885.1**	**85342.1**	**66739.1**
一、按企业规模分组							
大型	455636.4	1424.1	9924.4	444287.9	421737.3	33899.1	56285.4
中型	180282.0		1266.0	179016.0	156616.8	23665.2	4677.7
小型	164256.8		2749.0	161507.8	136677.9	27578.9	5758.2
微型	2052.0			2052.0	1853.1	198.9	17.8
二、按登记注册类型分组							
内资企业	644828.9	63.2	6281.3	638484.4	571444.0	73384.9	20900.6
国有企业	10950.8			10950.8	9232.3	1718.5	238.1
集体企业							
股份合作企业							
联营企业							
国有联营企业							
集体联营企业							
国有与集体联营企业							
其他联营企业							
有限责任公司	200847.7		2106.5	198741.2	168207.9	32639.8	11097.3
国有独资公司	44773.0		1289.8	43483.2	34626.8	10146.2	7445.3
其他有限责任公司	156074.7		816.7	155258.0	133581.1	22493.6	3652.0
股份有限公司	55153.6		2319.3	52834.3	48956.1	6197.5	1361.9
私营企业	377876.8	63.2	1855.5	375958.1	345047.7	32829.1	8203.3
私营独资企业	908.8			908.8	273.0	635.8	
私营合伙企业	113.2			113.2	79.2	34.0	
私营有限责任公司	330766.6		1069.4	329697.2	301645.0	29121.6	4209.6
私营股份有限公司	46088.2	63.2	786.1	45238.9	43050.5	3037.7	3993.7
其他企业							
港、澳、台商投资企业	110398.1		1009.2	109388.9	106180.4	4217.7	32883.1
合资经营企业（港或澳、台资）	34737.0		1009.2	33727.8	34187.6	549.4	1374.6
合作经营企业（港或澳、台资）							
港、澳、台商独资经营企业	74811.4			74811.4	71143.1	3668.3	31499.9
港、澳、台商投资股份有限公司	849.7			849.7	849.7		8.6
其他港澳台投资企业							
外商投资企业	47000.2	1360.9	6648.9	38990.4	39260.7	7739.5	12955.4
中外合资经营企业	6852.1			6852.1	6507.9	344.2	501.6
中外合作经营企业	4900.8			4900.8	4839.9	60.9	75.4
外资企业	35247.3	1360.9	6648.9	27237.5	27912.9	7334.4	12378.4
外商投资股份有限公司							
其他外商投资企业							

12—8 续表　　　　（2017 年）　　　　计量单位：万元

行业名称	R&D 经费内部支出合计	一、按活动类型分组			二、按支出用途分组		R&D 经费外部支出
		1. 基础研究	2. 应用研究	3. 试验发展	1. 经常费支出	2. 资产性支出	
三、按国民经济行业大类分组							
采矿业	250.0			250.0	250.0		
煤炭开采和洗选业							
石油和天然气开采业							
黑色金属矿采选业							
有色金属矿采选业							
非金属矿采选业	250.0			250.0	250.0		
开采辅助活动							
其他采矿业							
制造业	798486.9	1424.1	13843.4	783219.4	713152.5	85334.4	66739.1
农副食品加工业	10281.1			10281.1	8319.4	1961.7	520.4
食品制造业	32620.8		54.6	32566.2	29744.8	2876.0	143.0
酒、饮料和精制茶制造业	2370.0			2370.0	2083.3	286.7	120.0
烟草制品业							
纺织业	13408.7		244.0	13164.7	11279.7	2129.0	53.5
纺织服装、服饰业	9488.5		180.4	9308.1	8911.9	576.6	634.5
皮革、毛皮、羽毛及其制品和制鞋业	8011.9		478.7	7533.2	6652.7	1359.2	7.8
木材加工和木、竹、藤、棕、草制品业	1098.4		120.0	978.4	318.4	780.0	27.2
家具制造业	231.6			231.6	182.8	48.8	
造纸和纸制品业	267.6			267.6	251.4	16.2	
印刷和记录媒介复制业	5113.6		142.3	4971.3	3977.8	1135.8	1264.7
文教、工美、体育和娱乐用品制造业	1540.7			1540.7	1231.5	309.2	
石油加工、炼焦和核燃料加工业	4762.8			4762.8	1139.6	3623.2	235.3
化学原料和化学制品制造业	98432.7		555.8	97876.9	89203.9	9228.8	3068.5
医药制造业	189346.7	1424.1	7709.9	180212.7	163881.7	25465.0	54281.3
化学纤维制造业	2954.5			2954.5	2100.5	854.0	162.4
橡胶和塑料制品业	15449.1			15449.1	13617.3	1831.8	503.4
非金属矿物制品业	15493.1			15493.1	12064.5	3428.6	384.8
黑色金属冶炼和压延加工业	163805.2		900.6	162904.6	161574.0	2231.2	142.1
有色金属冶炼和压延加工业	1594.0			1594.0	1330.1	263.9	
金属制品业	18080.2		497.8	17582.4	16774.7	1305.5	62.8
通用设备制造业	23340.0		526.0	22814.0	20849.7	2490.3	600.8
专用设备制造业	56002.1		93.0	55909.1	43439.7	12562.4	269.2
汽车制造业	13427.3			13427.3	12937.6	489.7	979.0
铁路、船舶、航空航天和其他运输设备制造业	13892.8		668.8	13224.0	12348.1	1544.7	1268.9
电气机械和器材制造业	33836.7		373.0	33463.7	30378.9	3457.8	569.7
计算机、通信和其他电子设备制造业	41895.7		1298.5	40597.2	38758.1	3137.6	993.2
仪器仪表制造业	8085.6			8085.6	7893.7	191.9	446.6
其他制造业	2434.2			2434.2	2376.7	57.5	
废弃资源综合利用业	351.0			351.0	351.0		
金属制品、机械和设备修理业	10870.3			10870.3	9179.0	1691.3	
电力、热力、燃气及水生产和供应业	3490.3		96.0	3394.3	3482.6	7.7	
电力、热力生产和供应业	3490.3		96.0	3394.3	3482.6	7.7	
燃气生产和供应业							
水的生产和供应业							

规模以上工业企业办科技机构情况

12—9　　(2017 年)　　计量单位：个、人、万元

指标名称	机构数	机构人员合计	机构经费支出	机构内仪器和设备原价
总　计	**345**	**19150**	**461963.3**	**605735.9**
一、按企业规模分组				
大型	44	9268	309034.3	172752.8
中型	87	5507	90466.0	86392.8
小型	208	4341	62183.0	346446.3
微型	6	34	280.0	144.0
二、按登记注册类型分组				
内资企业	312	14938	320579.2	543786.0
国有企业	3	485	4369.0	2246.2
集体企业				
股份合作企业				
联营企业				
国有联营企业				
集体联营企业				
国有与集体联营企业				
其他联营企业				
有限责任公司	76	5678	120486.4	99987.4
国有独资公司	6	807	27100.7	16970.4
其他有限责任公司	70	4871	93385.7	83017.0
股份有限公司	36	1717	35611.0	42701.4
私营企业	197	7058	160112.8	398851.0
私营独资企业				
私营合伙企业				
私营有限责任公司	180	5810	138109.6	385763.6
私营股份有限公司	17	1248	22003.2	13087.4
其他企业				
港、澳、台商投资企业	11	2894	104447.7	21030.3
合资经营企业（港或澳、台资）	8	1378	45644.0	7439.7
合作经营企业（港或澳、台资）				
港、澳、台商独资经营企业	2	1442	57734.3	12507.1
港、澳、台商投资股份有限公司	1	74	1069.4	1083.5
其他港澳台投资企业				
外商投资企业	22	1318	36936.4	40919.6
中外合资经营企业	8	274	6211.4	7995.8
中外合作经营企业	4	75	2806.6	1877.7
外资企业	9	964	27917.3	31034.4
外商投资股份有限公司	1	5	1.1	11.7
其他外商投资企业				

12—9 续表　　（2017 年）　　计量单位：个、人、万元

指标名称	机构数	机构人员合计	机构经费支出	机构内仪器和设备原价
三、按国民经济行业大类分组				
采矿业				
煤炭开采和洗选业				
石油和天然气开采业				
黑色金属矿采选业				
有色金属矿采选业				
非金属矿采选业				
开采辅助活动				
其他采矿业				
制造业	344	19116	460820.2	605635.9
农副食品加工业	11	187	4376.8	3889.7
食品制造业	8	301	5460.5	10205.2
酒、饮料和精制茶制造业	3	161	2060.6	2327.1
烟草制品业				
纺织业	13	442	10654.4	18877.3
纺织服装、服饰业	1	320	9541.8	19429.7
皮革、毛皮、羽毛及其制品和制鞋业	1	87	3892.1	812.8
木材加工和木、竹、藤、棕、草制品业	1	7	15.0	189.0
家具制造业	4	16	193.4	28.0
造纸和纸制品业				
印刷和记录媒介复制业	4	183	2960.8	2649.8
文教、工美、体育和娱乐用品制造业	1	7	68.9	40.2
石油加工、炼焦和核燃料加工业	3	267	13231.5	11562.1
化学原料和化学制品制造业	60	2465	58668.8	43168.5
医药制造业	45	3992	126215.8	343459.0
化学纤维制造业	3	57	402.0	131.0
橡胶和塑料制品业	8	208	1093.6	1087.3
非金属矿物制品业	14	367	4717.9	25771.9
黑色金属冶炼和压延加工业	8	1997	96926.9	19812.9
有色金属冶炼和压延加工业	1	67	565.9	1178.8
金属制品业	19	577	8538.7	13069.6
通用设备制造业	30	982	13501.0	10733.6
专用设备制造业	31	2195	30654.7	20977.9
汽车制造业	11	249	3382.6	6604.7
铁路、船舶、航空航天和其他运输设备制造业	8	424	3310.9	6089.6
电气机械和器材制造业	21	1433	25767.5	15248.7
计算机、通信和其他电子设备制造业	23	1040	20496.7	19040.0
仪器仪表制造业	9	641	9786.4	7418.5
其他制造业	1	3	20.0	10.0
废弃资源综合利用业				
金属制品、机械和设备修理业	2	441	4315.0	1823.0
电力、热力、燃气及水生产和供应业	1	34	1143.1	100.0
电力、热力生产和供应业	1	34	1143.1	100.0
燃气生产和供应业				
水的生产和供应业				

规模以上工业企业 R&D 项目和新产品项目情况

12—10　　（2017 年）　　计量单位：万元、项

指标名称	全部 R&D 项目经费内部支出	新产品开发项目数	新产品开发经费支出
总　计	**801225.9**	**2761**	**789734.3**
一、按企业规模分组			
大型	455059.0	1004	476983.6
中型	180182.5	689	164491.6
小型	163937.2	1056	146265.2
微型	2047.2	12	1993.9
二、按登记注册类型分组			
内资企业	644289.9	2301	627949
国有企业	10950.8	29	11407.2
集体企业			
股份合作企业			
联营企业			
国有联营企业			
集体联营企业			
国有与集体联营企业			
其他联营企业			
有限责任公司	200687.1	852	182821.4
国有独资公司	44665.0	146	43400.9
其他有限责任公司	156022.1	706	139420.5
股份有限公司	55129.9	294	55251.2
私营企业	377522.1	1126	378469.6
私营独资企业	908.7	8	195.1
私营合伙企业	113.2		
私营有限责任公司	330413.0	868	335222.0
私营股份有限公司	46087.2	250	43052.5
其他企业			
港、澳、台商投资企业	109942.1	273	128250.5
合资经营企业（港或澳、台资）	34707.4	92	42701.2
合作经营企业（港或澳、台资）			
港、澳、台商独资经营企业	74385.0	169	84479.9
港、澳、台商投资股份有限公司	849.7	12	1069.4
其他港澳台投资企业			
外商投资企业	46993.9	187	33534.4
中外合资经营企业	6850.7	30	6227.5
中外合作经营企业	4900.8	23	2517.0
外资企业	35242.4	133	24758.7
外商投资股份有限公司		1	31.2
其他外商投资企业			

12—10 续表　　(2017 年)　　计量单位：万元、项

行业名称	全部 R&D 经费项目内部支出	新产品开发项目数	新产品开发经费支出
三、按国民经济行业大类分组			
采矿业	250.0	1	326.0
煤炭开采和洗选业			
石油和天然气开采业			
黑色金属矿采选业			
有色金属矿采选业			
非金属矿采选业	250.0	1	326.0
开采辅助活动			
其他采矿业			
制造业	797485.6	2759	789377.3
农副食品加工业	10274.5	26	9705.3
食品制造业	32611.1	115	37216.1
酒、饮料和精制茶制造业	2370	13	2466.7
烟草制品业			
纺织业	13402.8	83	15834.1
纺织服装、服饰业	9488.5	76	7654.6
皮革、毛皮、羽毛及其制品和制鞋业	8006.5	12	3413.4
木材加工和木、竹、藤、棕、草制品业	1098.4	12	1026.3
家具制造业	230.7	6	281.3
造纸和纸制品业	265.4	8	114.2
印刷和记录媒介复制业	5112.7	41	3803.9
文教、工美、体育和娱乐用品制造业	1536	3	215.3
石油加工、炼焦和核燃料加工业	4762.8	9	698.9
化学原料和化学制品制造业	98354.2	351	89575.4
医药制造业	188876.5	608	184875.2
化学纤维制造业	2951.3	11	3113.1
橡胶和塑料制品业	15374.4	58	16697.3
非金属矿物制品业	15449.8	46	6545.4
黑色金属冶炼和压延加工业	163799.1	141	186822.2
有色金属冶炼和压延加工业	1591.1	10	1402.5
金属制品业	18074.9	98	16616.2
通用设备制造业	23232.9	139	21555.1
专用设备制造业	55952.4	306	56759.1
汽车制造业	13426.3	87	15056.5
铁路、船舶、航空航天和其他运输设备制造业	13806.6	62	10836.7
电气机械和器材制造业	33818.4	136	33219.0
计算机、通信和其他电子设备制造业	41886.2	165	42452.4
仪器仪表制造业	8085.4	117	10246.2
其他制造业	2425.4	1	210.0
废弃资源综合利用业	351		
金属制品、机械和设备修理业	10870.3	19	10964.9
电力、热力、燃气及水生产和供应业	3490.3	1	31.0
电力、热力生产和供应业	3490.3	1	31.0
燃气生产和供应业			
水的生产和供应业			

规模以上工业企业科技活动产出情况

12—11　　　　（2017 年）　　　　计量单位：项、件、万元

行业名称	自主知识产权情况			新产品生产和销售情况	
	专利申请数	发明专利申请数	有效发明专利数	新产品产值	新产品销售收入
总　计	**2142**	**819**	**3616**	**5907767.6**	**5869939.1**
一、按企业规模分组					
大型	536	252	1319	3571203.2	3483158.2
中型	840	271	956	1303065.4	1375550.1
小型	758	292	1317	1000537.7	977839.2
微型	8	4	24	32961.3	33391.6
二、按登记注册类型分组					
内资企业	1931	726	3048	4030390.7	3999892.4
国有企业	36	8	32	38758.9	38758.9
集体企业					
股份合作企业					
联营企业					
国有联营企业					
集体联营企业					
国有与集体联营企业					
其他联营企业					
有限责任公司	897	356	1184	1621034.0	1530557.3
国有独资公司	137	60	307	516049.2	400951.7
其他有限责任公司	760	296	877	1104984.8	1129605.6
股份有限公司	215	70	329	558271.6	565150.9
私营企业	783	292	1503	1812326.2	1865425.3
私营独资企业	2	2	4	2208.1	2208.1
私营合伙企业					
私营有限责任公司	547	222	971	1536317.0	1500873.9
私营股份有限公司	234	68	528	273801.1	362343.3
其他企业					
港、澳、台商投资企业	137	55	382	1301540.4	1303125.5
合资经营企业（港或澳、台资）	103	27	56	436350.7	425473.5
合作经营企业（港或澳、台资）					
港、澳、台商独资经营企业	26	25	324	858608.9	871636.2
港、澳、台商投资股份有限公司	8	3	2	6580.8	6015.8
其他港澳台投资企业					
外商投资企业	74	38	186	575836.5	566921.2
中外合资经营企业	10	3	35	38557.1	38535.6
中外合作经营企业	6		21	119148.7	105285.4
外资企业	58	35	109	418071.4	423084.5
外商投资股份有限公司			21	59.3	15.7
其他外商投资企业					

12—11 续表　　（2017 年）　　计量单位：项、件、万元

行业名称	自主知识产权情况			新产品生产和销售情况	
	专利申请数	发明专利申请数	有效发明专利数	新产品产值	新产品销售收入
三、按国民经济行业大类分组					
采矿业					760.0
煤炭开采和洗选业					
石油和天然气开采业					
黑色金属矿采选业					
有色金属矿采选业					
非金属矿采选业					760.0
开采辅助活动					
其他采矿业					
制造业	2142	819	3614	5907767.6	5869179.1
农副食品加工业	35	16	39	93913.0	95483.8
食品制造业	51	36	74	211789.8	209954.6
酒、饮料和精制茶制造业	9	9	9	8446.1	8012.9
烟草制品业					
纺织业	20	4	11	171298.6	177096.8
纺织服装、服饰业	40	15	54	91231.6	87040.0
皮革、毛皮、羽毛及其制品和制鞋业	50	5	25	14484.3	14495.9
木材加工和木、竹、藤、棕、草制品业	16				
家具制造业				26882.8	26085.4
造纸和纸制品业	1	1	1		
印刷和记录媒介复制业	9	5	55	23076.2	21068.6
文教、工美、体育和娱乐用品制造业	5	5	5	3233.9	3339.0
石油加工、炼焦和核燃料加工业	7	5	63	43500.2	45204.1
化学原料和化学制品制造业	263	157	631	758461.9	716960.8
医药制造业	239	147	1062	1935089.7	1912519.4
化学纤维制造业	2	2	1	19856.8	31082.5
橡胶和塑料制品业	40	12	29	37842.9	57778.3
非金属矿物制品业	60	14	38	113139.6	112164.1
黑色金属冶炼和压延加工业	75	30	20	354832.3	340644.4
有色金属冶炼和压延加工业			2	18735.2	18456.0
金属制品业	95	32	174	100210.7	109323.7
通用设备制造业	145	45	318	174366.0	177542.0
专用设备制造业	538	135	443	443431.3	449942.6
汽车制造业	66	8	73	57612.5	121197.5
铁路、船舶、航空航天和其他运输设备制造业	68	21	78	73304.4	69711.7
电气机械和器材制造业	100	47	217	691253.2	623619.0
计算机、通信和其他电子设备制造业	125	50	113	282313.8	277838.7
仪器仪表制造业	46	12	49	121915.9	121904.4
其他制造业					3067.2
废弃资源综合利用业					
金属制品、机械和设备修理业	37	6	30	37544.9	37645.7
电力、热力、燃气及水生产和供应业			2		
电力、热力生产和供应业			2		
燃气生产和供应业					
水的生产和供应业					

规模以上工业企业技术改造和技术获取情况

12—12　（2017 年）　计量单位：万元

指标名称	技术改造经费支出	技术引进经费支出	消化吸收经费支出	购买国内技术经费支出
总　计	**240750.3**	**67285.5**	**7592.8**	**14406.8**
一、按企业规模分组				
大型	170283.4	5873.5	7482.8	8798.5
中型	61136.8	61059.0	110.0	2925.7
小型	9330.1	353.0		2682.6
微型				
二、按登记注册类型分组				
内资企业	228242.5	64150.0	3916.3	11097.8
国有企业	378.0			
集体企业				
股份合作企业				
联营企业				
国有联营企业				
集体联营企业				
国有与集体联营企业				
其他联营企业				
有限责任公司	74869.0	63797.0	3916.3	6314.4
国有独资公司	11956.0	642.3	1054.6	1713.6
其他有限责任公司	62913.0	63154.7	2861.7	4600.8
股份有限公司	116755.1			30.0
私营企业	36240.4	353.0		4753.4
私营独资企业				
私营合伙企业				
私营有限责任公司	35529.2	353.0		4620.4
私营股份有限公司	711.2			133.0
其他企业				
港、澳、台商投资企业	6219.1	3135.5	3676.5	2855.0
合资经营企业（港或澳、台资）	3163.3	110.0	110.0	
合作经营企业（港或澳、台资）				
港、澳、台商独资经营企业	3055.8	3025.5	3566.5	2855.0
港、澳、台商投资股份有限公司				
其他港澳台投资企业				
外商投资企业	6288.7			454.0
中外合资经营企业	50.0			
中外合作经营企业				
外资企业	6238.7			454.0
外商投资股份有限公司				
其他外商投资企业				

12—12 续表　　（2017 年）　　计量单位：万元

行业名称	技术改造经费支出	技术引进经费支出	消化吸收经费支出	购买国内技术经费支出
三、按国民经济行业大类分组				
采矿业				
煤炭开采和洗选业				
石油和天然气开采业				
黑色金属矿采选业				
有色金属矿采选业				
非金属矿采选业				
开采辅助活动				
其他采矿业				
制造业	210685.4	6532.5	7592.8	14406.8
农副食品加工业	227.0			1600.0
食品制造业	2351.5	1100.0		
酒、饮料和精制茶制造业				
烟草制品业				
纺织业	40428.1			
纺织服装、服饰业	3482.1	1105.7	2861.7	3642.9
皮革、毛皮、羽毛及其制品和制鞋业				
木材加工和木、竹、藤、棕、草制品业				
家具制造业				
造纸和纸制品业				
印刷和记录媒介复制业	1367.0			
文教、工美、体育和娱乐用品制造业				
石油加工、炼焦和核燃料加工业	86033.6			
化学原料和化学制品制造业	12991.0	196.0		10.5
医药制造业	21197.0	3667.8	4621.1	6703.0
化学纤维制造业	42.0			
橡胶和塑料制品业	503.0			
非金属矿物制品业	125.6			
黑色金属冶炼和压延加工业	11451.0			
有色金属冶炼和压延加工业				
金属制品业	2416.4			368.4
通用设备制造业	1777.7	113.0	110.0	
专用设备制造业	22307.5			926.8
汽车制造业	31.6			
铁路、船舶、航空航天和其他运输设备制造业	40.0			813.3
电气机械和器材制造业	265.0	350.0		
计算机、通信和其他电子设备制造业	1049.8			
仪器仪表制造业	2110.9			83.6
其他制造业				
废弃资源综合利用业				
金属制品、机械和设备修理业	487.6			258.3
电力、热力、燃气及水生产和供应业	30064.9	60753.0		
电力、热力生产和供应业	30064.9	60753.0		
燃气生产和供应业				
水的生产和供应业				

分县（市、区）规模以上工业企业 R&D 活动基本情况

12—13 （2017 年） 计量单位：个

行政单位	企业数	#有 R&D 活动单位数	#有科技机构单位数
石家庄市	**2642**	**574**	**292**
市　区	987	273	152
#长安区	18	6	7
桥西区	10	4	3
新华区	12	6	3
裕华区	12	8	4
矿　区	34	7	3
藁城区	393	63	20
鹿泉区	194	61	27
栾城区	155	29	22
高新区	125	75	56
循环化工园区	31	11	6
井陉县	51	12	5
正定县	147	50	22
行唐县	77	7	7
灵寿县	69	12	6
高邑县	71	13	2
深泽县	82	7	2
赞皇县	61	10	6
无极县	116	10	5
平山县	23	4	3
元氏县	76	16	6
赵　县	109	37	18
晋州市	272	66	34
新乐市	186	42	9
辛集市	315	15	15

分县（市、区）规模以上工业企业 R&D 活动人员情况

12—14　　（2017 年）　　计量单位：人

行政单位	R&D 人员合计	#1. 参加项目人员	2. 管理和服务人员	# 女性	# 研究人员	#1. 全时人员	2. 非全时人员
石家庄市	**28026**	**26100**	**1926**	**7947**	**8957**	**20046**	**7980**
市　　区	19298	17949	1349	5626	6584	13840	5458
#长安区	897	877	20	212	165	753	144
桥西区	485	478	7	46	166	317	168
新华区	178	152	26	55	56	149	29
裕华区	356	346	10	88	100	255	101
矿　区	727	722	5	69	65	193	534
藁城区	1980	1792	188	461	489	1362	618
鹿泉区	3253	2813	440	853	1070	2221	1032
栾城区	1888	1689	199	527	694	1412	476
高新区	7272	7094	178	2258	2705	5806	1466
循环化工园区	757	684	73	369	280	477	280
井陉县	868	834	34	392	142	554	314
正定县	1530	1482	48	350	378	1207	323
行唐县	83	68	15	20	34	65	18
灵寿县	251	242	9	74	63	188	63
高邑县	192	169	23	78	51	163	29
深泽县	183	177	6	50	46	105	78
赞皇县	370	288	82	63	119	217	153
无极县	105	103	2	33	43	79	26
平山县	1361	1340	21	193	409	1181	180
元氏县	1178	942	236	184	375	676	502
赵　县	674	624	50	184	185	421	253
晋州市	558	538	20	159	162	419	139
新乐市	943	936	7	415	263	562	381
辛集市	432	408	24	126	103	369	63

分县（市、区）规模以上工业企业 R&D 人员折合全时当量

12—15　　（2017 年）　　计量单位：人年

行政单位	R&D 人员折合全时当量合计	按活动类型分			
		# 研究人员	#1. 基础研究人员	2. 应用研究人员	3. 试验发展人员
石家庄市	**18135**	**6008**	**56**	**460**	**17620**
市　区	13508	4685	56	416	13036
# 长安区	770	131		27	743
桥西区	246	98			246
新华区	136	45			136
裕华区	249	64		14	234
矿　区	377	29			377
藁城区	1120	271		39	1081
鹿泉区	1860	650		14	1846
栾城区	1382	530	46	141	1195
高新区	5628	2027	10	162	5456
循环化工园区	458	161			458
井陉县	199	33		7	192
正定县	1038	278		31	1007
行唐县	53	22			53
灵寿县	112	26			112
高邑县	61	12		3	58
深泽县	109	31			109
赞皇县	208	68			208
无极县	39	14			39
平山县	758	226			758
元氏县	908	297			908
赵　县	382	102		3	379
晋州市	298	86		1	297
新乐市	256	70			256
辛集市	207	56			207

分县（市、区）规模以上工业企业 R&D 经费内部支出来源情况

12—16　　　　（2017 年）　　　　计量单位：万元

行政单位	R&D 经费内部支出合计	# 政府资金	# 企业资金	# 境外资金	# 其他资金
石家庄市	**802227.2**	**25880.9**	**769224.4**	**203.4**	**6918.5**
市　区	492054.2	22867.2	466399.5	173.4	2614.1
# 长安区	35577.6	443.9	35113.1		20.6
桥西区	4969.8	47.0	4922.8		
新华区	1917.7	70.0	1847.7		
裕华区	5494.3	180.5	5140.0		173.8
矿　区	8025.3	110.0	7885.3		30.0
藁城区	47992.4	1181.6	45514.8		1296.0
鹿泉区	103802.7	9602.6	93266.3		933.8
栾城区	49365.6	3133.2	46170.2		62.2
高新区	190112.7	5050.1	184964.9		97.7
循环化工园区	13096.7	274.4	12822.3		
井陉县	11335.0	360.0	10046.2		928.8
正定县	49103.6	1246.4	47785.3		71.9
行唐县	1926.3	216.1	1604.3		105.9
灵寿县	2979.7		2961.2		18.5
高邑县	3975.6	267.7	3705.9		2.0
深泽县	2298.4	119.0	2179.4		
赞皇县	9378.3	75.4	7925.9		1377.0
无极县	10079.4	95.0	9984.4		
平山县	140688.6		140688.6		
元氏县	34025.5	72.6	33928.3		24.6
赵　县	13601.7	275.0	12589.4		737.3
晋州市	11964.4	110.0	11345.7		508.7
新乐市	13242.6	49.8	12695.9		496.9
辛集市	5573.9	126.7	5384.4	30.0	32.8

分县（市、区）规模以上工业企业 R&D 经费支出情况

12—17　　（2017 年）　　计量单位：万元

行政单位	R&D 经费内部支出合计	一、按活动类型分组			二、按支出用途分组		R&D 经费外部支出
		1. 基础研究	2. 应用研究	3. 试验发展	1. 经常费支出	2. 资产性支出	
石家庄市	**802227.2**	**1424.1**	**13939.4**	**786863.7**	**716885.1**	**85342.1**	**66739.1**
市　区	492054.2	1424.1	12890.0	477740.1	436269.4	55784.8	60540.6
#长安区	35577.6		988.4	34589.2	34761.5	816.1	207.6
桥西区	4969.8			4969.8	4885.6	84.2	
新华区	1917.7			1917.7	1757.7	160.0	100.0
裕华区	5494.3		142.3	5352.0	5250.9	243.4	1265.9
矿　区	8025.3			8025.3	3623.8	4401.5	
藁城区	47992.4		1102.8	46889.6	44914.8	3077.6	928.8
鹿泉区	103802.7		1742.0	102060.7	93701.5	10101.2	1225.8
栾城区	49365.6	1360.9	6323.8	41680.9	46065.9	3299.7	8002.5
高新区	190112.7	63.2	2494.7	187554.8	168154.2	21958.5	43347.0
循环化工园区	13096.7			13096.7	11243.1	1853.6	555.1
井陉县	11335.0		180.4	11154.6	10301.5	1033.5	760.5
正定县	49103.6		592.0	48511.6	41135.4	7968.2	306.8
行唐县	1926.3			1926.3	1688.9	237.4	14.4
灵寿县	2979.7			2979.7	2755.0	224.7	529.0
高邑县	3975.6		128.7	3846.9	3263.0	712.6	33.8
深泽县	2298.4			2298.4	2132.9	165.5	202.7
赞皇县	9378.3			9378.3	5520.5	3857.8	607.8
无极县	10079.4			10079.4	7711.4	2368.0	0.3
平山县	140688.6			140688.6	138661.0	2027.6	
元氏县	34025.5			34025.5	31347.1	2678.4	1912.3
赵　县	13601.7		134.0	13467.7	11751.9	1849.8	964.6
晋州市	11964.4		14.3	11950.1	7409.5	4554.9	30.1
新乐市	13242.6			13242.6	11966.4	1276.2	198.4
辛集市	5573.9			5573.9	4971.2	602.7	637.8

分县（市、区）规模以上工业企业办科技机构情况

12—18　　（2017 年）　　计量单位：个、人、万元

行政单位	机构数	机构人员合计	机构经费支出	机构内仪器和设备原价
石家庄市	**345**	**19150**	**461963.3**	**605735.9**
市　区	188	14198	327472.1	216276.3
#长安区	10	1378	49690.5	25980.1
桥西区	3	267	4510.4	1337.3
新华区	3	87	728.7	3383.5
裕华区	4	213	4107.1	3573.6
矿　区	5	352	14163.3	12542.1
藁城区	23	851	16502.6	10214.1
鹿泉区	36	1914	32223.5	30061.9
栾城区	22	1626	38890.9	37881.8
高新区	70	6686	143052.8	68500.4
循环化工园区	11	514	5492.8	12205.7
井陉县	5	361	9802.2	19644.7
正定县	26	809	19663.3	18989.1
行唐县	7	143	1036.5	1143.8
灵寿县	7	185	1892.6	918.0
高邑县	2	24	65.6	391.3
深泽县	2	34	20.0	197.8
赞皇县	6	164	2890.1	3176.4
无极县	5	34	1937.8	827.7
平山县	5	1062	59390.6	32841.1
元氏县	8	676	18975.8	8812.6
赵　县	22	354	5840.4	283535.4
晋州市	35	404	3756.3	6774.8
新乐市	11	229	3415.6	5231.2
辛集市	16	473	5804.4	6975.7

分县（市、区）规模以上工业企业新产品项目情况

12—19 （2017 年） 计量单位：项、万元

行政单位	新产品开发项目数	新产品开发经费支出
石家庄市	**2761**	**789734.3**
市　区	1858	480611
#长安区	150	48315.0
桥西区	64	4555.4
新华区	15	2095.0
裕华区	41	4318.2
矿　区	28	2816.2
藁城区	183	45012.2
鹿泉区	318	102426.8
栾城区	159	30678.7
高新区	714	195249.1
循环化工园区	88	11034.3
井陉县	80	8454.1
正定县	161	48158.4
行唐县	16	1555.3
灵寿县	57	2991.7
高邑县	10	1128.5
深泽县	27	1925.2
赞皇县	10	7033.7
无极县	11	5279.5
平山县	65	152731.4
元氏县	62	33186.0
赵　县	149	14216.2
晋州市	96	14454.7
新乐市	89	12574.6
辛集市	70	5434.0

分县（市、区）规模以上工业企业科技活动产出情况

12—20　　（2017 年）　　计量单位：项、件、万元

行政单位	自主知识产权情况			新产品生产和销售情况	
	专利申请数	发明专利申请数	有效发明专利数	新产品产值	新产品销售收入
石家庄市	**2142**	**819**	**3616**	**5907767.6**	**5869939.1**
市　区	1619	626	2917	4683827.9	4678306
#长安区	109	39	64	456617.1	448473.5
桥西区	23	8	42	51550.8	50680.6
新华区	11		9	18343.1	18153.4
裕华区	17	15	46	40206.3	47252.6
矿　区			2	56839.7	57965.5
藁城区	128	35	256	132302.8	200378.0
鹿泉区	319	118	394	699658.7	694369.2
栾城区	152	91	357	473922.7	471146.1
高新区	781	269	1366	2141503.8	2189101.9
循环化工园区	38	25	162	178933.9	181933.7
井陉县	41	15	63	90157.2	85808.2
正定县	109	45	144	386754.0	374941.4
行唐县	4	1	24	22339.4	21745.1
灵寿县	10	4	17	9641.1	12776.6
高邑县	3	2	49	5527.3	5793.9
深泽县	15	3	20	19670.6	17588.4
赞皇县	17	8	22	65281.2	49356.3
无极县	25	6	15	34911.4	34649.4
平山县	20	6	13	53632.4	52030.2
元氏县	59	19	50	139429.1	134435.6
赵　县	62	28	69	168613.4	170300.1
晋州市	46	19	79	99721.3	107333.3
新乐市	66	25	63	74794.0	78914.0
辛集市	46	12	71	53467.3	45960.6

分县（市、区）规模以上工业企业技术改造和技术获取情况

12—21　　（2017 年）　　计量单位：万元

行政单位	技术改造经费支出	技术引进经费支出	消化吸收经费支出	购买国内技术经费支出
石家庄市	**240750.3**	**67285.5**	**7592.8**	**14406.8**
市　区	177392.8	66176.8	4731.1	7896.4
#长安区	44930.7	60753.0		
桥西区	826.0			10.5
新华区	49.8			
裕华区	1367.0			
矿　区	13496.7			
藁城区	3573.6			388.4
鹿泉区	6541.8	1450.0		2341.9
栾城区	1799.7	196.0		906.6
高新区	13598.5	3025.5	3566.5	2988.0
循环化工园区	80620.0	110.0	110.0	
井陉县	3483.2	1105.7	2861.7	3642.9
正定县	17033.0			10.0
行唐县	3224.0			
灵寿县	56.0			
高邑县				
深泽县	96.1			926.8
赞皇县	80.0			1600.0
无极县	125.6			
平山县	36491.8			
元氏县	1023.1			
赵　县	1104.0			
晋州市	121.1			
新乐市	117.5			
辛集市	402.1	3.0		330.7

分县（市、区）财政科技经费支出情况

12—22　　（2017 年）　　计量单位：万元、%

行政单位	科学技术支出	科学技术支出占财政支出比重
石家庄市	**100610**	**1.2**
市　区	25558	1.2
#长安区	2104	0.7
桥西区	1886	0.5
新华区	1795	0.7
裕华区	2840	1.7
矿　区	657	0.8
藁城区	5569	0.8
鹿泉区	12070	3.0
栾城区	3329	1.5
高新区	17153	6.7
循环化工园区	1713	1.3
井陉县	1002	0.5
正定县	1685	0.5
行唐县	6206	2.5
灵寿县	828	0.4
高邑县	730	0.5
深泽县	1295	1.0
赞皇县	565	0.3
无极县	1287	0.6
平山县	672	0.2
元氏县	835	0.4
赵　县	592	0.3
晋州市	2809	1.1
新乐市	4948	2.2
辛集市	4195	1.0

文化、广播、电视事业基本情况

12—23　　（2017 年）

指标名称	计量单位	全市	指　标　名　称	计量单位	全市
一、艺术表演团体	个	19	总流通人次	人次	3261303
艺术表演团体人数	人	734	# 书刊文献外借人次	人次	1356629
本团原创首演剧目	台	4	书刊文献外借册次	册	1734597
演出场次	场	4393	为读者举办各种活动	次	805
# 农村演出场次	场	3640	参加人数	人次	177171
演出观众人次	千人次	5548.5	本年新购藏量	册、件、套	183845
# 农村观众人次	千人次	4343	公用房屋建筑面积	平方米	55277
二、艺术表演场馆	个	13	# 书库	平方米	12477
艺术表演场馆人数	人	148	阅览室	平方米	14611
座席数	个	10393	# 书刊阅览室	平方米	10491
演（映）出场次合计	场	9364	电子阅览室	平方米	3490
# 艺术演出场次	场	120	阅览室座席数	个	4661
观众人次合计	千人次	250.58	# 少儿阅览室座席数	个	1349
# 艺术演出观众人次	千人次	75.14	四、群众艺术馆、文化馆	个	23
三、公共图书馆	个	24	群众艺术馆、文化馆人数	人	276
公共图书馆人数	人	208	举办展览个数	个	175
# 高级职称	人	28	组织文艺活动次数	次	1475
中级职称	人	66	举办训练班班次	次	994
藏书量	册、件、套	3696447	公益性讲座次数	次	116
# 图书	册、件、套	3116429	五、文化站	个	264
# 古籍	册、件、套	164357	从业人员	人	526
善本	册、件、套	1688	举办展览个数	个	577
报刊	册、件、套	345276	组织文艺活动次数	次	4086
视听文献、缩微制品	册、件、套	21454	藏书量	册	984614
当年购买的报刊种类	种	4248	计算机	台	928
书架单层总长度	米	50829	举办训练班班次	次	1319
累计发放有效借书证数	个	274093			

12—23 续表　　（2017 年）

指标名称	计量单位	全　市	指标名称	计量单位	全　市
六、广播节目套数	套	13	6. 其他	小时	8631:37
全年公共广播节目播出时间	小时	66817:20	（二）按节目来源分		
（一）按节目类型分			1. 转中央台	小时	4071:22
1. 新闻咨询	小时	8638:22	2. 转省级台	小时	3171:20
2. 专题服务	小时	17713:00	3. 自制作	小时	25569:13
3. 综艺益智	小时	15522:19	4. 购买交换	小时	57381:05
4. 广播剧	小时	6854:05	八、广播综合覆盖率	%	99.4
5. 广告	小时	8342:27	# 中央广播节目覆盖率	%	98.99
6. 其他	小时	9747:07	省级广播节目覆盖率	%	99.14
（二）按节目来源分			地市级台覆盖率	%	96.49
1. 转中央台	小时	2685:30	县级台覆盖率	%	31.38
2. 转省级台	小时	1660:10	无线广播综合覆盖率	%	99.2
3. 转市级	小时	864:30	# 中央广播覆盖率	%	98.82
4. 自制节目	小时	40192:46	电视综合覆盖率	%	99.39
5. 购买交换节目	小时	21414:24	# 中央台电视节目覆盖率	%	99.37
七、电视播出节目套数	套	20	省级电视节目覆盖率	%	97.88
全年公共电视节目播出时间	小时	90596:40	地市级台覆盖率	%	94.35
（一）按节目类型分			县级台覆盖率	%	63.68
1. 新闻资讯	小时	11449:42	无线电视综合覆盖率	%	97.84
2. 专题服务	小时	9335:38	# 中央电视覆盖率	%	97.47
3. 综艺益智	小时	8191:00	省级电视覆盖率	%	97.47
4. 影视剧	小时	42641:43	地市级台覆盖率	%	94.35
5. 广告	小时	10347:00	县级台覆盖率	%	62.31

十三、体育　卫生　民政

全市体育事业基本情况

13—1

指标名称	计量单位	2017 年	指标名称	计量单位	2017 年
等级裁判员	人	122			
#男	人	85	健美操	人	4
女	人	37	武术	人	18
等级运动员	人	453	国际象棋	人	
#男	人	202	中国象棋	人	
女	人	101	社会指导员	人	12000
#田径	人	197	#二级	人	5000
游泳	人	36	地市级群众现代体育项目活动		
举重	人	13	活动次数	次	12
拳击	人	2	活动人数	万人	3
柔道	人	6	#现代体育项目活动		
跆拳道	人	4	活动次数	次	25
射击	人	2	活动人数	万人	30
足球	人	22	民间传统体育活动		
篮球	人	46	活动次数	次	12
排球	人	11	活动人数	万人	20
乒乓球	人	10	本年度体质受监测人数	人	3827
羽毛球	人	12	#体质监测达标人数	人	3594

全市卫生机构、床位和人员情况

13—2　　（2017 年）　　计量单位：个、张、人

行业名称	机构个数	床位数	在岗职工	# 卫生技术人员	卫生技术人员中：			
					执业（助理）医师	注册护士	药师（士）	技师（士）
总　计	**7317**	**57589**	**99363**	**76643**	**34487**	**30293**	**3215**	**3830**
一、医院	235	46036	61175	50908	19736	23942	2183	2675
综合医院	146	30802	41303	34758	13326	16640	1401	1830
中医医院	37	6823	7604	6313	2760	2464	414	295
中西医结合医院	9	1945	2620	2153	903	967	91	123
民族医院								
专科医院	43	6466	9648	7684	2747	3871	277	427
口腔医院	3	89	376	324	150	122	5	8
眼科医院	5	240	538	345	162	129	24	12
耳鼻喉科医院								
肿瘤医院	2	100	63	49	19	16	8	4
心血管病医院								
胸科医院	1	950	1056	894	322	479	23	53
血液病医院								
妇产（科）医院	4	1007	2572	1958	614	999	55	164
儿童医院	1	1128	1760	1572	500	896	48	44
精神病医院	8	981	744	593	193	289	22	27
传染病医院	1	777	745	611	225	328	30	28
皮肤病医院	2	50	87	60	20	28	6	4
结核病医院								
麻风病医院								
职业病医院	1	20	126	91	51	14	2	17
骨科医院								
康复医院	1	100	65	41	16	21	3	1
整形外科医院	1	24	72	68	28	38	1	1

13—2 续表 1　　　　（2017 年）　　　　计量单位：个、张、人

行业名称	机构个数	床位数	在岗职工	# 卫生技术人员	卫生技术人员中:			
					执业（助理）医师	注册护士	药师（士）	技师（士）
美容医院	7	140	458	256	104	126	13	11
其他专科医院	6	860	986	822	343	386	37	53
护理院								
二 . 基层医疗卫生机构	6978	10078	32094	21388	13162	5352	939	710
社区卫生服务中心 (站)	189	1830	4272	3758	1878	1339	224	176
社区卫生服务中心	49	1400	2302	1996	953	687	150	133
社区卫生服务站	140	430	1970	1762	925	652	74	43
卫生院	222	8169	6803	5838	3126	1105	285	385
街道卫生院								
乡镇卫生院	222	8169	6803	5838	3126	1105	285	385
中心卫生院	68	3458	2547	2142	1155	394	105	161
乡卫生院	154	4711	4256	3696	1971	711	180	224
村卫生室	4003	0	11837	2980	2774	206		
门诊部	78	79	1624	1355	643	465	81	104
综合门诊部	35	8	996	862	398	317	48	76
中医门诊部	20	60	299	238	126	56	19	13
中西医结合门诊部	5	6	77	65	32	21	4	5
民族医门诊部	1	3	13	8	4	1	2	1
专科门诊部	17	2	239	182	83	70	8	9
诊所 . 卫生所 . 医务室	2486		7558	7457	4741	2237	349	45
诊所	2241		6857	6773	4333	2047	306	32
卫生所、医务室	245		701	684	408	190	43	13
护理站								
三 . 专业公共卫生机构	87	1445	5490	4164	1546	986	90	364
疾病预防控制中心	24		1361	911	432	23	13	136

13—2 续表 2　　（2017 年）　　计量单位：个、张、人

行业名称	机构个数	床位数	在岗职工	# 卫生技术人员	卫生技术人员中：			
					执业（助理）医师	注册护士	药师（士）	技师（士）
省属	1		479	290	141			
省辖市（地区）属	1		197	132	55	4	2	49
地辖市属	10		306	229	111	11	10	44
县属	12		379	260	125	8	1	43
其他								
专科疾病防治院（所、站）	2	60	27	18	8	8		2
专科疾病防治院	1	20	21	13	3	8		2
传染病防治院								
结核病防治院								
职业病防治院								
其他	1	20	21	13	3	8		2
专科疾病防治所（站、中心）	1	40	6	5	5			
口腔病防治所（站、中心）								
精神病防治所（站、中心）	1	40	6	5	5			
皮肤病与性病防治所（中心）								
结核病防治所（站、中心）								
职业病防治所（站、中心）								
地方病防治所（站、中心）								
血吸虫病防治所（站、中心）								
药物戒毒所（中心）								
其他								
健康教育所（站、中心）								
妇幼保健院（所、站）	25	1377	2700	2153	1018	797	73	166
省属	1		86	55	25	15	4	6
省辖市（地区）属	1	450	1074	887	391	448	17	28

13—2 续表 3　　（2017 年）　　计量单位：个、张、人

行业名称	机构个数	床位数	在岗职工	# 卫生技术人员	卫生技术人员中：			
					执业（助理）医师	注册护士	药师（士）	技师（士）
地辖市属	12	343	650	517	281	136	16	68
县属	11	584	890	694	321	198	36	64
其他								
妇幼保健院	13	1293	2232	1823	849	714	57	130
妇幼保健所	3	30	211	138	60	46	6	11
妇幼保健站	9	54	257	192	109	37	10	25
生殖保健中心								
急救中心（站）	4	8	179	127	20	29		
采供血机构	1		356	265	32	119	3	46
卫生监督所（中心）	25		751	620				
省属	1		114	89				
省辖市（地区）属	1		96	83				
地辖市属	11		293	241				
县属	12		248	207				
其他								
计划生育技术服务机构	6		116	70	36	10	1	14
四．其他卫生机构	17	30	604	183	43	13	3	81
疗养院	1	30	40	22	12	4	3	2
卫生监督检验（监测、检测）所（站）								
医学科学研究机构	1		45					
医学在职培训机构								
临床检验中心（所、站）	6		349	125	14	3		76
统计信息中心								
其他	9		170	36	17	6		3

分县（市、区）卫生机构、床位和人员情况

13—3　　（2017 年）　　计量单位：个、张、人

行政单位	机构个数	床位数	在岗职工				
			合计	卫生技术人员中			
				执业（助理）医师	注册护士	药师（士）	技师（士）
石家庄市	**7317**	**57589**	**99363**	**34487**	**30293**	**3215**	**3830**
# 长安区	420	10035	18130	6118	6906	659	810
桥西区	450	6115	10994	4102	4053	360	337
新华区	462	7326	13845	4704	5445	450	589
矿　区	58	683	755	263	253	39	37
裕华区	415	5826	11383	3984	3919	378	483
藁城区	261	2021	3596	1123	874	70	142
鹿泉区	416	2067	3522	1472	810	117	146
栾城区	361	1613	2147	914	503	40	48
井陉县	414	1401	2354	719	523	186	56
正定县	522	2218	3414	1778	679	89	110
行唐县	345	1775	2661	805	636	106	73
灵寿县	276	1269	1931	623	464	64	82
高邑县	143	700	731	254	136	25	36
深泽县	155	905	1404	462	293	48	65
赞皇县	239	1118	1237	400	262	32	31
无极县	243	1400	2119	616	401	52	85
平山县	545	1597	2996	951	725	68	127
元氏县	338	1860	3184	944	666	71	94
赵　县	294	2240	2973	933	504	70	92
辛集市	491	2189	4653	1595	1040	145	155
晋州市	271	1449	2500	763	404	52	100
新乐市	198	1782	2834	964	797	94	132

优抚对象情况

13—4　　　　（2017 年）　　　　计量单位：人

行政单位	抚恤、补助优抚对象总人数	# 在院集中供养人数	定期抚恤人数	# 烈属	定期补助人数	伤残人员
石家庄市	**82223**	**72**	**1716**	**811**	**74256**	**6251**
# 长安区	1735		53	15	1064	618
桥西区	1594		68	25	593	933
新华区	1476		74	22	809	593
裕华区	657		31	2	426	200
矿　区	217		4		181	32
藁城区	7563		113	39	7075	375
鹿泉区	3615		74	44	3380	161
栾城区	3211	15	45	15	3038	128
高新区	952		12	4	887	53
循环化工园区	430		8	2	401	21
井 陉 县	3495	15	89	61	3206	200
正 定 县	4473	4	56	22	4206	211
行 唐 县	4807		74	35	4483	250
灵 寿 县	3467		102	45	3115	250
高 邑 县	2272		270	186	1885	117
深 泽 县	2887		57	23	2684	146
赞 皇 县	2325	28	64	51	2130	131
无 极 县	5200		85	40	4804	311
平 山 县	4891	10	83	44	4578	230
元 氏 县	3913		56	34	3749	108
赵　县	5239		54	26	4944	241
晋 州 市	5959		58	12	5626	275
新 乐 市	4579		91	32	4183	305
辛 集 市	7266		95	32	6809	362

婚姻登记情况

13—5　　　　（2017 年）　　　　计量单位：对、人

行政单位	登记结婚件数	登记结婚人数				离婚登记
			初婚人数	再婚人数	# 女性	
石家庄市	**76625**	**153250**	**121356**	**31894**	**16879**	**26770**
# 长安区	5241	10482	7411	3071	1476	2478
桥西区	5859	11718	8822	2896	1370	2822
新华区	4294	8588	6129	2459	1176	1999
裕华区	3707	7414	5386	2028	858	1797
矿　区	594	1188	882	306	159	174
藁城区	6062	12124	9140	2984	1660	2192
鹿泉区	3096	6192	4666	1526	810	1088
栾城区	3311	6622	5605	1017	560	808
高新区	799	1598	1295	303	148	309
循环化工园区						
井 陉 县	2177	4354	3407	947	523	725
正 定 县	3588	7176	5522	1654	900	1304
行 唐 县	3066	6132	4955	1177	691	832
灵 寿 县	2381	4762	3836	926	512	655
高 邑 县	1264	2528	2117	411	253	284
深 泽 县	2139	4278	3399	879	514	668
赞 皇 县	1921	3842	3842	0	0	494
无 极 县	3835	7670	6121	1549	884	1278
平 山 县	3152	6304	4758	1546	880	1108
元 氏 县	3528	7056	6136	920	508	762
赵　县	5018	10036	8357	1679	975	1151
晋 州 市	3924	7848	5964	1884	1088	1339
新 乐 市	4028	8056	8056			1201
辛 集 市	3641	7282	5550	1732	934	1302

城镇低保情况

13—6　　　　（2017 年）　　　　计量单位：人、户

行政单位	城市居民最低生活保障人数	城市居民最低生活保障人中:					城市居民最低生活保障家庭数
		女性	残疾人	“三无”人员	老年人	登记失业人员	
石家庄市	**19303**	**7457**	**6426**	**13231**	**2680**	**2169**	**12897**
#长安区	3363	1491	2183	2330	689	69	2714
桥西区	2753	1222	1333	2088	245	141	2028
新华区	2105	489	642	1275	298	152	1595
裕华区	996	453	598	722	124	72	754
矿　区	1214	553	274	668	275	42	648
藁城区	689	338	112	402	77	8	336
鹿泉区	157	64	46	81	49	10	112
栾城区	252	120	62	166	35	34	155
高新区	309	110	126	190	75		213
循环化工园区	2			1		1	2
井 陉 县	330	109	58	217	12	9	195
正 定 县	488	181	230	391	13	17	332
行 唐 县	1124	386	37	653	112	77	534
灵 寿 县	615	125	43	483	27	79	291
高 邑 县	1092	493	60	747	37	246	691
深 泽 县	181	74	46	140	16	4	138
赞 皇 县	482	165	40	366	21	53	253
无 极 县	250	130	162	178	27	18	162
平 山 县	975	315	31	881	21	873	524
元 氏 县	375	182	47	282	70	8	255
赵　县	149	69	60	109	3	5	81
晋 州 市	195	106	102	135	28		139
新 乐 市	348	63	47	255	45	63	183
辛 集 市	859	219	87	471	381	188	562

农村低保、救济情况

13—7　　（2017 年）　　计量单位：人、户

行政单位	农村居民最低生活保障人数	# 女性	老年人	未成年人	残疾人	农村居民最低生活保障家庭数
石家庄市	**120525**	**40611**	**42370**	**12100**	**28968**	**79797**
# 长安区						
桥西区						
新华区						
裕华区						
矿　区						
藁城区	11275	5243	2547	2195	2957	5041
鹿泉区	3003	412	1363	297	437	1902
栾城区	5673	2342	2083	921	1768	3510
高新区						
循环化工园区	553	242	133	71	237	334
井 陉 县	6925	2906	2853	603	843	4699
正 定 县	2586	1035	570	355	1198	1649
行 唐 县	12136	4370	4058	2338	1870	6901
灵 寿 县	7358	1212	805	633	3483	5270
高 邑 县	5568	692	3111	472	5	3923
深 泽 县	2341	1085	1059	111	1447	2095
赞 皇 县	4616	1601	1862	478	552	3503
无 极 县	4843	760	2137	174	4250	4275
平 山 县	14448	4370	839	1030	654	6973
元 氏 县	6440	2496	3263	287	905	5310
赵　县	4916	1532	2118	346	2324	4101
晋 州 市	9733	4661	5058	421	3604	7330
新 乐 市	8829	3762	2976	1101	572	4665
辛 集 市	9282	1890	5535	267	1862	8316

农村五保、医疗救助情况

13—8　（2017 年）　计量单位：人

行政单位	农村分散五保供养人数	# 女性	老年人	未成年人	残疾人	城乡民政部门医疗救助人数
石家庄市	**19403**	**1208**	**14810**	**114**	**2470**	**47150**
# 长安区						1009
桥西区						3208
新华区						312
裕华区						295
矿　区						316
藁城区	1309	115	1095	28	295	1096
鹿泉区	805	38	580		262	133
栾城区	537	63	496		50	7384
高新区						209
循环化工园区	23		23		2	119
井 陉 县	800	25	786	2	99	1954
正 定 县	933	68	753		198	4432
行 唐 县	1867	53	1591	14	210	1576
灵 寿 县	2025	109	2024	1	90	261
高 邑 县	560		430	8		868
深 泽 县	598	40	579	1	12	1694
赞 皇 县	977	48	969	6	41	1337
无 极 县	1225	74	967	15	270	3005
平 山 县	2496	36	73		4	13626
元 氏 县	730	35	608	6	111	1570
赵　县	1173	65	991	11	244	1055
晋 州 市	978	130	779	0	240	579
新 乐 市	771	99	768	2	34	611
辛 集 市	1596	210	1298	20	308	501

附录 1995-2017年
分县（市、区）主要经济指标

1996—2017 年分县（市、区）生产总值（一）

14—1　计量单位：万元、%

行政单位	1996 年	增长速度	1997 年	增长速度	1998 年	增长速度
石家庄市	**6429851**	**14.8**	**7600562**	**14.9**	**8174848**	**12.8**
市　区	2521454	12.8	2997157	13.9	3275923	13.1
# 长安区	44408		53988		60038	
桥东区	50940		59731		51329	
桥西区	44033		52451		59673	
新华区	68273		78289		85956	
裕华区	589138		727786		807986	
矿　区	35302		42615		47282	
井陉县	144462	17.8	201451	23.8	227504	16.4
正定县	437989	24.9	557005	19.6	612692	14.5
栾城县	265496	29.7	338556	20.9	378361	15.2
行唐县	138384	28.4	168599	21.5	183101	15.2
灵寿县	106942	27.8	142761	19.6	159174	16.4
高邑县	95770	22.0	119380	17.4	133212	16.4
深泽县	87023	18.1	105199	15.1	117933	15.5
赞皇县	79647	10.9	88140	3.5	100071	12.6
无极县	243655	15.9	282096	13.1	309906	14.1
平山县	164802	5.0	228560	34.7	259975	15.9
元氏县	201086	19.5	228753	12.8	254499	17.5
赵　县	281773	23.8	331254	15.1	366343	14.5
藁城市	583911	23.5	716142	17.2	785520	14.5
晋州市	369743	19.9	426993	17.1	465353	14.1
新乐市	354891	14.9	415478	16.7	454835	14.4
鹿泉市	391089	16.6	474686	16.0	517619	12.6
辛集市	551901	15.0	578233	12.3	614570	12.4
17 县（市）合计	4498564		5403286		5940668	
23 县（市）区合计	5340819		6418146		7052932	

注：1. 根据 2006 年第二次全国农业普查数据和 2008 年第二次全国经济普查数据，各县（市）对 1996-2007 年数据进行了修订，市内 5 区对 2001-2007 年数据进行了修订。2.2001 年市内 5 区及正定、栾城区划变动，撤销郊区，成立裕华区。2000 年及以前年度裕华区、正定、栾城为原区划数据。3.1996-2004 年市内各区地区生产总值核算范围为区属及以下单位。

1996—2017 年分县（市、区）生产总值（二）

14—1 续 1　　计量单位：万元、%

行政单位	1999 年	增长速度	2000 年	增长速度	2001 年	增长速度
石家庄市	**8720547**	**9.8**	**9625186**	**9.8**	**10555803**	**8.5**
市　区	3600017	11.5	4177309	11.2	4628203	11.1
#长安区	66666		75288		202601	8.9
桥东区	56728		61582		144551	8.1
桥西区	63914		69968		138756	8.1
新华区	94743		105603		235597	9.0
裕华区	872857		1000268		267596	8.8
矿　区	51669		56949		61334	8.3
井陉县	244042	10.5	270086	10.6	281278	5.2
正定县	654957	10.6	705866	6.9	485191	1.8
栾城县	417762	13.2	469331	12.3	384892	9.4
行唐县	199672	11.8	228367	12.6	239334	9.3
灵寿县	168444	7.0	179403	7.5	187687	5.7
高邑县	145694	12.4	159668	12.9	165086	5.5
深泽县	129073	12.8	142214	10.2	154854	8.4
赞皇县	105056	7.3	116432	7.9	125753	8.9
无极县	325730	7.9	320512	2.8	343973	9.1
平山县	285302	11.1	299063	5.1	324227	7.9
元氏县	279439	14.2	303214	10.0	324941	7.7
赵　县	377243	5.1	375514	5.7	374750	0.5
藁城市	851286	10.8	803411	-8.1	853030	7.9
晋州市	501191	10.5	518297	4.5	529080	2.7
新乐市	489673	10.8	506341	1.7	461039	-8.5
鹿泉市	547002	9.6	602377	7.5	639883	7.0
辛集市	645090	9.8	671180	-6.8	713038	6.6
17 县（市）合计	6366656		6671276		6588036	
23 县（市）区合计	7573233		8040934		7638471	

1996—2017 年分县（市、区）生产总值（三）

14—1 续 2

计量单位：万元、%

行政单位	2002 年	增长速度	2003 年	增长速度	2004 年	增长速度
石家庄市	**11646487**	**9.2**	**13245121**	**11.1**	**15111521**	**13.3**
市 区	5101126	11.6	5917839	14.3	6920174	16.2
# 长安区	223879	10.8	268048	15.6	333431	16.4
桥东区	159799	10.8	178134	8.8	219691	16.2
桥西区	152926	10.5	178476	13.8	218356	16.1
新华区	256906	9.2	301402	14.8	373722	16.1
裕华区	295780	11.0	351974	15.3	434444	14.0
矿 区	69709	10.8	83612	16.1	102317	19.1
井陉县	299026	6.6	338246	11.2	410286	14.1
正定县	524301	8.5	582029	10.1	685094	13.7
栾城县	420007	9.1	494660	13.3	586254	13.1
行唐县	256612	8.7	302924	9.3	350751	9.9
灵寿县	196369	6.0	221014	9.3	261846	10.5
高邑县	176377	6.2	189325	9.1	217629	1.2
深泽县	169244	9.2	185923	11.7	223408	11.7
赞皇县	130838	8.4	156024	13.7	196231	15.2
无极县	372618	8.4	429484	11.1	527100	14.8
平山县	353048	8.4	406292	12.3	485335	14.5
元氏县	354808	9.1	408336	11.4	494458	11.1
赵 县	390697	4.6	430271	6.3	507045	7.9
藁城市	909407	6.9	1044840	9.5	1211513	15.8
晋州市	549387	4.3	561690	4.4	637937	9.4
新乐市	485539	5.3	528631	10.2	606477	9.8
鹿泉市	684868	7.2	771802	10.1	917697	11.2
辛集市	767745	8.0	832771	11.8	997346	14.5
17 县（市）合计	7040891		7884262		9316417	
23 县（市）区合计	8199890		9245908		11172733	

1996—2017 年分县（市、区）生产总值（四）

14—1 续 3　　计量单位：万元、%

行政单位	2005 年	增长速度	2006 年	增长速度	2007 年	增长速度
石家庄市	**16715015**	**13.8**	**19025186**	**13.4**	**22688440**	**13.2**
市　区	7282180	15.5	8046943	10.1	9473325	12.8
#长安区	918930	8.3	1192640	7.9	1422595	10.1
桥东区	524238	16.6	653268	12.5	738846	13.1
桥西区	1074581	16.6	1223966	12.7	1394466	12.3
新华区	713854	16.3	758529	11.6	894220	12.1
裕华区	666033	16.9	754310	12.4	830007	7.8
矿　区	140798	17.6	163757	14.6	200595	16.0
井陉县	431546	16.4	528062	16.2	641417	16.3
正定县	776787	13.8	883830	14.5	1070209	12.0
栾城县	660918	13.1	757107	14.1	912290	12.3
行唐县	397789	12.0	463370	13.4	577646	14.9
灵寿县	294631	14.0	345372	14.3	430363	13.6
高邑县	220077	11.3	264897	11.6	297856	5.7
深泽县	250704	12.1	287636	15.0	352666	14.0
赞皇县	231485	15.5	266869	15.2	332250	13.0
无极县	558893	13.0	645031	14.3	798095	14.3
平山县	720519	16.3	804544	13.2	1067155	18.2
元氏县	485720	13.4	615420	13.3	741386	12.4
赵　县	564118	13.5	662771	15.6	820509	14.7
藁城市	1335889	13.6	1615344	14.2	2011255	15.0
晋州市	683154	12.5	803486	14.8	993360	14.9
新乐市	688462	14.0	773552	10.4	915728	12.5
鹿泉市	1018116	14.1	1223898	14.2	1479374	14.7
辛集市	1151241	12.1	1365551	14.3	1663591	13.4
17 县(市)合计	10470049		12306740		15105150	
23 县(市)区合计	14508483		17053210		20585879	

1996—2017 年分县（市、区）生产总值（五）

14—1 续 4 计量单位：万元、%

行政单位	2008 年	增长速度	2009 年	增长速度	2010 年	增长速度
石家庄市	**27235531**	**11.0**	**30012797**	**11.1**	**34010186**	**12.2**
市　　区	10022951	8.7	10821265	8.1	12397815	12.9
# 长安区	1468445	3.5	1500089	8.1	1741372	11.9
桥东区	821597	11.2	903681	11.2	1040954	13.6
桥西区	1664362	11.6	1799882	12.2	2115286	15.0
新华区	975993	-2.0	1066907	10.2	1231631	12.0
裕华区	1017755	11.2	1085661	11.0	1141929	12.1
矿　区	240146	12.5	273288	11.3	357661	14.9
井陉县	806323	11.4	1001942	12.7	1050009	11.8
正定县	1264670	13.2	1405160	12.9	1696041	12.0
栾城县	1020385	11.5	1150322	11.5	1194625	12.5
行唐县	736713	13.5	850273	12.1	879739	13.6
灵寿县	529796	14.5	593343	11.3	664665	14.0
高邑县	332031	8.3	364445	11.8	408798	14.4
深泽县	444365	13.5	477173	11.3	542272	11.7
赞皇县	412012	12.4	448948	12.5	547670	13.8
无极县	914041	6.9	1005152	9.7	1147490	11.6
平山县	1350971	9.3	1410593	12.6	1560146	13.0
元氏县	811388	10.3	883002	11.4	1021089	13.4
赵　县	1000231	13.0	1114420	11.0	1360688	12.3
藁城市	2256309	12.0	2614310	10.3	3140236	12.0
晋州市	1196769	10.8	1290925	11.2	1421442	13.0
新乐市	1056039	10.7	1117822	11.1	1242114	11.7
鹿泉市	1759162	12.4	1908215	11.8	2085460	12.4
辛集市	1840135	11.2	2067005	11.0	2541378	13.2
17 县（市）合计	17731340		19703050		22503862	
23 县（市）区合计	23919638		26332558		30132695	

1996—2017 年分县（市、区）生产总值（六）

14—1 续 5　　　　计量单位：万元、%

行政单位	2011 年	增长速度	2012 年	增长速度	2013 年	增长速度
石家庄市	**40826833**	**12.0**	**45002098**	**10.4**	**49136576**	**9.4**
市　　区	14699610	12.5	15735386	10.6	17044127	9.8
# 长安区	1943439	11.0	2114912	8.4	2359864	9.0
桥东区	1241067	13.8	1408792	10.6	1583538	10.0
桥西区	2494148	14.0	2436226	10.5	2743921	10.1
新华区	1468232	13.9	1643986	10.4	1929610	10.3
裕华区	1341768	13.7	1468770	10.5	1720015	9.3
矿　区	509164	12.4	712579	8.5	723103	4.3
高新区			1292270	14.6	1579158	12.2
循环化工园区					428476	
井陉县	1201654	12.7	1300798	9.1	1361673	8.1
正定县	1980979	8.7	2194772	9.1	2326020	8.1
栾城县	1446088	12.3	1553495	9.6	1773819	9.1
行唐县	921466	12.6	1050820	10.3	1122732	10.4
灵寿县	727978	11.5	787652	9.0	867700	10.1
高邑县	545686	12.7	630161	12.0	721630	9.7
深泽县	677857	12.6	760826	11.6	869737	10.5
赞皇县	701028	12.8	773585	11.8	916437	10.3
无极县	1321149	11.8	1400964	12.2	1526788	9.3
平山县	1927428	10.6	2052263	4.1	2070216	10.1
元氏县	1278985	12.2	1483105	10.5	1619742	10.0
赵　县	1627153	11.6	1756820	10.2	1892062	8.1
藁城市	3905029	11.9	4753244	11.0	4788239	10.0
晋州市	1779161	12.6	2009307	12.0	2291967	10.3
新乐市	1431748	11.5	1560814	10.4	1722538	8.6
鹿泉市	2614124	12.4	2900051	5.8	3200581	9.3
辛集市	3181873	11.9	3415778	8.9	3635419	8.5
17 县（市）合计	27269386		30384455		33135776	
23 县（市）区合计	36267204		41461990		45774985	

1996—2017 年分县（市、区）生产总值（七）

14—1 续 6 计量单位：万元、%

行政单位	2014 年	增长速度	2015 年	增长速度
石家庄市	**51702653**	**7.9**	**54405988**	**7.5**
市　　区	27347365	8.2	29098110	8.2
# 长安区	3610583	7.0	3908594	8.1
桥西区	4004116	7.4	4330840	8.0
新华区	2088439	7.1	2235778	8.2
裕华区	1794213	7.5	1950189	8.2
矿　区	638187	-9.5	604926	7.1
藁城区	5304001	9.1	5778086	7.1
鹿泉区	3414431	8.6	3559996	7.1
栾城区	1939363	9.0	2078493	7.6
高新区	1810327	12.0	1964053	7.5
循环化工园区	394483	-7.0	511864	52.2
井陉县	1436280	4.8	1445280	6.1
正定县	2526705	8.9	2763915	7.6
行唐县	1219104	9.5	1300805	7.2
灵寿县	884699	4.5	932429	6.7
高邑县	773031	9.1	830105	7.2
深泽县	944413	9.5	1015715	7.4
赞皇县	962588	5.1	955885	5.3
无极县	1684163	9.7	1823977	7.5
平山县	2122834	4.9	1877815	6.0
元氏县	1711000	7.4	1801611	7.4
赵　县	1963067	7.3	2029402	7.3
晋州市	2546152	9.6	2767978	7.7
新乐市	1821923	7.9	1901622	7.6
辛集市	3759329	6.6	3861339	6.2
14 县（市）合计	24355288		25307878	
24 县（市）区合计	49353431		52230697	

注：2013 年进行了市内区划调整，自 2014 年开始，长安区、桥西区按新行政区域统计，市区按市内四区、高新区、矿区、循环化工园区、藁城区、栾城区和鹿泉区行政区域统计。

1996—2017 年分县（市、区）生产总值（八）

14—1 续 7　　计量单位：万元、%

行政单位	2016 年	增长速度	2017 年	增长速度
石家庄市	**59277293**	**6.8**	**59422284**	**7.2**
市　区	32148250	7.3	33962728	7.9
# 长安区	4319495	8.0	5008111	10.7
桥西区	4744595	8.2	5455184	10.6
新华区	2470193	8.4	2967841	10.8
裕华区	2182276	8.0	2510605	10.8
矿　区	554048	3.4	455451	-29.2
藁城区	6096636	6.0	6008138	7.3
鹿泉区	3679455	6.4	3844841	8.3
栾城区	2177970	7.0	2105023	7.2
高新区	2193517	7.6	2394922	12.5
循环化工园区	1360780	4.4	1283757	-10.5
井陉县	1506926	3.2	1569795	1.2
正定县	2927014	7.0	2970319	6.8
行唐县	1336533	3.2	1179591	2.8
灵寿县	899756	3.2	1000223	6.2
高邑县	881952	6.5	865889	6.1
深泽县	1079534	6.6	1041540	7.2
赞皇县	977766	6.1	889038	5.2
无极县	1965162	6.7	2032302	7.6
平山县	2085091	6.8	2386065	3.4
元氏县	2001614	6.9	1913632	7.6
赵　县	2127267	6.0	2175119	6.9
晋州市	3004688	6.7	3051278	8.2
新乐市	2079912	6.6	2170743	8.0
辛集市	4255828	7.0	4562022	7.2
14 县（市）合计	27129043		27807556	
24 县（市）区合计	56908008		59841429	

注：2017 年为第三次全国农业普查和工业企业核实后的核算结果，与之前年份总量不可比，待第四次经济普查之后再作统一修订。

1995—2017 年分县（市、区）全社会固定资产投资（一）

14—2　　　　计量单位：万元、%

行政单位	1995 年	1996 年	增长速度	1997 年	增长速度	1998 年	增长速度
石家庄市	**1951005**	**2404345**	**23.24**	**2981487**	**24.00**	**3388169**	**13.64**
市　　区	1032539	1196987	15.93	1496487	25.02	1685405	12.62
# 长安区	20223	25200	24.61	33569	33.21	32706	-2.57
桥东区	6689	17968	168.62	23161	28.90	19085	-17.60
桥西区	4343	5333	22.80	8726	63.62	16010	83.47
新华区	39430	32529	-17.50	29309	-9.90	34529	17.81
裕华区	24958	131512	426.93	183720	39.70	201246	9.54
矿　区	10754	10768	0.13	13091	21.57	13132	0.31
高新区						151535	
井陉县	28456	48551	70.62	62196	28.10	64139	3.12
正定县	117448	136197	15.96	157076	15.33	163363	4.00
栾城县	41310	57566	39.35	75491	31.14	92172	22.10
行唐县	27989	33648	20.22	50342	49.61	60301	19.78
灵寿县	23857	31386	31.56	46096	46.87	53195	15.40
高邑县	30924	37977	22.81	44708	17.72	47911	7.16
深泽县	19005	20627	8.53	27396	32.82	41290	50.72
赞皇县	17831	24398	36.83	44855	83.85	51013	13.73
无极县	28645	34954	22.02	48697	39.32	50118	2.92
平山县	45025	51959	15.40	69583	33.92	80296	15.40
元氏县	35986	48771	35.53	64216	31.67	70585	9.92
赵　县	37759	53613	41.99	55142	2.85	71501	29.67
藁城市	106922	173559	62.32	200919	15.76	243720	21.30
晋州市	63817	91103	42.76	111021	21.86	123412	11.16
新乐市	75614	88100	16.51	107030	21.49	125006	16.80
鹿泉市	97441	130472	33.90	160038	22.66	191920	19.92
辛集市	120437	144477	19.96	160194	10.88	172822	7.88

注：2000 年以前年度市内各区全社会固定资产投资统计范围为区属及以下单位，2000 年及以后年度为各区行政区划内所有单位。自 2011 年起投资统计起点由 50 万元提高到 500 万元。

1995—2017 年分县（市、区）全社会固定资产投资（二）

14—2 续 1　　计量单位：万元、%

行政单位	1999 年	增长速度	2000 年	增长速度	2001 年	增长速度
石家庄市	**3654000**	**7.85**	**3619406**	**-0.95**	**3808763**	**5.23**
市　区	1693000	0.45	1617379	-4.47	1709161	5.67
# 长安区	36280	10.93	436525	1103.2	483590	10.78
桥东区	24548	28.62	341679	1291.9	339622	-0.60
桥西区	21099	31.79	191453	807.40	241500	26.14
新华区	32668	-5.39	178725	447.10	243422	36.20
裕华区	220871	9.75	279839	26.70	221038	-21.01
矿　区	14594	11.13	15698	7.56	20623	31.37
高新区			98757		128005	29.62
井陉县	70000	9.14	81064	15.81	75037	-7.43
正定县	214000	31.00	15994	-92.53	153648	860.66
栾城县	116000	25.85	142712	23.03	133376	-6.54
行唐县	67000	11.11	74149	10.67	76246	2.83
灵寿县	65000	22.19	64461	-0.83	64515	0.08
高邑县	56000	16.88	60477	7.99	64482	6.62
深泽县	49000	18.67	44771	-8.63	46381	3.60
赞皇县	49000	-3.95	66195	35.09	65582	-0.93
无极县	57000	13.73	60683	6.46	77306	27.39
平山县	100000	24.54	103192	3.19	119617	15.92
元氏县	81000	14.76	80049	-1.17	95188	18.91
赵　县	83000	16.08	91777	10.57	97459	6.19
藁城市	249000	2.17	255984	2.80	269692	5.36
晋州市	139000	12.63	136663	-1.68	167882	22.84
新乐市	152000	21.59	149835	-1.42	139683	-6.78
鹿泉市	217000	13.07	209158	-3.61	251699	20.34
辛集市	197000	13.99	196000	-0.51	201809	2.96

1995—2017 年分县（市、区）全社会固定资产投资（三）

14—2 续 2

计量单位：万元、%

行政单位	2002 年	增长速度	2003 年	增长速度	2004 年	增长速度
石家庄市	**4093686**	**7.48**	**5349800**	**30.68**	**7058091**	**31.93**
市 区	1849521	8.21	2336448	26.33	3236648	38.53
#长安区	486618	0.63	581495	19.50	735097	26.42
桥东区	361390	6.41	290339	-19.66	461410	58.92
桥西区	255743	5.90	379839	48.52	525002	38.22
新华区	309961	27.33	427800	38.02	553389	29.36
裕华区	266972	20.78	473571	77.39	707898	49.48
矿 区	13938	-32.42	27970	100.67	51624	84.57
高新区	148011	15.63	155434	5.02	202228	30.11
井陉县	84176	12.18	139364	65.56	188475	35.24
正定县	169132	10.08	227051	34.24	312636	37.69
栾城县	144280	8.18	192304	33.29	264912	37.76
行唐县	82198	7.81	122164	48.62	168167	37.66
灵寿县	67699	4.94	104077	53.73	143219	37.61
高邑县	68146	5.68	84006	23.27	117333	39.67
深泽县	47571	2.57	76529	60.87	79140	3.41
赞皇县	55544	-15.31	84064	51.35	115653	37.58
无极县	81773	5.78	114778	40.36	139862	21.85
平山县	144180	20.53	206524	43.24	249174	20.65
元氏县	107795	13.24	149703	38.88	226839	51.53
赵 县	106011	8.77	182796	72.43	216376	18.37
藁城市	286414	6.20	316842	10.62	382984	20.88
晋州市	175319	4.43	230668	31.57	272680	18.21
新乐市	160033	14.57	233495	45.90	309874	32.71
鹿泉市	272620	8.31	308151	13.03	332957	8.05
辛集市	191274	-5.22	240836	25.91	301162	25.05

1995—2017 年分县（市、区）全社会固定资产投资（四）

14—2 续 3　　计量单位：万元、%

行政单位	2005 年	增长速度	2006 年	增长速度	2007 年	增长速度
石家庄市	**9290289**	**31.63**	**10968268**	**18.06**	**13901235**	**26.82**
市　区	4284088	32.36	5026539	17.33	5878796	17.11
# 长安区	928269	26.28	769447	-17.11	1035143	34.53
桥东区	675332	46.36	867367	28.44	1077663	24.25
桥西区	696763	32.72	875884	25.71	870603	-0.60
新华区	710154	28.33	922258	29.87	1136336	23.21
裕华区	958989	35.47	1192987	24.40	1231584	4.11
矿　区	72889	41.19	94141	29.16	142937	46.96
高新区	241946	19.64	305212	26.15	384530	25.99
井陉县	303147	60.84	404996	33.60	561582	38.66
正定县	325003	3.96	366086	12.64	510373	39.41
栾城县	357366	34.90	402653	12.67	498822	23.88
行唐县	240548	43.04	285386	18.64	400589	40.37
灵寿县	221988	55.00	303107	36.54	474348	56.50
高邑县	144094	22.81	157326	9.18	178150	13.24
深泽县	96534	21.98	117664	21.89	165369	40.54
赞皇县	165859	43.41	194153	17.06	353080	81.86
无极县	175310	25.34	229676	31.01	338651	47.45
平山县	339890	36.41	394227	15.99	335194	-14.97
元氏县	281452	24.08	325503	15.65	541842	66.46
赵　县	292035	34.97	329417	12.80	416364	26.39
藁城市	497644	29.94	609568	22.49	804138	31.92
晋州市	348829	27.93	407311	16.77	534150	31.14
新乐市	386200	24.63	436727	13.08	536084	22.75
鹿泉市	431322	29.54	525378	21.81	675329	28.54
辛集市	398724	32.40	451794	13.31	698374	54.58

1995—2017 年分县（市、区）全社会固定资产投资（五）

14—2 续 4

计量单位：万元、%

行政单位	2008 年	增长速度	2009 年	增长速度	2010 年	增长速度
石家庄市	**17242334**	**24.03**	**24363602**	**41.30**	**29579966**	**21.40**
市　　区	6893777	17.27	9642048	39.87	11926594	23.69
# 长安区	1269342	22.62	1752619	38.07	2141700	22.20
桥东区	1192978	10.70	1688780	41.56	2077199	23.00
桥西区	1047342	20.30	1596309	52.42	1965056	23.10
新华区	1299784	14.38	1714311	31.89	2094888	22.20
裕华区	1435136	16.53	1966002	36.99	2215612	21.50
矿　区	186578	30.53	265681	42.40	334188	25.79
高新区	462617	20.31	658346	42.31	1097951	26.15
井陉县	820668	46.14	1203437	46.64	1478696	22.87
正定县	694877	36.15	975116	40.33	1238041	26.96
栾城县	592204	18.72	854531	44.30	954894	21.65
行唐县	533417	33.16	764998	43.41	950213	24.21
灵寿县	700542	47.69	985592	40.69	632039	-35.87
高邑县	202538	13.69	282454	39.46	351994	24.62
深泽县	215427	30.27	294716	36.81	365150	23.90
赞皇县	449608	27.34	643462	43.12	815226	26.69
无极县	421306	24.41	616967	46.44	773069	25.30
平山县	585943	74.81	768064	31.08	977739	27.30
元氏县	669532	23.57	890503	33.00	1020913	14.64
赵　县	475415	14.18	701713	47.60	872221	24.30
藁城市	938381	16.69	1351537	44.03	1727410	27.81
晋州市	682029	27.68	994825	45.86	1243694	25.02
新乐市	735714	37.24	1028408	39.78	1254122	21.95
鹿泉市	826589	22.40	1229101	48.70	1566241	27.43
辛集市	804367	15.18	1136130	41.25	1431710	26.02

1995—2017 年分县（市、区）全社会固定资产投资（六）

14—2 续 5

计量单位：万元、%

行政单位	2011 年	增长速度	2012 年	增长速度	2013 年	增长速度
石家庄市	**31011626**	**26.5**	**37286458**	**20.0**	**44002079**	**18.0**
市 区	13472206	29.9	16155584	20.1	19648835	21.6
#长安区	2345558	26.4	2756678	19.6	3297429	20.0
桥东区	2386581	31.6	2863006	19.0	3287946	20.0
桥西区	2401015	38.9	2909056	21.2	3472343	20.1
新华区	2202962	19.5	2630745	19.4	3166029	20.3
裕华区	2617635	34.3	3121798	19.3	3475663	11.3
矿 区	343203	27.3	426655	24.3	520500	22.0
高新区	1175252	29.0	1447646	23.2	1779927	23.0
循环化工园区					648998	7.4
井陉县	1368000	26.5	1616739	18.2	1958055	21.1
正定县	1294000	25.7	1565662	21.0	1857856	18.7
栾城县	1034420	28.9	1242447	20.2	1481874	19.3
行唐县	852000	29.5	1001322	17.5	1190838	18.9
灵寿县	564000	28.2	680579	20.7	820483	20.6
高邑县	352000	34.2	435908	23.8	535255	22.8
深泽县	377000	31.1	461678	22.5	556501	20.5
赞皇县	716000	26.8	863155	20.6	1047879	21.4
无极县	677000	28.9	818212	20.9	966385	18.1
平山县	1076000	36.7	1294993	20.4	1543867	19.2
元氏县	1057000	27.7	1282056	21.3	1467280	14.4
赵 县	792000	25.3	918833	16.0	1109431	20.7
藁城市	1786000	27.8	2232545	19.8	1944977	19.4
晋州市	1279000	33.2	1540043	20.4	1865142	21.1
新乐市	1125000	15.3	1341807	19.3	1627214	21.3
鹿泉市	1727000	26.3	2108060	22.1	2540700	20.5
辛集市	1463000	25.9	1726835	18.0	1839507	6.5

1995—2017 年分县（市、区）全社会固定资产投资（七）

14—2 续 6 计量单位：万元、%

行政单位	2014 年	增长速度	2015 年	增长速度
石家庄市	**51095232**	**16.1**	**57274936**	**12.1**
市　区	29468312		32754787	11.2
# 长安区	5503548	11.0	5835542	6.0
桥西区	5700609	12.0	6082994	6.7
新华区	3698049	16.8	3959663	7.1
裕华区	4013056	15.5	4367252	8.8
矿　区	635178	22.0	783571	23.4
藁城区	2294375	18.0	2716357	18.4
鹿泉区	2987226	17.6	3499805	17.2
栾城区	1744077	17.7	2104642	20.7
高新区	2123321	19.3	2500806	17.8
循环化工园区	768873	18.5	904155	17.6
井陉县	2319397	18.5	1472179	-36.5
正定县	2183105	17.5	2639158	20.9
行唐县	1425431	19.7	1688624	18.5
灵寿县	973754	18.7	1158277	18.9
高邑县	651534	21.7	804247	23.4
深泽县	675774	21.4	832499	23.2
赞皇县	1239051	18.2	1456005	17.5
无极县	1142749	18.2	1351714	18.3
平山县	1827955	18.4	2167735	18.6
元氏县	1727209	17.7	2132480	23.5
赵　县	1307830	17.9	1591817	21.7
晋州市	2262548	21.3	2729388	20.6
新乐市	1925789	18.3	2357875	22.4
辛集市	1934796	5.2	2129620	10.1

1995—2017 年分县（市、区）全社会固定资产投资（八）

14—2 续 7　　计量单位：万元、%

行政单位	2016 年	增长速度	2017 年	增长速度
石家庄市	**59575769**	**4.0**	**63509474**	**6.6**
市　　区	31567371	-3.6	32879690	4.2
# 长安区	4728729	-19.0	4792092	1.5
桥西区	4927007	-19.0	4985983	1.2
新华区	3477245	-12.2	3510586	1.0
裕华区	4084424	-6.5	4142104	1.4
矿　区	832182	6.2	848868	2.0
藁城区	3058417	12.6	3325000	8.7
鹿泉区	3677888	5.1	4034153	9.7
栾城区	2461677	17.0	2678939	8.8
高新区	2835740	13.4	2914907	8.7
循环化工园区	907407	0.4	993962	9.5
井陉县	1712455	16.3	1909783	11.5
正定县	3074696	16.5	3335117	8.5
行唐县	1724784	2.1	1884210	9.2
灵寿县	1314305	13.5	1435889	9.3
高邑县	940072	16.9	1030480	9.6
深泽县	970591	16.6	1072423	10.5
赞皇县	1646564	13.1	1874898	13.9
无极县	1568980	16.1	1706658	8.8
平山县	2458978	13.4	2720976	10.7
元氏县	2450137	14.9	2637079	7.6
赵　县	1870080	17.5	2061509	10.2
晋州市	3134873	14.9	3496087	11.5
新乐市	2756609	16.9	3033050	10.0
辛集市	2385274	12.0	2549762	6.9

1996—2017 年分县（市、区）固定资产投资（一）

14—3　　计量单位：万元、%

行政单位	1996 年	增长速度	1997 年	增长速度	1998 年	增长速度
石家庄市	**1561921**	16.49	**1892936**	**21.19**	**2143072**	**13.21**
市　区	1066962	6.84	1306535	22.45	1449117	10.91
# 长安区	25200	53.00	33569	33.21	32706	-2.57
桥东区	17968	416.92	23161	28.90	19085	-17.60
桥西区	5333	22.80	8726	63.62	16010	83.47
新华区	32529	-16.87	29309	-9.90	34529	17.81
裕华区	131512	2183.19	183720	39.70	26625	-85.51
矿　区	10768	239.47	13091	21.57	3608	-72.44
高新区					151535	
井陉县	32213	106.97	26342	-18.23	34905	32.51
正定县	35234	-6.69	43586	23.70	58566	34.37
栾城县	34878	100.79	29868	-14.36	42271	41.53
行唐县	13171	42.73	26562	101.67	27325	2.87
灵寿县	24091	53.95	37441	55.41	44876	19.86
高邑县	7583	-18.66	12572	65.79	14308	13.81
深泽县	5672	-23.90	15604	175.11	16258	4.19
赞皇县	11798	-20.45	19725	67.19	20270	2.76
无极县	17003	4.30	19048	12.03	21394	12.32
平山县	19063	6.96	27583	44.69	29732	7.79
元氏县	23721	37.92	24591	3.67	22730	-7.57
赵　县	18687	4.56	24548	31.36	24501	-0.19
藁城市	123911	184.13	98410	-20.58	99324	0.93
晋州市	19202	5.66	26495	37.98	31100	17.38
新乐市	40161	36.90	37015	-7.83	42705	15.37
鹿泉市	13655	-20.71	52533	284.72	47646	-9.30
辛集市	54916	46.78	64478	17.41	116044	79.97

注：2000 年以前年度市内各区城镇固定资产投资统计范围为区属及以下单位，2000 年及以后年度为各区行政区划内所有单位。自 2011 年起投资统计起点由 50 万元提高到 500 万元，城镇固定资产投资改为固定资产投资。

1996—2017 年分县（市、区）固定资产投资（二）

14—3 续 1　　计量单位：万元、%

行政单位	1999 年	增长速度	2000 年	增长速度	2001 年	增长速度
石家庄市	**2460089**	**14.79**	**2408926**	**-2.08**	**2681187**	**11.30**
市　区	1498045	3.38	1457313	-2.72	1651933	13.35
# 长安区	36280	10.93	436525	1103.21	483590	10.78
桥东区	24548	28.62	341679	1291.88	339622	-0.60
桥西区	21099	31.79	191453	807.40	241500	26.14
新华区	32668	-5.39	178725	447.10	243422	36.20
裕华区	96400	262.07	128204	32.99	192260	49.96
矿　区	5540	53.55	7267	31.17	14534	100.00
高新区			98757		128005	29.62
井陉县	42770	22.53	49814	16.47	49981	0.34
正定县	95016	62.24	72045	-24.18	96457	33.88
栾城县	72583	71.71	92090	26.88	79287	-13.90
行唐县	35601	30.29	36143	1.52	37850	4.72
灵寿县	52743	17.53	54285	2.92	54820	0.99
高邑县	22025	53.93	22883	3.90	25621	11.97
深泽县	18877	16.11	19136	1.37	19435	1.56
赞皇县	20926	3.24	21291	1.74	28898	35.73
无极县	31579	47.61	28346	-10.24	30800	8.66
平山县	46136	55.17	49091	6.40	54300	10.61
元氏县	39667	74.51	33383	-15.84	38595	15.61
赵　县	53245	117.32	40030	-24.82	44623	11.47
藁城市	120461	21.28	104394	-13.34	123769	18.56
晋州市	54008	73.66	53726	-0.52	74579	38.81
新乐市	66199	55.01	54957	-16.98	40921	-25.54
鹿泉市	86837	82.25	89170	2.69	101988	14.37
辛集市	130156	12.16	107343	-17.53	127330	18.62

1996—2017 年分县（市、区）固定资产投资（三）

14—3 续 2　　计量单位：万元、%

行政单位	2002 年	增长速度	2003 年	增长速度	2004 年	增长速度
石家庄市	**2952370**	**10.11**	**4155500**	**40.75**	**5771074**	**38.88**
市　区	1820166	10.18	2335548	28.32	3227794	38.20
#长安区	486618	0.63	581495	19.50	735097	26.42
桥东区	361390	6.41	290339	-19.66	461410	58.92
桥西区	255743	5.90	379839	48.52	525002	38.22
新华区	309961	27.33	427800	38.02	553389	29.36
裕华区	266972	38.86	473571	77.39	707898	49.48
矿　区	12786	-12.03	27070	111.72	42770	58.00
高新区	148011	15.63	155434	5.02	202228	30.11
井陉县	53288	6.62	90564	69.95	136390	50.60
正定县	97352	0.93	128751	32.25	181686	41.11
栾城县	79222	-0.08	131504	65.99	178350	35.62
行唐县	40912	8.09	66264	61.97	100890	52.25
灵寿县	57459	4.81	86077	49.81	124741	44.92
高邑县	26958	5.22	41406	53.59	63334	52.96
深泽县	21110	8.62	37429	77.30	47117	25.88
赞皇县	31864	10.26	51364	61.20	72418	40.99
无极县	33076	7.39	46578	40.82	69134	48.43
平山县	73294	34.98	111724	52.43	166075	48.65
元氏县	41375	7.20	66003	59.52	102120	54.72
赵　县	46480	4.16	89100	91.70	133374	49.69
藁城市	128771	4.04	219642	70.57	288596	31.39
晋州市	80164	7.49	125068	56.02	187782	50.14
新乐市	53522	30.79	97195	81.60	156816	61.34
鹿泉市	141746	38.98	249251	75.84	308832	23.90
辛集市	128196	0.68	182236	42.15	225623	23.81

1996—2017 年分县（市、区）固定资产投资（四）

14—3 续 3　　计量单位：万元、%

行政单位	2005 年	增长速度	2006 年	增长速度	2007 年	增长速度
石家庄市	**7947681**	**37.72**	**9981142**	**25.59**	**12641826**	**26.66**
市　　区	4282358	32.67	5025104	17.34	5877037	16.95
#长安区	927469	26.17	769447	-17.04	1035143	34.53
桥东区	675332	46.36	867367	28.44	1077663	24.25
桥西区	696763	32.72	875884	25.71	870603	-0.60
新华区	710154	28.33	922258	29.87	1136336	23.21
裕华区	958989	35.47	1192987	24.40	1231584	3.24
矿　区	71705	67.65	91949	28.23	141178	53.54
高新区	241946	19.64	305212	26.15	384530	25.99
井陉县	241872	77.34	359738	48.73	511177	42.10
正定县	223574	23.06	299703	34.05	465645	55.37
栾城县	262308	47.07	320344	22.13	391578	22.24
行唐县	161505	60.08	231453	43.31	326349	41.00
灵寿县	197768	58.54	283029	43.11	429516	51.76
高邑县	85669	35.27	115400	34.70	134700	16.72
深泽县	68357	45.08	96917	41.78	136014	40.34
赞皇县	102949	42.16	157339	52.83	255390	62.32
无极县	102701	48.55	146074	42.23	239373	63.87
平山县	268501	61.67	342339	27.50	280118	-18.18
元氏县	164340	60.93	236416	43.86	345522	46.15
赵　县	209271	56.91	298478	42.63	401399	34.48
藁城市	407731	41.28	513790	26.01	700458	36.33
晋州市	220049	17.18	321025	45.89	466385	45.28
新乐市	218848	39.56	293722	34.21	421760	43.59
鹿泉市	416437	34.84	519038	24.64	652829	25.78
辛集市	313443	38.92	421233	34.39	606576	44.00

1996—2017 年分县（市、区）固定资产投资（五）

14—3 续 4

计量单位：万元、%

行政单位	2008 年	增长速度	2009 年	增长速度	2010 年	增长速度
石家庄市	**15778496**	**24.81**	**22287346**	**41.25**	**26968136**	**21.00**
市　区	6890730	17.25	9636908	39.85	11919374	23.68
# 长安区	1269342	22.62	1752619	38.07	2141700	22.20
桥东区	1192978	10.70	1688780	41.56	2077199	23.00
桥西区	1047342	20.30	1596309	52.42	1965056	23.10
新华区	1299784	14.38	1714311	31.89	2094888	22.20
裕华区	1435136	16.53	1966002	36.99	2215612	21.50
矿　区	183531	30.00	260541	41.96	326968	25.50
高新区	462617	20.31	658346	42.31	1097951	27.93
井陉县	728193	42.45	1054642	44.83	1292980	22.60
正定县	651851	39.99	933450	43.20	1173481	25.71
栾城县	503725	28.64	712872	41.52	809434	23.50
行唐县	446251	36.74	631534	41.52	768576	21.70
灵寿县	615816	43.37	863127	40.16	534790	-38.04
高邑县	159765	18.61	226099	41.52	282172	24.80
深泽县	178997	31.60	251598	40.56	306446	21.80
赞皇县	336242	31.66	432909	28.75	588485	22.88
无极县	290447	21.34	408252	40.56	496387	21.59
平山县	393470	40.47	649804	65.15	715914	26.69
元氏县	494203	43.03	770439	55.90	847834	22.40
赵　县	468564	16.73	656511	40.11	829392	25.15
藁城市	889328	26.96	1224149	37.65	1578653	23.40
晋州市	609243	30.63	855061	40.35	1063859	22.30
新乐市	553034	31.13	774530	40.05	945701	22.10
鹿泉市	813405	24.60	1136070	39.67	1475667	25.44
辛集市	755232	24.51	1069391	41.60	1338991	25.21

1996—2017年分县（市、区）固定资产投资（六）

14—3 续 5　　计量单位：万元、%

行政单位	2011年	增长速度	2012年	增长速度	2013年	增长速度
石家庄市	**30214978**	**26.00**	**36733348**	**21.35**	**43691969**	**19.4**
市　区	13472206	29.80	16155584	20.12	19646919	21.6
#长安区	2345558	26.40	2756678	19.62	3297429	20.0
桥东区	2386581	31.60	2863006	19.04	3287946	20.0
桥西区	2401015	38.90	2909056	21.16	3472343	20.1
新华区	2202962	19.50	2630745	19.42	3166029	20.3
裕华区	2617635	34.30	3121798	19.26	3475663	11.3
矿　区	343203	24.60	426655	24.32	520500	22.0
高新区	1175252	29.00	1447646	23.18	1779927	23.0
循环化工园区					647082	21.0
井陉县	1338726	24.00	1607518	20.08	1952700	21.5
正定县	1226186	23.50	1504949	22.73	1822597	21.1
栾城县	1000182	26.90	1221569	22.13	1469749	21.0
行唐县	782482	27.20	956414	22.23	1164757	22.4
灵寿县	535437	26.20	661124	23.47	809184	22.4
高邑县	342098	28.00	428990	25.40	531237	23.8
深泽县	361068	27.50	447820	24.03	548453	22.5
赞皇县	693265	25.70	852522	22.97	1041704	22.2
无极县	619890	26.00	758628	22.38	931781	22.8
平山县	1016898	28.30	1253611	23.28	1519834	21.2
元氏县	990515	24.40	1219273	23.09	1430818	21.0
赵　县	733568	23.20	896820	22.25	1096647	22.3
藁城市	1711643	25.50	2182417	21.99	1917781	21.3
晋州市	1218304	27.60	1501439	23.24	1842723	22.7
新乐市	1071887	12.40	1307589	21.99	1607342	22.9
鹿泉市	1697889	23.90	2086598	22.89	2528236	21.2
辛集市	1402734	23.80	1690483	20.51	1829507	8.2

1996—2017 年分县（市、区）固定资产投资（七）

14—3 续 6 计量单位：万元、%

行政单位	2014 年	增长速度	2015 年	增长速度
石家庄市	**50764384**	**16.20**	**56898536**	**12.10**
市 区	29410903		32689206	11.15
# 长安区	5503548	11.00	5835542	7.66
桥西区	5700609	12.05	6082994	7.66
新华区	3698049	16.80	3959663	7.80
裕华区	4013056	15.46	4367252	8.80
矿 区	635178	22.03	783571	23.36
藁城区	2265302	18.12	2683145	18.45
鹿泉区	2973901	17.60	3484583	17.17
栾城区	1731115	17.78	2089835	22.00
高新区	2123321	19.29	2500806	18.50
循环化工园区	766824	18.50	901815	17.60
井陉县	2313672	18.49	1465639	0.10
正定县	2145411	17.71	2596099	21.01
行唐县	1397550	19.99	1656774	18.55
灵寿县	961675	18.85	1144479	19.01
高邑县	647239	21.84	799340	23.80
深泽县	667170	21.65	822671	23.70
赞皇县	1232450	18.31	1448464	17.53
无极县	1105756	18.67	1309455	18.42
平山县	1802263	18.58	2138386	18.65
元氏县	1688230	17.99	2087952	23.68
赵 县	1294163	18.01	1576205	21.79
晋州市	2238581	21.48	2702009	23.90
新乐市	1904545	18.49	2333607	23.80
辛集市	1924776	5.20	2119720	10.13

1996—2017 年分县（市、区）固定资产投资（八）

14—3 续 7　　计量单位：万元、%

行政单位	2016 年	增长速度	2017 年	增长速度
石家庄市	**59159897**	**4.00**	**63101434**	**6.7**
市　区	31494747	-3.68	32720553	3.9
# 长安区	4728729	-13.60	4792092	1.3
桥西区	4927007	-13.59	4985983	1.2
新华区	3477245	-11.07	3510586	1.0
裕华区	4084424	-5.83	4142104	1.4
矿　区	832182	6.20	848868	2.0
藁城区	3021638	12.62	3309000	9.5
鹿泉区	3661031	5.06	4018153	9.8
栾城区	2449780	16.98	2671939	9.1
高新区	2835740	13.39	2912907	2.7
循环化工园区	904816	0.33	993962	9.9
井陉县	1705213	16.35	1869783	9.7
正定县	3027012	16.60	3300117	9.0
行唐县	1689513	1.98	1869210	10.6
灵寿县	1299025	13.50	1430889	10.2
高邑县	934638	16.93	1020480	9.2
深泽县	959707	16.66	1064423	10.9
赞皇县	1638213	13.10	1829898	11.7
无极县	1522182	16.25	1674658	10.0
平山县	2426477	13.47	2671976	10.1
元氏县	2400827	14.98	2620079	9.1
赵　县	1852791	17.55	2030509	9.6
晋州市	3104553	14.90	3470087	11.8
新乐市	2729735	16.93	2987050	9.4
辛集市	2375264	12.06	2541722	7.0

1995—2017 年分县（市、区）全部财政收入（一）

14—4　　　　计量单位：万元、%

行政单位	1995 年	1996 年	增长速度	1997 年	增长速度
石家庄市	**328113**	**384211**	**17.10**	**454738**	**18.36**
市　　区	201323	212181	5.39	259900	22.49
#长安区	10168	12288	20.85	14852	19.06
桥东区	10036	11858	18.15	12583	11.96
桥西区	8668	10043	15.86	11672	14.91
新华区	9613	11413	18.72	14151	19.04
裕华区	12878	18190	41.25	22189	29.64
矿　区	3425	4055	18.39	4840	17.31
高新区	5189	5832	12.39	8015	19.81
井陉县	12388	13188	6.46	16188	22.75
正定县	10089	13399	32.81	17994	34.29
栾城县	5601	7604	35.76	10293	35.36
行唐县	3564	5018	40.80	6226	24.07
灵寿县	3326	4854	45.94	6037	24.37
高邑县	3113	3908	25.54	5019	28.43
深泽县	3017	4009	32.88	5020	25.22
赞皇县	3540	4005	13.14	4352	8.66
无极县	5051	6967	37.93	8175	17.34
平山县	6039	7035	16.49	8569	21.81
元氏县	5269	6011	14.08	7098	18.08
赵　县	6152	8510	38.33	10033	17.90
藁城市	15821	20179	27.55	24000	18.94
晋州市	8305	10622	27.90	12224	15.08
新乐市	7549	10213	35.29	12347	20.89
鹿泉市	13643	16184	18.62	20200	24.81
辛集市	14323	18036	25.92	21063	16.78

1995—2017 年分县（市、区）全部财政收入（二）

14—4 续 1　　计量单位：万元、%

行政单位	1998 年	增长速度	1999 年	增长速度	2000 年	增长速度
石家庄市	**550236**	**21.00**	**581154**	**5.62**	**617026**	**6.17**
市　区	323636	24.52	345064	6.62	376882	9.22
# 长安区	17416	17.26	20118	15.51	22328	10.99
桥东区	13307	5.76	14727	10.67	15237	3.46
桥西区	13300	13.95	14702	10.54	14865	1.11
新华区	16888	19.35	19168	13.50	21569	12.53
裕华区	26188	18.02	31025	18.47	36699	18.29
矿　区	5625	16.22	6180	9.87	6467	4.64
高新区	10198	27.24	13050	27.97	16528	26.65
井陉县	15768	−2.59	12725	−19.30	13685	7.54
正定县	20538	14.14	22001	7.12	23667	7.57
栾城县	13005	26.35	15345	17.99	16159	5.30
行唐县	7421	19.19	7689	3.61	8294	7.87
灵寿县	7090	17.44	6707	−5.40	7019	4.65
高邑县	6007	19.69	6558	9.17	6962	6.16
深泽县	6179	23.09	6699	8.42	6916	3.24
赞皇县	4363	0.25	3080	−29.41	3916	27.14
无极县	10017	22.53	10016	−0.01	10501	4.84
平山县	10430	21.72	11713	12.30	11315	−3.40
元氏县	8289	16.78	9010	8.70	10011	11.11
赵　县	11352	13.15	10613	−6.51	10786	1.63
藁城市	27937	16.40	30287	8.41	27386	−9.58
晋州市	15187	24.24	16131	6.22	16755	3.87
新乐市	15001	21.50	15287	1.91	15781	3.23
鹿泉市	23750	17.57	25557	7.61	26136	2.27
辛集市	24266	15.21	25944	6.92	24855	−4.20

1995—2017 年分县（市、区）全部财政收入（三）

14—4 续 2 计量单位：万元、%

行政单位	2001 年	增长速度	2002 年	增长速度	2003 年	增长速度
石家庄市	**718953**	**16.52**	**1105294**	**7.15**	**1249873**	**13.08**
市 区	473752	25.70	783433	5.83	889785	13.58
# 长安区	32018	43.40	38515	19.95	47386	23.03
桥东区	18637	22.31	20825	11.43	22583	8.44
桥西区	24738	66.42	28390	14.73	31555	11.15
新华区	32618	51.23	39082	19.60	46274	18.40
裕华区	23812	−35.12	30068	25.85	37197	23.71
矿 区	6555	1.36	7645	11.83	10884	42.37
高新区	35639	115.63	37897	6.23	48359	27.61
井陉县	14901	8.89	18563	8.62	20970	12.97
正定县	17740	−25.04	23859	15.78	25300	6.04
栾城县	10724	−33.63	18875	24.17	22424	18.80
行唐县	8645	4.23	10083	5.05	10773	6.84
灵寿县	7700	9.70	8751	1.25	9674	10.55
高邑县	6491	−6.77	8000	10.91	8603	7.54
深泽县	7421	7.30	8014	−9.00	8628	7.66
赞皇县	4148	5.92	5184	6.12	6181	19.23
无极县	10701	1.90	13703	11.29	15301	11.66
平山县	12367	9.30	15272	8.01	17997	17.84
元氏县	10525	5.13	14502	26.19	16033	10.56
赵 县	10058	−6.75	13011	15.51	15009	15.36
藁城市	30011	9.59	51753	7.40	56314	8.81
晋州市	18021	7.56	21955	7.51	24115	9.84
新乐市	15070	−4.51	18037	10.12	20738	14.97
鹿泉市	31199	19.37	39121	10.99	43866	12.13
辛集市	26479	6.53	33178	11.51	38162	15.02

1995—2017 年分县（市、区）全部财政收入（四）

14—4 续 3　　计量单位：万元、%

行政单位	2004 年	增长速度	2005 年	增长速度	2006 年	增长速度
石家庄市	**1452944**	**16.25**	**1656402**	**13.68**	**1900632**	**14.70**
市　区	1026814	15.40	1123086	9.38	1267496	12.86
# 长安区	235391	12.50	240038	1.97	226796	-5.52
桥东区	88507	11.47	101338	14.5	120046	18.46
桥西区	207558	17.27	256119	23.4	318071	24.19
新华区	118088	18.51	140018	18.61	151299	8.06
裕华区	120160	8.85	112956	-6.00	130055	15.14
矿　区	16348	48.18	25216	54.00	30287	20.11
高新区	76641	29.13	100128	30.65	115728	15.58
井陉县	26864	28.11	34195	28.49	41766	22.14
正定县	30021	18.66	34914	18.04	40330	15.51
栾城县	25169	12.24	30208	22.43	36010	19.21
行唐县	11542	7.14	13168	19.19	15383	16.82
灵寿县	10973	13.43	13201	22.82	15756	19.35
高邑县	10002	16.26	11500	17.55	11618	1.03
深泽县	9535	10.51	10808	16.87	13494	24.85
赞皇县	8022	29.78	10529	32.69	13036	23.81
无极县	18504	20.93	21306	19.58	24882	16.78
平山县	31348	74.18	65002	12.76	83299	28.15
元氏县	18012	12.34	21033	19.55	24166	14.90
赵　县	16169	7.73	19136	27.68	24025	25.55
藁城市	60894	8.13	70530	18.60	80118	13.59
晋州市	26333	9.20	30248	18.62	37050	22.49
新乐市	23251	12.12	27068	19.71	31031	14.64
鹿泉市	52415	19.49	64469	23.10	75111	16.51
辛集市	47076	23.36	56001	22.43	66061	17.96

1995—2017 年分县（市、区）全部财政收入（五）

14—4 续 4　　计量单位：万元、%

行政单位	2007 年	增长速度	2008 年	增长速度	2009 年	增长速度
石家庄市	**2303474**	**21.20**	**2717217**	**17.96**	**3102454**	**14.18**
市　区	1474413	16.32	1691853	14.75	1815532	7.31
#长安区	263089	16.00	295125	12.18	318828	8.03
桥东区	147124	22.56	242220	64.64	281984	16.42
桥西区	403271	26.79	475805	17.99	479465	0.77
新华区	164370	8.64	176785	7.55	180104	1.88
裕华区	172426	32.58	198680	15.23	198771	0.05
矿　区	40019	32.13	54294	35.67	55055	1.40
高新区	131645	13.75	152769	16.05	173105	13.31
井陉县	50580	21.10	93838	85.52	100189	6.77
正定县	48893	21.23	59333	21.35	65525	10.44
栾城县	46366	28.76	56239	21.29	66000	17.36
行唐县	18664	21.33	21839	17.01	24025	10.01
灵寿县	20009	26.99	24112	20.51	24127	0.06
高邑县	13148	13.17	15600	18.65	16558	6.14
深泽县	16715	23.87	20406	22.08	21515	5.43
赞皇县	16165	24.00	20225	25.12	23026	13.85
无极县	30800	23.78	34000	10.39	28061	-17.47
平山县	140658	68.86	137803	-2.03	122816	-10.88
元氏县	30209	25.01	43083	42.62	48714	13.07
赵　县	30037	25.02	35174	17.10	33018	-6.13
藁城市	100296	25.19	161764	61.29	410813	153.96
晋州市	50022	35.01	57506	14.96	56055	-2.52
新乐市	36200	16.66	41542	14.76	35371	-14.85
鹿泉市	100239	33.45	110830	10.57	118102	6.56
辛集市	80060	21.19	92070	15.00	93007	1.02

1995—2017 年分县（市、区）全部财政收入（六）

14—4 续 5　　计量单位：万元、%

行政单位	2010 年	增长速度	2011 年	增长速度
石家庄市	**3879254**	**25.04**	**4889697**	**26.05**
市　区	2117388	16.63	2765631	30.62
# 长安区	383751	20.36	445185	16.01
桥东区	326630	15.83	416050	27.38
桥西区	464768	29.39	600034	29.1
新华区	226798	25.93	287559	26.79
裕华区	238951	20.21	358649	50.09
矿　区	45387	-17.56	50229	10.67
高新区	204555	18.17	251159	22.78
井陉县	106648	6.45	102298	-4.08
正定县	80656	23.09	101216	25.49
栾城县	73518	16.24	92612	25.97
行唐县	24808	3.26	32087	29.34
灵寿县	25265	4.72	33276	31.71
高邑县	20438	23.43	30600	49.72
深泽县	24309	12.99	30401	25.06
赞皇县	25060	8.83	33202	32.49
无极县	32573	16.08	43030	32.1
平山县	144176	17.39	183092	26.99
元氏县	55871	14.69	70026	25.34
赵　县	38039	15.21	45666	20.05
藁城市	760892	43.28	882959	16.04
晋州市	63819	13.85	80021	25.39
新乐市	40475	14.43	51223	26.55
鹿泉市	135280	14.55	171557	26.82
辛集市	110039	18.31	140800	27.95

1995—2017 年分县（市、区）全部财政收入（七）

14—4 续 6　　计量单位：万元、%

行政单位	2012 年	增长速度	2013 年	增长速度
石家庄市	**5733903**	**17.26**	**6482919**	**13.06**
市　区	3280745	18.63	3977332	21.23
# 长安区	467903	5.10	589446	25.98
桥东区	508257	22.16	555395	9.27
桥西区	685345	14.22	777301	13.42
新华区	336521	17.03	375185	11.49
裕华区	428346	19.43	483101	12.78
矿　区	52088	3.70	55005	5.60
高新区	295294	17.57	331105	12.13
井陉县	117798	15.15	132002	12.06
正定县	130936	29.36	163758	25.07
栾城县	112516	21.49	147168	30.80
行唐县	35596	10.94	45608	28.13
灵寿县	35310	6.11	40039	13.39
高邑县	38075	24.43	43802	15.04
深泽县	36611	20.43	42927	17.25
赞皇县	41285	24.34	43329	4.95
无极县	55511	29.01	65701	18.36
平山县	183647	0.30	160263	-12.73
元氏县	86021	22.84	100752	17.12
赵　县	55151	20.77	63425	15.00
藁城市	1004675	13.79	851378	-15.26
晋州市	90958	13.67	104310	14.68
新乐市	59028	15.24	68549	16.13
鹿泉市	208036	21.26	244486	17.52
辛集市	162004	15.06	188090	16.10

1995—2017 年分县（市、区）全部财政收入（八）

14—4 续 7　　计量单位：万元、%

行政单位	2014 年	增长速度	2015 年	增长速度
石家庄市	**6808005**	**5.01**	**7764323**	**14.05**
市　区	5473871	37.63	6311203	15.30
长安区	904913	10.22	1000029	10.51
桥西区	1202713	9.23	1299352	8.04
新华区	428346	14.17	448614	4.73
裕华区	454699	–5.88	463243	1.88
矿　区	43056	–21.72	48290	12.16
藁城区	897071	5.37	1505028	67.77
鹿泉区	300099	22.75	321445	7.11
栾城区	166567	13.18	176577	6.01
高新区	408098	23.25	465001	13.94
井陉县	135277	2.48	135821	0.40
正定县	190342	16.23	212001	11.38
行唐县	51720	13.40	53352	3.16
灵寿县	38758	–3.20	46779	20.70
高邑县	48691	11.16	46227	–5.06
深泽县	48046	11.92	51050	6.25
赞皇县	43393	0.15	41590	–4.16
无极县	75001	14.16	84287	12.38
平山县	174764	9.05	200940	14.98
元氏县	98031	–2.70	109083	11.27
赵　县	68006	7.22	73682	8.35
晋州市	88182	–15.46	101624	15.24
新乐市	73492	7.21	82592	12.38
辛集市	200431	6.56	214092	6.82

1995—2017 年分县（市、区）全部财政收入（九）

14—4 续 8　计量单位：万元、%

行政单位	2016 年	增长速度	2017 年	增长速度
石家庄市	**8473702**	**9.14**	**9473470**	**11.80**
市　区	6877607	8.97	475143	-93.09
长安区	1073727	7.37	1208497	12.55
桥西区	1463852	12.66	1629247	11.30
新华区	602847	34.38	686699	13.91
裕华区	570370	23.13	755591	32.47
矿　区	49522	2.55	60715	22.60
藁城区	1543665	2.57	1513138	-1.98
鹿泉区	357046	11.08	414154	15.99
栾城区	188154	6.56	209961	11.59
高新区	551268	18.55	637502	15.64
井陉县	129109	-4.94	118738	-8.03
正定县	251090	18.44	344948	37.38
行唐县	62812	17.73	72075	14.75
灵寿县	51715	10.55	60216	16.44
高邑县	54572	18.05	62463	14.46
深泽县	56713	11.09	58188	2.60
赞皇县	50331	21.02	65129	29.40
无极县	87926	4.32	100426	14.22
平山县	217218	8.10	244886	12.74
元氏县	129895	19.08	144476	11.23
赵　县	81026	9.97	95369	17.70
晋州市	115139	13.30	129349	12.34
新乐市	97473	18.02	118715	21.79
辛集市	211076	-1.41	267845	26.90

2000—2017 年分县（市、区）公共财政预算收入（一）

14—5 计量单位：万元、%

行政单位	2000 年	增长速度	2001 年	增长速度	2002 年	增长速度
石家庄市	**377137**	**7.04**	**443554**	**17.61**	**444947**	**18.31**
市　区	200653	11.12	267217	33.17	280699	17.98
# 长安区	15155	11.16	19394	27.97	16534	22.40
桥东区	9985	8.00	12316	23.35	10527	24.34
桥西区	10432	3.49	16683	59.92	13135	13.02
新华区	13272	12.82	20302	52.97	14385	14.36
裕华区	21035	8.33	15577	-25.95	15675	30.97
矿　区	3428	6.39	3558	3.79	3031	16.58
高新区	9650	24.16	18490	91.61	13223	21.26
井陉县	9107	6.79	9795	7.55	9740	16.01
正定县	17175	10.21	13090	-23.78	13785	26.61
栾城县	11059	3.80	8264	-25.27	7975	34.30
行唐县	6566	10.26	6782	3.29	6097	10.65
灵寿县	5255	4.29	5768	9.76	4447	2.47
高邑县	5486	9.22	5045	-8.04	4646	17.12
深泽县	5226	2.77	5593	7.02	4406	0.09
赞皇县	2686	2.17	3098	15.34	2932	13.25
无极县	8472	3.38	8463	-0.11	6832	21.52
平山县	8912	-5.79	9667	8.47	9614	13.20
元氏县	7482	11.49	7819	4.50	7606	54.12
赵　县	8531	4.34	7625	-10.62	7795	30.61
藁城市	21456	-3.88	22186	3.40	24656	19.58
晋州市	12596	1.98	13670	8.53	12368	16.75
新乐市	12934	2.70	11753	-9.13	10282	11.79
鹿泉市	16305	3.46	20121	23.40	16035	15.64
辛集市	17236	-2.71	17598	2.10	15032	16.95

2000—2017 年分县（市、区）公共财政预算收入（二）

14—5 续 1　　计量单位：万元、%

行政单位	2003 年	增长速度	2004 年	增长速度	2005 年	增长速度
石家庄市	**493429**	**10.90**	**561644**	**13.82**	**658796**	**17.30**
市　区	316341	12.70	366737	15.93	421211	14.85
#长安区	21334	29.03	80633	18.15	86493	7.27
桥东区	11203	6.42	36213	15.54	45145	24.67
桥西区	14709	11.98	64216	17.38	78847	22.78
新华区	18337	27.47	42858	29.29	56187	31.10
裕华区	18542	18.29	49075	11.27	51162	4.25
矿　区	4169	37.55	5703	45.38	8738	53.22
高新区	17536	32.62	24115	41.98	36497	51.35
井陉县	10794	10.82	14502	34.35	17493	20.62
正定县	13458	–2.37	14682	9.09	17460	18.92
栾城县	9219	15.60	10128	9.86	12910	27.47
行唐县	6370	4.48	6662	4.58	7746	16.27
灵寿县	4753	6.88	5377	13.13	6439	19.75
高邑县	5152	10.89	6218	20.69	6528	4.99
深泽县	4723	7.19	5606	18.70	6295	12.29
赞皇县	3248	10.78	4111	26.57	4582	11.46
无极县	7430	8.75	9404	26.57	10436	10.97
平山县	9812	2.06	11962	21.91	20693	72.99
元氏县	8016	5.39	9344	16.57	9390	0.49
赵　县	9125	17.06	9634	5.58	10405	8.00
藁城市	26795	8.68	28794	7.46	32295	12.16
晋州市	12537	1.37	11289	–9.95	13977	23.81
新乐市	11628	13.09	12569	8.09	13285	5.70
鹿泉市	17437	8.74	21205	21.61	25269	19.17
辛集市	16591	10.37	13420	–19.11	22382	66.78

2000—2017 年分县（市、区）公共财政预算收入（三）

14—5 续 2　　计量单位：万元、%

行政单位	2006 年	增长速度	2007 年	增长速度	2008 年	增长速度
石家庄市	**773736**	**17.45**	**958720**	**23.91**	**1100366**	**14.77**
市　区	506104	20.15	608045	20.14	670759	10.31
# 长安区	89595	3.59	108884	21.53	118413	8.75
桥东区	56023	24.10	70091	25.11	97169	38.63
桥西区	97876	24.13	123524	26.20	143895	16.49
新华区	61557	9.56	76339	24.01	83766	9.73
裕华区	61812	20.82	83669	35.36	87103	4.10
矿　区	10710	22.57	14467	35.08	18041	24.70
高新区	46483	27.36	56359	21.25	54692	-2.96
井陉县	19853	13.49	24186	21.83	34955	44.53
正定县	20730	18.73	25210	21.61	32165	27.59
栾城县	15188	17.65	17931	18.06	24532	36.81
行唐县	8886	14.72	10039	12.98	12372	23.24
灵寿县	7151	11.06	9133	27.72	10489	14.85
高邑县	5287	-19.01	6061	14.64	6899	13.83
深泽县	7448	18.32	8761	17.63	11420	30.35
赞皇县	5684	24.05	6791	19.48	8884	30.82
无极县	11681	11.93	13914	19.12	14804	6.40
平山县	24297	17.42	44107	81.53	54456	23.46
元氏县	9883	5.25	12522	26.70	15983	27.64
赵　县	10058	-3.33	12504	24.32	15374	22.95
藁城市	35342	9.43	45410	28.49	53821	18.52
晋州市	15681	12.19	21689	38.31	24207	11.61
新乐市	14882	12.02	16853	13.24	21583	28.07
鹿泉市	29151	15.36	42441	45.59	50786	19.66
辛集市	26430	18.09	33123	25.32	36877	11.33

2000—2017 年分县（市、区）公共财政预算收入（四）

14—5 续 3

计量单位：万元、%

行政单位	2009 年	增长速度	2010 年	增长速度
石家庄市	**1259614**	**14.47**	**1636303**	**29.91**
市　　区	772553	15.18	1047751	35.62
#长安区	135049	14.05	177229	31.23
桥东区	116752	20.15	143757	23.13
桥西区	163919	13.92	196341	33.08
新华区	93861	12.05	125305	33.50
裕华区	103872	19.25	134342	29.33
矿　区	18184	0.79	17614	-3.13
高新区	58847	7.60	71053	20.74
井陉县	35294	0.97	40167	13.81
正定县	38077	18.38	49990	31.29
栾城县	31096	26.76	36684	26.95
行唐县	15961	29.01	13478	-15.56
灵寿县	11231	7.07	12033	7.14
高邑县	9027	30.85	12285	36.09
深泽县	14467	26.68	15365	6.21
赞皇县	9888	11.30	12134	22.71
无极县	14453	-2.37	16938	17.19
平山县	52697	-3.23	59138	12.22
元氏县	18688	16.92	25034	33.96
赵　县	16687	8.54	18780	12.54
藁城市	63598	18.17	96220	33.63
晋州市	28199	16.49	33565	19.03
新乐市	20946	-2.95	23621	12.77
鹿泉市	57270	12.77	70307	22.76
辛集市	49482	34.18	52813	6.73

2000—2017 年分县（市、区）公共财政预算收入（五）

14—5 续 4　　　　计量单位：万元、%

行政单位	2011 年	增长速度	2012 年	增长速度	2013 年	增长速度
石家庄市	**2212284**	**35.2**	**2722764**	**23.1**	**3151233**	**15.7**
市　区	1449754	38.4	1803141	24.4	2108968	17.0
# 长安区	220384	24.4	251352	14.1	270665	7.7
桥东区	178668	24.3	192762	7.9	238809	23.9
桥西区	260853	32.9	332358	27.4	350023	5.3
新华区	155395	24.0	187462	20.6	215083	14.7
裕华区	225399	67.8	261565	16.0	282658	8.1
矿　区	19782	12.3	21253	7.4	24047	13.1
高新区	89867	26.5	120441	34.0	156288	29.8
井陉县	44620	11.1	48889	9.6	48171	-1.5
正定县	61735	23.5	81036	31.3	104072	28.4
栾城县	50425	37.5	57985	15.0	68217	17.6
行唐县	18367	36.3	19789	7.7	24922	25.9
灵寿县	15805	31.4	20025	26.7	22153	10.6
高邑县	16065	30.8	20456	27.3	30476	49.0
深泽县	19645	27.9	24421	24.3	30325	24.2
赞皇县	15132	24.7	19257	27.3	21998	14.2
无极县	22307	31.7	29429	31.9	35300	19.9
平山县	82985	40.3	95602	15.2	78388	-18.0
元氏县	32759	30.9	37811	15.4	45541	20.4
赵　县	24264	29.2	30009	23.7	36033	20.1
藁城市	120317	25.0	145523	20.9	154700	6.3
晋州市	42933	27.9	55344	28.9	61658	11.4
新乐市	31140	31.8	40088	28.7	48161	20.1
鹿泉市	93480	33.0	109058	16.7	134078	22.9
辛集市	70551	33.6	84901	20.3	98072	15.5

2000—2017 年分县（市、区）公共财政预算收入（六）

14—5 续 5　　计量单位：万元、%

行政单位	2014 年	增长速度	2015 年	增长速度
石家庄市	**3434745**	**9.0**	**3750529**	**9.2**
市　区	2639516	25.2	2862385	8.4
# 长安区	434567	16.8	481355	10.8
桥西区	567350	16.4	599990	5.8
新华区	246718	14.7	262846	6.5
裕华区	269352	-4.7	251292	-6.7
矿　区	19036	-20.8	22230	16.8
藁城区	183353	18.5	249793	36.2
鹿泉区	171661	28.0	186928	8.9
栾城区	80097	17.4	90728	13.3
高新区	205738	31.6	236715	15.1
井陉县	55045	14.3	60767	10.4
正定县	122388	17.6	140839	15.1
行唐县	32662	31.1	36582	12.0
灵寿县	25126	13.4	30726	22.3
高邑县	35312	15.9	38202	8.2
深泽县	34883	15.0	38937	11.6
赞皇县	25173	14.4	27525	9.3
无极县	42921	21.6	47475	10.6
平山县	85070	8.5	93630	10.1
元氏县	53226	16.9	65519	23.1
赵　县	42469	17.9	46779	10.1
晋州市	70321	14.1	77459	10.2
新乐市	54975	14.1	61811	12.4
辛集市	115658	17.9	121893	5.4

2000—2017 年分县（市、区）公共财政预算收入（七）

14—5 续 6　　计量单位：万元、%

行政单位	2016 年	增长速度	2017 年	增长速度
石家庄市	**4107238**	**9.5**	**4608886**	**12.2**
市　区	3149665	10.0	735422	-76.7
# 长安区	436797	-9.3	486104	11.3
桥西区	627615	4.6	630011	0.4
新华区	252840	-3.8	272165	7.6
裕华区	283417	12.8	310061	9.4
矿　区	26519	19.3	31252	17.8
藁城区	315892	26.5	365702	15.8
鹿泉区	197339	5.6	230078	16.6
栾城区	101873	12.3	117618	15.5
高新区	257633	8.8	298047	15.7
井陉县	55086	-9.3	62702	13.8
正定县	160017	13.6	222061	38.8
行唐县	40406	10.5	46464	15.0
灵寿县	35343	15.0	40861	15.6
高邑县	42800	12.0	48012	12.2
深泽县	43002	10.4	42307	-1.6
赞皇县	31450	14.3	35030	11.4
无极县	52350	10.3	60270	15.1
平山县	107802	15.1	123173	14.3
元氏县	66631	1.7	76180	14.3
赵　县	51971	11.1	59359	14.2
晋州市	80099	3.4	91150	13.8
新乐市	68026	10.1	78677	15.7
辛集市	122590	0.6	146180	19.2

1995—2017 年分县（市、区）农林牧渔业总产值（一）

14—6 计量单位：万元、%

行政单位	1995 年	1996 年	增长速度	1997 年	增长速度	1998 年	增长速度
石家庄市	**2094240**	**2460775**	**9.43**	**2751988**	**10.62**	**2874039**	**6.76**
市 区				82576			
# 长安区							
桥东区							
桥西区							
新华区							
裕华区	51998	63166	20.71		6.88	70153	3.62
矿 区	7586	8016	4.43		4.17	8693	4.27
高新区		5404				5378	
井陉县	41718	53387	12.28	60802	12.81	67721	12.38
正定县	212194	225684	4.68	255122	13.71	263630	4.66
栾城县	131828	138841	12.98	166280	17.68	187079	19.31
行唐县	87430	103204	9.43	112032	8.78	118472	4.98
灵寿县	44836	62344	7.40	74061	11.05	78323	5.89
高邑县	63058	71095	11.28	74640	16.00	77664	7.43
深泽县	58304	62476	7.46	70511	16.28	73929	5.66
赞皇县	53938	55020	0.21	53152	-5.17	54116	20.26
无极县	123478	136868	10.35	151115	8.82	154844	6.27
平山县	101375	81939	-23.27	118712	55.74	128027	7.28
元氏县	74293	91597	8.52	108089	3.62	117005	13.77
赵 县	150068	195627	21.18	198029	10.77	209192	9.29
藁城市	292564	357743	10.67	391248	11.32	412864	7.81
晋州市	169708	184622	4.60	179006	3.81	188590	3.30
新乐市	176189	176770	3.69	184509	6.99	195373	6.76
鹿泉市	133678	128701	-4.25	142142	12.45	146211	4.36
辛集市	306071	331446	7.45	346546	11.64	384913	8.24

1995—2017 年分县（市、区）农林牧渔业总产值（二）

14—6 续 1　　计量单位：万元、%

行政单位	1999 年	增长速度	2000 年	增长速度	2001 年	增长速度
石家庄市	**2918680**	**5.5**	**2934472**	**5.0**	**3070012**	**4.2**
市　区						
# 长安区					32494	
桥东区					9210	
桥西区					16565	
新华区					31269	
裕华区	72500	5.8	73926	4.7	34893	-56.5
矿　区	8931	5.8	9000	3.7	9356	4.0
高新区	5177		5311		5752	
井 陉 县	67868	0.5	70698	8.0	68812	-2.9
正 定 县	271820	6.0	274880	3.9	244053	-11.1
栾 城 县	206178	11.0	227496	12.6	229880	-1.6
行 唐 县	116743	0.9	118200	7.6	122225	4.0
灵 寿 县	84381	11.7	85361	4.0	88971	2.9
高 邑 县	81241	10.4	87594	10.8	89177	4.5
深 泽 县	74695	5.0	76655	9.0	85300	9.5
赞 皇 县	58108	5.3	62316	5.1	65028	5.3
无 极 县	158854	5.0	159714	6.6	165798	4.0
平 山 县	135706	6.2	132100	-3.5	139195	6.9
元 氏 县	123348	8.2	124245	7.3	132728	6.4
赵　县	215345	8.2	215758	6.0	208906	-4.7
藁 城 市	423133	4.1	396434	-2.7	416404	5.0
晋 州 市	192334	3.9	192629	4.5	197083	2.1
新 乐 市	202124	5.1	212100	5.0	211015	-0.6
鹿 泉 市	146756	4.9	149594	3.3	153852	6.8
辛 集 市	387792	5.3	374760	0.3	391303	3.0

1995—2017 年分县（市、区）农林牧渔业总产值（三）

14—6 续 2

计量单位：万元、%

行政单位	2002 年	增长速度	2003 年	增长速度	2004 年	增长速度
石家庄市	3119674	4.3	3529558	5.7	4260467	6.4
市　区						
#长安区	31657	-1.5	33169	-0.3	37982	-2.4
桥东区	9305	0.8	8276	-4.3	10088	3.4
桥西区	16651	-0.1	15014	0.4	18487	11.8
新华区	31597	3.4	25829	-5.0	31395	0.4
裕华区	35083	0.5	36536	0.6	40222	-4.8
矿 区	9728	4.0	9230	4.0	10171	1.9
高新区	5588		2125			
井陉县	69449	1.6	69984	9.0	86721	9.2
正定县	253376	5.1	258522	2.2	296679	4.6
栾城县	243141	5.7	256011	7.3	293005	4.3
行唐县	126340	4.0	143582	3.7	171943	5.9
灵寿县	88117	-0.8	96565	30.4	119804	15.8
高邑县	93377	4.9	89498	-0.3	110317	3.4
深泽县	90927	6.9	82562	11.0	100366	6.1
赞皇县	65927	-2.5	74492	14.7	95470	10.1
无极县	169611	3.0	215779	3.3	246375	3.4
平山县	142678	2.5	186346	1.5	212069	4.5
元氏县	138860	4.7	150195	3.2	187608	4.2
赵　县	221714	7.4	214916	5.1	264314	5.3
藁城市	431434	4.3	507429	3.6	574451	2.9
晋州市	200456	3.0	196509	4.8	239640	8.1
新乐市	220360	4.9	233952	5.9	289669	6.2
鹿泉市	159194	3.5	160228	5.2	206716	11.9
辛集市	407063	4.0	358971	6.9	435801	6.6

1995—2017 年分县（市、区）农林牧渔业总产值（四）

14—6 续 3 计量单位：万元、%

行政单位	2005 年	增长速度	2006 年	增长速度	2007 年	增长速度
石家庄市	**4569477**	**5.4**	**4731008**	**4.2**	**4728044**	**2.1**
市　区						
# 长安区	38467	-0.8	39910	3.4	34473	-4.0
桥东区	10191	-0.3	10593	3.0		
桥西区	18641	0.3	18542	-3.5	18619	-1.4
新华区	32504	-2.4	31526	-6.4	26697	9.7
裕华区	39484	-2.1	38516	-5.2	8842	4.5
矿　区	10814	3.3	10828		8491	-8.9
高新区					16568	-0.4
循环化工园区					26854	1.8
井陉县	95974	6.4	105237	7.2	109505	6.3
正定县	319891	3.4	344635	4.7	396413	2.3
栾城县	320011	5.5	336486	5.0	340605	-3.4
行唐县	186386	5.7	198067	4.7	228258	7.0
灵寿县	129835	6.4	136304	4.3	140832	2.8
高邑县	115473	1.3	118158	2.2	99256	-7.4
深泽县	112814	7.2	118394	5.0	124237	2.9
赞皇县	108186	9.8	111901	6.4	130559	2.3
无极县	253662	2.5	261197	2.3	285236	0.9
平山县	222149	3.7	231570	2.9	200950	3.7
元氏县	204239	3.9	216679	4.0	230810	3.2
赵　县	284806	4.5	302501	4.1	318247	4.7
藁城市	610803	1.3	633505	1.1	602740	1.1
晋州市	255292	4.0	278872	5.8	285354	-0.9
新乐市	322104	7.4	332768	2.1	308330	1.5
鹿泉市	229711	8.2	240714	4.8	223314	2.2
辛集市	482007	5.4	527299	7.0	562856	1.5

1995—2017 年分县（（市、区）农林牧渔业总产值（五）

14—6 续 4　　　　计量单位：万元、%

行政单位	2008 年	增长速度	2009 年	增长速度	2010 年	增长速度
石家庄市	**5111293**	**2.7**	**5082921**	**2.6**	**5593625**	**1.9**
# 长安区	34299	-5.9	36800	4.3	37888	-0.1
桥西区	18076	-4.1	16834	-6.1	15956	-11.8
新华区	25611	-6.0	23178	-5.9	22591	-10.9
裕华区	9328	0.4	9550	1.3	9858	0.8
矿　区	8966	-0.9	9736	16.3	10140	1.5
藁城区	617767	1.2	633403	3.4	728055	4.3
鹿泉区	231433	0.0	232178	2.6	255636	1.0
栾城区	377302	5.0	364240	1.1	380354	0.9
高新区	17065	0.6	17025	-1.1	19025	-0.2
循环化工园区	24497	-16.5	18824	-17.2	30042	51.5
井陉县	122561	5.3	126544	5.2	128928	1.0
正定县	430178	2.4	414532	2.6	423296	0.1
行唐县	272042	6.9	256607	0.3	292682	1.7
灵寿县	164926	9.1	165245	4.4	176065	-1.0
高邑县	107225	4.0	109178	2.0	119135	3.3
深泽县	139845	4.5	136303	4.7	160176	5.7
赞皇县	146397	3.1	151666	3.7	150793	-2.0
无极县	310080	1.2	301745	3.3	332101	2.4
平山县	226529	6.1	241916	5.0	257967	-1.6
元氏县	253636	1.3	248710	3.2	276028	4.0
赵　县	338504	5.2	344356	3.0	386123	2.3
晋州市	299740	-0.5	296811	3.1	333389	2.9
新乐市	322718	1.5	310156	0.0	327539	2.0
辛集市	612567	1.6	617385	0.7	719857	3.9

1995—2017 年分县（市、区）农林牧渔业总产值（六）

14—6 续 5　　计量单位：万元、%

行政单位	2011 年	增长速度	2012 年	增长速度	2013 年	增长速度
石家庄市	**6161634**	**2.8**	**6457266**	**3.6**	**6769669**	**2.4**
# 长安区	35492	-6.8	34201	-8.0	34203	0.3
桥西区	16528	0.9	17509	-4.0	18575	0.2
新华区	24101	-0.2	22701	-9.2	24617	2.0
裕华区	10246	0.1	9955	-4.5	10263	2.0
矿　区	11003	3.8	11934	-4.9	12728	3.8
藁城区	804046	2.7	862866	7.7	915425	5.0
鹿泉区	281382	2.3	285536	2.0	298478	2.5
栾城区	419778	2.2	436974	3.0	430713	-1.9
高新区	19763	1.3	22979	11.2	22681	-9.2
循环化工园区	35057	5.8	35451	6.0	36778	2.5
井陉县	144661	5.3	162185	4.2	183638	4.8
正定县	461648	1.3	480599	3.8	496728	2.7
行唐县	324409	6.2	327394	1.4	343111	1.5
灵寿县	199967	3.6	211136	5.3	212680	3.0
高邑县	132323	3.5	138365	1.7	159954	8.9
深泽县	185271	5.5	194133	5.4	209223	7.0
赞皇县	170240	8.7	183948	4.7	198260	0.6
无极县	352230	-1.1	372232	4.4	380532	0.9
平山县	291188	6.4	301018	0.1	292501	-1.8
元氏县	311676	3.6	324785	2.1	338077	2.4
赵　县	417601	3.3	443501	2.3	431318	-4.7
晋州市	363947	-0.4	375745	4.1	428377	7.2
新乐市	339391	1.5	366341	2.6	398913	6.0
辛集市	809687	0.3	835775	0.6	891897	0.5

1995—2017 年分县（市、区）农林牧渔业总产值（七）

14—6 续 6　　计量单位：万元、%

行政单位	2014 年	增长速度	2015 年	增长速度
石家庄市	6830437	3.1	6703905	2.3
# 长安区	30704	-2.8	31878	4.2
桥西区	14070	-14.2	16955	21.4
新华区	22014	2.4	23223	3.4
裕华区	8498	-9.4	8628	1.3
矿　区	12617	1.3	11062	-6.3
藁城区	882929	4.3	887573	1.3
鹿泉区	291998	2.7	282362	1.5
栾城区	417183	-3.0	374895	-3.6
高新区	21701	2.5	21920	0.8
循环化工园区	37644	3.5	39254	13.3
井陉县	194489	4.4	188593	0.5
正定县	504508	0.8	474629	0.4
行唐县	382141	12.8	370126	3.2
灵寿县	229181	8.3	239089	10.9
高邑县	161558	7.2	154988	1.0
深泽县	212032	4.7	209147	3.2
赞皇县	218321	9.7	218882	5.1
无极县	379804	0.1	376891	3.2
平山县	266114	-7.4	278009	6.2
元氏县	348818	5.4	325497	0.1
赵　县	432386	0.6	434037	5.6
晋州市	440156	3.5	432740	3.0
新乐市	415474	5.9	391878	-0.1
辛集市	906096	0.6	911649	1.6

1995—2017 年分县（市、区）农林牧渔业总产值（八）

14—6 续 7　　计量单位：万元、%

行政单位	2016 年	增长速度	2017 年	增长速度
石家庄市	**6318668**	**1.4**	**6345669**	**1.0**
# 长 安 区	22280	−12.2	20170	−8.3
桥 西 区	9167	7.3	7128	−21.2
新 华 区	8398	−9.6	6558	−21.6
裕 华 区	6212	−36.4	977	−83.9
矿　区	9255	−27.5	8282	−8.0
藁 城 区	603693	0.6	602014	2.8
鹿 泉 区	300269	3.0	291034	−1.6
栾 城 区	269535	−1.9	269730	2.9
高 新 区	8498	−3.1	6557	−21.7
循环化工园区	18910	−13.0	18797	1.9
井 陉 县	178945	−5.3	179474	1.0
正 定 县	545189	2.9	538201	2.0
行 唐 县	457786	5.9	472734	5.7
灵 寿 县	337742	3.8	362523	8.7
高 邑 县	160487	3.3	163434	4.0
深 泽 县	202874	2.2	210004	5.8
赞 皇 县	223639	0.9	239228	8.4
无 极 县	415555	1.2	416044	3.0
平 山 县	228607	4.4	238440	3.8
元 氏 县	259282	2.9	256496	1.7
赵　县	336518	1.0	338368	2.3
晋 州 市	458237	2.4	447658	−0.4
新 乐 市	481651	1.5	482285	2.7
辛 集 市	775939	1.7	769533	1.8

注：石家庄市及各县市区 2007 年以后数据为修订数据，辛集市 2016 年以后为修订数据

1995—2017 年分县（市、区）社会消费品零售额（一）

14—7　　　　计量单位：万元、%

行政单位	1995 年	1996 年	增长速度	1997 年	增长速度	1998 年	增长速度
石家庄市	**1652151**	**2011506**	**21.8**	**2380487**	**18.3**	**2680216**	**12.6**
市　区	882872	943119	6.8	1059334	12.3	1109504	4.7
# 长安区						14513	
桥东区						8444	
桥西区						9784	
新华区						49338	
裕华区						47443	
矿　区						7818	
井陉县	26329	32266	22.5	33033	2.4	34124	3.3
正定县	80745	98870	22.4	137229	38.8	158230	15.3
栾城县	47502	71665	50.9	84901	18.5	101140	19.1
行唐县	20847	40401	93.8	43724	8.2	52711	20.6
灵寿县	13680	20110	47.0	31113	54.7	36864	18.5
高邑县	13975	17961	28.5	23368	30.1	29258	25.2
深泽县	14363	18963	32.0	31328	65.2	40105	28.0
赞皇县	15382	19921	29.5	26895	35.0	34790	29.4
无极县	45879	63723	38.9	83307	30.7	104090	24.9
平山县	25713	32984	28.3	36160	9.6	42703	18.1
元氏县	24680	34726	40.7	38411	10.6	48404	26.0
赵　县	50627	72499	43.2	90212	24.4	108937	20.8
藁城市	83081	115102	38.5	152009	32.1	180191	18.5
晋州市	62415	72498	16.2	93708	29.3	107458	14.7
新乐市	82238	98425	19.7	110105	11.9	127203	15.5
鹿泉市	60682	69289	14.2	86889	25.4	101076	16.3
辛集市	101141	188984	86.9	218763	15.8	263429	20.4

1995—2017 年分县（市、区）社会消费品零售额（二）

14—7 续 1 计量单位：万元、%

行政单位	1999 年	增长速度	2000 年	增长速度	2001 年	增长速度
石家庄市	**2967588**	**10.7**	**3308804**	**11.5**	**3690981**	**11.6**
市　区	1171916	5.6	1269933	8.4	1560183	22.9
# 长安区	16955	16.8	19769	16.6	25378	28.4
桥东区	8905	5.5	9800	10.1	16473	68.1
桥西区	10035	2.6	11216	11.8	38132	240.0
新华区	55270	12.0	63180	14.3	85771	35.8
裕华区	55100	16.1	63841	15.9	30192	–52.7
矿　区	7834	0.2	9533	21.7	10479	9.9
井陉县	39113	14.6	46068	17.8	51179	11.1
正定县	179321	13.3	202677	13.0	150638	–25.7
栾城县	120292	18.9	135651	12.8	96173	–29.1
行唐县	60230	14.3	68405	13.6	78553	14.8
灵寿县	42457	15.2	48092	13.3	54298	12.9
高邑县	34721	18.7	40391	16.3	44835	11.0
深泽县	44933	12.0	50800	13.1	56384	11.0
赞皇县	40643	16.8	45928	13.0	51256	11.6
无极县	121821	17.0	138956	14.1	156793	12.8
平山县	49963	17.0	56992	14.1	64400	13.0
元氏县	56177	16.1	63854	13.7	73606	15.3
赵　县	128299	17.8	145226	13.2	161202	11.0
藁城市	195539	8.5	219087	12.0	244117	11.4
晋州市	119726	11.4	134242	12.1	150169	11.9
新乐市	131973	3.7	148011	12.2	144061	–2.7
鹿泉市	120110	18.8	138143	15.0	159366	15.4
辛集市	310354	17.8	352000	13.4	390742	11.0

1995—2017 年分县（市、区）社会消费品零售额（三）

14—7 续 2　　计量单位：万元、%

行政单位	2002 年	增长速度	2003 年	增长速度	2004 年	增长速度
石家庄市	**4115390**	**11.5**	**4566056**	**11.0**	**5270997**	**15.4**
市　区	1725318	10.6	1843573	6.9	2225366	20.7
# 长安区	28271	11.4	33783	19.5	312870	826.1
桥东区	18860	14.5	21142	12.1	199902	845.5
桥西区	42311	11.0	32605	-22.9	141704	334.6
新华区	91787	7.0	94586	3.0	459481	385.8
裕华区	33634	11.4	40192	19.5	231620	476.3
矿　区	11689	11.5	13227	13.2	25143	90.1
井陉县	57238	11.8	66058	15.4	83215	26.0
正定县	170222	13.0	196622	15.5	219497	11.6
栾城县	110557	15.0	128248	16.0	146273	14.1
行唐县	88675	12.9	103294	16.5	116515	12.8
灵寿县	60756	11.9	69411	14.2	77012	11.0
高邑县	51443	14.7	59285	15.2	66319	11.9
深泽县	62755	11.3	72482	15.5	82746	14.2
赞皇县	58037	13.2	67099	15.6	77943	16.2
无极县	176392	12.5	201087	14.0	226535	12.7
平山县	73582	14.3	85207	15.8	100317	17.7
元氏县	83379	13.3	96103	15.3	101860	6.0
赵　县	178934	11.0	198324	10.8	219568	10.7
藁城市	271334	11.1	305063	12.4	342946	12.4
晋州市	167911	11.8	191218	13.9	216201	13.1
新乐市	159937	11.0	181075	13.2	200951	11.0
鹿泉市	184025	15.5	214389	16.5	236493	10.3
辛集市	434897	11.3	487519	12.1	531241	9.0

注：2004 年各区增速过高是由于实行在地统计，数据不可比。

1995—2017 年分县（市、区）社会消费品零售额（四）

14—7 续 3　　计量单位：万元、%

行政单位	2005 年	增长速度	2006 年	增长速度	2007 年	增长速度
石家庄市	**6096501**	**15.7**	**7066493**	**15.9**	**8352212**	**18.2**
市　区	2535350	13.9	2969429	17.1	3562081	20.0
# 长安区	363471	16.2	423702	16.6	499901	18.0
桥东区	231428	15.8	269600	16.5	322162	19.5
桥西区	164194	15.9	191237	16.5	228713	19.6
新华区	532869	16.0	621678	16.7	716647	15.3
裕华区	269547	16.4	320600	18.9	377910	17.9
矿　区	29108	15.8	33710	15.8	39501	17.2
井陉县	98517	18.4	114147	15.9	134043	17.4
正定县	259858	18.4	300982	15.8	357542	18.8
栾城县	172728	18.1	199777	15.7	234502	17.4
行唐县	136884	17.5	158138	15.5	184883	16.9
灵寿县	90630	17.7	104743	15.6	122272	16.7
高邑县	77846	17.4	89539	15.0	103051	15.1
深泽县	97212	17.5	112260	15.5	130670	16.4
赞皇县	91961	18.0	106399	15.7	124429	16.9
无极县	266594	17.7	307648	15.4	358943	16.7
平山县	118966	18.6	137851	15.9	161426	17.1
元氏县	119666	17.5	138374	15.6	161150	16.5
赵　县	253311	15.4	292482	15.5	343089	17.3
藁城市	399446	16.5	462204	15.7	539287	16.7
晋州市	254215	17.6	294273	15.8	343638	16.8
新乐市	234260	16.6	270763	15.6	316196	16.8
鹿泉市	278551	17.8	321960	15.6	375850	16.7
辛集市	610207	14.9	685524	12.3	799163	16.6

1995—2017 年分县（市、区）社会消费品零售额（五）

14—7 续 4

计量单位：万元、%

行政单位	2008 年	增长速度	2009 年	增长速度	2010 年	增长速度
石家庄市	**10279944**	**23.1**	**11905536**	**15.8**	**14098923**	**18.4**
市 区	4377790	22.9	4952250	13.1	5844284	19.3
# 长安区	640240	28.1	769778	20.2	920660	19.6
桥东区	408375	26.8	491076	20.3	587925	19.7
桥西区	292336	27.8	351389	20.2	419910	19.5
新华区	857156	19.6	998907	16.5	1173716	17.5
裕华区	472401	25.0	567520	20.1	678158	19.5
矿 区	48760	23.4	57818	18.6	68341	18.2
高新区						
井陉县	165864	23.7	197815	19.3	234213	18.4
正定县	440987	23.3	525715	19.2	623172	18.5
栾城县	289157	23.3	344925	19.3	408047	18.3
行唐县	227842	23.2	269896	18.5	318207	17.9
灵寿县	150930	23.4	179922	19.2	212308	18.0
高邑县	125679	22.0	148043	17.8	173507	17.2
深泽县	160508	22.8	190783	18.9	223789	17.3
赞皇县	153468	23.3	183648	19.7	216888	18.1
无极县	437426	21.9	519968	18.9	610483	17.4
平山县	202585	25.5	243032	20.0	289028	18.9
元氏县	198829	23.4	234095	17.7	274359	17.2
赵 县	422311	23.1	499957	18.4	585450	17.1
藁城市	660884	22.5	783099	18.5	920660	17.6
晋州市	423902	23.4	503417	18.8	593565	17.9
新乐市	391421	23.8	466431	19.2	550389	18.0
鹿泉市	463763	23.4	550642	18.7	648106	17.7
辛集市	986599	23.5	1165083	18.1	1372468	17.8

1995—2017 年分县（市、区）社会消费品零售额（六）

14—7 续 5　　计量单位：万元、%

行政单位	2011 年	增长速度	2012 年	增长速度	2013 年	增长速度
石家庄市	**16629864**	**18.0**	**19157615**	**15.2**	**21797294**	**13.8**
市　区	7050835	20.6	8117742	15.1	9254965	14.0
# 长安区	1360731	21.0	1621992	19.2	1866100	15.0
桥东区	1983646	21.0	2261356	14.0	2585859	14.3
桥西区	900713	28.4	1041224	15.6	1189597	14.2
新华区	1233327	20.8	1407226	14.1	1613383	14.6
裕华区	973152	20.8	1110366	14.1	1263040	13.7
矿　区	81960	20.2	94991	15.9	107768	13.4
高新区	517308	18.1	580587	12.2	629219	8.4
井陉县	275297	17.5	315765	14.7	360446	14.1
正定县	722245	15.9	833470	15.4	946405	13.5
栾城县	472578	15.8	543937	15.1	617640	13.5
行唐县	368003	15.6	424308	15.3	480953	13.3
灵寿县	248811	17.2	288869	16.1	329166	13.9
高邑县	202474	16.7	233453	15.3	263918	13.0
深泽县	257999	15.3	295666	14.6	335729	13.5
赞皇县	254233	17.2	294656	15.9	335760	13.9
无极县	712232	16.7	815506	14.5	923560	13.2
平山县	335696	16.1	391085	16.5	443686	13.4
元氏县	319778	16.6	369343	15.5	417542	13.0
赵　县	684852	17.0	787580	15.0	898234	14.0
藁城市	1065379	15.7	1225186	15.0	1393648	13.7
晋州市	686448	15.6	799025	16.4	912885	14.2
新乐市	636572	15.7	732695	15.1	832707	13.6
鹿泉市	747626	15.4	859022	14.9	976277	13.6
辛集市	1588807	15.8	1830306	15.2	2073774	13.3

1995—2017 年分县（市、区）社会消费品零售额（七）

14—7 续 6　　计量单位：万元、%

行政单位	2014 年	增长速度	2015 年	增长速度
石家庄市	**24518107**	**12.5**	**26930343**	**9.8**
市　区	13812942		15184713	9.9
# 长安区	2511356	13.3	2766081	10.1
桥西区	3870251	13.0	4262487	10.1
新华区	1824736	13.1	2001747	9.7
裕华区	1428499	13.1	1566976	9.7
矿　区	120053	11.4	131929	9.9
藁城区	1440176		1575490	9.4
鹿泉区	1097336	12.4	1208176	10.1
栾城区	694845	12.5	765746	10.2
高新区	698433	11.0	766892	9.8
循环化工园区	127257		139190	9.4
井陉县	404781	12.3	444452	9.8
正定县	1064705	12.5	1170018	9.9
行唐县	536743	11.6	589387	9.8
灵寿县	367020	11.5	403702	10.0
高邑县	294796	11.7	323977	9.9
深泽县	374673	11.6	410255	9.5
赞皇县	375044	11.7	411422	9.7
无极县	1033463	11.9	1130529	9.4
平山县	495154	11.6	543182	9.7
元氏县	467647	12.0	512363.6	9.6
赵　县	1008717	12.3	1105511	9.6
晋州市	1023345	12.1	1123665	9.8
新乐市	929301	11.6	1020433	9.8
辛集市	2329777	12.3	2556734	9.7

1995—2017 年分县（市、区）社会消费品零售额（八）

14—7 续 7

计量单位：万元、%

行政单位	2016 年	增长速度	2017 年	增长速度
石家庄市	**29752321**	**10.5**	**32960487**	**10.8**
市 区	16740689	10.2	18525264	10.7
# 长安区	3049787	10.3	3363403	10.3
桥西区	4695323	10.2	5161555	9.9
新华区	2206927	10.3	2457310	11.3
裕华区	1719940	9.8	1902813	10.6
矿 区	146045	10.7	161242	10.4
藁城区	1738640	10.4	1930391	11.0
鹿泉区	1339267	10.9	1506676	12.5
栾城区	846615	10.6	931276	10.0
高新区	846349	10.4	944079	11.5
循环化工园区	151796	9.1	166520	9.7
井陉县	494031	11.2	547386	10.8
正定县	1293539	10.6	1420306	9.8
行唐县	647536	9.9	711642	9.9
灵寿县	448717	11.2	500768	11.6
高邑县	359222	10.9	396304	10.3
深泽县	454773	10.9	503643	10.7
赞皇县	458125	11.4	513100	12.0
无极县	1260040	11.5	1399905	11.1
平山县	602188	10.9	673849	11.9
元氏县	566986	10.7	633891	11.8
赵 县	1219984	10.4	1348143	10.5
晋州市	1245644	10.9	1380837	10.9
新乐市	1138324	11.6	1278338	12.3
辛集市	2822523	10.4	3127113	10.8

1997—2017 年分县（市、区）金融机构人民币存款（一）

14—8 计量单位：万元、%

行政单位	1997 年	1998 年	增长速度	1999 年	增长速度
石家庄市	**8197859**	**9914433**	**20.9**	**12110368**	**22.1**
市 区	5025209	6148400	22.4	7691094	25.1
井陉县	191379	215788	12.8	231939	7.5
正定县	313710	389673	24.2	462817	18.8
栾城县	177334	205229	15.7	219680	7.0
行唐县	121009	147173	21.6	160685	9.2
灵寿县	99072	118041	19.1	135030	14.4
高邑县	57225	65828	15.0	79496	20.8
深泽县	147121	173069	17.6	202049	16.7
赞皇县	79814	92932	16.4	99592	7.2
无极县	187613	235926	25.8	265044	12.3
平山县	159305	195618	22.8	214134	9.5
元氏县	133462	149195	11.8	168143	12.7
赵 县	151351	176390	16.5	192836	9.3
藁城市	299102	347306	16.1	433007	24.7
晋州市	273354	311559	14.0	402973	29.3
新乐市	134890	160716	19.1	198527	23.5
鹿泉市	275280	324944	18.0	363730	11.9
辛集市	371629	456646	22.9	589592	29.1

1997—2017 年分县（市、区）金融机构人民币存款（二）

14—8 续 1　　计量单位：万元、%

行政单位	2000 年	增长速度	2001 年	增长速度	2002 年	增长速度
石家庄市	**13131544**	**8.4**	**14551507**	**10.8**	**16710618**	**14.8**
市　区	8493818	10.4	9562632	12.6	11311755	18.3
井陉县	247259	6.6	260281	5.3	280407	7.7
正定县	498586	7.7	532530	6.8	572815	7.6
栾城县	234016	6.5	249706	6.7	264920	6.1
行唐县	166336	3.5	174296	4.8	181559	4.2
灵寿县	142748	5.7	156942	9.9	175513	11.8
高邑县	86579	8.9	92339	6.7	101114	9.5
深泽县	213251	5.5	222231	4.2	231762	4.3
赞皇县	105755	6.2	110260	4.3	119888	8.7
无极县	288630	8.9	311539	7.9	339969	9.1
平山县	227082	6.0	243371	7.2	257059	5.6
元氏县	176546	5.0	195650	10.8	215149	10.0
赵　县	195676	1.5	204950	4.7	221827	8.2
藁城市	441138	1.9	489755	11.0	549320	12.2
晋州市	414103	2.8	440922	6.5	471035	6.8
新乐市	200580	1.0	220957	10.2	241391	9.2
鹿泉市	394449	8.4	425288	7.8	453453	6.6
辛集市	604992	2.6	657860	8.7	721676	9.7

1997—2017 年分县（市、区）金融机构人民币存款（三）

14—8 续 2　　计量单位：万元、%

行政单位	2003 年	增长速度	2004 年	增长速度	2005 年	增长速度	2006 年	增长速度
石家庄市	**19322801**	**15.6**	**22088668**	**14.3**	**25741536**	**16.5**	**29684213**	**15.3**
市　区	13310798	17.7	15331653	15.2	18216740	18.8	21112978	15.9
井陉县	302764	8.0	341850	12.9	378824	10.8	436511	15.2
正定县	623868	8.9	702302	12.6	783093	11.5	890514	13.7
栾城县	299586	13.1	351679	17.4	421827	19.9	456182	8.1
行唐县	185398	2.1	215436	16.2	232852	8.1	281331	20.8
灵寿县	193084	10.0	218317	13.1	244801	12.1	278099	13.6
高邑县	115898	14.6	130076	12.2	143045	10.0	168780	18.0
深泽县	250770	8.2	273089	8.9	274105	0.4	312537	14.0
赞皇县	137210	14.4	155865	13.6	151546	-2.8	172826	14.0
无极县	382617	12.5	403541	5.5	434532	7.7	477904	10.0
平山县	295394	14.9	358449	21.3	422679	17.9	474505	12.3
元氏县	247578	15.1	279073	12.7	297686	6.7	360227	21.0
赵　县	249063	12.3	275234	10.5	311499	13.2	359549	15.4
藁城市	602771	9.7	711798	18.1	747432	5.0	838214	12.1
晋州市	519084	10.2	573267	10.4	641986	12.0	733340	14.2
新乐市	268222	11.1	294824	9.9	321220	9.0	386121	20.2
鹿泉市	515257	13.6	584191	13.4	649511	11.2	755617	16.3
辛集市	823439	14.1	888022	7.8	1008502	13.6	1158499	14.9

1997—2017 年分县（市、区）金融机构人民币存款（四）

14—8 续 3　　计量单位：万元、%

行政单位	2007 年	增长速度	2008 年	增长速度	2009 年	增长速度	2010 年	增长速度
石家庄市	**33313230**	**12.2**	**41115628**	**23.4**	**51630561**	**25.6**	**61155028**	**18.5**
市　区	23677068	12.1	29354583	24.0	37950523	29.3	42992706	13.3
井 陉 县	505895	15.9	633495	25.2	722930	14.1	786016	8.7
正 定 县	954551	7.2	1166436	22.2	1474407	26.4	1800211	22.1
栾 城 县	498696	9.3	570405	14.4	716579	25.6	849075	18.5
行 唐 县	343051	21.9	447880	30.6	499390	11.5	591024	18.3
灵 寿 县	334197	20.2	437876	31.0	497998	13.7	582058	16.9
高 邑 县	186227	10.3	248267	33.3	301969	21.6	353955	17.2
深 泽 县	344208	10.1	426028	23.8	493897	15.9	566576	14.7
赞 皇 县	224108	29.7	268114	19.6	314729	17.4	387313	23.1
无 极 县	529512	10.8	655358	23.8	731779	11.7	841076	14.9
平 山 县	565302	19.1	682337	20.7	819265	20.1	964011	17.7
元 氏 县	406201	12.8	536028	32.0	595994	11.2	686310	15.2
赵　县	408068	13.5	482435	18.2	569681	18.1	658086	15.5
藁 城 市	930715	11.0	1124310	20.8	1278988	13.8	1464389	14.5
晋 州 市	826082	12.6	993135	20.2	1100914	10.9	1248525	13.4
新 乐 市	438083	13.5	535167	22.2	612333	14.4	701097	14.5
鹿 泉 市	856353	13.3	1001544	17.0	1266154	26.4	1489307	17.6
辛 集 市	1284911	10.9	1552231	20.8	1683032	8.4	1868340	11.0

1997—2017 年分县（市、区）金融机构人民币存款（五）

14—8 续 4

计量单位：万元、%

行政单位	2011 年	增长速度	2012 年	增长速度	2013 年	增长速度
石家庄市	**67153408**	**9.8**	**76407468**	**13.8**	**85933883**	**12.7**
市 区	48787267	13.5	55355537	13.5	61930954	12.0
井陉县	960502	22.2	1073757	11.8	1190867	10.9
正定县	2206751	22.6	2501722	13.4	2970746	18.8
栾城县	986233	16.2	1125133	14.1	1243735	10.5
行唐县	690583	16.8	806722	16.8	940978	16.6
灵寿县	681355	17.1	782289	14.8	857459	9.6
高邑县	422097	19.3	488820	15.8	561271	14.8
深泽县	661251	16.7	748395	13.2	835547	11.7
赞皇县	454469	17.3	503862	10.9	584458	16.0
无极县	972318	15.6	1117475	14.9	1247000	11.6
平山县	1126485	16.9	1284761	14.1	1436544	11.8
元氏县	757197	10.3	904145	19.4	982430	8.7
赵 县	775544	17.8	910225	17.4	1040582	14.3
藁城市	1670952	14.1	1965857	17.6	2323886	18.2
晋州市	1399499	12.1	1607327	14.9	1735599	8.0
新乐市	805741	14.9	947355	17.6	1088235	14.9
鹿泉市	1711680	14.9	1894316	10.7	2196260	15.9
辛集市	2083484	11.5	2389770	14.7	2767332	15.8

1997—2017 年分县（市、区）金融机构人民币存款（六）

14—8 续 5　　计量单位：万元、%

行政单位	2014 年	增长速度	2015 年	增长速度
石家庄市	**91246125**	**6.0**	**98001484**	**7.4**
市　　区	70907525		74957487	5.7
井 陉 县	1282311	7.7	1351801	5.4
正 定 县	3185485	7.2	3742747	17.5
行 唐 县	1146979	21.9	1349933	17.7
灵 寿 县	955591	11.4	1056083	10.5
高 邑 县	584413	4.1	650014	11.2
深 泽 县	939940	12.5	1034662	10.1
赞 皇 县	704061	20.5	764244	8.6
无 极 县	1353243	8.5	1579787	16.7
平 山 县	1608029	11.9	1781347	10.8
元 氏 县	1188834	21.0	1447346	21.7
赵　　县	1203414	15.7	1349501	12.1
晋 州 市	1879990	8.3	2045300	8.8
新 乐 市	1222596	12.4	1403781	14.8
辛 集 市	3083713	11.4	3282352	6.4

注：2014 年开始，市区包括市辖区、藁城区、鹿泉区、栾城区。

1997—2017 年分县（市、区）金融机构人民币存款（七）

14—8 续 6　　计量单位：万元、%

行政单位	2016 年	增长速度	2017 年	增长速度
石家庄市	**110779001**	**13.0**	**117029683**	**5.6**
市　　区	83929973	12.0	88079822	4.9
井 陉 县	1541938	14.1	1623466	5.3
正 定 县	5243466	40.1	5024567	-4.2
行 唐 县	1538712	14.0	1730060	12.4
灵 寿 县	1238752	17.3	1365156	10.2
高 邑 县	726016	11.7	810717	11.7
深 泽 县	1130884	9.3	1235802	9.3
赞 皇 县	933320	22.1	1068860	14.5
无 极 县	1738956	10.1	1960881	12.8
平 山 县	2065119	15.9	2243018	8.6
元 氏 县	1695509	17.1	1865704	10.0
赵　　县	1469252	8.9	1620594	10.3
晋 州 市	2355029	15.1	2634639	11.9
新 乐 市	1615867	15.1	1806677	11.8
辛 集 市	3556209	8.3	3959718	11.3

1997—2017 年分县（市、区）金融机构人民币贷款（一）

14—9　　计量单位：万元、%

行政单位	1997 年	1998 年	增长速度	1999 年	增长速度
石家庄市	**5656900**	**6637592**	**17.3**	**9107667**	**37.2**
市　区	3292109	4053042	23.1	6237687	53.9
井陉县	101119	98918	-2.2	104284	5.4
正定县	206600	234528	13.5	276178	17.8
栾城县	159604	171165	7.2	182019	6.3
行唐县	80853	88229	9.1	91776	4.0
灵寿县	93162	98933	6.2	95962	-3.0
高邑县	64856	76786	18.4	86454	12.6
深泽县	78191	86178	10.2	102750	19.2
赞皇县	83167	88121	6.0	88532	0.5
无极县	144588	152741	5.6	162667	6.5
平山县	126540	142997	13.0	151675	6.1
元氏县	134209	145234	8.2	155686	7.2
赵　县	163922	181592	10.8	193445	6.5
藁城市	244997	266150	8.6	330137	24.0
晋州市	151278	158429	4.7	202921	28.1
新乐市	118745	123732	4.2	153769	24.3
鹿泉市	165986	186975	12.6	196499	5.1
辛集市	246974	283842	14.9	295226	4.0

1997—2017年分县（市、区）金融机构人民币贷款（二）

14—9 续 1

计量单位：万元、%

行政单位	2000年	增长速度	2001年	增长速度	2002年	增长速度
石家庄市	**9738267**	**6.9**	**10350991**	**6.3**	**13059556**	**26.2**
市 区	6939550	11.3	7450288	7.4	9981918	34.0
井陉县	97820	-6.2	103070	5.4	120950	17.3
正定县	271938	-1.5	279662	2.8	295437	5.6
栾城县	149602	-17.8	159284	6.5	173688	9.0
行唐县	91345	-0.5	102512	12.2	111165	8.4
灵寿县	89625	-6.6	92791	3.5	101323	9.2
高邑县	89803	3.9	91504	1.9	94887	3.7
深泽县	99741	-2.9	102128	2.4	109357	7.1
赞皇县	79156	-10.6	79181	0.0	87387	10.4
无极县	163742	0.7	175680	7.3	191869	9.2
平山县	144646	-4.6	149875	3.6	163959	9.4
元氏县	161580	3.8	159813	-1.1	172984	8.2
赵 县	200388	3.6	206674	3.1	211211	2.2
藁城市	307626	-6.8	317394	3.2	301448	-5.0
晋州市	206264	1.6	212452	3.0	225886	6.3
新乐市	148917	-3.2	148668	-0.2	155049	4.3
鹿泉市	214628	9.2	236676	10.3	256130	8.2
辛集市	281896	-4.5	283339	0.5	306937	8.3

1997—2017 年分县（市、区）金融机构人民币贷款（三）

14—9 续 2　　计量单位：万元、%

行政单位	2003 年	增长速度	2004 年	增长速度	2005 年	增长速度
石家庄市	**13774386**	**5.5**	**14748123**	**7.1**	**15610128**	**5.8**
市　区	10547366	5.7	11352218	7.6	12446474	9.6
井 陉 县	126161	4.3	155372	23.2	151840	-2.3
正 定 县	311211	5.3	320787	3.1	279590	-12.8
栾 城 县	178549	2.8	200213	12.1	217991	8.9
行 唐 县	109102	-1.9	112476	3.1	96020	-14.6
灵 寿 县	100578	-0.7	109515	8.9	95452	-12.8
高 邑 县	94670	-0.2	101655	7.4	90442	-11.0
深 泽 县	107209	-2.0	105555	-1.5	101941	-3.4
赞 皇 县	91839	5.1	100934	9.9	79871	-20.9
无 极 县	192568	0.4	193203	0.3	174697	-9.6
平 山 县	188322	14.9	202902	7.7	193996	-4.4
元 氏 县	186632	7.9	188193	0.8	175843	-6.6
赵　县	197051	-6.7	198044	0.5	186565	-5.8
藁 城 市	319196	5.9	332015	4.0	287035	-13.5
晋 州 市	226804	0.4	229126	1.0	214745	-6.3
新 乐 市	172388	11.2	184310	6.9	222816	20.9
鹿 泉 市	311751	21.7	343173	10.1	318169	-7.3
辛 集 市	312989	2.0	318432	1.7	276641	-13.1

1997—2017 年分县（市、区）金融机构人民币贷款（四）

14—9 续 3　计量单位：万元、%

行政单位	2006 年	增长速度	2007 年	增长速度	2008 年	增长速度
石家庄市	**17315169**	**10.9**	**18393687**	**6.2**	**20799327**	**13.1**
市　　区	13784691	10.8	14501558	5.2	17299183	19.3
井 陉 县	175806	15.8	189990	8.1	161771	-14.9
正 定 县	288082	3.0	346620	20.3	361448	4.3
栾 城 县	225670	3.5	230339	2.1	211095	-8.4
行 唐 县	105693	10.1	113085	7.0	101310	-10.4
灵 寿 县	107739	12.9	121263	12.6	117595	-3.0
高 邑 县	102023	12.8	101131	-0.9	81409	-19.5
深 泽 县	108902	6.8	113081	3.8	102782	-9.1
赞 皇 县	90723	13.6	100870	11.2	85514	-15.2
无 极 县	168688	-3.4	175450	4.0	153798	-12.3
平 山 县	213556	10.1	242021	13.3	175793	-27.4
元 氏 县	197353	12.2	197678	0.2	190986	-3.4
赵　　县	222898	19.5	201686	-9.5	200139	-0.8
藁 城 市	376522	31.2	457561	21.5	350154	-23.5
晋 州 市	227574	6.0	247896	8.9	257046	3.7
新 乐 市	244828	9.9	266960	9.0	215661	-19.2
鹿 泉 市	368902	15.9	424832	15.2	427200	0.6
辛 集 市	305519	10.4	361664	18.4	306443	-15.3

1997—2017 年分县（市、区）金融机构人民币贷款（五）

14—9 续 4　　计量单位：万元、%

行政单位	2009 年	增长速度	2010 年	增长速度
石家庄市	**28865696**	**38.8**	**32720979**	**13.4**
市　区	24231048	40.1	26219403	8.2
井陉县	267119	65.1	331011	23.9
正定县	478347	32.3	710170	48.5
栾城县	262050	24.1	314539	20.0
行唐县	125929	24.3	178851	42.0
灵寿县	148897	26.6	168737	13.3
高邑县	108653	33.5	142801	31.4
深泽县	116809	13.6	151307	29.5
赞皇县	106962	25.1	153612	43.6
无极县	186955	21.6	226115	20.9
平山县	218361	24.2	275416	26.1
元氏县	210053	10.0	251238	19.6
赵　县	230460	15.1	297605	29.1
藁城市	478186	36.6	630210	31.8
晋州市	336320	30.8	441472	31.3
新乐市	265734	23.2	278099	4.7
鹿泉市	647678	51.6	808933	24.9
辛集市	446132	45.6	553523	24.1

1997—2017 年分县（市、区）金融机构人民币贷款（六）

14—9 续 5　　计量单位：万元、%

行政单位	2011 年	增长速度	2012 年	增长速度	2013 年	增长速度
石家庄市	**36597860**	**11.8**	**39950667**	**9.2**	**45004998**	**12.9**
市　区	29296795	11.7	31519723	7.6	34884903	11.1
井 陉 县	351469	6.2	384027	9.3	466201	21.4
正 定 县	1121021	57.9	1465645	30.7	1946043	32.8
栾 城 县	385572	22.6	458521	18.9	548003	19.5
行 唐 县	219346	22.6	269156	22.7	301164	11.9
灵 寿 县	214281	27.0	257701	20.3	293962	14.1
高 邑 县	175698	23.0	214111	21.9	256139	19.6
深 泽 县	172584	14.1	179854	4.2	212115	17.9
赞 皇 县	208548	35.8	235289	12.8	258001	9.7
无 极 县	262898	16.3	249866	–5.0	288434	15.4
平 山 县	374274	35.9	441486	18.0	458558	3.9
元 氏 县	282462	12.4	372368	31.8	358350	–3.8
赵　县	336898	13.2	427802	27.0	464298	8.5
藁 城 市	719903	14.2	769641	6.9	888714	15.5
晋 州 市	504791	14.3	558213	10.6	693827	24.3
新 乐 市	320353	15.2	359065	12.1	455719	26.9
鹿 泉 市	959847	18.7	1047934	9.2	1199306	14.4
辛 集 市	691120	24.9	740265	7.1	1031262	39.3

1997—2017 年分县（市、区）金融机构人民币贷款（七）

14—9 续 6　　计量单位：万元、%

行政单位	2014 年	增长速度	2015 年	增长速度
石家庄市	**50989203**	**13.0**	**61211043**	**20.1**
市　区	42469849		50863730	19.8
井 陉 县	458848	-1.6	531196	15.8
正 定 县	2138083	9.9	2313868	8.2
行 唐 县	368116	22.2	401376	9.0
灵 寿 县	334062	13.6	361830	8.3
高 邑 县	247682	-3.3	288756	16.6
深 泽 县	265753	25.3	300112	12.9
赞 皇 县	302560	17.3	341265	12.8
无 极 县	370323	28.4	426734	15.2
平 山 县	518217	13.0	897015	73.1
元 氏 县	481806	34.5	626558	30.0
赵　县	511317	10.1	564590	10.4
晋 州 市	766372	10.5	918986	19.9
新 乐 市	593940	30.3	711508	19.8
辛 集 市	1162275	12.7	1490896	28.3

注：2014 年开始，市区包括市辖区、藁城区、鹿泉区、栾城区。

1997—2017 年分县（市、区）金融机构人民币贷款（八）

14—9 续 7　计量单位：万元、%

行政单位	2016 年	增长速度	2017 年	增长速度
石家庄市	**71758899**	**17.2**	**89249839**	**24.4**
市　区	60051608	18.1	76364405	27.2
井陉县	607906	14.4	611389	0.6
正定县	2649250	14.5	2631730	-0.7
行唐县	511926	27.5	588028	14.9
灵寿县	477075	31.9	533364	11.8
高邑县	297038	2.9	318263	7.1
深泽县	339326	13.1	433115	27.6
赞皇县	385942	13.1	420598	9.0
无极县	545970	27.9	632082	15.8
平山县	989526	10.3	1113811	12.6
元氏县	744523	18.8	896472	20.4
赵　县	673733	19.3	766022	13.7
晋州市	1051009	14.4	1153124	9.7
新乐市	736758	3.5	848199	15.1
辛集市	1697309	13.8	1939237	14.3

1996—2017 年分县（市、区）城乡居民人民币储蓄存款（一）

14—10　　计量单位：万元、%

行政单位	1996 年	1997 年	增长速度	1998 年	增长速度	1999 年	增长速度
石家庄市	**4223768**	**4857888**	**15.0**	**5941832**	**22.3**	**7092875**	**19.4**
市　区	1892453	2169085	14.6	2716587	25.2	3259295	20.0
井陉县	129507	150462	16.2	172827	14.9	192385	11.3
正定县	220307	256426	16.4	338198	31.9	411828	21.8
栾城县	130261	149094	14.5	173095	16.1	188394	8.8
行唐县	98437	112086	13.9	132786	18.5	145034	9.2
灵寿县	80690	87309	8.2	102662	17.6	118505	15.4
高邑县	43392	51315	18.3	60107	17.1	72029	19.8
深泽县	114732	132749	15.7	162650	22.5	191996	18.0
赞皇县	60793	68023	11.9	77969	14.6	85520	9.7
无极县	144437	175845	21.7	221033	25.7	243197	10.0
平山县	123624	141770	14.7	171660	21.1	180441	5.1
元氏县	107729	115407	7.1	132304	14.6	145923	10.3
赵　县	105390	125068	18.7	142532	14.0	174475	22.4
藁城市	213575	244522	14.5	288149	17.8	377022	30.8
晋州市	197558	238395	20.7	266911	12.0	354866	33.0
新乐市	101655	116710	14.8	144509	23.8	178144	23.3
鹿泉市	206700	232754	12.6	274596	18.0	307399	11.9
辛集市	252528	290868	15.2	363257	24.9	469422	29.2

1996—2017 年分县（市、区）城乡居民人民币储蓄存款（二）

14—10 续 1 计量单位：万元、%

行政单位	2000 年	增长速度	2001 年	增长速度	2002 年	增长速度
石家庄市	**7514860**	**5.9**	**8235602**	**9.6**	**9251029**	**12.3**
市　　区	3929041	20.5	3943653	0.4	4658726	18.1
井 陉 县	202493	5.3	217003	7.2	233408	7.6
正 定 县	434413	5.5	459898	5.9	487313	6.0
栾 城 县	193949	2.9	204920	5.7	218220	6.5
行 唐 县	152711	5.3	161879	6.0	165108	2.0
灵 寿 县	127083	7.2	138584	9.0	155788	12.4
高 邑 县	78389	8.8	83705	6.8	92091	10.0
深 泽 县	201044	4.7	209272	4.1	220508	5.4
赞 皇 县	91669	7.2	97763	6.6	105805	8.2
无 极 县	266499	9.6	288318	8.2	311136	7.9
平 山 县	190674	5.7	200881	5.4	209772	4.4
元 氏 县	155133	6.3	169937	9.5	184328	8.5
赵　　县	174653	0.1	184425	5.6	200265	8.6
藁 城 市	382872	1.6	415056	8.4	433776	4.5
晋 州 市	366679	3.3	391400	6.7	419175	7.1
新 乐 市	178555	0.2	192290	7.7	200237	4.1
鹿 泉 市	326028	6.1	325849	−0.1	364993	12.0
辛 集 市	497188	5.9	550769	10.8	590380	7.2

1996—2017 年分县（市、区）城乡居民人民币储蓄存款（三）

14—10 续 2　　计量单位：万元、%

行政单位	2003 年	增长速度	2004 年	增长速度	2005 年	增长速度
石家庄市	**10444919**	**12.9**	**11894588**	**13.9**	**13551916**	**13.9**
市　　区	5436477	16.7	6314369	16.1	7418651	17.5
井 陉 县	249483	6.9	275542	10.4	303792	10.3
正 定 县	527629	8.3	579859	9.9	633812	9.3
栾 城 县	245869	12.7	285131	16.0	310090	8.8
行 唐 县	165202	0.1	191407	15.9	208053	8.7
灵 寿 县	169063	8.5	186813	10.5	209050	11.9
高 邑 县	104068	13.0	116106	11.6	130750	12.6
深 泽 县	235009	6.6	252784	7.6	254864	0.8
赞 皇 县	120014	13.4	134628	12.2	132516	–1.6
无 极 县	337044	8.3	365607	8.5	383987	5.0
平 山 县	232835	11.0	273447	17.4	310792	13.7
元 氏 县	205982	11.7	235231	14.2	255387	8.6
赵　　县	213825	6.8	237835	11.2	261973	10.1
藁 城 市	467139	7.7	530680	13.6	599963	13.1
晋 州 市	454340	8.4	503031	10.7	561204	11.6
新 乐 市	218368	9.1	237909	8.9	260700	9.6
鹿 泉 市	395003	8.2	438670	11.1	483864	10.3
辛 集 市	667569	13.1	735539	10.2	832469	13.2

1996—2017年分县（市、区）城乡居民人民币储蓄存款（四）

14—10续3　　计量单位：万元、%

行政单位	2006年	增长速度	2007年	增长速度	2008年	增长速度
石家庄市	**15532428**	**14.6**	**16947183**	**9.1**	**21801690**	**28.6**
市　区	8549036	15.2	9115834	6.6	11982365	31.4
井陉县	339911	11.9	390372	14.8	499922	28.1
正定县	685058	8.1	736921	7.6	941836	27.8
栾城县	342677	10.5	371001	8.3	434484	17.1
行唐县	248660	19.5	303252	22.0	400343	32.0
灵寿县	235175	12.5	282455	20.1	382554	35.4
高邑县	149486	14.3	161695	8.2	216960	34.2
深泽县	283158	11.1	311422	10.0	391938	25.9
赞皇县	150544	13.6	177775	18.1	220247	23.9
无极县	432280	12.6	480424	11.1	598436	24.6
平山县	357692	15.1	417592	16.7	537691	28.8
元氏县	299038	17.1	335513	12.2	438137	30.6
赵　县	300836	14.8	335322	11.5	400258	19.4
藁城市	686323	14.4	763798	11.3	950779	24.5
晋州市	640164	14.1	716995	12.0	888400	23.9
新乐市	313728	20.3	356947	13.8	452934	26.9
鹿泉市	545007	12.6	603573	10.7	727853	20.6
辛集市	973656	17.0	1086292	11.6	1336554	23.0

1996—2017年分县（市、区）城乡居民人民币储蓄存款（五）

14—10续4　　计量单位：万元、%

行政单位	2009年	增长速度	2010年	增长速度
石家庄市	**25674597**	**17.8**	**29203989**	**13.8**
市　　区	14674605	22.5	16736357	14.0
井 陉 县	564372	12.9	611986	8.4
正 定 县	1119251	18.8	1301585	16.3
栾 城 县	480253	10.5	550039	14.5
行 唐 县	441452	10.3	517478	17.2
灵 寿 县	427193	11.7	479517	12.2
高 邑 县	257563	18.7	291375	13.1
深 泽 县	437578	11.6	487103	11.3
赞 皇 县	250941	13.9	301049	20.0
无 极 县	631828	5.6	721112	14.1
平 山 县	613920	14.2	700174	14.0
元 氏 县	476693	8.8	543225	14.0
赵　　县	470748	17.6	539746	14.7
藁 城 市	1034815	8.8	1136136	9.8
晋 州 市	958566	7.9	1041133	8.6
新 乐 市	514730	13.6	600659	16.7
鹿 泉 市	871114	19.7	1018725	16.9
辛 集 市	1448975	8.4	1565905	8.1

1996—2017 分县（市、区）城乡居民人民币储蓄存款（六）

14—10 续 5　　　计量单位：万元、%

行政单位	2011 年	增长速度	2012 年	增长速度	2013 年	增长速度
石家庄市	**32435792**	**11.1**	**37354986**	**15.2**	**41565885**	**11.3**
市　区	18196341	8.7	21037653	15.6	23454418	11.5
井 陉 县	713976	16.7	817042	14.4	900342	10.2
正 定 县	1540692	18.4	1763733	14.5	2002068	13.5
栾 城 县	649548	18.1	756934	16.5	867700	14.6
行 唐 县	606989	17.3	699885	15.3	805753	15.1
灵 寿 县	546620	14.0	621350	13.7	666850	7.3
高 邑 县	342282	17.5	399471	16.7	439681	10.1
深 泽 县	561101	15.2	643798	14.7	702937	9.2
赞 皇 县	347289	15.4	379686	9.3	413503	8.9
无 极 县	832315	15.4	956281	14.9	1060818	10.9
平 山 县	842290	20.3	962398	14.3	1077958	12.0
元 氏 县	579652	6.7	697945	20.4	736387	5.5
赵　县	637962	18.2	744525	16.7	840116	12.8
藁 城 市	1303369	14.7	1487914	14.2	1675704	12.6
晋 州 市	1143758	9.9	1305811	14.2	1389979	6.5
新 乐 市	685595	14.1	798884	16.5	913601	14.4
鹿 泉 市	1149565	12.8	1288619	12.1	1418660	10.1
辛 集 市	1756448	12.2	1993059	13.5	2199412	10.4

1996—2017 分县（市、区）城乡居民人民币储蓄存款（七）

14—10 续 6　　计量单位：万元、%

行政单位	2014 年	增长速度	2015 年	增长速度
石家庄市	**43891354**	**5.6**	**48689313**	**10.9**
市　区	27983378		30402326	8.6
井 陉 县	972539	8.0	1078459	10.9
正 定 县	2196246	9.7	2569788	17.0
行 唐 县	935307	16.1	1090531	16.6
灵 寿 县	760063	14.0	879883	15.8
高 邑 县	481446	9.5	547638	13.8
深 泽 县	784023	11.5	877627	11.9
赞 皇 县	492061	19.0	563323	14.5
无 极 县	1172975	10.6	1394748	18.9
平 山 县	1216285	12.8	1372690	12.9
元 氏 县	896479	21.7	1080962	20.6
赵　县	965880	15.0	1133397	17.3
晋 州 市	1531638	10.2	1773840	15.8
新 乐 市	1018484	11.5	1137324	11.7
辛 集 市	2484550	13.0	2781329	11.9

注：2014 年开始，市区包括市辖区、藁城区、鹿泉区、栾城区。

1996—2017 分县（市、区）城乡居民人民币储蓄存款（八）

14—10 续 7 计量单位：万元、%

行政单位	2016 年	增长速度	2017 年	增长速度
石家庄市	**53482021**	**9.8**	**56416175**	**5.5**
市　区	33072117	8.8	34185661	3.4
井 陉 县	1154254	7.0	1237962	7.3
正 定 县	2895159	12.7	3254139	12.4
行 唐 县	1213058	11.2	1329066	9.6
灵 寿 县	990920	12.6	1069160	7.9
高 邑 县	618211	12.9	663166	7.3
深 泽 县	960936	9.5	1036393	7.9
赞 皇 县	645182	14.5	734844	13.9
无 极 县	1519723	9.0	1644484	8.2
平 山 县	1518577	10.6	1677793	10.5
元 氏 县	1264907	17.0	1394497	10.2
赵　县	1235074	9.0	1340761	8.6
晋 州 市	2059003	16.1	2261616	9.8
新 乐 市	1285657	13.0	1436781	11.8
辛 集 市	3049245	9.6	3149854	3.3

1995—2017 年分县（市、区）农村居民人均可支配收入（一）

14—11　　计量单位：元、%

行政单位	1995 年	1996 年	增长速度	1997 年	增长速度	1998 年	增长速度
石家庄市	**1995**	**2502**	**25.4**	**2837**	**13.4**	**2988**	**5.3**
矿　　区	2511	3069	22.2	3481	13.4	3665	5.3
井 陉 县	1574	1821	15.7	2172	19.3	2410	11.0
正 定 县	2308	3004	30.2	3207	6.8	3335	4.0
栾 城 县	1998	2686	34.4	2900	8.0	3045	5.0
行 唐 县	1248	1850	48.2	2163	16.9	2361	9.2
灵 寿 县	998	1499	50.2	2016	34.5	2250	11.6
高 邑 县	1901	2366	24.5	2598	9.8	2800	7.8
深 泽 县	1863	2582	38.6	2789	8.0	2988	7.1
赞 皇 县	970	1203	24.0	1134	-5.7	1306	15.2
无 极 县	1863	2672	43.4	3045	14.0	3170	4.1
平 山 县	1554	1232	-20.7	2202	78.7	2371	7.7
元 氏 县	1759	2321	31.9	2552	10.0	2570	0.7
赵　　县	1825	2579	41.3	2802	8.6	2942	5.0
藁 城 市	2407	3048	26.6	3513	15.3	3508	-0.1
晋 州 市	2498	3001	20.1	3300	10.0	3386	2.6
新 乐 市	2497	3012	20.6	3418	13.5	3506	2.6
鹿 泉 市	2585	2121	-17.9	3566	68.1	3678	3.1
辛 集 市	2579	2961	14.8	3207	8.3	3354	4.6

注：2013 年以前农村居民家庭为纯收入，2013 年以后为新口径可支配收入。

1995—2017 年分县（市、区）农村居民人均可支配收入（二）

14—11 续 1　　计量单位：元、%

行政单位	1999 年	增长速度	2000 年	增长速度	2001 年	增长速度
石家庄市	**3071**	**2.8**	**3158**	**2.8**	**3149**	**-0.3**
矿　区	3736	1.9	3886	4.0	4019	3.4
井 陉 县	2506	4.0	2602	3.8	2680	3.0
正 定 县	3465	3.9	3605	4.0	3621	0.4
栾 城 县	3174	4.2	3305	4.1	3421	3.5
行 唐 县	2428	2.8	2468	1.6	2542	3.0
灵 寿 县	2308	2.6	2396	3.8	2397	0.0
高 邑 县	2860	2.1	3001	4.9	3125	4.1
深 泽 县	3060	2.4	3182	4.0	3308	4.0
赞 皇 县	1370	4.9	1652	20.6	1706	3.3
无 极 县	3240	2.2	3310	2.2	3429	3.6
平 山 县	2472	4.3	1992	-19.4	1999	0.4
元 氏 县	2617	1.8	2701	3.2	2812	4.1
赵　县	3059	4.0	3086	0.9	3049	-1.2
藁 城 市	3576	1.9	3656	2.2	3805	4.1
晋 州 市	3449	1.9	3539	2.6	3667	3.6
新 乐 市	3574	1.9	3616	1.2	3688	2.0
鹿 泉 市	3747	1.9	3852	2.8	4008	4.0
辛 集 市	3485	3.9	3235	-7.2	3365	4.0

1995—2017 年分县（市、区）农村居民人均可支配收入（三）

14—11 续 2　　计量单位：元、%

行政单位	2002 年	增长速度	2003 年	增长速度	2004 年	增长速度
石家庄市	**3245**	**3.0**	**3394**	**4.6**	**3799**	**11.9**
矿　区	4140	3.0	4265	3.0	4854	13.8
井 陉 县	2787	4.0	2941	5.5	3342	13.6
正 定 县	3770	4.1	3885	3.1	4375	12.6
栾 城 县	3558	4.0	3755	5.5	4247	13.1
行 唐 县	2619	3.0	2698	3.0	2836	5.1
灵 寿 县	2428	1.3	2477	2.0	2599	4.9
高 邑 县	3250	4.0	3407	4.8	3680	8.0
深 泽 县	3408	3.0	3579	5.0	3956	10.5
赞 皇 县	1785	4.6	1878	5.2	2133	13.6
无 极 县	3497	2.0	3619	3.5	4107	13.5
平 山 县	2019	1.0	2080	3.0	2298	10.5
元 氏 县	2897	3.0	3021	4.3	3431	13.6
赵　县	3141	3.0	3283	4.5	3730	13.6
藁 城 市	3919	3.0	4086	4.3	4621	13.1
晋 州 市	3777	3.0	3892	3.0	4429	13.8
新 乐 市	3800	3.0	3961	4.2	4461	12.6
鹿 泉 市	4170	4.0	4387	5.2	4913	12.0
辛 集 市	3470	3.1	3609	4.0	4061	12.5

1995—2017 年分县（市、区）农村居民人均可支配收入（四）

14—11 续 3　　计量单位：元、%

行政单位	2005 年	增长速度	2006 年	增长速度	2007 年	增长速度
石家庄市	**4118**	**8.4**	**4456**	**8.2**	**4954**	**11.2**
矿　区	5267	8.5	5740	9.0	6328	10.2
井 陉 县	3643	9.0	3993	9.6	4527	13.4
正 定 县	4797	9.7	5253	9.5	5952	13.3
栾 城 县	4667	9.9	5006	7.3	5788	15.6
行 唐 县	2929	3.3	3076	5.0	3287	6.9
灵 寿 县	2681	3.2	2787	4.0	2898	4.0
高 邑 县	3975	8.0	4293	8.0	4551	6.0
深 泽 县	4155	5.0	4350	4.7	4611	6.0
赞 皇 县	2316	8.6	2584	11.6	2798	8.3
无 极 县	4476	9.0	4875	8.9	5321	9.1
平 山 县	2430	5.7	2588	6.5	2842	9.8
元 氏 县	3726	8.6	4076	9.4	4658	14.3
赵　县	4110	10.2	4282	4.2	5005	16.9
藁 城 市	5060	9.5	5465	8.0	6184	13.2
晋 州 市	4828	9.0	5320	10.2	6012	13.0
新 乐 市	4872	9.2	5391	10.7	5984	11.0
鹿 泉 市	5313	8.1	5866	10.4	6460	10.1
辛 集 市	4467	10.0	4874	9.1	5514	13.1

1995—2017 年分县（市、区）农村居民人均可支配收入（五）

14—11 续 4　　计量单位：元、%

行政单位	2008 年	增长速度	2009 年	增长速度	2010 年	增长速度
石家庄市	**5469**	**10.4**	**5977**	**9.3**	**6577**	**10.0**
长 安 区						
桥 东 区						
桥 西 区						
新 华 区						
裕 华 区						
矿　区	7025	11.0	7657	9.0	8461	10.5
井 陉 县	5051	11.6	5557	10.0	6006	8.1
正 定 县	6726	13.0	7399	10.0	8139	10.0
栾 城 县	6541	13.0	7215	10.3	7938	10.0
行 唐 县	3468	5.5	3470	0.1	3647	5.1
灵 寿 县	2956	2.0	2960	0.1	3167	7.0
高 邑 县	4970	9.2	5448	9.6	6105	12.1
深 泽 县	4920	6.7	5316	8.0	5745	8.1
赞 皇 县	2886	3.2	2910	0.8	3082	5.9
无 极 县	5806	9.1	6272	8.0	6790	8.3
平 山 县	2945	3.6	3312	12.5	3681	11.1
元 氏 县	5226	12.2	5878	12.5	6600	12.3
赵　县	5553	11.0	6116	10.1	6815	11.4
藁 城 市	6990	13.0	7731	10.6	8603	11.3
晋 州 市	6794	13.0	7495	10.3	8327	11.1
新 乐 市	6642	11.0	7360	10.8	8169	11.0
鹿 泉 市	7106	10.0	7834	10.2	8638	10.3
辛 集 市	6291	14.1	6890	9.5	7652	11.1

1995—2017 年分县（市、区）农村居民人均可支配收入（六）

14—11 续 5　　计量单位：元、%

行政单位	2011 年	增长速度	2012 年	增长速度	2013 年	增长速度
石家庄市	**7822**	**18.9**	**8993**	**15.0**	**9546**	**12.6**
长 安 区	10199	20.3	12390	21.5		
桥 东 区	11525	27.7	14199	23.2		
桥 西 区	14553	31.0	17888	22.9		
新 华 区	10762	30.2	13125	22.0		
裕 华 区	13247	31.0	16432	24.0		
矿　区	9817	16.0	11270	14.8	12482	
井 陉 县	6961	15.9	7968	14.5	8688	
正 定 县	9459	16.2	10996	16.3	12004	
栾 城 县	9226	16.2	10619	15.1	11442	
行 唐 县	3995	9.5	4038	1.1	4723	
灵 寿 县	3455	9.1	3804	10.1	4417	
高 邑 县	7204	18.0	8346	15.9	9142	
深 泽 县	6671	16.1	7586	13.7	8666	
赞 皇 县	3405	10.5	3780	11.0	4487	
无 极 县	7876	16.0	9097	15.5	9955	
平 山 县	4168	13.2	4714	13.1	5137	
元 氏 县	7656	16.0	8819	15.2	9618	
赵　县	7910	16.1	9079	14.8	10100	
藁 城 市	9999	16.2	11714	17.2	12846	
晋 州 市	9675	16.2	11555	19.4	12683	
新 乐 市	9035	10.6	10059	11.3	11575	
鹿 泉 市	10063	16.5	11245	11.7	12666	
辛 集 市	8789	14.9	10073	14.6	11115	

1995—2017年分县（市、区）农村居民人均可支配收入（七）

14—11 续6　计量单位：元、%

行政单位	2014年	增长速度	2015年	增长速度
石家庄市	**10542**	**10.4**	**11442**	**8.5**
长安区				
桥西区				
新华区				
裕华区				
矿　区	13605	9.0	14762	8.5
藁城区	13951	8.6	15095	8.2
鹿泉区	13933	10.0	15106	8.4
栾城区	12723	11.2	13792	8.4
井陉县	9595	10.4	10449	8.9
正定县	13372	11.4	14508	8.5
行唐县	5420	14.8	6068	12.0
灵寿县	5049	14.3	5528	9.5
高邑县	9984	9.2	10978	10.0
深泽县	9758	12.6	10540	8.0
赞皇县	4509	0.5	5084	12.8
无极县	11079	11.3	11999	8.3
平山县	5885	14.6	6615	12.4
元氏县	10547	9.7	11604	10.0
赵　县	11165	10.5	12181	9.1
晋州市	13881	9.5	15045	8.4
新乐市	12285	6.1	13337	8.6

1995—2017 年分县（市、区）农村居民人均可支配收入（八）

14—11 续 7 计量单位：元、%

行政单位	2016 年	增长速度	2017 年	增长速度
石家庄市	**12345**	**7.9**	**13345**	**8.1**
长安区				
桥西区				
新华区				
裕华区				
矿 区	15943	8.0	17254	8.2
藁城区	16318	8.1	17626	8.0
鹿泉区	16314	8.0	17636	8.1
栾城区	14895	8.0	16088	8.0
井陉县	11253	7.7	12176	8.2
正定县	15669	8.0	17001	8.5
行唐县	6809	12.2	7626	12.0
灵寿县	6164	11.5	6904	12.0
高邑县	11878	8.2	12842	8.1
深泽县	11393	8.1	12351	8.4
赞皇县	5729	12.7	6417	12.0
无极县	12922	7.7	13984	8.2
平山县	7270	9.9	8165	12.3
元氏县	12590	8.5	13635	8.3
赵 县	13143	7.9	14169	7.8
晋州市	16264	8.1	17568	8.0
新乐市	14410	8.0	15569	8.0